权威·前沿·原创

皮书系列为
"十二五""十三五"国家重点图书出版规划项目

互联网治理蓝皮书

BLUE BOOK OF INTERNET GOVERNANCE

中国网络社会治理研究报告（2018）

ANNUAL REPORT ON INTERNET SOCIETY GOVERNANCE IN CHINA (2018)

主　编／罗　昕　支庭荣
副主编／吴卫南

社会科学文献出版社
SOCIAL SCIENCES ACADEMIC PRESS (CHINA)

图书在版编目(CIP)数据

中国网络社会治理研究报告.2018/罗昕,支庭荣主编.--北京:社会科学文献出版社,2018.9
(互联网治理蓝皮书)
ISBN 978-7-5201-3488-0

Ⅰ.①中… Ⅱ.①罗…②支… Ⅲ.①互联网络-社会管理-研究报告-中国-2018 Ⅳ.①C916

中国版本图书馆 CIP 数据核字(2018)第 215642 号

互联网治理蓝皮书
中国网络社会治理研究报告(2018)

主　　编／罗　昕　支庭荣
副 主 编／吴卫南

出 版 人／谢寿光
项目统筹／王　绯
责任编辑／孙燕生

出　　版／社会科学文献出版社·社会政法分社（010）59367156
　　　　　地址：北京市北三环中路甲29号院华龙大厦　邮编：100029
　　　　　网址：www.ssap.com.cn
发　　行／市场营销中心（010）59367081　59367018
印　　装／三河市龙林印务有限公司
规　　格／开　本：787mm×1092mm　1/16
　　　　　印　张：28　字　数：422千字
版　　次／2018年9月第1版　2018年9月第1次印刷
书　　号／ISBN 978-7-5201-3488-0
定　　价／128.00元

皮书序列号／PSN B-2017-653-1/1

本书如有印装质量问题,请与读者服务中心（010-59367028）联系

▲ 版权所有 翻印必究

本年度报告为暨南大学新媒体与传播生态研究中心、国家社科基金重大项目"互联网群体传播的特点、机制与理论研究"(15ZDB142)、国家社科基金重点项目"全球互联网治理的竞争格局与中国进路研究"(18AXW008)的阶段性成果。

《中国网络社会治理研究报告（2018）》
编委会名单

主　任　支庭荣　暨南大学新闻与传播学院执行院长
　　　　　罗　昕　暨南大学新闻与传播教授

编　委（按姓氏笔画为序）
　　　　　韦　路　浙江大学传媒与国际文化学院院长，教授
　　　　　朱春阳　复旦大学新闻学院教授
　　　　　吴卫南　广东省新的社会阶层人士联合会常务理事
　　　　　张晋升　暨南大学新闻与传播学院副院长、教授
　　　　　杨雄文　华南理工大学法学院教授
　　　　　陈　潭　广州大学公共管理学院院长，教授
　　　　　范以锦　暨南大学新闻与传播学院院长，教授
　　　　　金　璇　腾讯公司安全策略总监
　　　　　胥柏波　今日头条广东省公司副总经理
　　　　　钟　瑛　华中科技大学新闻与信息传播学院教授
　　　　　徐敬宏　北京师范大学新闻传播学院教授
　　　　　彭　兰　清华大学新闻与传播学院教授
　　　　　喻国明　北京师范大学新闻传播学院执行院长，教授
　　　　　董盟君　人民网舆情监测中心主任、人民在线总经理

主编简介

支庭荣 中国人民大学传播学博士、北京大学博士后，主要研究方向为媒介管理学、传媒经济学、传媒社会学。现任暨南大学新闻与传播学院教授、博导、执行院长。2011年入选教育部新世纪优秀人才支持计划，2015年入选广东特支计划宣传思想文化领军人才。系国家社科基金重大招标项目首席专家、教育部"马工程"教材编写专家。编撰《媒介管理》《新闻事业经营管理》等入选"十一五""十二五"国家级规划教材。获教育部高校人文社科优秀成果三等奖、广东省哲学社科优秀成果二等奖。兼任全国卓越新闻传播人才教育培养指导委员会委员、中国高等教育学会新闻学与传播学专业委员会常务理事、中国新闻史学会视听传播研究委员会会长、传播大数据创新联盟理事长。

罗　昕 暨南大学新闻与传播学院教授、博士生导师，华中科技大学博士，主要研究方向为互联网治理、网络舆论、媒体融合。主持多项国家级、省部级、市级社科规划课题，在《新闻与传播研究》《国际新闻界》《新华文摘》等刊物上发表（转载）论文30余篇，出版4部专著和教材，获广东省哲学社科优秀成果奖2次。

摘 要

网络社会作为一种新的社会形态，正在给人类生活带来深刻的变革，网络社会治理也已成为国家治理体系和治理现代化的重要组成部分，同时也是摆在我们眼前的一项重要课题。2017～2018年中国网络社会治理迈上了新台阶。在国家顶层设计方面，习近平网络强国战略思想已经明确提出，国家集中发力推进信息技术创新发展，互联网法制建设不断细化。在网络社会治理主体行动实践上，行政部门监管、互联网行业自治和公民参与监督同步展开，多元主体协同治理模式不断得到深化。参与全球互联网治理层面，中国在全球互联网治理平台上积极发声，不断加强与世界各国的交流合作。

与此同时，中国网络社会治理也面临着一系列新旧问题。2017～2018年，中国网络社会治理的焦点问题主要包括短视频行业乱象不止、个人信息保护漏洞重重、算法推荐乱象迭出、网络版权纠纷不断等。随着新技术的不断涌现、发展和应用，算法治理、区块链治理等将成为网络社会治理的重要趋势。

本报告分为五部分，分别是总报告、分报告、探索篇、平台篇、海外篇。在总报告部分，"概况篇"总结了2017～2018年中国网络社会治理的主要成就、焦点问题，并对未来治理趋势作出展望；"评价篇"聚焦于网络传播平台综合治理能力评价，基于比较全面的评价指标体系，对五类网络传播平台的样本进行实证分析，发现各类平台治理的优点与不足，进而提出治理能力提升策略。在分报告部分，重点对网络社会风险、网络直播、大数据治理等具体领域的年度热点进行了比较深入的数据分析。在探索篇部分，对年度热点话题如短视频、网络谣言、网络信任、网络版权、网络隐私、区块链等具体方面进行了学理性剖析，为治理主体提供了有价值的启示。在平台篇部分，以具体案例和翔实数据呈现不同互联网平台企业承担社会责任、进行平台自治及参与网络社会治理的实践经验与探索，带来业界一线的前沿动态。在海外篇部分，从机构、制度、法律等多角度透视全球及有代表性的国家的网络治理状况、举措及未来动向，为我国进行国内网络社会治理、参与国际网络空间治理提供启示。

本蓝皮书具有以下特色。

一是首部全面反映网络社会各领域问题及其治理的年度蓝皮书。聚焦于网络社会，从这个切入口出发，广泛涉及经济、法律、文化、生态、国际关系等领域，从国家层面的顶层设计、社会层面的组织公众参与、全球层面的参与合作，比较系统地呈现了网络社会治理的基本格局。

二是首次比较全面地评价网络传播平台综合治理能力。平台化治理是精益政府时代的重要转向，也是互联网治理的重要抓手。网络传播平台综合治理能力评价指标体系，实现了对网络传播平台治理能力的量化考察、综合评价，对政府、企业、公民具有参考价值。

三是跨学科跨行业跨国别的融合交叉视野。网络社会治理是一项复杂的系统工程。本蓝皮书融合管理学、社会学、新闻与传播学、心理学、法学、计算机科学等学科，整合学界、互联网企业、智库的力量，兼顾国内外视野，呈现了丰富翔实的网络社会治理理论与实践图景。

目 录

Ⅰ 总报告

概况篇

B.1 中国网络社会治理年度成就、问题与趋势（2017~2018）
　　………………………………………………… 本书课题组 / 001
　　一　中国网络社会年度治理的主要成就 ……………………… / 002
　　二　中国网络社会年度治理的焦点问题 ……………………… / 026
　　三　中国网络社会治理的未来展望 …………………………… / 049

评价篇

B.2 网络传播平台年度综合治理能力评价（2017~2018）
　　………………………………………………… 本书课题组 / 072
　　一　相关文献综述 ……………………………………………… / 073
　　二　实证分析 …………………………………………………… / 077
　　三　研究发现 …………………………………………………… / 087
　　四　研究建议 …………………………………………………… / 091

Ⅱ 分报告

B.3 中国网络社会风险治理年度报告（2017）
　　………………………………… 刘鹏飞　张　力　曲晓程 / 095

B.4 中国网络直播行业生态及治理报告（2017） …………… 陈　勇　宋馥李 / 115

B.5 大数据时代贵阳市网络空间治理年度报告（2017） …………… 刘　刚　沈　刚 / 132

Ⅲ 探索篇

B.6 我国短视频的现状、乱象与治理 ………… 钟　瑛　刘利芳 / 148

B.7 公众信任对网络意见表达的影响研究
　　——基于 OLS 回归模型的实证分析 ……… 刘　毅　赵泽旭 / 170

B.8 突发事件网络谣言转化模型仿真与治理策略研究
　　……………………………… 杨谨铖　马　龙　曾润喜 / 188

B.9 互联网治理中的隐私议题：社交网络环境下的
　　隐私侵权及保护策略 ……… 徐敬宏　陈文兵　胡世明　程雪梅 / 207

B.10 "非交互式"网络传播行为的法律困境
　　及其解决方案 …………………………… 牛　静　常明芝 / 218

B.11 区块链：构建网络社会"诚信长城"的利器 … 张田文　彭治国 / 228

Ⅳ 平台篇

B.12 腾讯公司网络谣言治理实践（2017） ……… 金　璇　赵玉现 / 249

B.13 京东云安全责任年度报告（2017） …………… 京东云事业部 / 259

B.14 摩拜共享单车助力城市治理年度报告（2017）
　　…………………………… 李　婷　郭思嘉　陈国琼　肖　恬 / 279

Ⅴ 海外篇

B.15 2017年全球互联网治理年度发展状况
　　……………………………… 罗　昕　杨仰文　李芷娴 / 291

B.16 2017德国网络治理年度报告 …………………… 方 芳 夏晓文 / 323
B.17 2017年法国互联网治理与网络安全回顾 …… 姜 熙 刘清如 / 346

Ⅵ 附录

B.18 年度网络社会治理评选 ………………………… 本书课题组 / 361
B.19 国内互联网治理大事记 ………………………… 本书课题组 / 368
B.20 国际互联网治理大事记 ………………………… 本书课题组 / 396

Abstract ……………………………………………………………… / 415
Contents ……………………………………………………………… / 418

总 报 告
General Report

·概况篇·

B.1
中国网络社会治理年度成就、问题与趋势（2017~2018）

本书课题组*

摘　要： 2017~2018年中国网络社会治理迈上了新台阶。在国家顶层设计方面，习近平网络强国战略思想已经明确提出，国家集中发力推进信息技术创新发展，互联网法制建设不断细化。在网络社会治理主体行动实践上，行政部门监管、互联网行业自治和公民参与监督同步展开，多元主体协同治理模式不断得到深化。参与全球互联网治理层面，中国在全球互联网治理平台上积极发声，不断加强与世界各国的交流合作。2017~2018年，中国网络社会治理的焦点问题主要包括短视

---

* 支庭荣教授、罗昕教授统稿；罗昕教授、研究生蔡雨婷、研究生黄靖雯执笔。

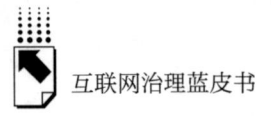

频行业乱象不止、个人信息保护漏洞重重、算法推荐乱象迭出、网络版权纠纷不断等。随着新技术的不断涌现、发展和应用，算法治理、区块链治理等将成为网络社会治理的重要趋势。

关键词： 网络社会　治理成就　治理问题　治理趋势

2017～2018年度是中国网络社会治理的转折之年。2017年，中国特色社会主义进入了承前启后、继往开来的新时代，互联网在未来经济、文化、社会发展中继续发挥重要作用。党的十九大报告提出了未来互联网发展的三大任务：加强互联网内容建设，建立网络综合治理体系，营造清朗的网络空间。2018年4月，习近平在全国网络安全和信息化工作会议上首次系统阐述了网络强国战略思想，深刻回答了事关网信事业发展的一系列重大理论和实践问题，是指导新时代网络安全和信息化发展的纲领性文献。在国家顶层设计规划之下，中国国内网络社会治理、中国参与全球网络社会治理都迈上了新台阶。

一　中国网络社会年度治理的主要成就

2017～2018年，我国在网络社会治理领域成绩斐然，一系列重大决策、重大举措相继提出并实施，我国网信事业取得历史性成就，为走出一条中国特色治网之道、推进网络强国战略思想做了扎实的全方位的基础工作。

（一）网络社会治理国家顶层设计

2017年以来，中央出台了一系列关于网络安全与信息化发展的决策部署。习近平网络强国战略思想基本形成，从网络治理、网络安全、技术发展和军民融合等方面为我国网信事业规划了发展蓝图；人工智能和工业互联网不断推进，5G、IPv6等核心技术取得突破；《网络安全法》正式实施，互联网法制体系不断完善、内容不断细分。至此，网信工作的"四梁八柱"基本建立。

1. 习近平网络强国战略思想形成

从2014年网信工作小组会上首提"网络强国战略"，到2018年全国网信工作会议上首次确定的"网络强国战略思想"，党中央不断推进理论创新和实践创新，不仅走出一条中国特色治网之道，而且提出了一系列新思想新观点新论断，对新时代网信事业进行了科学系统的战略部署。

(1) 习近平网络强国战略思想的具体目标

习近平回答了建设"怎么样"的"网络强国"，或者说，"网络强国"建设应达到什么样的标准。习近平强调，"建设网络强国，要有自己的技术，有过硬的技术；要有丰富全面的信息服务，繁荣发展的网络文化；要有良好的信息基础设施，形成实力雄厚的信息经济；要有高素质的网络安全和信息化人才队伍；要积极开展双边、多边的互联网国际交流合作"。

习近平从网络技术、网络信息服务、网络文化、网络基础设施、网络信息经济、网络人才队伍和网络国际交流合作等具体目标，对"如何"建设"网络强国"进行了科学系统地回答。其中，网络核心技术是关键环节，网络文化是内在精神，网络基础设施是前提条件，信息经济是驱动力量，网络人才是智力支撑，国际互联网治理是国家担当。这五个方面，辩证统一、融为一体、相辅相成、缺一不可、统筹兼顾了国内国际两个大局，形成了一个缜密完整的行动路线图，是建设网络强国的重要支柱，是衡量"网络强国"的重要标准。

(2) 习近平网络强国战略思想是对马克思主义的创新运用

习近平网络强国战略思想是新的历史条件下马克思主义基本原理与我国互联网发展治理实践相结合的产物，是习近平新时代中国特色社会主义思想的重要组成部分。马克思主义经典作家生活的时代，互联网还没有出现，对于这些问题，他们不可能给出具体答案。网络强国战略思想，是我们党不断推进理论创新和实践创新的科学成果,是充分运用马克思主义立场观点方法对网络安全和信息化提出的一系列重大问题的创造性回答。

第一,网络强国战略思想坚持唯物史观,深刻阐明人类社会发展正在经历信息革命。网络强国战略思想从生产力与生产关系、经济基础与上层建筑的矛盾运动规律出发,深刻阐明网信事业代表着新的生产力和新的发展方向,互联网日益成为创新驱动发展的先导力量,成为信息传播的新渠道、生产生活的新空间、经济发展的新引擎、文化繁荣的新载体、社会治理的新平台、交流合作的新纽带、国家主权的新疆域。

第二,网络强国战略思想运用唯物辩证法,坚持全面、发展、联系地看待和发展互联网。互联网裂变式、革命性发展中涉及的一系列问题是辩证统一的,必须坚持统筹兼顾,将网络安全和信息化作为一体之两翼、驱动之双轮,统一谋划、统一部署、统一推进、统一实施,全面系统地研究解决网络内容建设、网络安全、核心技术突破、信息化驱动、网信领域军民融合、网络空间国际治理等问题。

第三,网络强国战略思想从本体论和认识论出发,揭示了互联网的社会空间属性。网络强国战略思想高屋建瓴地揭示了互联网的社会空间属性:互联网全面融入社会生产生活的方方面面,形成了一个客观存在的、与现实社会密不可分的网络空间。这无疑打开了人类科学认识互联网属性的大门。以此为基础,国家主权从陆海空天扩展到网络空间,网络治理在社会治理中的地位日益突出,网络安全成为国家安全密不可分的重要组成部分,信息化成为经济社会发展的强大引擎,构建网络空间命运共同体成为构建人类命运共同体的题中应有之义。①

(3)习近平网络强国战略思想是网信事业的实践总结与发展指南

习近平网络强国战略思想是中国特色社会主义治网之道的科学总结。李克强在2018年全国网络安全和信息化工作会议上指出,习近平重要讲话全

---

① 《网络强国战略思想的理论价值和时代贡献》,人民网,http://theory.people.com.cn/n1/2018/0605/c40531-30035414.html,2018年6月5日。

面总结了党的十八大以来我国网络安全和信息化工作取得的历史性成就、发生的历史性变革。①

网络强国战略思想着眼于我国的互联网治理实践，有针对性地提出了解决的思路和路径。如针对网络空间内容鱼龙混杂、水平参差不齐的现状，网络强国战略思想强调要"提高网络综合治理能力，形成多主体参与，经济、法律、技术等多种手段相结合的综合治网格局。"同时也强调要"压实互联网企业的主体责任，不能让互联网成为传播有害信息、造谣生事的平台"。又如针对我国信息产业创新能力仍然较弱的局势，网络强国战略思想将核心技术比作国之重器，强调要"下定决心、保持恒心、找准重心，加速推动信息领域核心技术突破"。

网络强国战略思想明确了我国网信事业发展的前进方向和根本遵循。当前，建设网络强国迎来千载难逢的历史机遇。当今世界已进入信息化时代，信息革命正在以前所未有的方式深刻影响着各行各业。与此同时，各个大国之间在网络技术和网络空间的角力与竞争也愈发激烈。现代化的核心是信息化，建设现代化强国必须以建设网络强国为基础支撑。网络强国思想从多个重要领域对我国网信事业发展提出了具体要求，从人类历史发展以及党和国家全局高度，深刻回答了事关网信事业发展的一系列重大理论和实践问题，是指导新时代网络安全和信息化发展的纲领性文献。这为新时代加快推进网络强国建设明确了前进方向，提供了根本遵循。

2. 国家规划集中发力推进信息技术创新发展

党的十八大以来，以习近平同志为核心的党中央高度重视网络安全和信息化发展，加强顶层设计、总体布局，作出建设数字中国的战略决策。党中央、国务院出台《国家信息化发展战略纲要》《"十三五"国家信息化规划》，明确了数字中国建设发展的路线图和时间表。国家互联网信息办公室会同有关部门细化落实战略规划的重点任务，各地区、各部门扎实工作，开

---

① 《习近平出席全国网络安全和信息化工作会议并发表重要讲话》，新华网，http://www.xinhuanet.com/politics/leaders/2018-04/21/c_1122720038.htm，2018年4月21日（2018年7月20日）。

拓创新，推动数字中国建设取得重大进展。2018年，习近平在全国网络安全和信息化工作会议上再次强调，"核心技术是国之重器，要下定决心、保持恒心、找准重心，加速推动信息领域核心技术突破"。2017~2018年是全面实施"十三五"规划、深入推进国家与社会治理信息化、智能化的关键之年。一年多来国家持续加强顶层设计，发布多个规划政策，集中发力信息化技术建设。

（1）加速布局人工智能，推动工业互联网发展

党的十九大提出，推动互联网、大数据、人工智能和实体经济深度融合。当前，新一轮科技革命和产业变革孕育兴起，大数据的积聚、理论算法的革新、计算能力的提升及网络设施的演进，驱动人工智能发展进入新阶段，人工智能正加快与经济社会各领域渗透融合，带动技术进步、推动产业升级、助力经济转型、促进社会进步。

2017年，我国在人工智能领域布局进程加快。7月8日，国务院印发《新一代人工智能发展规划》，重点对2030年我国人工智能发展的总体思路、战略目标和主要任务、保障措施进行系统的规划和部署，为推动我国人工智能的长期发展指明了方向；11月15日，科技部宣布百度、阿里、腾讯、科大讯飞等公司为首批国家新一代人工智能开放创新平台；12月14日，为贯彻落实《中国制造2025》和《新一代人工智能发展规划》，加快人工智能产业发展，推动人工智能和实体经济深度融合，工业和信息化部印发《促进新一代人工智能产业发展三年行动计划（2018~2020年）》（下称《行动计划》），提出以信息技术与制造技术深度融合为主线，以新一代人工智能技术的产业化和集成应用为重点，推进人工智能和制造业深度融合，加快制造强国和网络强国建设。

《行动计划》从推动产业发展角度出发，以加快产业化和应用为着力点，结合"中国制造2025"对《新一代人工智能发展规划》相关任务进行了细化和落实。按照"系统布局、重点突破、协同创新、开放有序"的原则，《行动计划》提出了四方面重点任务，共17个产品或领域：一是重点培育和发展智能网联汽车、智能服务机器人、智能无人机、医疗影像辅助诊

断系统、视频图像身份识别系统、智能语音交互系统、智能翻译系统、智能家居产品等智能化产品,推动智能产品在经济社会的集成应用。二是重点发展智能传感器、神经网络芯片、开源开放平台等关键环节,夯实人工智能产业发展的软硬件基础。三是深化发展智能制造,鼓励新一代人工智能技术在工业领域各环节的探索应用,提升智能制造关键技术装备创新能力,培育推广智能制造新模式。四是构建行业训练资源库、标准测试及知识产权服务平台、智能化网络基础设施、网络安全保障等产业公共支撑体系,完善人工智能发展环境。①

"中国制造2025"国家级示范区启动创建,一批标志性项目落地实施。目前工信部已批复同意宁波等12个城市和苏南5市、珠江西岸、长株潭、郑洛新等4个城市群为"中国制造2025"试点示范城市(群)。各试点城市(群)在创新体系建设、智能制造、绿色制造等方面进行了大胆探索,结合本地实际推出了一系列创新举措,在转型升级新路径新模式上做出了有益尝试。②

发展工业互联网已成为抢占全球产业竞争新制高点、重塑工业体系的必然选择。2017年11月,国务院印发《关于深化"互联网+先进制造业"发展工业互联网的指导意见》,明确了我国工业互联网发展的指导思想、基本原则、发展目标、主要任务以及保障支撑,是我国推进工业互联网的纲领性文件,将为当前和今后一个时期国内工业互联网发展提供指导和规范,将为推动互联网和实体经济深度融合、推进制造强国和网络强国建设打下坚实基础。工业和信息化部大力推动工业互联网创新发展战略实施,构建网络、平台、安全三大体系,发布《工业互联网平台白皮书》,推动国家级工业互联网平台及一批行业互联网平台建设。由中国互联网协会主办的第二届中国产业互联网大会,积极搭建产业互联网合作交流平台,全方位、多角度地促进制造业与互联网的融合和工业互联网创新发展,打造产业发展新动能,服务

---

① 工业和信息化部科技司:《促进新一代人工智能产业发展三年行动计划(2018~2020)》解读,http://www.miit.gov.cn/n1146295/n1652858/n1653018/c5979643/content.html。
② 《〈中国制造2025〉战略实施满两年 来看看进展如何》,《经济日报》,https://zj.zjol.com.cn/news/718162.html,2017年8月6日(2018年4月22日)。

实体经济发展。①

（2）5G技术和IPv6取得新进展

自《"十三五"规划纲要》明确提出5G发展三阶段规划以来，我国5G发展循序渐进，不断突破，在技术研发、标准制定、频谱规划和国际合作方面取得了瞩目的成就。

2017年9月28日，IMT-2020（5G）推进组发布了5G技术研发试验第二阶段测试结果，测试结果符合预期，目前5G技术已经得到验证，中国按照已经制定的5G路线图推进顺利。2017年11月10日，工业和信息化部发布了5G系统在3000M～5000MHz频段（中频段）内的频率使用规划，我国成为国际上率先发布5G系统在中频段内频率使用规划的国家。2017年12月1日，美国里诺3GPP SA2第124次会议结束后，面向独立组网（SA）的5G系统架构和流程标准制定完成，这是5G标准里程碑式的进展，标志着全面实现5G目标的新架构确定。5G系统架构（5GS）项目由中国移动担任报告人主导完成，并得到全球超过67家合作伙伴的大力支持。2018年是5G标准确定和商用产品研发的关键一年。2018年1月召开的5G技术研发试验第三阶段规范发布会，向参与的企业颁发了"课本"和"考试大纲"，这标志着研发试验正式进入了第三阶段，将推动5G系统设备基本达到预商用水平，为后续5G规模试验和手机入网检测奠定基础。② 2018年，首届数字中国建设峰会上，工业和信息化部发布了中国5G发展的"时间表"，并表示具备示范应用能力的5G终端最早将在2019年下半年推出。同时，中国加强开放与合作，在政府、产业组织层面与美国、欧盟、日本、韩国建立了5G合作机制。国内外企业将共同参与中国5G技术研发试验，一起推动5G技术发展和产业链成熟。③

---

① 中国互联网协会：《2017年影响中国互联网作业发展的十件大事》，http：//www.cac.gov.cn/2018-03/29/c1122609231.htm。
② 《工信部回应工业通信业发展热点问题 中国已颁发5G"考试大纲"》，人民网，http：//finance.people.com.cn/n1/2018/0131/c1004-29796777.html，2018年1月31日（2018年4月25日）。
③ 《工信部：具备示范应用能力的5G终端最早将在2019年下半年推出》，新华网，http：//www.xinhuanet.com/2018-04/22/c_1122723637.htm，2018年4月22日（2018年4月25日）。

同时，IPv6 规模部署也取得了新进展。IPv6 是 IETF（互联网工程任务组）设计的用于替代现行版本 IP 协议（IPv4）的下一代互联网 IP 协议，是全球公认的下一代互联网商业应用解决方案。为加快 IPv6 规模部署应用，赢得未来发展主动权，2017 年 11 月 26 日中共中央办公厅、国务院办公厅印发《推进互联网协议第六版（IPv6）规模部署行动计划》，提出我国要用 5~10 年时间，形成下一代互联网自主技术体系和产业生态，建成全球最大规模的 IPv6 商业应用网络，实现下一代互联网在经济社会各领域深度融合应用，成为全球下一代互联网发展的重要主导力量。[①]《行动计划》对我国互联网发展具有重大意义，使我国互联网基础设施建设与应用迈上新台阶，为中国未来的社会进步、经济发展乃至国家安全奠定重要的基础。

3. 互联网法制建设不断细化

2017 年，中国互联网法律法规制定紧跟市场和形势发展趋势，不断细化到互联网金融、数据流动、竞争规则、网络消费、平台责任等多个领域，效力层级更高，适用领域更广，调整程度更深。互联网法律体系逐步走向系统化、完整化。2017 年 6 月 1 日，《网络安全法》正式实施，《反不正当竞争法》增加互联网不正当竞争行为专条，《电子商务法（草案）》进入二审阶段。《中华人民共和国电子商务法》和《消费者权益保护法实施条例》都已进入加速制定阶段。总体来说，2017 年以来我国互联网法制建设在以下几个领域集中发力，表现突出。

（1）网络安全法律体系逐渐完善

2017 年 6 月 1 日，《网络安全法》正式实施。为保障《网络安全法》有效实施，各部门相继发布了一系列配套制度。2017 年 5 月，中央网信办发布《网络产品和服务安全审查办法（试行）》，提出关系国家安全的网络和信息系统采购的重要网络产品和服务，应当经过网络安全审查。6 月，中央网信办发布《国家网络安全事件应急预案》，将网络安全事件分为特别重

---

① 《授权发布：中共中央办公厅国务院办公厅印发〈推进互联网协议第六版（IPv6）规模部署行动计划〉》，新华网，http://www.xinhuanet.com/politics/2017-11/26/c_1122012631.htm，2017 年 11 月 26 日（2018 年 4 月 25 日）。

大、重大、较大、一般四级,规定了各级领导机构、办事机构和各部门的职责和应急办法。6月20日,工信部发布《工业控制系统信息安全防护能力评估工作管理办法》。7月,《关键信息基础设施安全保护条例(征求意见稿)》向社会公众公开征求意见。9月,工信部发布《公共互联网网络安全威胁监测与处置办法》,对公共互联网上存在或传播的、可能或已经对公众造成危害的网络资源、恶意程序、安全隐患或安全事件监测处置,并建立网络安全威胁信息共享平台。10月30日,中央网信办公布《互联网新闻信息服务新技术新应用安全评估管理规定》,要求经安全评估认为新技术新应用存在信息安全风险隐患,未能配套必要的安全保障措施手段的,服务提供者应当及时整改,在整改完成前,拟调整增设的新技术新应用不得用于提供互联网新闻信息服务。11月工信部发布《公共互联网网络安全突发事件应急预案》,对网络安全突发事件具体分级、预警监测、应急处置等方面做了详尽的规定,是对6月国家网信办发布《国家网络安全事件应急预案》的补充和完善。网络安全相关规范性文件的密集出台,促进了以《中华人民共和国网络安全法》为中心的网络安全法律体系的构建和完善,为网络与信息安全工作提供了有效指引。

(2) 互联网信息服务监管增强

2017年6月1日,国家网信办颁发新版《互联网新闻信息服务管理规定》(下称《新规》)、《互联网新闻信息服务许可管理实施细则》(下称《细则》)正式施行。《新规》主要内容包括:①将不断出现的新媒体纳入管理范畴。通过互联网站、论坛、博客、微博客、公众账号、即时通信工具、网络直播等形式提供互联网新闻信息服务,应当取得互联网新闻信息服务许可,禁止未经许可或超越许可范围开展互联网新闻信息服务活动。②将许可事项修改为"提供互联网新闻信息服务",包括互联网新闻信息采编发布服务、转载服务、传播平台服务三类。③将主管部门由"国务院新闻办公室"调整为"国家互联网信息办公室",同时增加了"地方互联网信息办公室"的职责规定。④强化了互联网新闻信息服务提供者的主体责任,明确了总编辑及从业人员管理、信息安全管理、平台用户管理等要求。⑤增加了用户权益保护的内容，规定了个人信息保护、禁止互联网新闻信息服务提供者及其从业人员非法牟利、著作权保护等相关内容。随后不久发布的《互联网新闻信息服务许可管理实施细则》，细化"规定"有关条款。这种规章＋规范性文件组合式立法模式在网信办历史上系首创。①

（3）社交媒体相关法规密集出台

2017年以来，国家对社交媒体的规制空前加强。8月，《互联网论坛社区服务管理规定》《互联网跟帖评论服务管理规定》相继出台。《互联网论坛社区服务管理规定》规定了适用范围和监管主体，强调平台的主体责任，完善了实名制认证制度，有针对性地提出了打击"非法网络公关"的具体规定。《互联网跟帖评论服务管理规定》也强调了网站负主体责任，实行用户实名制，建立先审后发制度，加强弹幕管理。9月，《互联网用户公众账号信息服务管理规定》出台，强调互联网用户公众账号信息服务提供者和使用者，都应当坚持正确导向，弘扬社会主义核心价值观，培育积极健康的网络文化，维护良好网络生态。互联网用户公众账号信息服务提供者应当落实信息内容安全管理主体责任，配备与服务规模相适应的专业人员和技术能力，建立健全各项管理制度。互联网用户公众账号信息服务使用者应当履行信息发布和运营安全管理责任，积极传播正能量，遵守相关法律法规，维护良好网络传播秩序。同月，网信办发布《互联网群组信息服务管理规定》。该规定落实了群组信息服务提供者的主体责任，明确实名制认证，并提出"互联网群组建立者、管理者应当履行群组管理责任"。2018年2月，网信办发布《微博客信息服务管理规定》，从新闻信息服务资质、平台主体责任、信息内容的服务管理原则等方面做出规定。以上一系列社交媒体相关法规中都包含平台资质、主体责任、实名认证、分级分类管理、保护用户信息安全、建立健全辟谣机制、加强行业自律和建立信用体系等各方面的具体规定，成为新时代社交媒体健康有序发展的重要指引。

---

① 郑宁：《2017年中国传媒法治发展报告》，《新闻记者》2018年第1期。

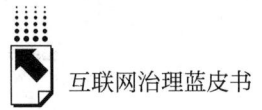
互联网治理蓝皮书

（二）网络社会治理主体行动实践

1. 行政部门治理行动

2017年，我国针对网络违法违规行为展开一系列治理行动。除了一些专项行动，如"剑网行动""护苗行动""净网行动"继续开展外，相关行政部门还就一些突出现象采取查处、约谈等手段进行治理。2018年以来，监管力度持续加大，监管范围不断扩大、深化，进一步压实互联网企业的主体责任，营造风清气正的社会文化环境。

（1）重拳整治互联网低俗内容

2017年以来，针对互联网低俗内容，全国"扫黄打非"办公室、宣传、网信、工信、公安、文化、工商、新闻出版广电等部门在全国范围内开展了一系列整治行动。

重大专项行动持续开展。全国"扫黄打非"部门牵头开展的"护苗2017""净网2017""秋风2017"等"扫黄打非"三大专项行动重拳打击了各类非法出版活动、淫秽色情文化垃圾、违法违规出版传播行为，取得明显成效。

"净网"行动打击淫秽色情信息成效显著。全国查处网上"扫黄打非"案件2900余起。浙江、湖南分别查办"老虎直播""狼友直播"传播淫秽物品牟利案，各自抓获涉案直播平台主办者、运营者、主播和相关利益人员数十人，涉案金额均在1000万元左右。山东查处全国首起直播平台聚合软件传播淫秽物品牟利案，打掉聚合了"夜狼"等46个网络直播平台的"月光宝盒"平台，抓获涉案人员50余名，涉案金额1000余万元。江苏查办宿迁王某等人传播淫秽物品案，摧毁色情网站118个，深挖为网站输送利益的广告联盟，打掉"富投联盟"等广告联盟4个、广告位913个，抓获犯罪嫌疑人50余名，收缴涉案金额2000余万元。①

---

① 《2017年"扫黄打非"工作综述：突出主线 积极作为 大力净化社会文化环境》，中国扫黄打非网，http://www.shdf.gov.cn/shdf/contents/767/356847.html，2018年1月4日（2018年4月26日）。

"护苗2017"和"秋风2017"分别针对青少年成长环境问题和假报刊、假记者、假记者站现象展开严厉打击。"护苗2017"行动共查缴少儿类非法有害出版物14万余件、侵权盗版教材教辅157万件；查办了一批制售传播非法有害少儿出版物及信息的违法犯罪案件，及时清理处置"蓝鲸"死亡游戏等网络有害信息。同时，各地注重教育引导，大力开展"绿书签"系列宣传活动。

"秋风2017"专项行动中，全国收缴非法报刊81万余件，查处"三假"案件53起；收缴侵权盗版出版物488万件，查处侵权盗版出版物案件2000多起。各地查办了一大批"三假"典型案件。全国"扫黄打非"办公室挂牌督办河南郑州"10·20"仓储销售非法出版物案、湖北武汉"2·24"批销盗版及淫秽光盘案等多起侵权盗版大案。①

2018年"剑网"行动、"护苗"行动等重大专项行动继续开展，将继续针对这些领域重拳出击，持续净化社会文化环境。

娱乐八卦自媒体被关停。针对部分平台、机构和个人大肆炒作明星绯闻隐私和娱乐八卦等低俗之风，2018年2月，国家互联网信息办公室会同公安部、文化部、国家税务总局、国家工商总局、国家新闻出版广电总局，对热衷炒作、涉嫌违法违规的各类行为主体进行全面排查清理和依法综合整治。"中国第一狗仔卓伟""名侦探赵五儿""严肃八卦""毒舌电影""南都娱乐周刊""关爱八卦成长协会""超高能E姐""男人装""芭莎娱乐"等专事炒作明星绯闻隐私的账号被永久关闭。通过联合整治打击低俗炒作行为，将进一步形成依法从严监管的震慑，督促和约束相关平台、机构和个人切实履行社会责任，坚持守法合规经营，维护互联网传播秩序，营造天朗气清的网络空间。②

---

① 《零容忍 出重拳 见实效——今年以来"扫黄打非"工作成效综述》，新华社，http：//www.xinhuanet.com/legal/2017-09/28/c_1121740790.htm，2017年9月28日（2018年4月26日）。
② 《国家网信办等六部委联合整治炒作明星绯闻隐私和娱乐八卦》，中国网信网，http：//www.cac.gov.cn/2018-02/02/c_1122359930.htm，2018年2月2日（2018年4月26日）。

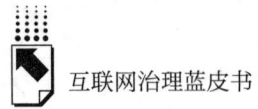

重点整治短视频、直播行业。针对直播行业存在的低俗媚俗、斗富炫富、调侃恶搞、价值导向偏差等突出问题，2018年2月国家网信办对网络直播平台和网络主播进行专项清理整治，依法关停一批严重违规、影响恶劣的平台和主播。蜜汁直播、第二梦、媚娘等直播平台被下架，"天佑"等主播被纳入网络主播黑名单，各直播平台禁止其再次注册直播账号。各主要直播平台合计封禁严重违规主播账号1401个，关闭直播间5400余个，删除短视频37万条。① 2018年4月以来，针对短视频平台上播放未成年人怀孕、生子等乱象的视频，国家网信办依法约谈快手和今日头条旗下"火山小视频"相关负责人，提出严肃批评，责令其整改。火山小视频、快手从应用商店下架，抖音关闭评论功能，"内涵段子"客户端软件及公众号被永久关停。2018年6月，国家网信办约谈抖音等五家公司，针对抖音在搜狗搜索引擎投放的广告中出现侮辱英烈内容问题，要求五家公司自约谈之日起启动广告业务专项整改。② 7月27日，网信办再出重拳，依法处置了涉及"格调低下、价值导向偏离和低俗恶搞、盗版侵权、'标题党'"等问题的19款短视频应用。依法关停"内涵福利社""夜都市Hi""发你视频"3款网络短视频应用并应用商店下架；联合约谈"哔哩哔哩""秒拍""56视频"等16款网络短视频平台相关负责人，对其中12款平台作出应用商店下架处置，要求平台企业对网民负责、对社会负责，作出全面整改。③ 国家相关部门通过约谈、整改、下架等一系列"组合拳"，有效遏制了短视频行业乱象，有效净化了网络空间生态。

（2）规范互联网平台竞争行为

当前，数字经济的发展正成为我国经济转型升级的重要驱动力。2017

---

① 《国家网信办依法查处一批严重违规网络直播平台和主播》，中国网信网，http：//www.cac.gov.cn/2018-02/13/c_1122415948.htm，2018年2月13日（2018年5月1日）。
② 《北京市两部门联合约谈抖音、搜狗等五家公司》，新华网，http：//www.xinhuanet.com/legal/2018-07/01/c_1123062880.htm，2018年7月1日（2018年7月25日）。
③ 《国家网信办会同五部门依法处置"内涵福利社"等19款短视频应用》，新华网，http：//www.xinhuanet.com/2018-07/27/c_1123185611.htm，2018年7月27日（2018年7月27日）。

年以来，互联网平台不断壮大，竞争也日趋激烈。为了规范互联网平台竞争行为，国家各市各部门加大对互联网平台的监管力度，采取约谈的形式对其进行指导。

2017年"双十一"前，由北京市工商局牵头，市公安局、商务委、质监局、食药局、网信办、北京海关、北京出入境检验检疫局8家单位集中约谈了京东、天猫、亚马逊等13家电商，对其进行行政指导，并对"双十一"促销行为提出具体要求。北京市工商局强调，平台经营者不得采用格式条款设置不合理规定，不得采用格式条款设置订金不退，预售商品不适用七日无理由退货，自行解释商品完好、增加限退条件等排除或者限制消费者权利、减轻或者免除经营者责任、加重消费者责任等对消费者不公平、不合理的规定。不得对成交量、成交额进行虚假宣传等。①

2018年4月，滴滴外卖正式在无锡上线，由此引发包括美团外卖、饿了么等三家外卖平台的补贴大战。在抢占市场份额的过程中，有商户因上线滴滴外卖而被美团外卖和饿了么外卖强制下线；此外还出现了商家拒绝接单、订单被迫取消等现象。为及时制止涉嫌违法行为，规范市场经营秩序，无锡市工商局对滴滴外卖、美团外卖和饿了么三家外卖服务平台进行行政约谈。②

（3）知识产权保护力度加大

2017年以来，网络版权行政保护力度的不断加大。首先，严格保护成为2017年网络版权行政执法监管的基本导向。"剑网2017"聚焦新闻出版影视行业、电子商务平台和移动互联网应用程序（APP）领域的版权整治。截至2018年1月，各级版权执法监管部门会同网信、工信、公安等部门共检查网站6.3万个，关闭侵权盗版网站2554个，删除侵权盗版链接71万

---

① 《工商部门约谈天猫、京东等电商 双十一不得设订金不退》，网易新闻，http://news.163.com/17/1107/15/D2L9RGSG00018AOR.html，2017年11月7日（2018年5月1日）。
② 《美团滴滴饿了么被紧急约谈》，凤凰网财经，http://finance.ifeng.com/a/20180412/16075040_0.shtml，2018年4月12日（2018年5月2日）。

条,收缴侵权盗版制品 276 万件,立案调查网络侵权盗版案件 543 件,会同公安部门查办刑事案件 57 件、涉案金额 1.07 亿元,网络版权环境得到进一步净化,网络版权秩序得到进一步规范。① 相比往年在立案调查和行政查处的案件数量上均有提升。查办大案要案的数量和处罚力度空前,重点监管和专项整治领域由点及面,逐步深入。

其次,创新监管模式,制度与技术手段并重。及时解决新技术条件下出现的新的版权问题,2017 年对新兴技术领域如 VR、微信公众号、聚合盗链等形式非法提供作品的行为给予及时关注和有效治理;约谈主要网络音乐服务商,要求对网络音乐作品全面授权,引导建立良好的网络音乐版权授权和运营模式。②

2018 年 7 月 16 日,国家版权局、国家互联网信息办公室、工业和信息化部、公安部启动打击网络侵权盗版"剑网 2018"专项行动。③ 此次专项行动将开展三项重点整治。一是开展网络转载版权专项整治。针对目前网络媒体特别是微博、微信公众号、头条号等"自媒体"侵权现象,重点打击未经许可转载新闻作品的侵权行为和未经许可摘编整合、歪曲篡改新闻作品的侵权行为,坚决整治通过"洗稿"方式抄袭剽窃、篡改删减原创作品的侵权行为,着力规范搜索引擎、浏览器、应用商店、微博、微信等涉及的网络转载行为,依法取缔公众号、头条号等自媒体平台中的非法公众账号服务提供者。二是开展短视频版权专项整治。重点监管抖音短视频、快手、西瓜视频、哔哩哔哩等热点短视频应用程序。重点打击:①未经许可转载他人作品;②以合理使用为名对他人作品进行删减改编并通过网络传播;③平台以

---

① 《国家版权局等四部门通报"剑网 2017"成果》,人民网,http://media.people.com.cn/n1/2018/0117/c40606-29770713.html,2018 年 1 月 17 日(2018 年 5 月 2 日)。
② 《〈2017 年中国网络版权保护年度报告〉显示:侵权判赔力度加大》,新华网,http://www.xinhuanet.com/politics/2018-04/26/c_129859955.htm,2018 年 4 月 26 日(2018 年 5 月 2 日)。
③ 《国家版权局等四部门启动"剑网 2018"专项行动》,中国网信网,http://www.cac.gov.cn/2018-07/16/c_1123133740.htm,2018 年 7 月 16 日(2018 年 7 月 25 日)。

用户上传为名滥用"避风港"原则对他人作品进行侵权传播等行为。三是开展重点领域版权专项整治。具体包括动漫领域版权集中治理；网络直播、知识分享、有声读物平台版权集中治理；巩固"剑网"行动治理成果。

2. 互联网行业自治

互联网企业生存在社会之中，不能只讲经济责任、法律责任，还要讲社会责任、道德责任。要压实互联网企业的主体责任，绝不能让互联网成为传播有害信息、造谣生事的平台。打造互联网综合治理体系，需要互联网行业加强自律，承担更多更重要的社会责任。2017年以来，我国多个互联网行业组织和企业举办了一系列会议，发布多个自律倡议书，积极开展自纠自查，为我国互联网社会治理做出了贡献。

（1）多领域行业协会发起自律公约

互联网行业协会、企业联盟等组织牵头发起行业自律公约，规范行业行为，在互联网治理过程中发挥了积极作用。中国互联网协会作为政府、企业和用户的桥梁和纽带，继续发挥领头羊作用。2017年11月，中国互联网协会发布《移动智能终端应用软件分发服务自律公约》，腾讯、华为、阿里、小米、百度、vivo、联想、360、天翼空间、魅族、安智、搜狗、应用汇、金立、酷派、oppo等国内首批16家成员单位在北京共同签署了《公约》。《公约》基本内容包括总则、用户权益保障、公平竞争、公约的执行、附则，共五章三十五条，坚持用户权益至上的原则，规范移动智能终端应用分发服务的界限和竞争机制，是营造良好市场竞争环境的首部自律性公约，为产业链上下游的服务界限和竞争机制提供范式，具有积极的示范效应和未来价值，具有里程碑性质的意义。①

合规发展成为互联网商业和金融发展的关键词。2017年12月，由中国电子商务协会B2B行业分会牵头，39家领先B2B企业作为首批成员共同发起并签署的《中国B2B电子商务行业自律公约》在宁波发布。《公约》规

---

① 《〈移动智能终端应用软件分发服务自律公约〉在京签署》，新华网，http://www.xinhuanet.com/info/2017-11/08/c_136737228.htm，2017年11月8日（2018年5月5日）。

定，各成员单位要勇于承担社会责任，自觉接受监督和批评，共同抵制和纠正行业不正之风，全力助推行业的健康发展。该《公约》的推出是协会为维护行业发展秩序、推动行业诚信经营迈出的重要一步。① 2018年3月，中国互联网金融协会推出《互联网金融逾期债务催收自律公约（试行）》，《公约》对互联网金融从业机构催债行为进行自律约束，对催收不当行为划定了底线。

此外，一些互联网新兴行业也发布了行业自律公约，以保证行业的健康、规范发展。2017年9月18日，《中国大数据行业自律公约》召开启动大会，我国大数据行业首部《自律公约》即将出台。10月11日，中国短视频与直播联盟成立，联盟将致力于行业规范行业秩序，构建行业良好生态。2018年3月，超过40家区块链媒体共同缔结《区块链行业媒体自律公约》，成立区块链行业媒体自律公约联盟组织。《公约》旨在持续为公众提供透明、真实、值得信任的区块链信息，并承诺发布信息均保持客观与专业，绝不蓄意散布虚假信息误导或欺骗投资者，不抄袭不剽窃。区块链行业尚处于发展初期，缺乏监管，行业乱象不断，《公约》的适时发布为规范区块链行业发展，打造透明健康的环境起到很大促进作用。

2018年7月27日，中国记协新媒体专业委员会在京成立。这是中国记协深化改革、建设新时代"记者之家"的创新举措，是团结引领新媒体及其从业人员的重要抓手。新媒体专业委员会作为中国记协所属专门工作机构和服务于新媒体新闻信息传播的专业性组织，将强化政治引领，推动行业自律，打造工作平台，加强联络服务。

（2）互联网平台开展自纠自查

随着国家监管力度的加大及互联网平台社会责任意识的增强，多家互联网平台积极针对自身存在的问题开展自纠自查。

2018年4月，今日头条火山小视频、快手因传播低俗内容被点名批评

---

① 《中国B2B电子商务行业自律公约专题网站正式上线》，搜狐网，http://www.sohu.com/a/215441680_505889，2018年1月8日（2018年5月6日）。

后，立即采取了整改措施。快手重新梳理现有审核规则和社区运行规则，全面清查现有视频，停止新增视频上传账户，控制每日短视频上传总量。截至2018年4月10日，共拦截违规短视频约225.5万条，回查清理问题短视频约31.5万条，处置有效视频类举报约2.9万条；今日头条宣布同时关闭App内"语录""段子""趣图""美图"和"美女"共5个频道；抖音暂时关闭直播、评论功能，成立社会责任小组，推出防沉迷系统。

网络视频网站紧随其后。2018年4月16日，优酷称将联合多家知名网络电影公司，进行内容自查清理行动，复查在线网络电影。如果发现涉及封建迷信、价值观导向偏差、集中过度展示人性阴暗面、篡改名著及歪曲真实历史人物、以展示黑社会活动为主要情节或以黑帮成员为主要角色展开的影片将采取下线措施。20日，爱奇艺发布《爱奇艺联合合作方进行网络大电影内容自查结果公告》，表示近期集中从严、从重清理了一批不符合主流价值观的网络大电影内容，并对有明显博人眼球意图的海报、片名和严重偏离内容核心的宣传内容进行全面整改。通过平台自查及片方自查的方式，下线了1022部作品。

社交媒体如微博、微信也发起了专项清理行动。2018年4月11日，微博发布了"关于开展涉及未成年人的违规违法内容专项清理行动的公告"，称已经联合秒拍、一直播，对自身平台中可能存在的违规违法内容开展了专项清理行动，该专项清理将持续三个月。几天后，微博正式启动"加强传统文化和新时代美好生活优质内容的扶持计划"。初期预计投入价值5亿元的资源和现金，从产品、运营、服务等方面，加强对传统文化和新时代美好生活优质内容的传播建设。① 在互联网短视频整治期间，微信、QQ表示将暂停短视频App外链直接播放功能，涉及的App包括微视、快手、抖音、西瓜视频等。2018年4月24日，QQ安全团队宣布将严厉打击"文爱""磕炮"等未成年人网络色情通过网络平台，以文字、语音等方式进行带有

---

① 《微博加强优质内容的扶持计划》，观媒，http://www.guanmedia.com/news/detail_7483.html，2018年4月17日（2018年5月6日）。

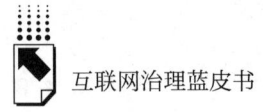

"性挑逗"的不良行为。

2018年1月,阿里发布《2017年阿里巴巴知识产权保护年度报告》。2017年是阿里巴巴联合品牌、执法司法机关、消费者等社会各界在网络假货治理和知识产权保护上取得历史性突破之年。阿里通过商品大脑、图像识别算法、生物实人认证等九大数据技术,每时每刻都在对平台上近20亿商品进行识别,主动删除的疑似侵权链接中,97%的违规商品一上线即被封杀;24万个淘宝疑似侵权店铺被关闭;通过数据技术主动删除的商品量是权利人投诉删除商品量的27倍。阿里打假特战队已与全国23个省份开展线下打假合作,并与上海、天津、江苏等12个省份公安机关就线下打假签署战略合作备忘录,累计向全国执法机关推送涉假线索1910条,协助抓捕涉案人员1606名,捣毁窝点数1328个,涉案金额约43亿元。在已转化为打假巨大推动力的数据技术助力下,执法机关、品牌权利人、消费者等社会各界共同参与,网络售假行为遭到严厉打击、显著遏制、极大震慑。①

2017年9月27日,百度宣布上线百度辟谣平台,全国372家网警巡查执法账号入驻。百度将利用大数据及人工智能等方面的优势,对搜索结果进行"谣言"标注及辟谣说明,通过百度信息流等产品进行辟谣信息精准推送。②微信于2018年3月2日正式发布《2018微信谣言治理报告》,展示了过去一年微信辟谣中心、"微信辟谣助手"小程序、辟谣小助手等多个辟谣产品的谣言打击成果。数据显示,微信辟谣中心全年科普4.9亿次、覆盖用户1.4亿人次;辟谣信息全平台累计传播量超4500万。③

2018年4月,空姐因搭乘滴滴顺风车遇害,再一次引发舆论对网约车安全的关注。事发后滴滴成立专项工作组,悬赏凶犯,并立即采取了整改措

---

① 《阿里发布打假年报:24万个淘宝疑似侵权店铺被关闭》,新浪科技,http://tech.sina.com.cn/roll/2018-01-10/doc-ifyqptqv6806016.shtml,2018年1月10日(2018年5月6日)。
② 《百度辟谣平台正式上线》,新华网,http://www.xinhuanet.com/tech/2017-09/28/c_1121735533.htm,2017年9月28日(2018年5月7日)。
③ 《微信发布谣言治理报告:辟谣中心全年科普4.9亿次》,腾讯科技,http://tech.qq.com/a/20180302/033437.htm,2018年3月2日(2018年5月9日)。

施。滴滴将下线所有评论和标签功能；车主每次接单前必须进行人脸识别，最大限度地杜绝私换账号的可能性；在继续评估夜间顺风车合乘双方安全保障可行性的同时，顺风车暂停接受晚上 22 点至早晨 6 点出发的订单。此外，滴滴还称对全平台业务进行整改，专项整治人车不符，在全平台推出有奖举报人车不符，修改产品设计，将紧急求助功能提升至显著位置，等等。滴滴还表示，将主动承担应有的法律责任，并建立关爱基金，为当事人和家属提供更多的救助。①

3. 公民积极参与监督

网络空间是亿万民众共同的精神家园，网络环境的净化离不开网民的参与、建设和监督。2018 年习近平再次强调要进一步充分调动网民参与治理的积极性和自觉性，形成政府、企业、社会组织、媒体和网民共同参与的治理主体。

2017 年以来，网民主人翁意识明显增强。据中国互联网违法和不良信息举报中心数据，2017 年每月有效举报数较去年皆有所增长。以 2017 年 12 月为例，全国网络举报部门受理有效举报达到 439.3 万件，环比下降 28.7%，同比增长 22.0%。其中，中国互联网违法和不良信息举报中心受理 10.0 万件，环比下降 42.3%，同比增长近 1.6 倍；各地网信办举报部门受理 183.6 万件，环比下降 47.8%，同比增长 97.3%；全国主要网站受理 245.6 万件，环比、同比分别下降 0.6% 和 6.7%。②

网络消费成为网民维权的热门领域。2018 年 "3·15" 期间，国家工商总局、中消协分别发布工作报告。国家工商总局《2017 年全国工商和市场监管部门处理消费者投诉举报咨询情况分析》提到，2017 年全国工商和市场监管部门共受理消费者举报 39.82 万件，同比增长 22.0%，已处理 36.65

---

① 《直击｜滴滴顺风车整改：下线所有个性化标签和评论功能》，新浪科技，http://tech.sina.com.cn/i/2018-05-16/doc-iharvfht7397236.shtml，2018 年 5 月 16 日 (2018 年 5 月 16 日)。

② 《2017 年 12 月全国网络举报受理情况》，中国互联网违法和不良信息举报中心，http://www.12377.cn/txt/2018-01/12/content_40154727.htm，2018 年 1 月 12 日 (2018 年 5 月 16 日)。

万件，办结率92.0%，总体提升了5.4个百分点；全国工商和市场监管部门共受理消费者投诉240.04万件，同比增长44.0%，增速同比提升14.9个百分点，其中已处理221.5万件，处理率92.13%，调解成功143.2万件，成功率为64.79%。① 2017年全年全国消协组织共受理消费者投诉726840件，解决552398件，投诉解决率76%，为消费者挽回经济损失51639万元。②

网络举报新平台层出不穷。2017年11月，网络涉军举报平台正式上线，将打击涉军造假诈骗，规范互联网军事信息传播秩序，推动军事网络媒体健康有序发展。2018年，12315互联网平台二期将正式上线运行，消费者可直接向开通此功能的企业投诉，也可向工商和市场监管部门投诉。同时，12315小程序将登录支付宝，支付宝12315官方小程序提供投诉举报通道，查看经营者基本信息、经营者地理信息、消费者维权法规等服务。2018年4月15日，国家安全部开通互联网举报受理平台，旨在加强对危害国家安全犯罪行为、间谍行为和其他危害国家安全行为线索的举报受理工作。

（三）中国积极参与全球互联网治理

当前，全球互联网治理体系变革进入关键时期，构建网络空间命运共同体日益成为国际社会的广泛共识。以人工智能为代表的新一轮科技和产业革命正在萌发，为经济社会发展注入强劲动力的同时，也给世界各国主权、安全、发展利益带来许多新的挑战。中国加入互联网20多年来，已在互联网多个领域成为引领者，在世界互联网格局中占据着日益重要的地位，当今世界已无法离开中国来谈论全球性互联网话题。2017年以来，中国继续以积极的姿态参与全球互联网治理，积极展开国际合作，致力于向世界贡献中国

---

① 《2018年国家工商总局消费维权新闻发布会》，工商总局消保局，http://samr.saic.gov.cn/xw/yw/xwfb/201803/t20180331_273441.html，2018年3月15日（2018年5月17日）。
② 《中国消费者协会发布2017年10起消费维权典型案例》，人民网，http://industry.people.com.cn/n1/2018/0315/c413883-29869777.html，2018年03月15日（2018年5月17日）。

经验和中国智慧,推动网络空间开放、合作、交流、共享,携手共建网络空间命运共同体。

1. 在全球互联网治理平台上积极发声

中国积极主办有关全球互联网治理论坛,继续发挥世界互联网大会的东道主角色。2017年6月16日,在国际电联、联合国教科文组织的支持指导下,由中国互联网协会主办信息无障碍论坛在2017信息社会世界高峰会议期间于日内瓦顺利召开。在会议上,中国将信息无障碍建设取得的可喜成果和发展经验分享给世界各国。同时,呼吁各国政府、组织应充分关注消除弱势人群信息获取障碍,充分保障人人平等共享的基本权利,建立长效发展机制,推进全球信息交流无障碍环境建设,共同营造包容性社会。12月3日"第四届世界互联网大会"在浙江乌镇开幕。习近平在贺词中指出:"全球互联网治理体系变革进入关键时期,构建网络空间命运共同体日益成为国际社会的广泛共识。"他提出建设网络强国、数字中国、智慧社会、推动互联网大数据、人工智能和实体经济深入融合。大会发布了由中国网络空间研究院编写的蓝皮书《世界互联网发展报告》和《中国互联网发展报告2017》。

2017年以来,中国继续以积极的姿态参与世界互联网治理,成为世界互联网治理格局的重要组成部分。在全球互联网治理论坛、会议中,来自中国的代表渐多、声音渐强、影响力渐大。10月11日,工业和信息化部、三大电信运营商及华为出席国际电信联盟2017年世界电信发展大会。工业和信息化部代表介绍了我国数字经济和信息通信业的发展经验和取得的成绩,并呼吁各成员国推进信息基础设施建设,探索数字经济发展,希望国际电联积极发挥协调作用,共同构筑创新、协调、绿色、开放、共享的发展新格局。10月28日,中国互联网络信息中心(CNNIC)、IGF中国(IGFCN)、互联网协会等机构人员代表中国出席了互联网名称与数字地址分配机构(ICANN)第60届年会。本次会议涉及互联网基础资源的管理与分配、政策及法律问题、互联网技术分享及介绍,涵盖了商业参与、跨领域沟通、运营管理、技术与安全、培训等不同的会议板块。12月18日至21日第12届联合国互联网治理论坛于日内瓦开幕。论坛主题为"塑造你的数字化未来",主要探讨数字经济、网络安全、人工智能、物联网以及区块链技术等互联网治理议题。国际电信联盟秘书长赵厚麟表示,合作、协调和协作是实现2030年可持续发展议程的核心,也是打造数字未来的重要方式。全球要共同协作,一起应对数字革命带来的机遇和挑战。

2. 积极与世界各国开展合作

在和平、发展、合作、共赢已经成为时代潮流的当下,发展共同推进、安全共同维护、治理共同参与、成果共同分享已经成为国际共识。2017年以来,中国秉持共商共建共享的全球治理观,与多个国家展开数字经济、信息基础设施、网络安全等方面的合作。

区域合作有序推进。2017年6月9日,上海合作组织元首理事会第十七次会议在哈萨克斯坦阿斯塔纳举行。习近平主席在会上发表《团结协作,开放包容,建设安全稳定、发展繁荣的共同家园》的重要讲话,倡议成立经济智库联盟和电子商务工商联盟,建立媒体合作机制,促进上海合作组织在"一带一路"中发挥平台作用。[①] 成员国元首签署并发表《阿斯塔纳宣言》,支持在联合国框架内制定网络空间负责任国家行为的普遍规范、原则和准则,认为2015年1月以上合组织成员国名义将《信息安全国际行为准则》修订稿作为联合国正式文件散发是朝此方向迈出的重要一步。成员国将继续深化打击信息通信领域犯罪合作,呼吁在联合国主导协调下,制定相关国际法律文书。[②] 2018年6月,上合组织青岛峰会召开。此次会议达成了多项共识,取得了丰硕成果。会议批准通过了打击"三股势力"未来3年合作纲要,其中也包括在打击网络犯罪上的跨国合作。此外,还将继续加强"一带一路"建设合作和发展战略对接。

11月8日,2017亚太经合组织(APEC)工商领导人峰会在越南岘港举

---

① 《习近平主席在上海合作组织成员国元首理事会第十七次会议上的讲话》,新华网,http://www.xinhuanet.com/world/2017-06/10/c_1121118817.htm,2017年6月10日(2018年5月13日)。

② 《上海合作组织成员国元首阿斯塔纳宣言》(全文),新华社,http://www.xinhuanet.com/world/2017-06/09/c_1121118758.htm,2017年6月9日(2018年5月13日)。

行,习近平出席会议并发表演讲。会议发表了《亚太经合组织第二十五次领导人非正式会议宣言》。此次会议主题是"打造全新动力,开创共享未来"。与会各经济体领导人围绕"数字时代的创新增长、包容和可持续就业""开创共享未来"等重点议题深入交换看法。

"一带一路"建设成果丰硕。自共建丝绸之路经济带和21世纪海上丝绸之路合作倡议提出以来,"一带一路"建设进展顺利,成果丰硕,受到国际社会的广泛欢迎和高度评价。2017年先后召开了"一带一路"国际合作高峰论坛、2017年中国—阿拉伯国家博览会网上丝绸之路大会、亚欧数字互联互通高级别论坛、中坦网络新媒体圆桌会议等国际会议或论坛。推动中国与"一带一路"沿线国家和地区在数字经济、数字媒体、数字基础设施建设、跨境电子商务等方面的合作。"一带一路"国际合作高峰论坛期间及前夕,各国政府、地方、企业等达成一系列合作共识、重要举措及务实成果,涵盖政策沟通、设施联通、贸易畅通、资金融通、民心相通5大类,共76大项、270多项具体成果。① 在第四届世界互联网大会上,中国、埃及、老挝、沙特、塞尔维亚、泰国、土耳其和阿联酋等国家代表共同发起《"一带一路"数字经济国际合作倡议》,提出了扩大宽带接入;促进数字化转型;促进电子商务合作;支持互联网创业创新等15个方面的合作意向。

中美网络安全对话与合作继续深化。中美在2017年10月在华盛顿展开首轮中美执法及网络安全对话。双方就非法移民遣返、禁毒、网络犯罪和网络安全、追逃等议题进行了讨论。双方重申,2015年以来三次中美打击网络犯罪及相关事项高级别联合对话达成的共识和合作文件依然有效。双方愿改进与对方在打击网络犯罪方面的合作,包括及时分享网络犯罪相关线索和信息,及时对刑事司法协助请求做出回应。双方将在网络保护方面继续合作,包括保持和加强网络安全信息分享,并考虑今后在关键基础设施网络安

---

① 《"一带一路"国际合作高峰论坛成果清单(全文)》,新华社,http://www.xinhuanet.com/world/2017-05/16/c_1120976848.htm,2017年5月16日(2018年5月14日)。

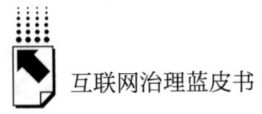

全保护方面开展合作。双方同意保留并用好已建立的热线机制，根据实际需要，就所涉及的紧急网络犯罪和与重大网络安全事件有关的网络保护事项，及时在领导层或工作层进行沟通。①

二 中国网络社会年度治理的焦点问题

2017~2018年，中国网络社会治理取得了显著成就，但也存在一些焦点问题亟待解决，这些焦点问题主要包括短视频行业乱象不止、个人信息保护漏洞重重、算法推荐乱象迭出、网络版权纠纷不断等。

（一）短视频行业乱象不止

2017年是短视频"当之无愧的爆发元年"。BAT三大巨头纷纷入局，腾讯"复活"微视，领投快手；阿里文娱布局土豆转型短视频，淘宝短视频蓬勃发展；百度投资人人视频和上线好看视频。同时，快手、火山小视频、抖音和西瓜视频等短视频平台迅速崛起。据QuestMobile数据显示，2017年短视频独立APP行业用户已突破4.1亿，较2016年同期增长率达116.5%，其中仅快手月活跃用户数就达20449.24万。② 短视频在满足用户休闲娱乐的需求之外，也捧红了一系列"网红"景点和产品，成为网红经济的助推手。

然而在短视频看似前景良好的背后，内容水平参差不齐的问题也逐渐显现。2018年4月初，央视报道了快手、火山小视频上的"年龄最小二胎妈妈"乱象并点名批评；4月4日，国家新闻出版广电总局、国家网信办约谈今日头条、快手两家主要负责人，责令全面进行整改；4月10日，国家新闻出版广电总局责令今日头条永久关停"内涵段子"客户端软件及公众号，

---

① 《首轮中美执法及网络安全对话成果清单》，新华社，http://www.xinhuanet.com/2017-10/06/c_1121766852.htm，2017年10月6日（2018年5月15日）。
② 《QuestMobile 2017年中国移动互联网年度报告》，QuestMobile，http://www.questmobile.com.cn/blog/blog_127.html，2018年1月17日（2018年5月15日）。

随即今日头条旗下的抖音也宣布整改。在一系列监管重拳之下，短视频行业带来的社会问题也被推至风口浪尖。

1. 短视频乱象问题表现

短视频平台的低门槛，无限制给予了普通人展示自己的机会。快手一直以来就以"帮助大家被喜欢自己的人看到、认识、互动，消解孤独感"为宗旨。这本是美好的愿望，可随着规模逐渐扩大，短视频平台非但没能更好地承担这一功能，有时反而陷入违背公序良俗，甚至违法违规的困境当中。

不少短视频平台上充斥着色情、低俗、没有内涵的内容。2018年快手和火山小视频因大量"未成年妈妈""全网最小二胎妈妈"等内容的视频受到处罚。这些视频的封面往往还附有一段引人眼球的标题，如"初二叛逆期生下他""14岁拥有可爱的儿子""对当初早恋不后悔"等。在快手APP上，18岁生孩子的杨青柠和孩子的父亲王乐乐共计拥有4500万快手粉丝，一次晒孩子的直播，能收到280万次点赞，影响力非同小可。[①] 早孕已经在平台内引起一股风潮。一个网红获得人气之后，几位十七八岁的网红也争相宣布怀孕。这些视频不仅没有被拦截，反而能获得几万甚至几十万的点击量和关注度，甚至还会被标注为"官方推送"被推送至热门视频。

除了未成年妈妈，在快手、火山小视频、抖音等平台还出现一些怪异甚至违法行为，如拍摄偷卸他人奔驰车标，生吃金鱼、面包虫、蛇、黄鼠狼、拍摄自家豪华别墅、豪车、名牌，疑似"炫富"等。抖音上甚至出现了假冒奢侈品，大量的走私车、仿冒鞋包、手工化妆品等短视频在抖音平台大量传播。

这些内容不仅有违伦理道德，也与国家法律法规相违背。由于短视频平台的用户群以30岁以下的年轻人为主，其中不乏未成年人。这些脱离了主流价值观的内容会对价值观、人生观和世界观仍在形成过程中的未成年人造成示范效应，污染他们的生长环境。

[①] 《谁在推送"少女妈妈"？》，《华商报》，https：//www.sohu.com/a/227215305_351301，2018年4月4日（2018年5月15日）。

2. 短视频乱象形成原因

（1）追求流量不顾质量

短视频行业内容猎奇低俗，哗众取宠，其首要原因在于平台及其主播一味追求流量而不顾质量。与网络直播平台类似，用户想在短视频平台上获取收益，有两种途径，一是积累一定的粉丝量后接广告，二是有一定的粉丝基数后开直播，从粉丝的打赏中获益。但不管哪种方式，背后都需要关注度。短视频平台低门槛、开放性的特质吸引了大批普通网民的参与，"网络主播月入百万"的例子也在鼓舞着人们通过直播变现。这就造成了主播们道德素质、思想品质参差不齐，他们当中的很多人为求关注选择诉诸反常，通过猎奇、夸张的内容吸引网民的注意。例如"全网最长舌头""一夫二妻"等内容层出不穷，然而这种毫无技术含量的内容可替代性极强，在抢夺注意力的竞争中低俗内容也在不断升级，从低俗走向恶俗，甚至挑战社会底线，违背法律法规。

同时，平台对低俗内容睁一只眼闭一只眼的态度，也在助长这种风气。实际上早在2016年快手等短视频平台就被曝出低龄妈妈问题，但平台并未采取任何措施，而是处于一种被动状态，借口"技术中立"推卸社会责任。

据艾媒咨询集团数据，短视频行业近几年融资额超300亿元。巨额资本涌入、用户不断增加，平台规模不断扩大，越高的流量越能提升资本估值，就越能帮助平台在行业竞争中拔得头筹，获得利益。在这样的背景下，作为最大受益方的短视频平台并不会尽心规范平台内容。为了争夺主播和观众，平台往往会降低对主播资质、视频内容的把关标准，放任低俗、格调低下的内容传播，甚至允许和助推这些视频登上平台首页和热门。这反过来又让其他用户受到错误的引导，认为这类内容才有市场，于是跟风模仿，最后一片乌烟瘴气。

尽管短视频与直播行业成立了联盟，各平台也都设立了《社区规范》，对主播着装、行为等做出规范和限制，但实际上很多平台依旧没能主动、尽力去治理这些内容，大多保持着袖手旁观、被动出击的状态。短视频平台的做法，忽视了行业自律章程和法律法规，也忽视了对主流价值观和社会责任的坚守。

（2）内容审核难度大

事实上，短视频、直播平台的内容治理一直是个棘手问题，原因就在于内容审核的难度大。其一，短视频平台一般采取"机器+人工"模式对内容进行审核，对新上传视频实行先审后发，屏蔽肉眼可识别的违法违规内容。但直播实时发生，平台审核机制也无法预测其内容走向。此外，文字、图片都可以通过过滤机制进行屏蔽，但视频作为动态内容更难被分析和识别。同时，低俗信息的隐蔽性越来越高，不少视频内容实际上都在违法的边缘试探，例如性暗示或故意制造噱头等。但这些内容很难从技术上被识别和筛选出来，就对机器、算法审核提出了更高的要求。

为了弥补机器审核的不足，人工审核变得极其重要。2017年快手和今日头条就宣布已经建立了千人以上的审核团队。但短视频平台每日更新的视频要多得多。据业内估算，一个内容审核员，一天可以审核几万条文字内容或者几万张图片，但换成视频的话，只能审核1000～2000条。可对比的数据是，2017年10月，今日头条宣布旗下所有平台每天上传的短视频数量为2150万，而快手此前公布的UGC视频每日生产量也超过了1000万。按照快手和今日头条已有的审核团队规模，其审核能力已显然跟不上视频的生产量。①

（3）个性化内容推荐机制存在缺陷

2018年处于监管风暴中的快手和今日头条无一例外都是"技术驱动"型公司。运用智能算法进行内容的个性化推送是快手和火山小视频内容分发的共同机制。所谓智能算法推荐，就是通过抓取用户数据，精准分析用户需求之后，把合适的内容推送给合适的人。依靠算法推荐，今日头条从一种新闻资讯类APP中脱颖而出，截至目前，今日头像已经过三轮融资，估值已近200亿元，在三年内增长约40倍。

---

① 《短视频整改进行时：如何为算法输入价值观?》，《21世纪经济报道》，http://tech.sina.com.cn/i/2018-05-08/doc-ihacuuvu7393636.shtml，2018年5月8日（2018年5月10日）。

个性化算法推荐虽然在增加用户黏性，打造"私人订制"信息中发挥极大作用，但平台任由技术主宰内容，不加干预的做法，实际上是短视频低俗化的帮凶。正如《人民日报》评论文章所说，内容能否推送、推送给谁，由机器说了算，依据的标准就一条——能不能吸引用户。对于主播来说，为了获得关注度和阅读量，只能一味迎合这种风气，最终劣币驱逐良币进一步影响内容质量；对于用户而言，一次两次的点击会造成类似信息的反复推送，不仅减弱了人们的思考能力，低俗、色情、暴力等违法违规信息也会通过"回音室效应"给网民尤其是青少年造成不良影响。

3. 短视频乱象治理对策

（1）回归内容为王，用价值观指导算法

短视频要告别野蛮生长，步入健康发展的良性循环，必须要回归到内容价值本身，用正确的价值观指导算法，让智能算法为优质的内容服务。无论技术如何变化，传播渠道如何变化，优质内容都是媒体立足的根本。如果没有积极健康、富有文化内涵的信息内容，再强大的算法也是无源之水、无本之木。技术是一把双刃剑，是否能发挥其优点、避免其缺陷，在于技术背后的人。这就要求短视频平台真正做到：①提高内容质量，重视人工编辑的作用。一方面，加大对优质内容的扶持力度，提高主流价值观内容的比重，鼓励更多主播产出积极健康向上的内容。另一方面，重视人工编辑的作用，建立总编辑制度，提高审核人员数量和素质，通过人工干预机器审核和算法推荐，将正确的价值观贯彻到实处。②优化算法功能，让智能算法为优质的内容服务。为此，短视频平台应改进算法规则，让所有算法规则符合健康积极向上的价值观，扩大优质信息的影响力和传播力，降低低俗、劣质信息被推荐的频率，重点推荐符合用户兴趣的优质内容，真正做到让技术更好地造福人民。

（2）加大监管力度，完善行业自律

网络空间不是法外之地。对于短视频平台出现的违法违规内容问题，监管部门应积极响应，加大监管力度，提高违法成本。就短视频行业而言，网信办、文化部等部门已发布了《网络安全法》《互联网新闻信息服务管理规定》《互联网直播服务管理规定》《网络表演经营活动管理办法》等相关法律法规。面对日益变化发展的网络直播及短视频行业，相关部门还应进一步完善和具体化相关法规，使各执法部门有法可依。另外，执法部门也应加大执法力度，主动审查行业乱象，通过具体事件的处理案例和司法判例为后续的治理行动和措施提供依据和参考。另外，也应加大对违法、违规平台和主播的处罚力度，提高其违法、违规成本。

同时，应加快行业自律的形成和完善。自短视频行业成立之始，内容质量问题便随之而生。2017年9月《人民日报》曾连发三篇评论文章问责今日头条。但时至今日，内容低俗问题仍未解决。究其根本，在于平台担心去低俗化，严格管控内容和主播会导致大量用户流失，而用户的流失又会导致优质的内容流向其他竞争平台，影响自己的生存。

然而，影响力有多大，责任就有多大。巨大的用户群体绝不仅意味着金山银山，还意味着责任如山。作为影响力巨大的企业，不能够将网民作为资源和人质，更应该是良性的共生关系。短视频行业已成为竞争红海，各平台应着眼于"长"竞争，打造优质内容，才能拥有核心竞争力。因此，短视频行业应进一步完善行业自律规则，在所有平台建立起统一的规范和要求，以消除平台的后顾之忧，一齐拉高行业标准，提高短视频行业内容质量，弘扬社会主流价值观，为行业自身的良性发展打造健康环境，也能发挥企业主体的作用，共同为网络空间内容治理做出贡献。

（3）建立未成年人相关法律法规

据第41次《中国互联网络发展状况统计报告》，截至2017年12月，我国未成年网民数量已超1500万，约占全体网民的19.6%。① 未成年网民已经成为我国网民群体中的活跃分子。通过网络，青少年群体可以获取知识，也可能遭到不良信息内容的荼毒。以快手、抖音为主的短视频平台上聚集了大量青少年，他们或是生产短视频的主播，或是仅仅观看视频的普通用户。但由于短视频平台准入门槛低，大量青少年在其中接触了五花八门、参差不

---

① 第41次《中国互联网络发展状况统计报告》。

齐的内容，对他们"三观"的建立带来了很大影响。但随着互联网对日常生活渗透程度的增加，网络空间已经成为日常学习、生活和工作不可分离的一部分，一刀切地限制未成年人不得参与网络直播并不可取。于是，建立健全未成年参与网络直播、短视频创作的相关法律法规，让未成年人可以依法参与直播成为当务之急。目前，《未成年人网络保护条例》已在推进当中，快手、抖音等短视频社区推出了未成年人保护体系，将采取"家长控制模式"、对视频进行分级、关闭未成年人直播打赏等措施。这些法规和规定的出台和建立，应当成为规范我国未成年网民网络行为的重要参考。

（二）个人信息保护漏洞重重

2018年1月3日，支付宝公布了"2017年度个人账单"。在账单首页很不显眼的位置有一行小字"我同意《芝麻服务协议》（下称《协议》）"，并且这行字是默认勾选状态，这意味着如果用户不主动取消勾选则视为自动同意授权。芝麻信用将收集用户的个人信息，并向第三方提供。此举经一位律师在微博披露后引起轩然大波。不久后，百度总裁李彦宏"用户自愿用隐私换效率"的言论以及空姐乘滴滴顺风车遇害案再一次激起了网民对个人信息保护的关注和讨论。在大数据时代，互联网企业应如何利用用户个人信息，才能带来合法保护和促进发展的共赢？

1. 个人信息保护漏洞表现

随着社会信息化的推进，信息资源逐渐变成重要生产资源，深度嵌入整个经济社会发展当中。然而在信息产业不断发展壮大的同时，个人信息保护却仍然滞后，出现重重漏洞和问题。

第一，互联网企业过度获取用户信息。支付宝年度账单事件的核心问题在于"默认勾选"。这意味着用户在还没有阅读协议，就已经将自己的个人信息授权给了支付宝。但这绝不只是支付宝一家的做法，诸如此类的做法已经成为互联网行业的一个明规则被广泛应用。北京市消协发布手机APP（应用软件）个人信息安全调查报告显示，部分手机APP过度收集用户个人信息。其问卷调查显示，有89.62%的人认为手机APP存在过度采集个人信息的情况，79.23%的人认为手机 APP 上的个人信息不安全，41.16%的人在安装或使用手机 APP 之前从来不看授权须知。①

互联网企业合同缔结方式主要分两种，一是浏览合同缔结，二是注册用户时点击确认缔结。② 默认勾选忽视了用户选择的权利，然而尽管点击确认给了用户选择的机会，但事实上，多数互联网企业的授权须知篇幅过长，采用格式条款方式，导致用户难以理解，无法达到明确告知信息主体采集使用信息的范围、方式、目的等事项的作用。用户的知情权和选择权因此被侵犯，造成用户和互联网企业间信息地位不平等，权利义务不对等的问题。

第二，用户的个人信息被不法分子使用。目前市场上一些性格测试、P图、小游戏等第三方应用很受用户追捧，但这些应用无一例外都会要求用户上传个人信息。但需要警惕的是，在分享这些 P 图和测试娱乐的同时，可能会带来个人信息安全隐患。在一些购物平台，就存在大量贩卖生活照的卖家。这些照片通常来源于网民的微博、朋友圈等社交平台。买家购买后，被广泛用在了贴吧交友、珍爱网征婚、医美整容等场景中，以此进行社交诈骗。③ 互联网企业获取个人信息或许是为了精准营销，但如果用户个人信息被不法分子利用，精准营销就变成精准诈骗，导致用户精神受损、钱财损失，甚至付出生命代价。

2. 个人信息保护漏洞原因

（1）个人信息性质发生改变

个人隐私与个人信息呈交叉关系。有的个人隐私属于个人信息，而有的个人隐私则不属于个人信息；有的个人信息特别是涉及个人私生活的敏感信息属于个人隐私，但也有一些个人信息因高度公开而不属于隐私。④ 随着信

---

① 《北京市消协发布手机 APP 个人信息安全调查报告》，人民网，http://society.people.com.cn/n1/2018/0307/c1008-29854366.html，2018 年 3 月 7 日（2018 年 5 月 10 日）。
② 王心禾：《"支付宝账单"事件的四个疑问》，《检察日报》2018 年 1 月 17 日，第 5 版。
③ 《你朋友圈私照可能被卖到淘宝了！用作征婚诈骗》，《南方都市报》，http://news.sina.com.cn/o/2018-04-01/doc-ifysuzti5930649.shtml，2018 年 4 月 1 日（2018 年 5 月 12 日）。
④ 张新宝：《从隐私到个人信息：利益再衡量的理论与制度安排》，《中国法学》2015 年第 3 期。

息化程度的不断提高,通过大数据充分利用个人信息已经成为社会管理和商业运作的一个基本方式。个人信息既不再是隐私权的客体,也不是人格权衍生出的财产权的组成部分,而成为国家、数据企业和个人共享的宝贵数据资源。① 在这样的背景下,用户的个人信息保护诉求与国家和信息业者信息利用的需求就产生了冲突。

个人信息具备商业价值和公共管理价值。一方面,企业通过抓取用户个人信息,能够精确了解消费者需求和偏好,使定向广告投放和精准营销成为可能。相对于早期大规模、广泛投放广告的方式,精准广告投放能够帮助企业减少投放成本,提高投放效率。对用户来说,也能减少无关垃圾广告的侵扰。大大提高了企业和用户之间的互动效率,也能为社会带来可观的经济回报。另一方面,充分掌握个人信息也能帮助国家更好地治理社会。借助大数据,构建起公民的信息数据库,能够有助于提高对社会风险因素的感知、预测、防范能力,实现决策科学化、社会治理精准化、公共服务高效化。发展"数字政府""电子政务"已经成为我国"数字中国"战略的重要部分。

在大数据年代,用户不可避免地要让渡一部分个人信息。因此,如何兼顾个人信息的公共利益和私人利益属性,处理好个人信息保护和大数据发展的平衡成为当下社会治理的一个难点。

(2) 互联网企业消极应对

个人信息保护的核心在于平台提供者,他们不但是搜集个人信息的主体,还应该是用户信息安全保护的义务主体。但在实践中,互联网企业对用户个人信息权利的尊重仍远远不足,不能履行保护用户信息安全的责任。

2017年12月,《南方都市报》个人信息保护研究中心发布了《2017个人信息保护年度报告》(下简称《报告》),对1550家网站和APP的隐私政策进行测评。结果显示,平台隐私政策透明度的分布都是陡峭的金字塔形,即透明度高的极少,透明度低则占到绝大多数,超过总数的80%,互联网

---

① 《大数据时代个人信息保护模式需改变 管理与保护并重》,新华网,http://www.xinhuanet.com/yuqing/2018-04/19/c_129853512.htm,2018年4月19日(2018年5月12日)。

金融类和购物类的占比甚至高于90%。① 互联网企业对用户信息权利的保护现状堪忧。一些企业往往只注重对个人信息的收集与利用，而没有太大的动力保护用户的个人信息。如支付宝年度账单默认勾选同意的类似事件仍在不断发生，企业一边通过各式各样的手段获取用户个人信息，将其用于商业用途获取利益，一边却凭借避风港原则消极对待用户信息安全保护。用户安全保护投入不足，保护效果不佳。而且在隐私保护设计上，企业往往以方便自身开展业务为标准，漠视用户的信息安全风险。

（3）法律法规不健全

尽管我国针对个人信息保护对现有法律进行了补充修改，也出台了一些规范性文件，但系统性的个人信息保护法律保障仍未建成。

近年来，我国已出台的个人信息保护相关法律和部门法规包括：2013年《征信管理条例》、2013年工信部发布的《电信和互联网用户个人信息保护规定》、2016年《中华人民共和国民法总则（草案）》、2017年6月正式实施的《网络安全法》、2018年5月1日施行的国家标准《信息安全技术/个人信息安全规范》等。尽管有如此多的规范性文件涉及个人信息保护，但从整体来看，我国有关个人信息保护的立法尚存在以下问题：一是立法的碎片化现象突出，系统的专门立法尚付阙如；二是对个人信息保护的利益衡量不清晰，表达不准确；三是多数规范性文件位阶偏低，高位阶的规范性文件流于形式或者宣示性规定，缺乏可操作的具体规则；四是相关行政执法部门的定位、权限等不明确，国家互联网信息办公室的行政管理和执法活动缺乏必要的法律依据。②

3. 个人信息保护对策

（1）加快个人信息保护法律体系的构建

当前我国个人信息保护形势不容乐观。公民个人信息屡遭侵犯，垃圾推

---

① 《1550家网站和APP隐私政策测评结果出炉》，《南方都市报》（深圳），http://news.163.com/17/1229/05/D6Q5L4SR00018AOP.html#，2017年12月29日（2018年5月12日）。
② 张新宝：《从隐私到个人信息：利益再衡量的理论与制度安排》，《中国法学》2015年第3期。

广、骚扰电话扰乱公民的日常生活，电信诈骗、敲诈勒索等犯罪行为层出不穷，社会危害更加严重。随着大数据的不断发展，个人信息将会被更多地利用到各个领域。因此，建立和完善个人信息保护法律体系已经显得十分迫切。

首先，个人信息保护亟待建立专门法。因此，应加快《个人信息保护法》进程，建立清晰明确的高位阶规范性文件。公民个人信息需要一部基本法来保护。涉及个人信息保护的各个部门应积极推动立法进程，抓紧制定个人信息保护的专门法和统一法，厘清相关问题、责任主体和行为规范，为公民个人信息撑开法律的保护伞，用法律夯实保护公民个人信息的安全防线。其次，协调其他法律法规的相关规定，从立法上实现个人信息保护的统一化。我国个人信息保护相关规定散落于各个法律法规中，不利于形成法律合力。因此，应在统一的个人信息保护法体系下，合并或精简相关规定。最后，从执法层面上，加大违规违法的处罚力度，以达到震慑、警示的作用。

(2) 互联网企业自觉承担责任

个人信息数据是企业的核心资产，企业在强调自身权利的同时，也应切实担负起保护用户隐私安全的责任。首先，互联网企业在收集用户个人信息时，应遵循最少、必需原则。2017年6月1日正式施行的《网络安全法》明确禁止收集与其提供服务无关的个人信息，且需遵循"合法、正当、必要的原则"。① 部分互联网企业收集个人信息是基于法律法规的要求，另一些则以商业目的为出发点，给公民个人信息安全带来了潜在的威胁。互联网企业应自觉遵守相关法律法规，切实规范自身行为。其次，企业应充分保障用户的选择权和知情权，自觉改进隐私条款设置，以更显眼的方式呈现给用户，让用户特别注意，做到明确、清晰地告知用户使用个人信息的范围、方式、目的、用途。杜绝默认勾选同意，给予用户充分选择的自由。最后，企业在获得数据后，应遵循信息安全原则，切实保障个人信息安全。加大资金

---

① 《监管正盯紧这些违规！支付宝"七宗罪"被罚18万，今年受罚已14家》，凤凰财经，http://finance.ifeng.com/a/20180409/16063598_0.shtml，2018年4月9日（2018年5月13日）。

和技术的投入,建立信息安全保障体系,防止用户个人信息被盗取或泄露。一旦大量数据泄露,用户隐私权受到损害,不论是否是自身过失导致,企业都应该告知用户。

信息安全和隐私保护能力是未来企业的核心竞争力。如果只是把隐私保护当成负担和枷锁,忽视社会责任,企业将无法得到长足的发展。

(3)提高用户安全防范意识

与日益深入发展的互联网不符的是,广大网民仍然缺乏个人信息安全防范意识。据360互联网安全中心2017年底发布的《中国网民网络安全意识调研报告》显示,6.9%的网民认为非常安全,49.1%的网民认为当前的网络环境比较安全;32.8%的网民认为一般安全;与之相反的是,仅有2.0%的网民认为非常危险,9.2%的网民认为当前的网络环境比较危险。[①]

在个人信息法律保护尚不完善的情况下,提高自我保护意识显得非常重要。为此,广大网民应提高防范意识,尽可能防止个人信息无意间泄露。一是养成良好的上网习惯。例如上网时谨慎填写银行账号、身份证号等重要个人信息,定期修改密码,尽量不链接安全性不明的WiFi,尽量避免下载来路不明的应用软件,避免在社交平台上过多暴露个人信息等。二是提高维权意识。用户在意识到自己的信息被非法获取、泄露后,应主动采取措施,及时维权。若造成损失可寻求法律援助。三是提高保护个人信息能力。这需要政府工商部门、消费者协会、媒体等相关机构应加大宣传力度,改进宣传手段,通过宣传切实提高公民维权意识,教导公民清晰掌握维权技能。

(三)算法乱象

在人工智能时代,"算法"俨然已经成为决定诸多信息系统运行规则的杠杆。2016年,在资讯信息分发市场上,算法推送的内容超过50%,[②] 成

[①] 360安全中心:《中国网民网络安全意识调研报告》。
[②] Analysys易观:《中国移动资讯信息分发市场专题研究报告2016》,http://www.hysec.com/f/tsnr/[D2016]/2016-08/TSNR100/16/RR_3003466784.pdf,2016年8月12日(2018年7月19日)。

为里程碑式的拐点。算法崛起，一时风头无两。然而近年来，算法在内容分发上的一些弊端逐渐显露，影响网络内容生态，引起监管部门的注意和社会的批判反思。2017年底至2018年初，算法推荐迎来行业大整顿。无论是国内涉及"今日头条""内涵段子""快手"等平台的算法批评，还是国外脸书用户数据泄露事件引发的算法质疑，都在把算法拉下神坛。算法推荐迎来了另一个拐点，这一拐点标志着对算法的治理成为共识。

1. 算法乱象的表现

（1）算法决定内容，价值观缺失

智能算法所呈现的内容常受诟病。以今日头条为例，超过120万头条号创作者带来了海量、多元的信息，但长期以来标题党、低俗化倾向严重，营销信息、不实信息充斥平台，广告杂乱多；旗下"内涵段子"存在导向不正、格调低俗等突出问题；旗下"火山直播"更是一个艳俗直播平台。正如业内人士所评价的，"头条做这么大了却没有高阶内容贡献，没有与平台地位相称的主流现象级内容策划"。①

除了内容分发平台，社交媒体的热搜榜也时常充斥着炒作、低俗信息。在营销公司的刷榜刷量之下，无论是何种内容，一旦到一定量级，就会被微博的算法推到最前面。针对这一问题，2018年1月27日，新浪微博热搜榜、热门话题榜等版块下线整改。

（2）迎合固有观点，制造信息茧房

算法所标榜的一大优势是个性化推荐和信息定制，能根据用户的浏览记录判断用户喜好，推荐符合用户偏好的更多同类信息。这种同类推荐机制迎合了人性中选择性接触与自己固有认知和观点相一致的信息的心理。然而，它在帮助用户筛选信息的同时，无形中"越推越窄"，将用户阻挡在异质化的信息和不同的观点之外，而只听到单一的回声，不断强化固有偏见和喜

---

① 《中国基金报》：《刚刚，内涵段子永久关停！这家1900亿独角兽掉进"深渊"》，http://wemedia.ifeng.com/55917239/wemedia.shtml，2018年4月10日（2018年7月19日）。

好，久而久之把人困宥在自己小圈子、小世界里，形成"过滤气泡"、"回音室"和"信息茧房"等效应。对于社会沟通来说，"信息茧房"还可能在不同群体、代际间竖起阻碍沟通的高墙，甚至加深群体极化现象。

（3）一味追求点击率，抑制内容创新

许多算法简单以文章的点击率、分享率等几个指标进行推荐排序，造成一些"眼球新闻"得到推送，而真正有质量、高价值的严肃内容却无人问津，产生"劣币驱逐良币"的困境。在这样的算法主导之下，平台作者如果想要生存下去，更轻松的方式是一味迎合、取悦、跟风，而非生产出高质原创内容。长此以往，内容生产者将失去独立思考、深度观察的能力，受众也难以接触到高质内容，习惯于浅层庸俗的信息，从而造成内容生态圈的"沉沦"，进而削弱整个社会的创造力。

（4）内嵌算法偏见，有失公平正义

算法另一个更隐蔽的弊端是内嵌算法偏见。在看似没有恶意的程序设计中，却有可能带着设计者或开发人员的偏见，或者所采用的数据是带有偏见的。算法偏见的例子已屡见不鲜，如：Google Photos 应用误把两名黑人标注为"大猩猩"；谷歌更偏向于给女性推送低薪广告；微软聊天机器人 Tay 在推特上散布种族主义和性别歧视信息；伦敦圣乔治医学院用以筛选简历的算法造成申请者由于性别或种族问题而被拒绝参加面试；美国犯罪风险智能评估系统 COMPAS 将黑人错误评估为高犯罪风险的概率是白人的两倍；等等。今天，机器学习驱动的人工智能算法已经无处不在，它能辅助决策，但在内含偏见时却以一种隐蔽的方式损害社会的公平正义。

2. 算法乱象的成因

（1）算法至上：盲目夸大算法作用

造成算法乱象的最主要原因是算法崇拜，认为可以把所有问题交给算法而无须人工的干预，甚至鼓吹"算法没有价值观"。"今日头条"公司一直以"技术公司"自居，而回避本身具有传播信息的媒体属性；其 CEO 张一鸣以"工程师"的身份自居，曾公开称"今日头条"不设总编辑。正如张一鸣所反思的："公司过于强调技术的作用，在社会主义核心价值观教育方

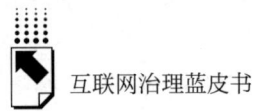

面缺失、舆论导向存在偏差。"① 算法崇拜脱胎于技术崇拜的思想，后者认为所有技术都是好的，而无视技术的弊端，忽略对技术的批判和反思。技术崇拜的极端后果是人的异化，技术凌驾于人和伦理之上，人在技术统治的世界中迷失了自我，沦为技术的奴隶。

（2）算法黑箱：缺少监督机制

算法推动网络社会运行，意味着算法成为一种隐形的规则和权力。然而这种权力却时常处于"黑箱"之中。"算法本身的技术壁垒以及产权保护使得推动网络社会运行的算法难以透明，且随着社会复杂性的提升算法也变得越来越复杂。"② 在这样的情况之下，算法成了无人监管的黑箱，公众难以对算法进行监督。一些平台打着"技术中立""算法无罪"的旗号，背地里却用算法作恶。有媒体曝光"今日头条"的"二跳"问题，即在二、三线城市的APP界面刊登虚假广告，"明着合法，暗中违规二次跳转广告页面"，以"智能"欺骗消费者。③ 媒体监督让"今日头条"认错改正，然而这种监督却是事后的。算法不公开，监督就无法起到提前阻止、预防的作用，而只能在算法造成的危害逐渐显露出来后才能"叫停"。

（3）算法层次：真正人工智能尚未实现

算法决策的背后是人工智能的思想，即以算法代替人，了解人类心理从而更好地服务人。但归根结底，算法并不能完全了解人。就目前的技术水平来说，真正的人工智能技术还未成熟，"强人工智能"尚未实现，"奇点"远未来临。在智能新闻客户端，当用户点击特定主题的内容，并非全然是因为喜好这一主题，还有可能是一不小心误点，或者只是出于一时好奇，然而之后平台却会不停地向其推送该主题的新闻或广告，令人不胜其烦。在某种程度上，算法造成的灰色内容、信息茧房等问题，也折射出算法本身所面临

---

① 张一鸣：《致歉和反思》，https：//mp. weixin. qq. com/s/4r6rCwNE7BgTLD37cPJOoA，2018年4月11日（2018年7月19日）。
② 陈国权、孙韶阳：《线上政府：网络社会治理的公权力体系》，《中国行政管理》2017年第7期。
③ 《今日头条回应广告违规"二跳"》，人民网，http：//society. people. com. cn/n1/2018/0330/c229589 - 29899172. html，2018年3月30日（2018年7月19日）。

的瓶颈。算法的一些弱点,如依赖于数据的优劣、数据的有效性问题等,仍然没有被弥补。"目前的个性化推荐系统还远没智能到读懂文章的内容,更没法从本质上分析内容有没有价值,而只能从外部的数据来衡量文章的质量。"①

3. 算法乱象的对策

(1) 算法+人,以正确的价值观指导算法

不可否认,算法作用巨大。算法分发已经成为包括搜索引擎、浏览器、资讯客户端甚至音乐软件在内的互联网产品的标配。然而,越是算法风行的时代,越需要以正确的价值观指导算法;除了"工具理性",更需"价值理性"。正如快手CEO宿华所言:"算法的背后是人,算法的价值观就是人的价值观,算法的缺陷是价值观上的缺陷。"② 特别是内容领域,要更多地强调"人",坚持人文精神的回归、坚守把关人责任。网络内容平台应引入更多编辑,加大人工审核力度,实现从"算法统领"到"人机结合"的转变。2018年4月,在经历约谈后,"今日头条"和"快手"都扩大了内容审核编辑的队伍。另外,平台还应将正确的价值观寓于算法之中,将价值观落实到写算法、写程序的技术人员身上,落实到整个企业内部,提高从业人员的价值观意识和"四个意识"。

(2) 算法透明,扩大监督

2017年2月,皮尤研究中心发布的一份研究报告《算法时代的利弊》显示,算法透明度是业界和学界共同关心的焦点之一。③ 2018年1月11日,"今日头条"召开了"让算法公开透明"分享交流会,首次公布了其算法推

---

① 《算法瓶颈与激进布局下的危机:今日头条,走好》,新浪网,http://tech.sina.com.cn/i/2018-02-24/doc-ifyrvspi1503882.shtml,2018年2月24日 (2018年7月19日)。

② 《快手 CEO 宿华:算法的价值观就是人的价值观》,中国日报网,http://tech.chinadaily.com.cn/2018-04/04/content_35976488.htm,2018年4月4日 (2018年7月19日)。

③ Lee Rainie, Janna Anderson. Code-Dependent: Pros and Cons of the Algorithm Age. Pew Research Center. http://www.pewinternet.org/2017/02/08/code-dependent-pros-and-cons-of-the-algorithm-age/. 2017-02-08 [2018-07-19].

荐的基本原理。这是可贵的一步，体现了一家公司的社会责任感。在国外，已经有研究机构提出，刑事司法、医疗、福利和教育等高风险领域内的核心公共机构不应再使用具有"黑箱"特性的人工智能技术及算法系统。① 美国电子隐私信息中心主席 Marc Rotenberg 提出，对算法的知情权也是人们的一种基本权利；法国总统马克龙致力于推动人工智能算法的透明公开化，② 督促科技公司适当公开算法，让监管部门和公众参与算法检视，扩大社会监督范围，确保算法运行在正确的轨道上。

（3）优化算法，不断接近人工智能

未来，算法将承担更重要的作用，应不断优化，以不断接近真正的人工智能。内容的混乱，已经到了倒逼平台优化算法推荐的地步。"新浪微博""今日头条""快手"等平台在经历一轮强力监管后，纷纷表示要进行算法升级，纠正算法和机器审核的缺陷。对于"信息茧房"等问题，算法本身也可以成为打破束缚的途径。如，美国国家公共广播开发的"NPR One" App 会主动提醒用户听取另一方观点，MIT 媒体实验室发的"Gobo" App 允许用户自行决定信息流当中严肃新闻的比例等六个参数。有研究者指出，优化平台算法推荐机制，需落实到三个方面，即优化算法的顶层设计、算法的运行和算法的迭代。③ 顶层设计指算法背后的价值观念等，"运行"指提升精准推送和确保健康内容推荐结合，迭代指敢于发现和承认算法弊端、不断自我革命优化算法。

（四）网络版权纠纷

版权侵犯问题在互联网治理的进程中由来已久。很长一段时间，由于互

---

① 雷震文：《算法偏见对"智慧司法"的影响及其防范》，《法制日报》2017 年 12 月 27 日，第 11 版。
② 《算法透明化再进一步，法国总统马克龙要求人工智能算法必须透明》，动点科技，https://cn.technode.com/post/2018-04-02/ai-suanfa-touming/，2018 年 4 月 2 日（2018 年 7 月 19 日）。
③ 邓希泉：《短视频低俗秀频现 倒逼平台优化算法推荐》，《光明日报》2018 年 4 月 3 日，第 2 版。

联网的分享精神难以与版权保护达到良好的协调，网络版权保护成为多个行业的痛点。在网络文学领域，盗版与抄袭现象始终是行业发展的巨大威胁。在音乐领域，数字音乐盗版问题也一度令音乐市场跌入谷底。尤其是在国内，由于互联网初期的野蛮发展与国家版权保护力度不足等原因，网络盗版问题一直未能得到很好的解决。2017年，在网络文学、网络音乐、网络影视等多个领域发生了多起与版权保护、知识产权保护相关的热点事件，特别是在"双创"背景下，随着"IP热"的不断升温，抄袭问题与知识产权保护得到网民和业界越来越多的关注和讨论，网版权保护与知识产权保护正经历一场思想和行动上的洗礼。

1. 网络版权纠纷的表现

（1）网络版权侵权事件频发

2017年，多个网络平台发生了版权侵权风波。传媒领域，2017年6月，法院判决今日头条侵犯了腾讯、搜狐部分作品的版权和约稿版权；7月到8月，今日头条陷入5起版权纠纷当中。社交媒体领域，2017年9月15日，新浪微博发布《微博个人信息保护政策》，其中规定用户在微博上发布的信息，将授权微博作为微博内容的独家发布平台，"未经平台事先书面许可，用户不得自行授权任何第三方使用微博内容"。这一规定被众多网民斥为"霸王条款"，引发网民对自己微博版权的担忧。视频网站方面，2018年2月20日，网上曝光"360快视频"平台以盗搬内容、冒用ID等形式大量侵权B站UP主的视频版权，引发一场风波。

近年来，自媒体"洗稿"现象日益突出。随着内容创业的兴起和繁荣，一些自媒体作者不惜通过洗稿的方式来"生产"文章，以获得经济利益、社会名望或文化资本。所谓"洗稿"，是指将他人文章进行拼凑，通过转换字词、使用修辞等方式形成新文章。① 洗稿实际上是一种高级剽窃行为，其手段包括从文章"皮"上的词语替换、语序颠倒、改变句式结

---

① 钱一彬、吴姗：《低俗吸睛 洗稿盛行 数据掺水 自媒体要挤"逐利泡沫"》，《人民日报》2017年5月18日，第14版。

构,或视频内容截屏、把视频配音转成文字模式,到"骨"上的照搬逻辑思路、叙事线、观点创意等。较之于抄袭,洗稿相对隐蔽,可以规避机器审查。因此,洗稿成风,伪原创泛滥,自媒体化身"剪刀手""搬运工",内容创作沦为"流水线生产",甚至滋生产业链,形成教、产、推一条龙式服务:从教人如何批量"做号",到五花八门的伪原创文章生成器,到买水军粉丝、刷量"做数据"等。洗稿不仅侵犯了原创者的知识产权,而且极大地损害了内容创作环境。2018年1月,自媒体大号"六神磊磊"与"周冲的影像声色"就洗稿问题进行口水战;2018年5月,自媒体公司"差评"因涉嫌洗稿问题而退还腾讯投资……业内人士透露,其实很多人都被洗过稿,他们既是洗稿的受害者,也是有意无意地参与者。① 针对愈演愈烈的自媒体洗稿现象,"剑网2018"专项行动的重点之一为坚决整治自媒体通过"洗稿"方式抄袭剽窃、篡改删减原创作品的侵权行为。

(2) 网络抄袭现象严重

随着国内诸多领域网络市场的繁荣,除了不正当、无授权地直接传播、搬运、使用网络作品之外,关于抄袭问题引发的版权争议正越来越多。2017年,网络抄袭问题频发的典型领域有网络文学、网络综艺、网络游戏等。网络文学方面,近年来网络小说成了抄袭的"重灾区",《锦绣未央》《三生三世十里桃花》《甄嬛传》等热门作品都被曝涉嫌抄袭,由这些IP改编拍成的影视剧也身陷"抄袭门"漩涡中。2017年10月,首届燧石文学奖设"白莲花奖"专门颁给"年度抄袭作品",《锦绣未央》获得该奖。网络综艺方面,近年来一些"爆款"网络综艺,如《中国有嘻哈》《偶像练习生》等都涉嫌抄袭。而其后的大背景是,国内综艺节目涉嫌抄袭韩国综艺节目,甚至到了韩国立法禁止外国抄袭文化产品及音乐的地步,相关法案几乎可以说是针对中国综艺节目抄袭而提出的。网络游戏方面,网络游戏成为2017年

---

① 于娜:《公号大V因"洗稿"开年首撕,灰色地带凸显自媒体生存危机?》,《华夏时报》2018年2月12日,第40版。

网络版权刑事司法案件的高发领域,① 仅2017年就有网易游戏直播侵权案、网易《梦幻西游》著作权侵权案、《魔兽世界》著作权侵权案、《王者荣耀》商标之争等多起知识产权侵权案件。这些侵权案件,大多与游戏抄袭相关。

（3）在线音乐版权争夺战升级

2017年,国内音乐市场经历了一场版权混战,多个网络音乐平台进行了在线音乐版权的争夺。近几年,腾讯（旗下包括QQ音乐、酷狗音乐、酷我音乐等）、阿里巴巴（旗下包括天天动听、虾米音乐等）和网易云音乐共同形成国内在线音乐三足鼎立的局面。但在在线音乐版权上,腾讯一家独大,是国内拥有版权最多的音乐公司。2017年8月,网易云音乐原本与QQ音乐达成的版权战略合作瓦解,网易云不得不由于版权问题下架部分歌曲。与此同时,腾讯起诉网易云音乐侵权。面对日益强大的网易云音乐,2017年9月12日,腾讯音乐与阿里音乐达成了版权互相转授权合作。一系列事件,无疑对网易云音乐形成不小冲击。2017年9月12日,国家版权局就网络音乐版权有关问题约谈了腾讯音乐、阿里音乐、网易云音乐、百度太合音乐主要负责人,要求避免采购独家版权,推进全面授权促音乐传播。在国家版权局的推动下,2018年2~3月,网易云音乐分别与腾讯音乐、阿里音乐达成版权互授合作,三大音乐平台基本实现歌曲互通,这场在线音乐版权混战才基本结束。

2. 网络版权纠纷的成因

（1）分享规避付费

版权问题成为互联网治理中的一大难题的最大原因在于,互联网上数字内容可复制、点对点分享的特征绕过了实体交易中的付费问题,或者说是互联网天生具有的分享与自由传播精神与版权保护之间的协调难题。无论是文字、图像、音频或是视频,数字化内容的获取、复制、存储和传播在网络上

---

① 《〈2017年中国网络版权保护年度报告〉显示：侵权判赔力度加大》,新华网,http://www.xinhuanet.com/politics/2018-04/26/c_129859955.htm,2018年4月26日（2018年7月19日）。

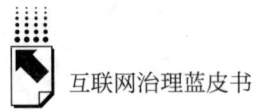

大为便利，促进了一种"免费文化"。"在新闻企业、出版行业以及包括音乐和电影生产的文化产业，电子内容的低成本和易传播动摇了其传统的媒体传播形式……数字化的失控构成了主流媒体产业的主要经济困扰。"①

（2）平台林立固守独家版权代理

在线音乐版权纷争的核心焦点在于独家版权垄断。平台林立，不同的平台掌握着不同唱片公司的独家版权代理（包括独家的发行代理和转授权），用户不得不下载多个音乐App才能满足需求。这一情况饱受用户诟病，然而对于平台来说却是自然的选择：掌握独家版权具有更大的差异化竞争力，买断某些著名歌手歌曲的版权，就意味着收割了大批粉丝流量。即使在一番混战后，各平台达成在线音乐99%曲库互授的结果，但由于总曲库的量级巨大，剩下的1%核心曲库也具有至关重要的作用。因此有观点担忧，在后音乐版权时代，在线音乐平台也可以钻1%的版权空子垄断市场。

（3）公众版权意识不足

当前国内抄袭、侵犯版权的事例多发，是多方合力的结果。以网络小说为例，许多写手认为拼凑借鉴他人文字、用"梗"用例、套用情节设置等不算是抄袭，侵犯他人著作权的"写作神器"的流行更是折射出写手原创意识的缺乏。同时，网站可能会包庇涉嫌抄袭的人气作家和人气小说，部分影视公司也可能追求市场执意投资将其转化为影视作品，都变相鼓励了抄袭行为。对于许多受众来说，一部作品只要博得他们的喜欢，或者有其喜爱的作家或明星演员"加持"，他们就会支持，而不管作品是否为抄袭。对于音乐、影视等领域来说，在网上搜寻"免费资源"已经成为许多国人的习惯。尊重原创、尊重版权的氛围，尚未在中国社会普遍形成。

（4）著作权法有待完善

互联网在中国普及的20多年间，网络侵权盗版屡见不鲜，并且"花样迭出"，版权保护也在数字网络技术背景下面临着新情况与新问题。相比之

---

① 〔美〕劳拉·德拉迪斯：《互联网治理全球博弈》，覃庆玲、陈慧慧等译，中国人民大学出版社，2017，第200页。

下,已经实施了20多年的著作权法却显得滞后。如,针对一些网站无授权提供图书资源的问题,现行的《著作权法》对待侵权现象,都是以实际收益的多少乘以倍数来惩罚,但网站提供免费下载,表面看来并没有形成实际收益,实际上获益的是网站流量及广告收入,难以认定。① 再如针对自媒体洗稿问题,导致其难以解决的一大困境即为著作权法中的"思想/表达二分法"原则,即法律只保护表达,不保护思想。并且,目前"洗稿"尚缺乏明晰界定,导致法律上的取证存在困难。网络作品侵权成本低廉、知识产权维权成本高昂,让许多网络创作者无可奈何。此外,著作权的执法力度无法满足社会需求、执法地域不平衡等问题仍然存在。

3. 网络版权纠纷的对策

(1) 加强"剑网行动",促进政企协同

目前,我国版权保护仍处于矛盾和纠纷高发期,网络版权保护需求更是不断上升。为此,需要不断加强每年的"剑网"行动。"剑网行动"自2005年开始连续每年展开,多年来成效显著,成为政府行政打击网络侵权盗版的长效机制。在"剑网行动"中,应更加注重政企协同,以重要网络平台为抓手,形成合力维护网民、用户权利。如,"今日头条"在2017年对自媒体侵权处理率居五大主流内容平台榜首、阿里巴巴发布《2017年阿里巴巴知识产权保护年度报告》等,都显示了互联网在版权与知识产权保护上的态度与能力。② 政府应主动与之携手,形成政府打击、平台规范的共同护航网络版权的局面。"剑网2018"针对网络转载、短视频、动漫等重点领域开展版权专项整治,规范网络直播、知识分享、有声读物等平台版权传播秩序,整治范围和力度进一步扩大、加大。为此,除各地版权执法部门集中力量查办网络侵权盗版案件以外,各互联网企业也应严格落实主体责任,完善企业举报受理和快速处理机制,加强内部版权监控管理。

---

① 张丽:《探索版权保护的新思考——委员学者再谈版权保护》,《人民政协报》2017年10月9日,第9版。
② IPRdaily、维权骑士:《内容行业2017年度版权报告》,http://www.iprdaily.cn/article_18194.html,2018年1月29日(2018年7月19日)。

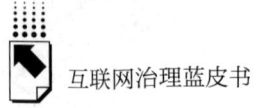

(2) 加强政府协调，促进平台版权互授

近年来，我国政府将"约谈"作为互联网治理的重要执行手段之一，对互联网企业进行了有效的监督与协调。在三大平台从音乐版权混战到相互达成曲库互授合作的转变过程中，国家版权局的约谈无疑起着重要的推动作用。这说明，政府的宏观调控和协调有助于遏制市场的混乱竞争、维护公众利益。版权事关社会的文化生产与传播，政府应采取必要措施促进网络文化产业繁荣健康发展。面对网络版权互授剩下的"1%自留地"，政府应继续加强协调，促进平台版权互授，防止网络版权市场上出现哄抬版权授权费用、抢夺独家版权等现象。

(3) 加快修订著作权法，降低维权成本

2017年7月17日，习近平总书记在中央财经领导小组第十六次会议上明确要求，要完善知识产权保护相关法律法规，加大知识产权侵权违法行为惩治力度，让侵权者付出沉重代价。[1] 法律是版权保护的最有力武器。目前，我国的著作权法正进行第三次修订工作，应推动其尽快完成。针对网络环境中的著作权保护，应健全网络确权、网络授权、交易规则等顶层设计，规范协调各类网络主体的责任与权利。此外，针对网络侵权盗版难以认定等问题，如洗稿、网络文学抄袭等，最高人民法院应尽快出台相关司法解释，细化版权纠纷案件的实体问题、标准问题，降低维权成本，对侵权盗版行为真正形成强有力的震慑和打击。[2]

(4) 加强行业自律，提高全社会对知识产权的尊重

在行业方面，互联网企业、新媒体网站、自媒体、影视公司等市场主体应加强自律，一方面规范自身行为，另一方面规范用户行为、保障用户的版权等权益，市场主体与用户共同营造尊重原创、反对抄袭的社会氛围。为此，同一领域的企业可组成联盟，加强自律。2017年4月26日，由10家主

---

[1] 新华社：《习近平主持召开中央财经领导小组第十六次会议强调　营造稳定公平透明的营商环境　加快建设开放型经济新体制　李克强张高丽出席》，《人民日报》2017年7月18日，第1版。

[2] 吴学安：《著作权法与网络盗版》，《团结报》2017年4月8日，第6版。

要中央新闻单位和新媒体网站联合发起的"中国新闻媒体版权保护联盟"成立。2017年7月13日,18家互联网企业联合发起成立中国网络版权产业联盟,并发布了相关行业自律规范。同时,媒体应发挥监督职能,揭露网络侵权盗版现象,以达到教育公众、震慑违法侵权者的目的。只有提高全社会对知识产权的尊重,形成良好的保护土壤,才能更好释放各类创新主体创新活力,促进我国"双创"事业的发展。

三 中国网络社会治理的未来展望

网络社会构筑于信息技术的基础之上,因而信息技术的发展对网络社会的治理有直接的影响。数据、算力和算法是信息技术的三大基石。[1] 其中,算法作为一系列解决问题的清晰指令,能够释放数据和算力的价值,并决定价值的高低、走向。因此,应用好、改进好算法成为新一轮信息技术发展的关键,[2] 基于算法的治理也成为网络社会治理的重要趋势。此外,区块链作为近两年引起广泛关注的又一新兴前沿技术,在诸多领域显示出广阔的应用前景,同样将在今后作用于网络社会治理。

网络社会的全球化治理是另一个日益深化的维度。在近年来逆全球化的思潮影响之下,全球网络社会面临着巴尔干化等一系列危机。在这样的背景之下,需要倡导共商共建共享的理念,坚持多边治理、多方治理,共同构建网络空间命运共同体,推动人类社会向前发展。

(一)算法治理

虽然内容领域的算法乱象饱受诟病,然而其成因在于人对算法的应用和管理出了问题。实际上,作为一种用计算机程序来解决问题的方法,算法潜

---

[1] 李曼、谢智刚:《算法升级加快数字经济发展步伐》,《人民邮电》2018年3月22日,第5版。

[2] 李曼、谢智刚:《算法升级加快数字经济发展步伐》,《人民邮电》2018年3月22日,第5版。

力巨大。在应用广度上，从互联网到金融、零售、物流、交通、医疗等，"信息技术渗透到哪个领域，算法就进入哪个领域"。① 在应用深度上，"算法决策"正在兴起，人类对算法的依赖性越来越强。美国高德纳咨询公司预计，算法将会在2018年改变全球数十亿人的生活。② 以色列历史学家尤瓦尔·赫拉利的《未来简史》一书更认为，21世纪将是由算法主导的世纪。③ 对于今后的网络社会治理，算法将在治理不良内容、打击违法行为和助力公共服务等方面发挥作用。

1. 算法治理不良内容

在传统媒体和门户网站时代，记者和编辑肩负着"把关人"的角色。对于传播出去的内容，他们需要逐篇审查，按照一定的标准判断文章是否有含不良内容，然后才给予"放行"。如今，一些把关规则可以写进算法之中，交由机器批量处理，大大提高内容审核效率。基于文本挖掘和分析，建立模型并不断学习，算法不仅能对文章进行分类、个性化推荐，还能减少不良内容的传播。目前，许多内容分发平台都运用算法辅助审核。以"今日头条"为例，目前已经形成专门打击标题党、虚假低俗内容和谣言的功能。

打击"标题党"。"今日头条"建立了检测"标题党"的规则模型。标题中如有"震惊""惊呆"等关键词，可被机器识别并进行拦截或提醒修改。如果作者不予修改而强行发布，机器则会降低该文章的推荐权重。"今日头条"平均每天有超过12000篇文章被提示修改，日均仅有1027篇文章还继续强行提交，且强行提交之后会被进行很大程度的降权推荐。④ 通过减少给"标题党"分发资源，不仅降低了"标题党"内容的影响范围，也促使创作者自觉摒弃"标题党"行为，促进优质内容生产。

---

① 李曼、谢智刚：《算法升级加快数字经济发展步伐》，《人民邮电》2018年3月22日，第5版。
② 《特稿：人工智能掀起"智慧革命"》，新华网，http://www.xinhuanet.com/tech/2018-04/03/c_1122632674.htm，2018年4月3日（2018年7月19日）。
③ 〔以〕尤瓦尔·赫拉利：《未来简史：从智人到神人》，林俊宏译，中信出版社，2017，第75页。
④ 刘志毅：《今日头条如何用算法打击"标题党"》，《传媒》2017年第8期。

打击虚假低俗内容。对于虚假信息,"今日头条"的机器算法通过收集分析用户的浏览、评论和举报等反馈数据,识别出疑似虚假文章,准确率达到60%。进一步结合人工复审,识别虚假信息的准确度可以达到90%。对于低俗内容,2018年3月28日,"今日头条"发布反低俗小程序"灵犬"。"灵犬"内嵌反低俗算法模型,能检测文章的健康指数。除了文本内容,"今日头条"还能利用人工智能技术模仿人脑机制,对低俗图片进行拦截,拦截率较之前纯人工拦截提高73.71%。[①] 在图像领域,光学字符识别(Optical Character Recognition, OCR)技术采用相关算法,可对图片中的文字进行提取、识别,从而判断信息内容。目前,360图片搜索已经应用OCR技术智能打击互联网黑色产业,屏蔽和过滤包含有黄赌毒、制假贩假和地下博彩等信息的图片。

反谣言功能。"今日头条"于2016年12月上线了精准辟谣功能,只要用户最近5天在"今日头条"内阅读过的内容,后被证实为谣言,系统将通过辟谣机制,第一时间在页面的信息流中为其展示一条辟谣信息。利用算法,能对点推送辟谣信息给阅读过谣言的用户,实现精准辟谣。2018年1月,"今日头条"还宣布与密歇根大学联合成立AI反谣言研究联盟,联合打造反谣言全球技术平台。同样,腾讯的"慧眼"行动也以AI辟谣为亮点。在其中,专家辟谣形成的数据将提供给"慧眼"进行学习,从而形成算法,建立谣言分级预警机制。

2. 算法打击违法行为

网络时代,违法犯罪在高新技术的辅助下,呈现出智能性、严重性及隐蔽性等特点。这要求打击违法犯罪的手段也不断与时俱进,以强有力的技术确保安全。针对网络社会中的违法犯罪行为,可以开发和训练算法来监控、检测、预警、分析、应对、回溯,结合人工处理,维护网络安全与社会稳定。

在网络安全领域,机器学习和人工智能算法能提供新的解决方案,目前

---

① 宋建武:《人工智能是虚假新闻的"克星"》,《人民日报》2017年3月23日,第14版。

已在全球范围内被不断引入安全产品和系统。国外研究机构 CB insights 指出，网络安全的下一个前沿是人工智能防御系统的崛起，人工智能在网络安全方面将减少冗余，节省分析人员的时间，并抵御未来最先进的攻击。① 据 CB insights 2017 年统计，在应用了 AI 技术的领域中，网络安全是活跃度排名第四的行业，涉及的细分领域有反欺诈与身份管理、移动安全、智能预测、行为分析与异常检测、安全自动化、网络风险管理、App 安全、物联网安全、网络欺诈等。②

在国内，360 已经利用云端大数据、机器学习算法解决对未知攻击进行预警。阿里巴巴集团也重视算法在安全领域的应用，自 2016 年起举办相关安全算法挑战赛。腾讯公司的腾讯云 AI 安全系统以大数据和 AI 的算法为驱动，形成智能身份鉴定、威胁情报分析、异常流量检测、网络攻击溯源、人机行为识别、恶意图片识别、垃圾文本检测等 7 项技术应用。作为国内搜索引擎巨头，百度推出一系列算法打击不良站点的违法作弊行为，如天网算法打击盗取用户 QQ、手机等隐私的行为，蓝天算法打击新闻源售卖软文、目录行为，绿萝算法打击超链中介、出卖链接、购买链接等超链作弊行为。

在国外，谷歌于 2017 年举办了 AI 攻击和防御对抗比赛，希望能让 AI 在"互殴"中测试出能抵御攻击的算法。评论称这场比赛预示着进攻性 AI 和防御性 AI 算法之间的战斗，可能是网络安全和网络战争的未来。③ DataVisor 公司以无监督反欺诈算法为核心打击网络黑产，包括大量虚假账户注册、账号盗取、欺诈交易、身份盗用、洗钱交易、假冒评估、垃圾邮件、虚假安装推广等。

---

① C. B. Insights. Cybersecurity's Next Steps：The Rise Of Artificially Intelligent Defense Systems，https：//www.cbinsights.com/research/briefing/ai – in – cybersecurity/，2018 – 07 – 19［2018 – 07 – 19］.

② C. B. Insights. Cybersecurity's Next Frontier：80 + Companies Using Artificial Intelligence To Secure The Future In One Infographic，https：//www.cbinsights.com/research/cybersecurity – artificial – intelligence – startups – market – map/，2017 – 06 – 09［2018 – 09 – 19］.

③ Will Knight. AI Fight Club Could Help Save Us from a Future of Super-Smart Cyberattacks，https：//www.technologyreview.com/s/608288/ai – fight – club – could – help – save – us – from – a – future – of – super – smart – cyberattacks/，2017 – 07 – 20［2018 – 07 – 09］.

除了线上网络安全，算法在线下社会的违法犯罪治理中也有用武之地。如在预测犯罪方面，世界上已经有部分国家和地区利用机器学习算法来预测犯罪。美国芝加哥警方借助城市中的声音感应器、摄像头等设备收集数据，通过机器学习算法建立一个"罪案预测系统"，能预测抢劫、枪击案的罪案地点，还能预测什么人可能会犯罪。

3. 算法助力生活服务

算法作为一种工具，其发展方向应是用来服务人、服务社会。在"数字化生存"愈发成为现实的今天，算法已经渗透进社会生活多个公共服务场景中，成为创新社会服务与社会管理的手段。未来，随着算法的不断突破，算法治理将在网络社会治理中占据重要一环。

借助智能算法能实现地域、人群上的精准推送。这一思路不仅可以应用于类似于资讯、消费、社交等商业活动中，还能投入公益行业。2016年2月，"今日头条"发起了"头条寻人"公益项目，借助精准地域弹窗技术，对寻人信息进行精准的定向地域推送，有效提高了寻人的效率与成功率。2017年，"头条寻人"共发布寻人信息25012条，成功帮助3573个家庭团圆。① 目前，类似的"互联网寻人"公益项目已经在"今日头条"、腾讯、阿里巴巴等互联网公司展开，成为"算法+公益"的典型。

在分析匹配供需上，算法有天然的适配性，能快速、精准地计算出互联网时代实时、动态、海量数据的供需匹配最优解，从而合理调度资源、节约成本，提升社会整体运行效率。以网约车应用滴滴和外卖应用美团、饿了么为例，它们都有一套实现智能调度（智能派单）的算法。滴滴的供需预测、动调调价、路径规划及服务分等算法技术共同发挥作用，帮助在动态环境中撮合乘客与司机的交易。这种方式令滴滴快专车平均打车成功率为89%，较传统的路边扬招成功率高出约30%。② 美团则结合配送需求、地理环境和

---

① 张盖伦:《互联网寻人背后的温情:帮3573个家庭团圆》,《科技日报》2018年2月7日,第3版。
② 《中国首份最全智能出行大数据报告发布》,数据观,http://www.cbdio.com/BigData/2016-01/21/content_4520889_all.htm,2016年1月21日（2018年7月19日）。

骑手特点，通过订单分配优化算法、骑手路径优化算法相结合，实现订单与骑手的高效动态最优匹配。目前，美团已经实现每天 1800 万单，骑手 1 小时送达；99% 以上的情况下，骑手路径优化算法能够在 30ms 内给出最优解。①

图像识别算法是另一个实际应用较广的领域，如人脸识别、视频监控等。人脸识别技术从图像中提取面部特征关键点进行身份确认，能开启"刷脸办事"服务模式，如政务领域中的查询、缴费等，生活中的手机解锁、电子支付、上班考勤、互联网金融开户等，以及安防领域中的车站安检、排查犯罪嫌疑人、寻找走失人口等。视频监控上，交通领域的"电子警察"是典型代表。目前，许多城市已经应用包括监控摄像头等在内的一系列"电子警察"设备，结合画面内车辆运动轨迹、静止位置和时间判断，甚至行人外貌特征等，通过多种算法智能识别不系安全带、接打电话、闯红灯各类交通违法行为。

事实上，由于算法是人工智能的基础之一，而人工智能赋能各行各业已经是大势所趋，也意味着算法将会是支撑多个应用领域的一个基础，如图像识别、安防监控、智能驾驶、无人机、语音识别、自然语言处理等。未来，算法将越来越多地代替人类的部分工作，成为网络社会发展的无形驱动力。

（二）区块链治理

区块链是近年来在全球兴起的一种技术。广义来讲，区块链技术是利用块链式数据结构来验证与存储数据、利用分布式节点共识算法来生成和更新数据、利用密码学的方式保证数据传输和访问的安全、利用由自动化脚本代码组成的智能合约来编程和操作数据的一种全新的分布式基础架构与计算范式。② 通俗来说，区块链是一种分布式的账本数据库，通过去中心化、去信任的方式全网

---

① 美团技术团队：《即时配送的订单分配策略：从建模和优化》，https://tech.meituan.com/O2O_Intelligent_distribution.html，2017 年 10 月 11 日（2018 年 7 月 25 日）。
② 工业和信息化部信息化和软件服务业司、中国区块链技术和产业发展论坛：《中国区块链技术和应用发展白皮书（2016）》，http://www.weiyangx.com/213889.html，2016 年 10 月 18 日（2018 年 7 月 19 日）。

公开记账、集体维护。它允许用户无须银行之类的第三方中介机构进行点对点交易或价值交换。人们可以像使用账本一样使用区块链（无论是公开共享或是特定权限使用），用于记录、追踪、监测、转移任何形式的资产，这些资产不仅仅包括资金和有形资产，也包括投票、思想、健康数据等无形资产。①

区块链的兴起与数字货币比特币密切相关。区块链是比特币的底层技术和基础架构，比特币是区块链的成功应用。比特币发明于2009年，但在其发展应用过程中，人们发现，比特币背后的区块链技术才真正具有巨大的价值意义。近几年，区块链技术快速兴起，联合国、世界经济论坛、国际货币基金组织等国际组织，以及许多国家政府先后对区块链进行了研究和建设，金融、科技等产业界也纷纷投入布局，抢占新一轮产业竞争制高点。据赛迪区块链研究院统计，目前包括美国、印度、日本、德国等全球20多个国家政府专门立项研究区块链技术，或成立相关研究机构。② 国内，国家层面支持、引导区块链发展：2016年工业和信息化部信息化和软件服务业司指导发布《中国区块链技术和应用发展白皮书》；2016年12月，区块链技术被写入"十三五"规划；2017年，中国中央人民银行数字货币研究所挂牌成立；2017年5月，李克强总理向数博览会致贺信，首提区块链；2018年5月，习近平总书记在中国科学院院士大会讲话中，将区块链与人工智能、量子信息、移动通信等并提为新一代信息技术；各地政府纷纷出台有关区块链的政策指导意见及通知文件。业界方面，2018年被称为区块链应用元年。工信部信息中心发布的《2018中国区块链产业白皮书》显示，截至2018年3月底，我国以区块链业务为主营业务的区块链公司数量已经达到456家，产业初步形成规模。③ 目前，区块链已经在金融、物联网、医疗、征信、公

---

① 〔美〕梅兰妮·斯万：《区块链：新经济蓝图及导读》，韩锋主编，新星出版社，2015，第31~32页。
② 杨骏：《综述：区块链，新技术如何链向未来》，新华网，http：//www.xinhuanet.com/politics/2018-07/19/c_1123151481.htm，2018年7月19日（2018年7月25日）。
③ 中国工业和信息化部信息中心：《2018年中国区块链产业白皮书》，http://xxzx.miit.gov.cn/download.jsp?path=/attach/20180521/20180521120800_372.pdf，2018年5月（2018年7月25日）。

益、版权保护等诸多领域得到应用。区块链与物联网、5G、人工智能等技术相结合,更有望迸发出巨大的应用潜力。麦肯锡预测,区块链技术有可能在未来几年颠覆多个行业,2021年有望实现规模化商业部署。①

虽然区块链技术还远未成熟,但它势必对网络社会治理产生重要影响。随着区块链的兴起,"传统的互联网规制观念需要在一个充满着去中心化应用、加密通信渠道和自治代理的世界中重新审视"。② 区块链具有的去中心化、去信任化、公开透明化等优势,将有望改变网络社会治理模式,在网络社会治理中发挥独特作用。

1. 去中心化——平衡主体权力

网络社会治理的理想方式是由政府、私营部门(公司)和民间社会(技术人员、社会团体机构、学者等)等多利益相关方以协作的方式共同治理。然而,在一定程度上,现今网络社会治理还是高度中心化的。"数字巨无霸"如谷歌、脸书等形成了新型的信息垄断,国家政府对互联网的管控也日益加强,而民间社会的治理话语权则非常有限。

去中心化是区块链的突出特征。它基于对等网络,通过共识算法避免了单一实体的控制。它作为一个分布式账本,网络中每个节点都同步共享、保存相同的信息数据。因此,区块链允许人们在不经过任何中间人的情况下直接进行点对点交易。全球互联网治理委员会(Global Commission on Internet Governance,GCIG)在其报告中指出,分布式账本技术"让那些彼此没有特别信任的人合作,而无须通过一个中立的中央权威机构"。③

中心权力的弱化,治理主体关系的更平等化,意味着一个更为民主的治

---

① McKinsey & Company. Blockchain Technology in the Insurance Sector, https://www.treasury.gov/initiatives/fio/Documents/McKinsey_ FACI_ Blockchain_ in_ Insurance.pdf, 2017 - 05 - 06 [2018 - 07 - 19].
② Wright, Aaron and De Filippi, Primavera. Decentralized Blockchain Technology and the Rise of Lex Cryptographia. SSRN, https://ssrn.com/abstract = 2580664 or http://dx.doi.org/10.2139/ssrn.2580664, 2015 - 03 - 10 [2018 - 07 - 19].
③ Global Commission on Internet Governance. One Internet. https://www.cigionline.org/publications/one - internet, 2016 - 06 - 21 [2018 - 07 - 09].

理系统。Aaron Wright 与 Primavera de Filippi 认为，随着区块链技术的广泛采用，一方面政府机构和大型跨国公司等中心化机构可能会失去通过现有手段控制不同群体活动的能力，另一方面不受人为干预的去中心化自治组织将得到发展，并促进更加民主、更多参与式决策的新型治理系统的发展。① Marcella Atzori 在探讨区块链与国家角色的关系时认为，区块链可能会进一步削弱传统民族国家的作用，让市民社会更有效地进行组织并保护自身利益。② Steve Young 认为，区块链技术有能力改变组织形式及其作用机制，甚至可能会改变整个治理体系，将它们从集中的公司或政府转变为分散的组织，并将更多的权力分配给个人。③

然而，区块链的去中心化是有限的。一方面，在其社区内部，由区块链支撑的平台的治理也可能是中心化的。以比特币为例，比特币核心代码合并的权力掌握在少数人（即核心开发者）手中，而其"挖矿机制"使越来越多的比特币集中到少数算力强大的矿池或节点上。历史上的比特币扩容争议、以太坊"The DAO"事件等也暴露出区块链社区管理的不成熟。另一方面，区块链的去中心化很大程度上局限于社区内部，但一旦与外部相连接，从现实世界大环境看，去中心化（无政府）并非那么理想。"基于算法共识的去中心化是一种组织理论，而非一种独立的政治理论。"④ 在现实世界，国家政府在网络社会治理中的中心主导角色仍然重要，"需要某种形式的社会机构来确保责任制，并保持整个系统的合法性——而不是仅仅依靠技术"。⑤

---

① Wright, Aaron and De Filippi, Primavera. Decentralized Blockchain Technology and the Rise of Lex Cryptographia. SSRN: https://ssrn.com/abstract=2580664 or http://dx.doi.org/10.2139/ssrn.2580664, 2015-03-10 [2018-07-19].
② Atzori M., Blockchain technology and decentralized governance: Is the state still necessary? Journal of Governance & Regulation, 2017, 6 (1): 45-62.
③ Young S. Changing Governance Models by Applying Blockchain Computing. Catholic University Journal of Law and Technology, 2018, 26 (2): 1-33.
④ Atzori M., Blockchain technology and decentralized governance: Is the state still necessary? Journal of Governance & Regulation, 2017, 6 (1): 45-62.
⑤ De Filippi P., Loveluck B. The invisible politics of bitcoin: governance crisis of a decentralized infrastructure. Internet Policy Review, 2016, 5 (4): 1-19.

并且,区块链的去中心化、匿名性的架构,为某些非法内容提供了规避国家政府监管的可能,极易被不法分子利用,从而危害国家社会秩序稳定。如比特币就常被用于网络黑市交易、病毒勒索等非法活动上。

在某种程度上,区块链与早期互联网具有一定的相似性,都内嵌着一种理想化的自由主义精神和"没有政府的治理"的理念。在网络社会中,区块链的去中心化能在一定程度上促进政府、私营部门、民间社会等各治理主体之间的权力更加平衡,但完全的去中心化和建立无政府世界的设想是不现实的。区块链治理应从更广泛的互联网治理的研究和实践框架中汲取经验,构筑多方协同共治的治理体系。

2. 去信任——促进价值交换

互联网能低成本、高效率地传播信息,但传输价值的成本高昂。这是因为,当两方在进行有价值信息的传递时,若没有第三方机构——如银行或政府提供的校验信息,双方无法彼此确认对方身份,也无法建立起经济往来活动所需的信任关系。① 因此,第三方机构的存在和经过"中心节点"的交易机制难以改变,使信息的价值传输成本依然高企。

区块链解决了这种非关联交易者在非关联网络中的信任问题。具体来说,区块链技术"运用了一套基于共识的数学算法,在机器之间建立信任网络,以技术背书而非第三方信用机构来完成全新的信用创造"。② 区块链的"去信任"特征,并非指网络中不再需要信任,而是指区块链建立起了一种算法式信任。正如《经济学人》所称的那样,区块链是一台创造信任的机器。③ 并且,由于区块链是一个共享的公共账本,这种信任不只是双边互信,并且还是多边互信、社会共信。

---

① 〔加〕唐塔普斯科特、亚力克斯·塔普斯科特:《区块链革命:比特币底层技术如何改变货币、商业和世界》,凯尔等译,中信出版集团股份有限公司,2016,第4页。
② 王毛路、陆静怡:《区块链技术及其在政府治理中的应用研究》,《电子政务》2018年第2期。
③ The Economist. The promise of the blockchain: The trust machine. The technology behind bitcoin could transform how the economy works. https://www.economist.com/leaders/2015/10/31/the-trust-machine. 2015-10-31 [2018-07-19].

解决了信任问题，区块链可以降低全球范围内的价值传输成本，促进网络社会的经济活动与价值创造。"第一代创新给我们带来了互联网信息。第二代创新是由区块链驱动的，给我们带来了互联网的价值，这是一个新的分布式平台，可以帮助我们重塑商业世界，改变传统的人为操作秩序。"[1] 世界经济论坛发布的白皮书《实现区块链的潜力》指出，区块链技术能够催生新的机会，促进社会价值的创造与交易，使互联网从信息互联网向价值互联网转变。其根本在于，区块链可利用全球对等网络，在无须可信第三方的情况下，确保数十亿台设备交换价值的完整性。[2] 沃斯论坛创始人克劳斯·施瓦布甚至断言，到2025年之前，全球GDP总量的10%将利用区块链技术储存。

区块链的兴起与数字货币比特币密切相关。区块链是比特币的底层技术和基础架构，比特币是区块链的成功应用。目前，我国民间区块链及数字货币领域存在不少投机炒作行为，对于此，国家发布了《关于防范代币发行融资风险的公告》等规范加以管控。但是，2017年，中国人民银行数字货币研究所挂牌成立，反映了数字货币的潮流。在未来，由区块链技术支撑的数字货币将成为互联网上经济活动的重要的基础的角色。

区块链技术发端于金融领域，目前也在该领域应用得最为成熟。世界经济论坛报告《区块链将如何重塑金融服务业》指出，区块链能解决跨境支付、财产保险理赔、银团贷款、国际贸易融资、资本市场融资、投资管理、市场供应等九大金融服务领域的痛点。[3] 如在跨境支付方面，传统跨境金融机构间的对账、清算、结算过程中存在成本较高、手工流程繁复、易出错等

---

[1] Tapscott D. Blockchain Revolution: Competing with the Internet of Value, http://dontapscott.com/speaking/blockchain-revolution/. [2018-07-25].

[2] Tapscott D., Tapscott A. Realizing the potential of Blockchain: a multistakeholder approach to the stewardship of Blockchain and cryptocurrencies. http://www3.weforum.org/docs/WEF_Realizing_Potential_Blockchain.pdf. 2017-06 [2018-07-09].

[3] McWaters R., Galaski R., Chatterjee S. The future of financial infrastructure: An ambitious look at how blockchain can reshape financial services. https://www.weforum.org/reports/the-future-of-financial-infrastructure-an-ambitious-look-at-how-blockchain-can-reshape-financial-services. 2016-08-12 [2019-07-19].

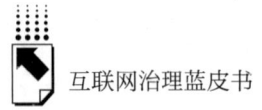

不足,而借助区块链技术能实现安全、高效、快速的清算流程,显著提高跨境支付业务的效率。

区块链技术作为数字经济的底层支撑技术,有望在数字经济与实体经济融合、培育数字经济发展新动能等方面发挥重要作用。根据《2018年中国区块链产业白皮书》显示,区块链未来3年将在实体经济中广泛落地,区块链将加速"可信数字化"进程,从而带动金融"脱虚向实",服务实体经济。①

3. 公开透明——遏制失范行为

网络社会治理的目标之一是构建良好秩序。当前,网络上存在各种各样的问题,如网络安全问题、网络犯罪、网络诈骗、网络侵权等,这些问题不仅扰乱网络秩序,也给线下社会造成影响。区块链具有公开透明、防篡改、可追溯等特点,为互联网注入一种可信、正直的基因,从而创造一个更安全、更有秩序的世界。

区块链的运行规则是公开透明的。它是一个公共账本数据库,所有数据内容皆公开可见、可溯源。它是多方参与、集体维护的,系统中的任何节点都可参与,一笔交易进行时将进行全网广播,经所有主机确认并记录备份。在这种多方参与的情况下,区块链可以有效保障链上数据难以篡改。同时,区块链去中心化的方式改变了信息传播的路径,确保了数据来源的真实性,保证了数据的不可拦截(不可篡改或伪造)或者让拦截行为无处可藏。② 因此,区块链系统中存在一种无形的约束机制,失范行为将得以遏制,有助于诸多网络问题的治理。

在经济领域,区块链能对付假货、金融欺诈等问题。如对假货问题,区块链不可篡改、数据可完整追溯以及时间戳功能,可对物品进行溯源防伪。

---

① 中国工业和信息化部信息中心:《2018年中国区块链产业白皮书》,http://xxzx.miit.gov.cn/download.jsp?path=/attach/20180521/20180521120800_372.pdf,2018年5月(2018年7月25日)。
② 乌镇智库:《中国区块链产业发展白皮书》,http://sike.news.cn/hot/pdf/12.pdf,2017年4月(2018年7月19日)。

商品的来源出处、流转历史记录等相关信息都被真实记录。目前，蚂蚁金服已经将区块链技术应用在食品安全和正品溯源上。消费者只要扫描商品的溯源二维码，就能知道包括产地、出场日期、物流、检验等所有信息。同样，区块链也能提高金融反欺诈的效率。一个典型例子就是财务报表。运用区块链，报表的许多底层数据都会留下痕迹，不可篡改，并有相关时间戳，能为后续的反欺诈工作提供大量的数据基础。

强调公开透明的公益领域是区块链的天然应用场景。2016年7月，国内第一个基于区块链的公益项目在支付宝上线。用户的每一笔捐款，都被打包成数据块在区块链平台上传递，最后到达受捐人手中。在这一过程中，善款流向、受捐人收到款项时间等信息都被记录、公示，保证公益透明。目前，包括蚂蚁金服、轻松筹、壹基金、众托帮等公益组织和网络互助平台纷纷将区块链应用于公益场景中，解决公益财务透明的"痛点"。

在版权领域，区块链同样有广泛的应用，能针对网络侵权、内容传播乱象等问题加以遏制和纠正。Alexander Savelyev 分析道，针对版权作品法律地位缺乏透明度、盗版行为和作者难以取得公平报偿等问题，区块链不仅能通过时间戳等功能使版权信息具有前所未有的可访问性、使版权的后续变更具有透明性和可追溯性，还能通过智能合约功能简化版权许可协议、降低交易成本，使版权所有者快速获得版税，并对数字内容拥有技术上的自主权，从而保护其免受版权侵犯的困扰。① 在采用身份管理和智能合约的区块链平台中，每当一部作品被播放或传输，相应的费用都会从用户直接流向创作者，从而降低中间成本，并且可以促进媒体行业中如小额支付等新的商业模式。② 如此一来，创作者的利益得到保护，逐步实现"创作即确权、使用即授权、发现即维权"。国内应用方面，安妮股份基于区块链的版权存证服务，已为百万作品提供了确权服务。2018年6月，杭州互联网法院对一起

---

① Savelyev A. Copyright in the blockchain era: Promises and challenges. Computer Law & Security Review, 2018, 34 (3): 550 – 561.
② Deloitte. Blockchain: Enigma, Paradox, Opportunity. https://www2.deloitte.com/uk/en/pages/innovation/articles/blockchain.html. 2016 – 07 – 24 ［2018 – 07 – 19］.

侵害作品信息网络传播权纠纷案进行宣判，首次对采用区块链技术存证的电子数据的法律效力予以确认，显示了区块链在版权保护应用上的可行性、有效性。

在新闻业领域，区块链技术为媒体信源认证、公民新闻审核、付费内容订阅、传播效果统计、打击虚假新闻和谣言、自由发布与获取内容等方面带来改变，有助于提高新闻行业的透明度和可靠性，并将权力转交到作者手中。区块链具有可追溯及不可篡改的技术特征，能追踪新闻来源，从而实现媒体信源认证，并且保证新闻信息的可信性，有助于遏制虚假新闻，规范信息传播秩序。目前，全球已经出现了如 PressCoin、DDN、Civil、Hubii、Mijin 等采用区块链技术的网络新闻平台。2018 年 7 月，全球媒体区块链联盟在香港成立，致力于推动深化媒体区块链合作，打造可信赖的媒体区块链平台。

4. 账本记录——推进数字社会

区块链系统具有"账本共享""信息共享"等特征，能确保重要数据的保全与可靠存储、共享、回溯，由此许多公共服务都可以利用区块链展开，如身份管理、资产登记、电子病历等，由此推进"电子政务""数字社会"，提升社会的运行效率。

基于区块链系统可创建数字身份，对接政府各部门和商业机构，实现数据互通，解决跨级别、跨部门的数据互联互通信息安全问题，进而高效地为提供证明、商务合同等服务。国际社会上，世界电子政府的领跑者爱沙尼亚正在利用区块链技术更好地完善本国的数字身份系统，为之提供安全的基础。基于数字身份，爱沙尼亚居民可以从网上获取从生丧嫁娶到纳税投票、从看病买药到注册企业的几乎所有公共服务。英国等国政府也正在测试将区块链技术用于公共服务系统，比如区块链土地登记等。联合国尝试利用区块链校验难民身份，发放救援物资。

这样的探索在我国也逐步落地。目前，河南兰考县打造以区块链技术为基础的数字身份"链信通"，让居民拥有自己独一无二的数字身份，助力县域数字普惠金融服务的开展。广东佛山禅城区已经落地应用了基于区块链技术的数字身份认证平台,实现多项公证在线办理只需1小时。中兴通讯开发出基于区块链的电子证照共享平台,能实现电子证照跨区域的信息归集、快速检索和结果应用。

更进一步,区块链可用于许多重要数据的保全与可靠存储。区块链具有分布式、全网同步备份、加密、不可篡改等特点,确保了数据的真实性和安全性,能作为可靠记录。基于区块链建立信息档案,保存居民资产信息,以及权属、协议、票据等法律文书,保存病人、学生等信息。目前,爱沙尼亚、格鲁吉亚等国家政府正尝试采用区块链技术对重要资产进行登记,开展了土地注册、商业登记、电子征税等重要信息的登记工作。①

总的来说,在政府治理和公共事务中,区块链可应用于房管部门的产权登记、文化部门的知识产权保护、教育部门的学历信息和学术成果的存证管理、税务部门的纳税证明、审计部门降低成本提高效率、食品药品监管部门的产品防伪溯源、财税部门的电子票据验真、金融监管部门的风险防控和事前监管等场景。②"区块链+政务"不仅能与电子政务、"互联网+政务"等融合,创新政府治理和公共服务,并推进电子政府、数字社会建设,而且区块链信息共享、公开透明、不可篡改等特性有助于政府信息日益公开化、透明化,推动可信任政府建设。

"信任"是数字化的重要前提。在今后的数字革命中,创造信任的区块链将有效促进信息保真、信息共享、权限控制以及隐私保护,在电子政务、数字经济等方面发挥作用,在此基础上构建一个安全可信、便捷高效、更具价值的数字社会。

(三)全球化治理

2016年,美国总统特朗普执政后奉行保守主义和"美国优先"的原则,推行民族主义政策,在贸易、移民等领域签署了多项逆全球化的行政令,包

---

① 罗松:《两大热门技术碰撞 论区块链在物联网中的应用》,《通信世界》2017年第14期。
② 王毛路、陆静怡:《区块链技术及其在政府治理中的应用研究》,《电子政务》2018年第2期。

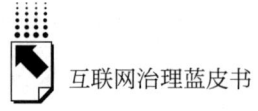

括退出 TPP、修建美墨边境墙等。在中美关系上，2018年3月，中美贸易战打响；4月，美国对中国高新技术企业中兴通讯实施制裁。世界上两个最大的经济体频频摩擦，在多方面影响着全球格局。

在这种逆全球化、保守主义的思潮之下，网络社会的全球化治理也面临着碎片化、巴尔干化的危机。随着互联网和数字技术日益深入经济和社会领域，各国加强网络空间监管已成现实趋势。但如果缺乏共同的监管规定和准则，无法实现全球网络间的有效联通，那么互联网将面临巴尔干化的风险。美国《政治》杂志网站指出，过去一年里，各国政府都在积极行动，重申它们在无国界互联网的主导地位：德国施行新的反仇恨言论法，社交媒体若未删除仇恨言论，将被处以最高5000万欧元的罚款；欧盟推出严格的数据和隐私保护条例（GDPR）；美国特朗普政府废除网络中立法案……"争夺数字力量正日益将数字世界划分为国家或地区边界"。① 英国《金融时报》网站文章《"分裂网"预示着这个时代的贸易战》指出，比起钢铁关税，贸易战更大的领域在于知识产权，一场以科技为基础的贸易战争可能会将美国、中国和欧洲分裂成三个不同的地区。② 这一论断已经从美国制裁中兴事件中得到部分印证。全球互联网治理委员会在其报告 One Internet 中，设想了互联网未来发展的最坏情况：由于罪犯的恶意行为和政府控制，人们对互联网失去信任，并减少对网络的使用，阻碍互联网的进一步发展，甚至可能引发严重网络安全犯罪或网络战，导致一个"危险、破碎的互联网"。③

在逆全球化和互联网巴尔干化的背景下，全球网络社会的治理也面临着一系列挑战，不同治理主体加强协作尤为重要。由美国霸权单边主导的全球互联网系统已无法有效应对网络安全、网络恐怖主义、网络犯罪、数字鸿沟

---

① Mark Scott. The internet is broken. Can this group fix it? POLITICO. https：//www.politico.eu/article/internet – governance – ottawa – regulation – balkanization – splinternet – global – jurisdiction – policy – network/. 2018 – 03 – 02 ［2018 – 07 – 19］.
② Rana Foroohar. Splinter'to herald a trade war for the ages，https：//www.ft.com/content/22b029ac – 20c0 – 11e8 – a895 – 1ba1f72c2c11，2018 – 03 – 06 ［2018 – 05 – 10］.
③ Global Commission on Internet Governance. One Internet. https：//www.cigionline.org/publications/one – internet，2016 – 06 – 21 ［2018 – 07 – 09］.

等一系列网络社会问题,全球互联网治理体系变革势在必行。对于网络社会的全球化治理来说,在当代全球治理面临着全面政治化①和互联网治理迎来"国家归来"②的双重趋势下,国家政府间的多边治理范式将得到更多强调,联合国作为传统的国际间政府组织,将继续发挥重要推动作用。同时,由于网络社会治理的复杂性与动态性,充分包括政府、国际组织、互联网企业、技术社群、民间机构、公民个人等各种主体在内的多方治理也将更加深化。全球网络空间治理已进入多边、多方治理并行阶段。③ 中国倡导"共商共建共享"的全球治理理念,向来主张国际社会共同构建多边、民主、透明的互联网国际治理体系,并鼓励多方参与。随着综合国力不断提高,中国将在全球互联网治理中发挥重要作用。

1. 以联合国为核心,推动多边网络治理

网络社会与现实社会紧密相连。面对网络社会的一系列全球性风险,任何国家都不可能独善其身、置身事外,国际社会必须在相互尊重、相互信任的基础上,同心协力,加强沟通,扩大共识,深化合作。

全球网络社会治理应以联合国为核心。不仅因为联合国为各国加深彼此了解、探讨建立国际规范提供了重要平台,更重要的是,在发展议题上,即推动全球互联网普及、缩小数字鸿沟,促进全球信息社会可持续发展等方面,联合国承担着核心作用。联合国一直坚持站在发展的立场上,推动信息社会发展与"千年目标"相结合。据预测,到 2019 年底,全球实现互联网连接人口将达到 50%。④ 这意味着约有 38 亿的另一半人口依然未能连接互联网,不能享受到日益扩大的数字世界中主要社会和经济资源带来的福祉。

---

① 张胜军:《全球治理的"东南主义"新范式》,《世界经济与政治》2017 年第 5 期。
② 刘建伟:《国家"归来":自治失灵、安全化与互联网治理》,《世界经济与政治》2015 年第 7 期。
③ 中国网络空间研究院:《2017 世界互联网发展报告》,http://www.cac.gov.cn/1122128829_15135789293581n.pdf,2017 年 12 月 15 日(2018 年 7 月 19 日)。
④ 国际电联:《联合国宽带委员会确立全球宽带具体目标:实现世界上 38 亿尚未与互联网连接人口的上网》,https://www.itu.int/zh/mediacentre/Pages/2018 - PR01.aspx,2018 年 1 月 23 日(2018 年 7 月 25 日)。

针对这一情况，联合国宽带促进可持续发展委员会确立了七项在 2025 年前可实现的具体目标，以支持实现世界"另一半人口的连接"。[1] 此外，根据联合国《2030 年可持续发展议程》通过的第 9 项可持续发展目标，要大幅提升信息和通信技术的普及度，力争到 2020 年在最不发达国家以低廉的价格普遍提供互联网服务。为实现这些目标，联合国、国际电联将持续推动世界各国的交流、互助与合作。

联合国的角色是推动全球互联网治理，而非直接参与，[2] 即联合国形成某种机制或平台，由世界各国或特定国家参与。目前，联合国及其框架下与网络社会治理相关的专门机构与机制主要有 4 个：国际电信联盟、联合国信息安全政府专家组、信息社会世界峰会论坛（WSIS）和互联网治理论坛（IGF）。国际电信联盟方面，目前正在进行 5G 标准制定与《国际电信规则》的审议与修订工作。在全球电信业与互联网深度融合的趋势下，国际电信联盟的工作有助于发挥国际多边治理作用，让全球的信息通信网络更有秩序、更安全、更健壮。联合国信息安全政府专家组方面，目前该专家组已成立至第五届，其成员来自 25 个国家。2017 年 6 月，专家组就网络空间行为规范进行谈判却无果而终，未能形成共识文件。WSIS 多年来致力于推进实施信息通信技术促进可持续发展，且近年来也显示出呼吁网络空间治理改革的意图，但面临着有效性不足的缺陷。[3] IGF 为各国政府、私营部门、技术社群、媒体、国际组织和公民社会提供了一个较平等地讨论互联网治理的平台，突出数字鸿沟、人权等网络公共政策问题，但由于不产生任何具体成果（如规则文件等），因此作用有限。此外，除了这些专门机制，联合国大会、联合国教科文组织、联合国开发计划署、联合国网络犯罪政府专家组等

---

[1] 国际电联：《联合国宽带委员会确立全球宽带具体目标：实现世界上 38 亿尚未与互联网连接人口的上网》，https://www.itu.int/zh/mediacentre/Pages/2018 - PR01.aspx，2018 年 1 月 23 日（2018 年 7 月 19 日）。

[2] 李丹丹：《刘振民 全球互联网治理 中国扮演引领角色》，新京报网，http://www.bjnews.com.cn/feature/2017/12/03/466799.html，2017 年 12 月 3 日（2018 年 7 月 19 日）。

[3] 许祎玥、陈帅、方兴东：《信息社会世界峰会的演进历程及发展现状》，《汕头大学学报》（人文社会科学版）2017 年第 7 期。

也是推动网络社会治理相关具体问题解决的机构、组织。

除了联合国框架,一些国际组织与政府间平台也是实行全球性或区域性网络社会多边治理的场所,如G20、APEC、欧盟、金砖国家、网络空间国际会议(GCCS)、全球互联网治理大会(NET Mundial)、世界互联网大会、北约网络合作防御卓越中心、经济合作与发展组织(OECD)等。这些组织、平台有些是比较平等的多边合作,有些则由不同的国家或地区主导,并在治理理念、议题上各有侧重,甚至有不同的利益取向,但基本上都以政府为主导,在数字经济、网络安全、网络犯罪、跨境数据等方面达成一定的公约、规范或合作。另一种国际合作形式是双边、多边合作,如中美打击网络犯罪及相关事项高级别联合对话、中日韩网络安全事务磋商机制等。

尽管有多种国际双边、多边机制,然而目前全球化治理的成效还是有限,联合国尚未能成为互联网治理的核心;发达国家与发展中国家的差距与对立仍然存在;互联网领域发展不平衡、规则不健全、秩序不合理等问题日益凸显。Stefaan G. Verhulst 等人指出:"针对治理的全球集体行动与协调常常是无效、迟缓或不合法的。各国对于隐私、安全、言论自由和访问等问题的处理常常存在难以调和的分歧,国内的现有解决机制却往往不能跟上社会进步的步伐。"[①] 在全球网络空间治理的公共政策领域,一些国际机制还仍然停留在对话层面,时常面临着集体行动难题。[②] 如 IGF 就常常被诟病为"清谈馆"。

要继续推进全球网络社会治理,需要各国以更务实的姿态来求同存异、寻求合作,增强行动力。在 2016 年二十国集团领导人杭州峰会开幕式上,习近平提出"知行合一、务实行动"的倡议,"我们应该让二十国集团成为行动队,而不是清谈馆"。如果说联合国、二十国集团等多边机制提供了一

---

① Verhulst, Stefaan and Noveck, Beth Simone and Raines, Jillian and Declerq, Antony. Innovations in Global Governance: Toward a Distributed Internet Governance Ecosystem. Global Commission on Internet Governance Working Paper. No. 5. SSRN: https://ssrn.com/abstract = 2563810 or http://dx.doi.org/10.2139/ssrn.2563810. 2018 - 03 - 23 [2018 - 07 - 19].
② 郎平:《网络空间国际治理机制的比较与应对》,《战略决策研究》2018 年第 2 期。

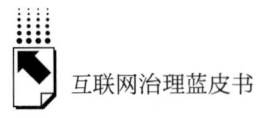

个开诚布公、平等协商的平台,那么下一步的目标应是要建立规则、制度、体制、机制等来保障执行力。

中共十九大报告提出:"推动建设相互尊重、公平正义、合作共赢的新型国际关系。"这也是全球网络社会多边治理的要义所在。对中国来说,一要继续提倡和支持联合国在网络社会治理中发挥核心作用;二要积极参与各种多边、双边治理机制,与各国加强沟通协商与务实合作;三要提出"中国方案",增强制度性话语权;四要增强能力建设,内外兼修,"安全""发展"两手抓,以实力扩大影响力,特别是以数字经济为抓手赢得优势,网络社会治理的"本地"与"全球"协同推进。

2. 发挥非国家行为体作用,促进多方协同治理

多利益相关方范式是当今互联网治理的一大主流,它强调所有的"利益相关方"——政府、私营部门、公民社会等主体的共同参与。多利益相关方范式并非与多方范式是二元对立的关系。在网络社会多层级、多议题的治理结构中,二者可以互补并行。多利益相关方中的非国家行为体——技术社群、企业、智库、公民社会等,立足自身的利益、能力,在网络社会治理中发挥独特的作用。

技术社群在互联网治理中占据着重要地位,其职责与作用是管理互联网的核心资源或研发、制定相关标准,确保全球互联网在技术层面有效运行。相关机构包括一系列以"I"字母为开头的私营机构,如ICANN、IANA、ISOC、IAB、IETF以及W3C等。其中,又以ICANN为长期以来全球互联网治理的核心机构,掌控着全球互联网系统的域名、根服务器和IP地址分配。虽然2016年美国政府将互联网域名管理权正式移交给ICANN,标志着ICANN迎来重大改革,然而,这并未改变此前的不平等的权力关系。在ICANN的新机制中,多利益相关方被具体化为"赋权社群"(Empowered Community),它包括地址支持组织、国家和地区名称支持组织、通用名称支持组织、一般会员咨询委员会、政府咨询委员会等。赋权社群具有监督ICANN董事会等权力,将成为互联网关键资源新的管理者,但由于赋权社群内部涵盖了政府、私人部门和公民社会三大类组织,其内部博弈将更加激

烈，局面会更加复杂。① ICANN 的国际化改革仍任重道远。

在逆全球化、保护主义思潮的背景下，私营部门或 IT/互联网企业将成为影响全球网络社会治理的重要力量。身处网络社会之中，人们每天都要使用互联网企业、电信企业、IT 企业的产品。这些企业就成为信息把关人、决策参考者和生活环境塑造者，与人们日常生活息息相关。相比监管者，企业离用户更近，同时掌握着前沿的技术。Facebook"数据门"让人们看到互联网巨头掌握公众信息的危险，美国制裁中兴事件让国人意识到国家核心技术受制于人的巨大风险。互联网企业与网络社会治理的关系分为三方面。一是作为治理的力量：在数字经济的背景下，一国可凭借强大的互联网产业在国际社会中提高竞争力与话语权，如美国的"八大金刚"、中国的 BAT 等。二是作为治理的主体，即互联网企业规范用户或运用相关技术、手段辅助解决网络社会中的问题。三是作为治理的客体，即互联网企业成为被管理、监督的对象，确保其在法治的轨道上运行。

智库是一个在网络社会治理中易被忽略的角色。智库作为战略思想工厂，是现代公共决策、国家社会治理的重要一环，被称为"政府决策的外脑"。在头号互联网强国美国，有战略与国际研究中心（CSISS）、东西方研究所、布鲁金斯学会等多家顶级智库。它们积极关注网络社会治理，是美国互联网治理战略的献策者、全球互联网治理合作的参与者、互联网治理政策的解读者、互联网治理方式的探索者和美国全球互联网治理霸权的鼓吹者。如特朗普当选美国总统后，CSISS 为其提供未来五年网络安全战略建议报告。国内方面，相关智库有信息安全研究中心、国家安全问题研究中心、互联网治理与法律研究中心、中国网络空间研究院等，然而我国智库国际知名度和影响力不足，具有前瞻性的成果不多，有待加强建设。

公民社会是网络社会治理三大主体之一。它涵盖的面较广泛，包括非政府组织、行业机构、公民个人等。在网络社会治理中，公民社会是人权、隐

---

① 邹军：《从个人管理到全球共治：互联网治理的历史变迁与未来趋势》，《现代传播（中国传媒大学学报）》2017 年第 1 期。

私、儿童在线保护等公共政策问题的关注者。在 IGF 中，公民社会已经成为参与人数最多的一个群体。然而，受技术、经费等限制，在诸多全球互联网治理平台中，公民社会特别是发展中国家的公民，一向处于弱势地位。

尽管多利益相关方范式受到普遍推崇，但各方并不能公平公正地参与治理，或者缺乏透明度，使得多利益相关方的合法性和有效性打折。2017 年 10 月，联合国教科文组织发布了一份名为《如果我们都治理互联网：在互联网治理中推进多利益相关方参与》的报告，提出一套多利益相关方机制的价值准则：包容、多样化、协作、透明、平等、灵活与相关、隐私与安全、负责与合法、回应等。① 多利益相关方为非国家行为体为在互联网治理中发挥作用提供了途径，然而其具体实践形式并非唯一、固定的，而是可以有多种。未来，探索、改进多利益相关方模式，更好地促进多方协同，最大化地形成治理的合力，是全球网络社会治理应努力的方向。

中国在发挥非国家行为体作用、助力网络社会全球化治理上已经有一定进展。例如，技术社群方面，中国信息通信研究院、政务和公益机构域名注册管理中心（CONAC）、中国互联网协会、国家互联网应急中心（CNCERT）以及北龙中网、泰尔英福等许多中国互联网企业积极参与了 ICANN 新通用顶级域名项目的政策制定和推广；我国专家王伟当选域名根区及 IP 地址管理机构 PTI 新一任 5 人董事会成员。互联网企业方面，阿里巴巴集团提出的"eWTP"（世界电子贸易平台）被写进 G20 杭州峰会公报，目前已进行海外试验。但总体而言，我国非政府行为体在全球互联网治理中的参与力度仍不够。相比发达国家，中国的私营企业在国际规制制定和治理参与广度和深度上有较大差距，几乎难见其身影。② 因此，中国应更多地鼓励和支持非国家行为体参与全球互联网治理相关平台、事件。技术社群方面，鼓励、支持具

---

① UNESCO. What if we all governed the Internet? Advancing multistakeholder participation in the Inernet governance, http://unesdoc.unesco.org/images/0025/002597/259717e.pdf. 2017 – 10 [2018 – 07 – 19]．

② 孙永革、郎平：《中国参与"多利益相关方"的治理实践及收获》，《汕头大学学报》（人文社会科学版）2017 年第 9 期。

有专业背景的官员、专家和学者在 ICANN、ISOC 等国际技术社群中参与工作，并鼓励国内 CNNIC 等技术社群加强国际交流与工作。在民营企业方面，一方面要发展互联网产业，特别是加强核心技术研发，提高技术实力；另一方面号召企业承担社会责任参与治理，积极参与国际上的 IGF、ICANN 大会等多利益相关方治理平台。智库方面，要加强新型智库建设，充分聚拢政府、业界、学界的专家、学者、高级研究人员，创建世界一流互联网治理智库，助力增强我国互联网治理话语权。公民社会方面，可以通过向政府提供意见、监督互联网企业、制造议题等方式参与网络社会治理，为此政府和企业需要给予公民社会更多的渠道表达权利。总之，对于中国来说，在国内要促进多方协同，打造共建共治共享的网络社会治理格局；在国际上，除了政府参与，同时要鼓励我国的技术社群、企业、智库、公民社会等非国家行为体积极参与全球网络社会治理，打造"中国队伍"，形成合力，与国际社会共同构建网络空间命运共同体。

·评价篇·

B.2
网络传播平台年度综合治理能力评价（2017~2018）

本书课题组*

摘　要： 依据课题组2017年发布的网络传播平台综合治理能力指标评价体系，在抽样时段内对省级新闻网站、移动新闻客户端、视频网站、社区论坛、网络直播平台中具有代表性的145个网络传播平台样本进行了为期一月的观测考察，发现国内网络传播平台治理能力总体处于良好水平，不同类型平台之间、同类型不同平台之间的治理能力有所区别，为提升网络传播平台综合治理能力提供了较为有针对性的参考策略。

关键词： 网络传播平台　治理能力　评价体系　层次分析法

随着互联网特别是移动互联网发展，社会治理模式正在从单向管理转向双向互动，从线下转向线上线下融合，从单纯的政府监管向更加注重社会协同治理转变。当前，多主体协同理念下的"多方参与、共同治理"是我国互联网治理的主要路径。政府角色内嵌于互联网治理，与网络平台、网民、行业组织共同形成网络化治理主体。网络平台的开放性吸引海量用户，部分网络平台从网络平台演化为超级网络平台，或初步具备了超级网络平台的属

---

* 罗昕教授统筹，罗昕教授、研究生杨仰文、研究生周静思执笔。研究生蔡雨婷、黄靖雯、李芷娴、陈国琼、何玉珍、肖恬、储楚、马敏、肖智恬参与数据监测分析。

性。网络平台不仅影响受众的信息接收习惯，更对受众的生活习惯、社会经济发展有深远影响。因此，网络平台在网络治理中理应承担相应的社会责任，运用规则的工具对网络技术、受众网络行为以及网络传播内容进行管束。

一 相关文献综述

1. 国内研究方面

平台型网络企业的治理主体和对象成为网络平台治理研究的突破口。白景坤、王健、张贞贞对平台进行了明确的定义：平台可分为两大类，一类是以产品或技术研发为目的的合作平台，由具有互补产品、服务或技术的若干部门或企业构成；另一类是双边或多边市场交易平台，以促进交易的便利性为目的，是连接不同用户群的中介。① 阳镇则对平台型履责的主体与对象有明确的划分。他指出，在平台型企业的内部履责成员中，平台企业、平台企业与买方、平台企业与卖方、平台企业买方与卖方共同构成了新的履责主体适用范围。在履责对象方面，平台需对平台内双边市场用户负责而不仅仅是由支撑平台运营的员工负责，且平台内双边用户的规模数量与资源类型结构在很大程度上决定着平台型企业的生死存亡。② 同时，阳镇等还将企业社会责任与治理模式结合，划分了三种企业平台的治理模式：个体自治、政府治理以及多中心网络治理三种模式。③

在网络平台治理主体的权利与责任层面，学者们进行了具体细致的探讨。网络平台治理过程中，网络服务提供者既有权利，也有义务。姜瀛提出，在法定义务以及与网民协定契约的共同塑造之下，网络平台服务提供者拥有了网络监管中的"软权力"，网络平台的管理权是平台自治契约与法律

---

① 白景坤、王健、张贞贞：《平台企业网络自组织形成机理研究——以淘宝网为例》，《中国软科学》2017年第5期。
② 阳镇：《平台型企业社会责任：边界、治理与评价》，《经济学家》2018年第5期。
③ 阳镇、许英杰：《企业社会责任治理：成因、模式与机制》，《南大商学评论》2018年第4期。

义务交织后所产生的权力形态。我国当下对于网络平台服务提供者进行"入罪化"处理，通过"法定义务违反 + 监管机关责令改正"两大门槛对网络平台管制。① 解志勇、修青华（2017）认为网络平台服务提供者拥有准立法权（规则制定）、准行政权（内部管理）和准司法权（纠纷裁决），同时网络平台也要肩负起积极责任（实名登记、身份核实、内容审查等）与消极责任（包括警告、约谈、责令改正、停业整顿等）。② 杨彩霞（2018）提出在"共犯正犯化"责任框架下，由于不同类型的网络服务提供者对网络信息的管控能力以及与违法网络用户的紧密程度不同，在维护网络秩序中所可能发挥的作用亦不同，因此应构建一套类型齐全、结构合理、轻重有序的义务体系，进而在明确各自义务范围的基础上明晰其可能承担的刑事责任模式与边界。③

随着网络订餐平台的兴起，网络食品交易平台的治理与规范成为学者们关注的重要议题。程信和、董晓佳（2017）则以网络餐饮平台为切入点，研究网络餐饮平台法律监管的困境及其治理，提出基于网络交易平台的信息优势和资源优势，划分政府监管与平台监管的界限；创新平台与平台入驻者的责任承担方式；发挥消费者的信息优势，使消费者转化为新型的治理主体。④ 刘金瑞（2017）在网络订餐平台的治理上，提出应贯彻社会共治理念，承认平台是共治的重要力量；技术法律监管并重，依靠技术手段破解监管难题；线上线下监管同步、建立线上线下治理联动机制。⑤ 赵鹏指出在"功能主义"的思想下，强化平台的责任。平台拥有强大的技术能力去限制相关用户的活动，即莱斯格所说的"代码即法律"，而且平台对其用户的处

---

① 姜瀛：《"以网管网"背景下网络平台的刑法境遇》，《国家检察官学院学报》2017年第25卷第5期。
② 解志勇、修青华：《互联网治理视域中的平台责任研究》，《国家行政学院学报》2017年第5期。
③ 杨彩霞：《网络服务提供者刑事责任的类型化思考》，《法学》2018年第4期。
④ 程信和、董晓佳：《网络餐饮平台法律监管的困境及其治理》，《华南师范大学学报》（社会科学版）2017年第3期。
⑤ 刘金瑞：《网络食品交易第三方平台责任的理解适用与制度创新》，《东方法学》2017年第4期。

理则是依据用户协议的私人行为，它不需要遵守正当程序的一系列要求，亦可以通过修订格式化的用户协议赋予自己更大的裁量空间并排除自己错误判断的责任。①

另外，随着网络平台文化影响力的日渐扩散，网络平台的专利与知识产权规范也是人们关注的重点。姚志伟、沈一萍（2017）指出网络平台在专利保护方面存在困境：首先，网络交易平台有限的审查能力难以应对专利审查的复杂性，网络交易平台大都是普通的市场主体，而并非专业的知识产权服务机构，其没有知识产权局的行政监管职责，也不具备专业的专利侵权认定能力；其次，将"通知—删除"规则适用于专利领域会产生不良影响，这种制度功能会被一些人滥用，进行恶意市场竞争；再次，移植于域外法的"通知-删除"规则不适应于我国网络平台专利领域。② 李永（2017）提出在目前的法律文件中，轻视具体规则设计，规则原则性过强，同时侧重消费者保护，忽视其他参与各方间利益平衡，另外也仅侧重侵权规则设定，轻视规则可适用性考量。针对具体的规则，他指出目前网络交易平台提供者侵权责任的承担规则表述方面存在模糊，以尚不确定的侵权行为要求网络交易平台提供者采取必要措施，规则设定本身存在逻辑上的矛盾。③ 杜颖（2017）提供了网络平台专利侵权的解决路径，通过建立专利与知识产权分层机制维护网络平台内容生产者的合法利益。首先，平台之间要携手合作，让分层机制首先成为行业惯例，以行业公约或行业自治规范的形式强化其在业内一体实施的效力；其次，就是网络平台需要通过游说，将分层机制的精神和实质内容上升到司法解释的具体规定，成为审判实践可以援引适用的法律依据。④

2. 国外文献方面

国外学者对于网络平台所形成的平台社会及其问题产生的权力逻辑进行

---

① 赵鹏：《超越平台责任：网络食品交易规制模式之反思》，《华东政法大学学报》2017年第1期。
② 姚志伟、沈一萍：《网络交易平台的专利侵权责任研究》，《中州学刊》2017年第8期。
③ 李永：《网络交易平台提供者侵权责任规则的反思与重构》，《中国政法大学学报》2018年第3期。
④ 杜颖：《网络交易平台上的知识产权恶意投诉及其应对》，《知识产权》2017年第9期。

了深入的探讨。网络平台不仅是思想和意见的汇集地，更是由于其广泛的影响力形成了新兴的社会图景。Victoria Nash、Jonathan Bright 等学者（2017）指出，人们目前生活在平台社会中，这样的在线平台，有一种引人注目的新自由主义逻辑，直接将买家和卖家、朋友、社会关系、政府和公民联系在一起。然而，平台社会的出现也带来了问题，这主要是由于社会进程从传统的（通常是国家约束的）监管框架中跳脱出来。[1] Shreeharsh Kelkar（2017）对网络平台的运营者进行了深入研究，并指出像 Facebook 和 YouTube 这样的互联网平台经常会避免问责和监管，声称它们自身仅仅是提供软件基础设施，对用户几乎没有什么监督。但是这些平台公司对界面和算法设计的控制，使它们与用户相比，拥有不成比例的巨大权力，从根本上重塑了不同于政治的权力类别，如社会或创新，这种平台的力量源于他们塑造组织角色和划分的能力。[2]

网络平台的治理路径也是国外学者关注的重点。Amrit Tiwana、Benn Konsynski 与 Ashley A. Bush（2017）指出，平台治理的核心挑战是，平台所有者必须保留足够的控制权，以确保平台的完整性；同时放弃足够的控制权，以鼓励平台开发人员进行创新。而要解决这一问题，可以从三个不同的角度进行研究：决策权的划分、控制权以及所有权及其共享。[3] Shen Zunhuan、Long Jiancheng（2017）指出，在交易成本理论的常规监测与选择机制以及社会交易理论的非常规信任与声誉机制下，网络平台的治理包括外部治理机制、内部治理机制以及自我治理机制。[4] Nicolas Suzor、Tess Van Geelen 与 Sarah Myers West（2017）研究网络平台治理的合法性基础。他们指出，网络平台公司应该使数据更加透明化，让学者能够从中更好地研究网

---

[1] Victoria Nash, Jonathan Bright, Helen Margetts, and Vili Lehdonvirta. Public Policy in the Platform Society. Policy and Internet, 2017.
[2] Shreeharsh Kelkar. Engineering a platform: The construction of interfaces, users, organizational roles, and the division of labor. New Media and Society. 2018（7）：2629-2646.
[3] Amrit Tiwana, Benn Konsynski, Ashley A. Bush. Platform Evolution: Coevolution of Platform Architecture, Governance, and Environmental Dynamics. Information Systems Research, 2017.
[4] Shen Zunhuan, Long Jiancheng. A Study on the Governance Mechanisms of Internet Platform Enterprise. Journal of Xidian University, 2017.

络平台治理的路径。① Asgarkhani Mehdi（2017）指出治理跨越了文化、组织、政策和实践，为信息技术管理和控制提供了五个关键功能，包括战略一致性、价值交付、资源管理、性能管理和风险管理。②

另外，网络平台治理中不同的主体对象也是国外学者研究的热点。Chris J. Martin、Paul Upham 与 Rita Klapper（2017）通过研究共享经济平台，指出平台治理的民主模型主张网络平台承担更多的社会环境责任，有助于促进共享经济的可持续发展。③ Sakil Hossain 通过研究 Facebook、YouTube 和 Twitter，指出许多网络平台作为治理者，都在积极地管理用户发布的内容，这些平台为何以及怎样对言论进行温和的处理，在很大程度上是不透明的。对这些平台的在线言论进行监管，以便在保护互联网的民主化力量和保护社会生产力之间找到平衡。④

综合而言，2017 年国内外的学者对于网络平台的治理主体、治理对象以及治理路径等都有细致的研讨。国内学者对于新兴网络平台的规范与治理有深入的研究，国外学者则聚焦于宏观的平台社会及其治理难题所形成的深层结构。国内外网络平台治理研究，对于深入探讨网络传播平台的治理能力状况具有一定的借鉴意义与参考价值。

二　实证分析

网络传播平台的治理能力既是一种抽象概念，也是一种具化的实践指

---

① Nicolas Suzor, Tess Van Geelen, Sarah Myers West. Evaluating the legitimacy of platform governance: a review of research and a shared research agenda. International Communication Gazette, 2017.
② Asgarkhani Mehdi. An overview of information security governance. 2017 International Conference on Algorithms, Methodology, Models and Applications in Emerging Technologies, ICAMMAET 2017 - January, pp. 1 - 4.
③ Paul Upham, Rita Klapper. Democratising platform governance in the sharing economy: An analytical framework and initial empirical insights. Journal of Cleaner Production, 2017.
④ Klonick Kate. The new governors: The people, rules, and processes governing online speech. Harvard Law Review. 2018 (6): 1599 - 1670.

标。不同类型的网络传播平台有各自的传播特性，本课题组依据传播平台的不同划分评价体系，并且从多个维度考量网络传播平台的综合治理能力。

（一）评价依据

依据课题组 2017 年蓝皮书发布的网站传播平台综合治理能力评价指标体系及其权重排序，基于网站平台、移动应用两套综合治理能力评价指标体系，对不同类型的网络传播平台治理能力进行全面评价（如表 1、表 2）。

表 1　网站平台综合治理能力评价指标体系及其权重排序

一级指标	权重	二级指标	权重	排序
A1 内容把关力	0.2583	B1 正面信息引导	0.1851	1
		B2 负面信息控制	0.0732	7
A2 用户服务力	0.1788	B3 公共服务	0.0836	3
		B4 投诉处理	0.0952	2
A3 安全保障力	0.2587	B5 网站漏洞	0.0316	12
		B6 虚假,欺诈	0.0796	4
		B7 挂马,恶意	0.0716	8
		B8 恶意篡改	0.0759	6
A4 性能表现力	0.1120	B9 下载时间	0.0378	11
		B10 首字节时间	0.0199	15
		B11 总时间	0.0291	13
		B12 解析时间	0.0252	14
A5 平台影响力	0.1922	B13 全球排名	0.0779	5
		B14 日均 PV	0.0535	10
		B15 日均 UV	0.0608	9

表 2　移动应用综合治理能力评价指标体系及其权重排序

一级指标	权重	二级指标	权重	排序
A1 内容把关力	0.2583	B1 正面信息引导	0.1851	1
		B2 负面信息控制	0.0732	6
A2 用户服务力	0.1788	B3 公共服务	0.0836	5
		B4 投诉处理	0.0952	3

续表

一级指标	权重	二级指标	权重	排序
A3 安全保障力	0.2588	B5 高危漏洞	0.1748	2
		B6 中危漏洞	0.0592	7
		B7 低危漏洞	0.0248	12
A4 性能表现力	0.1120	B8 启动耗时	0.0234	13
		B9 CPU 占用	0.0195	14
		B10 内存占用	0.0263	10
		B11 流量耗用	0.0260	11
		B12 电量耗用	0.0168	15
A5 平台影响力	0.1921	B13 应用市场评分	0.0564	8
		B14 下载量	0.0942	4
		B15 评论数	0.0415	9

从表1、表2可以看出，网络传播平台治理能力的一级指标中，内容把关力占25.83%，用户服务力占17.88%，安全保障力占25.87%/25.88%，性能表现力占11.20%，平台影响力占19.22%/19.21%。影响因子中，B1 正面信息引导、B4 投诉处理、B3 公共服务、B2 负面信息控制都占有较大比重，对网络传播平台治理能力有着重要的作用。此外，对于网站平台来说，B6 虚假，欺诈、B13 全球排名、B8 恶意篡改、B7 挂马，恶意等也占较大比重；对于移动应用来说，B5 高危漏洞、B14 下载量等也占较大比重。

为了更简便、更直观地进行评价，可以将网络传播平台综合治理能力评价分为五个等级：好、较好、一般、较差、极差，分别用绿、蓝、黄、橙、红五种颜色加以区分。根据综合分值大小确定其对应的区间，可得出治理能力级别，评估其治理状况，为改进平台治理提供参考。根据专家赋值后计算出的分数（分值为0~100），最终确立网络传播平台综合治理能力评价等级（如表3）。

表3 网络传播平台综合治理能力评价等级

Ⅰ级（绿）	Ⅱ级（蓝）	Ⅲ级（黄）	Ⅳ级（橙）	Ⅴ级（红）
好	较好	一般	较差	极差
81~100	61~80	41~60	21~40	0~20

（二）样本选择

1. 确定样本对象

从衡量网络传播平台的综合治理能力出发，样本的选择需要考虑到平台本身需具备的安全保障和系统性能的稳定条件、内容的信息传播和公共服务能力，同时也要兼顾平台的市场使用影响力。因此，在"能起到连接各方主体，聚合、生产信息的网站、APP 或其他产品"的平台大范围中，课题组最终确立了"省级新闻网站""移动新闻客户端""视频网站""社区论坛""网络直播客户端"五个类别，较有代表性的 145 个网络传播平台样本。

"省级新闻网站"指的是提供网络信息和服务的省级行政区域新闻网站。"移动新闻客户端"既包括依靠大数据技术和智能算法的新闻聚合推荐产品，也包括由强势门户网站、主流媒体打造的移动资讯类新闻客户端。其他三大类别的网络传播平台的样本产品内容较为统一，选取时以综合实力、影响力和可监测性为主要标尺，每个类别各选 30 个样本，进行跟踪监测，最后共得到有效样本 145 个。

2. 样本筛选结果

综合以上标准，我们所筛选的 145 个有效样本平台分别是：

（1）省级新闻网站：千龙网、红网、华龙网、大河网、宁夏新闻网、齐鲁网、东方网、中国吉林网、东北新闻网、中安在线、浙江在线、广西新闻网、每日甘肃网、中国江西网、天津网、湖北日报网、云南网、南海网、东北网、长城网、内蒙古新闻网、天山网、南方网、东南网、中国西藏新闻网、山西新闻网、青海新闻网、陕西网、四川在线、多彩贵州网。

（2）移动新闻客户端：今日头条、腾讯新闻、天天快报、一点资讯、搜狐新闻、网易新闻、新浪新闻、凤凰新闻、ZAKER 新闻、军事头条、微博头条、UC 头条、百度新闻、号外、澎湃新闻、参考消息、橘子娱乐、铁血军事、浙江新闻、央视新闻、界面新闻、东方头条、南方 Plus、中国新闻网、商业周刊、好奇心日报、人民日报、新京报、上观新闻、华尔街见闻。

(3) 视频网站：爱奇艺视频、优酷视频、哔哩哔哩、暴风影音、土豆视频、百度视频、凤凰视频、爆米花网、芒果TV、激动网、搜狗影视、2345影视大全、西瓜视频、梨视频、56网、CNTV、PPTV聚力、第一视频、风行网、华数TV、酷6网、乐视视频、搜狐视频、腾讯视频、天天看看、新浪视频、360影视大全。

(4) 社区论坛：奥一社区、百度贴吧、北方论坛、大河论坛、大众论坛、东方论坛、东湖社区、发展论坛、杭州网论坛、华声论坛、青青岛社区、铁血论坛、知乎、天涯社区、凯迪社区、水木社区、猫扑网、西祠胡同、麻辣社区、强国论坛、复兴论坛、新浪论坛、红网论坛、上海滩论坛、化龙巷论坛、宽带山论坛、19楼论坛、红豆社区。

(5) 网络直播客户端：YY直播、触手直播、唱吧新闻间、来疯直播、映客直播、花椒直播、九秀直播、9158直播、一直播、喵播直播、斗鱼直播、企鹅电竞、虎牙直播、红人直播、么么直播、奇秀直播、齐齐直播、石榴直播、乐嗨秀场、CC直播、KK直播、NOW直播、秀色秀场、龙珠直播、MOMO陌陌、熊猫直播、繁星直播、战旗直播、小米直播、全民直播PRC。

（三）样本数据统计

本文在吸取以往研究经验的基础上进一步完善相关观察方法和思路，监测2017年12月11日至2018年1月7日为期四周的平台治理情况。在"内容把关力"和"用户服务力"方面，以"日"为观测单位，以首页信息为切入点滚动翻阅，每周二、周四、周六的12∶00~24∶00选取任意时间段记录内容传播情况。在"安全保障力""性能表现力"和"平台影响力"方面，依托第三方监测工具的大数据支持。网站平台方面，使用360网站安全检测（http：//webscan.360.cn）评价安全保障力，使用17ce网站（https：//www.17ce.com）评价性能表现力，使用Alexa网站（http：//www.alexa.cn）评价平台影响力。移动应用方面，使用百度MTC移动测试工具（http：//mtc.baidu.com）评价安全保障力和性能指数，使用前三大应用市场（应用宝、百度手机助手、360手机助手）评价平台影响力。全部二级指标评价采用正向赋分法。每个二级指标评价时，以某平台在该指标的最佳表现为基准划定相对赋值区间，经统一培训过的三位研究者同时打分，取其均值作为该指标的得分（各项得分同比扩大100），最终得到各类网络传播平台的综合治理能力具体分值（见表4、表5、表6、表7、表8、表9）。

表4　省级新闻网站平台综合治理能力评分

平台	内容把关力	用户服务力	安全保障力	性能表现力	平台影响力	总分
千龙网	25.375	16.208	25.238	8.456	4.914	80.191
红网	22.996	14.072	25.238	5.964	12.602	80.872
华龙网	24.141	12.168	25.870	3.036	12.602	77.817
大河网	24.141	12.864	25.870	7.874	6.130	76.879
宁夏新闻网	25.522	12.632	25.870	8.378	0.000	72.402
齐鲁网	24.246	17.880	25.870	7.952	6.130	82.078
东方网	21.762	17.880	25.870	5.198	12.602	83.312
中国吉林网	24.481	17.880	25.238	6.788	7.200	81.587
东北新闻网	23.556	17.880	25.870	6.972	4.914	79.192
中安在线	23.467	17.880	25.238	8.960	4.914	80.459
浙江在线	25.229	16.208	25.870	8.456	8.758	84.521
广西新闻网	23.190	17.880	25.870	5.516	4.914	77.370
每日甘肃网	24.450	12.400	25.870	8.960	2.286	73.966
中国江西网	21.720	17.880	25.238	7.874	8.758	81.470
天津网	23.441	12.400	23.342	5.198	3.844	68.225
湖北日报网	25.830	17.880	25.238	6.972	6.130	82.050
云南网	22.683	14.072	25.238	7.370	3.844	73.207
南海网	20.277	14.072	25.870	7.370	4.914	72.503
东北网	21.203	17.880	25.238	6.390	3.844	74.555
长城网	25.830	17.880	25.870	7.370	1.070	78.020
内蒙古新闻网	23.979	9.056	25.238	7.370	3.844	69.487
天山网	24.164	17.880	25.870	7.476	3.844	79.234
南方网	19.537	12.168	23.974	5.516	8.758	69.953
东南网	22.128	17.880	25.238	7.370	3.844	76.460
中国西藏新闻网	25.830	12.864	25.238	6.284	0.000	70.216
山西新闻网	23.609	14.536	25.238	5.886	2.286	71.555
青海新闻网	23.609	14.072	23.974	7.874	1.070	70.599
陕西网	23.979	12.864	25.238	5.516	0.000	67.597
四川在线	20.832	10.960	25.870	8.378	9.974	76.014
多彩贵州网	22.128	8.824	25.870	5.516	3.844	66.182

表5 移动新闻客户端平台综合治理能力评分

平台	内容把关力	用户服务力	安全保障力	性能表现力	平台影响力	总分
今日头条	11.796	12.400	23.016	8.434	18.082	73.728
腾讯新闻	13.260	9.056	24.696	7.558	15.890	70.460
天天快报	8.094	7.384	24.200	8.078	15.890	63.646
一点资讯	11.796	14.072	24.696	9.290	19.210	79.064
搜狐新闻	13.260	14.072	24.200	7.058	17.252	75.842
网易新闻	13.260	9.056	24.696	8.908	18.082	74.002
新浪新闻	5.166	9.056	24.696	8.566	12.506	59.990
凤凰新闻	13.260	10.728	20.704	9.558	17.550	71.800
ZAKER新闻	9.558	14.072	24.696	9.422	15.592	73.340
军事头条	16.962	7.384	24.696	10.674	9.184	68.900
微博头条	8.094	9.056	24.696	9.238	6.098	57.182
UC头条	8.094	9.056	25.880	9.428	8.354	60.812
百度新闻	13.260	9.056	24.200	9.948	9.184	65.648
号外	13.260	5.248	25.880	9.428	8.354	62.170
澎湃新闻	20.664	7.152	25.880	9.558	8.354	71.608
参考消息	16.962	7.152	25.880	10.284	3.842	64.120
橘子娱乐	13.260	7.384	24.696	10.674	8.354	64.368
铁血军事	16.962	5.248	25.880	10.674	8.354	67.118
浙江新闻	24.366	10.496	24.696	10.674	10.014	80.246
央视新闻	18.426	7.152	23.512	11.200	9.940	70.230
界面新闻	13.260	10.728	25.880	8.382	7.226	65.476
东方头条	8.094	10.728	21.200	9.758	13.558	63.338
南方Plus	13.260	14.072	25.880	9.422	11.068	73.702
中国新闻网	14.724	7.152	25.880	8.954	8.354	65.064
商业周刊	9.558	7.152	25.880	8.376	7.226	58.192
好奇心日报	13.260	7.152	25.880	9.628	8.354	64.274
人民日报	14.724	14.072	25.880	10.674	11.750	77.100
新京报	13.260	5.480	25.880	10.674	10.622	65.916
上观新闻	13.260	10.496	25.880	9.422	8.354	67.412
华尔街见闻	13.260	10.728	25.880	9.422	10.014	69.304

表6 视频网站平台综合治理能力评分

平台	内容把关力	用户服务力	安全保障力	性能表现力	平台影响力	总分
爱奇艺视频	17.285	14.072	24.226	8.96	12.602	77.145
优酷视频	13.85	12.4	23.974	8.378	9.974	68.576
哔哩哔哩	13.846	14.304	25.238	9.134	12.73	75.252
暴风影音	14.143	12.864	25.87	7.874	6.13	66.881
土豆视频	14.702	16.208	25.238	7.188	8.904	72.24
百度视频	14.741	16.208	25.87	7.98	19.22	84.019
凤凰视频	9.928	7.152	25.87	8.456	9.974	61.38
爆米花网	9.558	17.88	23.342	4.402	5.06	60.242
芒果TV	15.137	10.728	24.606	6.468	6.13	63.069
激动网	13.63	12.632	25.87	6.468	2.286	60.886
搜狗影视	10.113	7.152	25.87	7.37	13.818	64.323
2345影视大全	10.113	12.632	25.238	6.39	7.688	62.061
西瓜视频	11.22	12.168	25.238	4.76	5.06	58.446
梨视频	13.63	12.4	23.974	8.96	6.13	65.094
56网	13.88	12.86	24.606	7.324	7.652	66.322
CNTV	14.724	10.73	25.87	9.718	6.092	67.134
PPTV聚力	13.7724	12.86	23.974	5.418	8.752	64.776
第一视频	14.724	11.19	25.238	8.458	9.968	69.578
风行网	12.3416	7.38	25.238	7.828	6.092	58.88
华数TV	12.93	6.42	23.974	4.522	6.092	53.938
酷6网	11.62	12.86	25.238	3.27	3.876	56.864
乐视视频	12.9272	9.05	25.238	7.324	6.092	60.631
搜狐视频	12.52	14.54	25.87	8.328	17.71	78.968
腾讯视频	12.9272	8.1	25.87	7.43	15.622	69.95
天天看看	13.82	9.05	25.238	6.922	6.092	61.122
新浪视频	14.72	5.24	25.87	8.928	17.71	72.468
360影视大全	14.354	6.42	25.87	7.824	8.752	63.22

表7 社区论坛平台综合治理能力评分

平台	内容把关力	用户服务力	安全保障力	性能表现力	平台影响力	总分
奥一社区	11.022	9.056	23.974	7.476	8.758	60.286
百度贴吧	11.022	10.96	25.87	7.98	19.22	75.052
北方论坛	19.66	8.824	25.87	7.874	6.13	68.358
大河论坛	20.894	8.824	25.87	4.76	6.13	66.478

续表

平台	内容把关力	用户服务力	安全保障力	性能表现力	平台影响力	总分
大众论坛	18.1175	12.4	25.238	5.992	8.758	70.5055
东方论坛	9.049	10.728	25.87	6.894	4.914	57.455
东湖社区	9.4795	8.824	25.87	4.004	6.13	54.3075
发展论坛	16.453	5.248	23.974	6.02	6.13	57.825
杭州网论坛	8.8008	10.728	23.974	7.37	6.13	57.0028
华声论坛	10.6055	12.632	25.238	7.874	12.602	68.9515
青青岛社区	11.022	9.056	25.87	6.972	12.602	65.522
铁血论坛	6.473	7.384	25.238	5.382	6.13	50.607
知乎	7.937	9.056	25.238	6.02	13.818	62.069
天涯社区	9.558	7.384	25.87	7.874	16.446	67.132
凯迪社区	11.0691	7.384	25.238	7.874	8.758	60.3231
水木社区	7.0314	8.824	23.974	8.708	9.974	58.5114
猫扑网	3.8106	10.96	25.87	8.456	6.13	55.2266
西祠胡同	10.0965	14.072	25.238	7.874	6.13	63.4105
麻辣社区	14.724	14.304	25.238	6.496	4.914	65.676
强国论坛	25.0938	10.496	25.87	7.952	11.386	80.7978
复兴论坛	25.83	12.632	25.87	7.37	6.13	77.832
新浪论坛	9.558	10.728	25.87	7.37	17.662	71.188
红网论坛	13.9836	12.4	23.342	6.496	12.602	68.8236
上海滩论坛	7.1046	15.976	23.974	6.39	0	53.4446
化龙巷论坛	7.6902	17.88	25.238	7.37	6.13	64.3082
宽带山社区	6.2262	10.96	25.238	6.894	8.758	58.0762
19楼论坛	7.4706	12.168	25.238	6.866	8.758	60.5006
红豆社区	9.5799	10.496	25.87	5.886	4.914	56.7459

表8 网络直播客户端综合治理能力评分

平台	内容把关力	用户服务力	安全保障力	性能表现力	平台影响力	总分
YY直播	3.990	11.192	24.696	8.770	18.082	66.730
触手直播	5.827	9.288	25.880	10.674	14.314	65.983
唱吧直播间	4.848	9.288	25.880	8.770	15.826	64.612
来疯直播	10.725	7.384	24.696	9.634	11.674	64.113
映客直播	4.850	11.192	21.200	8.776	17.326	63.344
花椒直播	1.593	11.192	25.880	6.820	17.550	63.035
九秀直播	5.829	9.288	25.880	10.674	10.014	61.685

续表

平台	内容把关力	用户服务力	安全保障力	性能表现力	平台影响力	总分
9158 直播	2.928	7.384	25.880	8.724	16.720	61.636
一直播	10.728	11.192	19.520	8.126	11.674	61.240
喵播直播	3.996	11.192	25.880	9.686	10.014	60.768
斗鱼直播	5.597	7.384	19.520	9.166	18.082	59.749
企鹅电竞	5.002	7.384	25.880	10.206	10.770	59.242
虎牙直播	2.928	5.480	25.880	6.820	18.082	59.190
红人直播	5.270	11.192	25.880	10.674	6.098	59.114
么么直播	2.562	11.192	21.200	10.284	13.558	58.796
奇秀直播	5.000	7.384	25.880	8.198	11.898	58.360
齐齐直播	4.612	9.288	25.880	10.674	7.226	57.680
石榴直播	2.050	9.288	24.696	9.738	11.898	57.670
乐嗨秀场	5.605	7.384	25.880	10.810	7.226	56.905
CC 直播	5.206	7.384	25.880	10.674	7.226	56.370
KK 直播	2.605	11.192	20.704	10.154	11.674	56.329
NOW 直播	1.340	9.288	24.200	10.732	10.696	56.256
秀色秀场	1.318	5.480	25.880	10.810	12.728	56.216
龙珠直播	3.122	9.288	22.384	8.770	12.430	55.994
MOMO 陌陌	1.584	7.384	20.208	8.724	18.082	55.982
熊猫直播	1.342	7.384	25.880	7.736	13.484	55.826
繁星直播	4.246	7.384	24.696	7.808	10.014	54.148
战旗直播	4.801	9.288	20.704	7.730	8.886	51.409
小米直播	2.243	11.192	20.704	9.758	6.098	49.995
全民直播 PRO	5.209	7.384	21.200	7.730	6.630	48.153

通过以上五种类别的网络传播平台的综合治理能力评分的平均值，以网络传播平台综合治理能力评价等级表（表3）为依据，将不同类型的传播平台的综合治理能力一一对应到不同的等级，更为直观地反映不同类型平台的综合治理水平。由表9可知，不同网络传播平台的综合治理水平差距较大，省级新闻网站总体表现突出，尤其在内容把关力、用户服务力等方面具有较大优势。其中省级新闻网站"浙江在线"在五项指标的评分中均取得较高分数，总分高达84.521，领跑所有网络传播平台。客户端平台的用户服务力明显不足，50%的移动新闻客户端仅有1个公共服务渠道。社区论坛

的平台影响力逐年下降，新兴的网络传播平台取得 12.199 的平台影响力最高分，但网络直播客户端内容以生活娱乐为主，导向性较弱，内容把关力亟待提高。

表9 各类网络传播平台综合治理能力评价结果

平台	内容把关力	用户服务力	安全保障力	性能表现力	平台影响力	总分
省级新闻网站	23.444	14.773	25.385	6.941	5.261	75.932
移动新闻客户端	13.214	9.401	24.854	9.445	11.220	68.135
视频网站	13.228	11.315	25.130	7.262	9.119	66.054
社区论坛	11.763	10.728	25.215	6.946	8.791	63.443
网络直播客户端	4.232	8.907	23.951	9.262	12.199	58.551

三 研究发现

通过抽样时间段的内容采集分析与各项指标的考核，不同的平台类型在内容把关力、用户服务力、安全保障力、性能表现力、平台影响力等不同的评价指标上呈现出各自的特点。

（一）内容把关力

这一方面，不同平台的得分悬殊，内容把关力成为影响平台综合治理能力的决定性因素。

省级新闻网站作为省级主流媒体之一，在内容把关力上占绝对优势，30家省级新闻网站均以正面内容及中性报道为主，较少出现负面新闻。党的十九大期间，所有省级新闻网站都在页面设计上呈现浓郁的十九大氛围，并开设有关"十九大""新时代"或"治国理政"等方面的专题，在首页头条或显著位置报道相关内容。视频网站"酷6网"也推出了《喜迎十九大共圆中国梦》《砥砺奋进的五年》《新时代之歌》等正面视频。一些省级新闻网站在内容上还呈现显著的区域特色，如湖南红网关于"厕所革命在湖

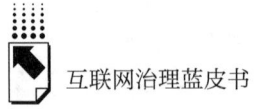

南"的报道。移动新闻客户端的正面导向性显著提高,几乎所有移动新闻客户端都设计了"置顶"功能呈现每日的重要时政新闻和其他正能量、主旋律的报道。

智能算法被网络传播平台广泛应用,基于用户画像等信息推荐信息,存在导向性不足、人文关怀缺失等问题。近两年才兴起的网络直播平台内容以娱乐直播、游戏直播、秀场直播为主,平台正面信息比重较小,对负面信息的控制不足,总体格调偏低。据课题组网络田野调查,网络主播为争夺市场,往往以猎奇、低俗、庸俗、暴力的内容吸引用户关注,主播与用户间的不文明沟通也屡见不鲜。此外,移动新闻客户端、视频网站、社区论坛等平台也不同程度地存在排版导向意识不强、标题党博眼球、广告三俗化等问题。

(二)用户服务力

总体而言,网站平台的用户服务力优于客户端平台,客户端平台对公共服务的重视不足,各类平台的投诉反馈渠道丰富,但缺乏有效反馈机制。

省级新闻网站几乎将"公共服务"作为网站"标配",许多网站能提供类型多样、富有特色的便民服务,将网络问政、网上办事、公益、生活信息指南等纳入服务范围,如红网的"百姓呼声"栏目、齐鲁网的"阳光连线"栏目、东方网的"东方直通车"栏目、千龙网与北京市慈善义工联合主办的"首都公益网"等。主流媒体的移动新闻客户端也较为主动为用户提供公共服务,如"人民日报"在公共服务力方面,设置"生活服务"栏目聚合便民服务项目,为用户提供生活缴费、车主服务、政务办事、交通出行、气象环保、文化生活等全方位覆盖民众衣食住行的服务。不少视频网站也开设了教育、公益、育儿等栏目,普及科学知识。个别网络直播平台,如"熊猫直播""斗鱼直播"也开设了科技教育栏目。

网络直播客户端的公共服务严重缺乏,仅有个别直播客户端涉及教育、理财等题材,且内容不够优质。此外,虽然五类平台的投诉反馈渠道较丰富，以网络直播客户端为例，多数平台拥有"举报""房管"等四种及以上的投诉反馈渠道，但用户反馈意见或举报之后，除了一直播和花椒直播的信息自动回复外，后续几乎没有得到任何反馈。

（三）安全保障力

所有平台的安全保障力指标平均分高达 24.907，绝大多数网络传播平台处于普遍安全的状态，安全指数较高。

不同类型的平台在安全保障的总体表现上差距不大。网站平台极少出现网络漏洞、虚假欺诈、恶意挂马、恶意篡改等问题，仅极个别网站出现了存在高危漏洞的情况。

客户端平台的安全保障力稍弱于网站平台。客户端平台虽然极少存在运行漏洞，但仍存在不同程度的"Activity 组件导出风险""应用数据任意备份风险""Content Provider 组件导出风险""权限漏用风险""Service 组件导出风险"等权限漏洞风险和"SSL 证书验证不当""Dex 文件动态加载风险""WebView 组件系统隐藏接口未移除漏洞""intent 敏感数据泄露风险""AES/DES 弱加密漏洞""动态注册广播组件暴露风险""日志泄露隐私风险""弱随机初始化向量 IV 漏洞""WebView 密码铭文保存漏洞"等静态漏洞风险。以网络直播客户端为例，"斗鱼直播"存在高危漏洞 33 个、中危漏洞 114 个、低危漏洞 435 个，不利于用户的信息安全，有较大潜在的数据泄露风险。

（四）性能表现力

性能表现力方面，客户端平台重视技术创新，改版更新周期不断缩短，显示出较大的性能优势。

移动新闻客户端的性能表现十分突出，30 个新闻客户端的启动耗时均值仅为 582.5ms，其中"南方 plus"的启动耗时仅为 208ms、《人民日报》的启动耗时仅为 344ms，"天天快报""网易新闻""凤凰新闻""好奇心日报"等客户端的启动耗时也都低于 0.5s；流量耗用均值为 12847KB，"央视新闻"流量耗用仅56KB。网络直播客户端发展迅速，在CPU占用和内存占用等方面的表现甚至超过移动新闻客户端。其中，网络直播客户端的CPU占比仅为9.13%，内存占用仅261.43MB。

网站平台的性能表现尚可，但不同类型平台内部的网站性能表现存在较大差距。多数新闻网站、视频网站的总时间控制在1s内，但西瓜视频的总时间为2.604s，广西新闻网的总时间超过3s，严重超出平均水平。社区论坛的总时间多控制在1s以内，东湖社区的总时间则达到了2.455s，首字节时间为2.22s，相对较慢。

（五）平台影响力

平台影响力方面，网络直播客户端、移动新闻客户端的平台影响力较大，网站平台的影响力低于客户端，特别是省级新闻网站的平台影响力严重不足。不同类型的平台内部也存在极大差异。

近几年，现象级客户端平台不断涌现，以移动新闻客户端为例，"今日头条""腾讯新闻"的体量达到10亿级别，"天天快报""搜狐新闻""网易新闻""凤凰新闻"等客户端的下载量也纷纷突破1亿；主流媒体新闻客户端"人民日报"的下载量也达到7630万。网络直播客户端虽然发展时间较短，但"MOMO陌陌""YY直播""唱吧""虎牙直播""斗鱼直播""花椒直播"等直播客户端的下载量也均超过1亿，用户评论积极，流量巨大。

不同类型平台内部均呈现用户向头部平台聚集的趋势，大量底层平台资源闲置。如网络直播客户端"繁星直播""红人直播"，移动新闻客户端"参考消息""微博头条"等，下载量较少。影响力较大的省级新闻网站"红网"日均UV超过566万，日均PV超过3493万，而影响力较小的"宁夏新闻网""每日甘肃网""陕西网"等，日均PV、UV只有几万甚至几千。社区论坛中，"天涯社区"具有较大的影响力，全球网站实时排名98名，日均UV超过2220万，日均PV1081万；而"上海滩论坛"的日均UV仅5120，日均PV为7000。

四 研究建议

通过观测和分析，正面信息引导不足、公共服务较少、投诉反馈机制确实、数据安全漏洞较多、性能表现不佳、平台影响力较弱等问题，不同程度地影响各个网络传播平台的综合治理能力评价。面向变革剧烈的传播环境，每个网络传播平台都应积极应对，掌握主动权，采取有效措施提升综合治理能力。

（一）重视智能算法，鼓励原创内容

1. 加强算法治理，实现人机交互

算法推荐被广泛运用于各大网络传播平台，实现个性化精准聚合、推荐新闻信息的同时，弱化了新闻信息的导向性和雅正性。加强算法治理，不断推进大数据、云计算技术升级，要重视人的价值理性，推动实现人机交互。一方面，增强网络传播平台的数据挖掘、收集、分析、处理能力，绘制更精准的用户画像、实现新闻内容更精准分类、推荐。在内容审查方面，加快突破技术壁垒，尤其视频直播平台，应加快采用图像大数据识别，建立传播内容大数据系统、敏感词过滤机制，通过人工智能、机器识别等高科技手段，实现对文字、图片乃至音频、视频高效的检测和监管。另一方面，重视人工编辑的数据筛选、分析、整理、表达能力，如"今日头条"大规模招聘内容审核编辑，强化内容审核，加强对突发事件的新闻事实判断和新闻价值衡量，做好舆论引导和舆论回应；提高数据能力，综合考量用户数据分析结果，策划讲导向、有内涵的深度报道和独家报道。

2. 优化板块设计，强化正能量内容

网络传播平台的页面设计、栏目设置能对用户的信息获取产生强大影响，加强网络传播平台导向性，弘扬社会主义正能量，要进一步改进版面设计，提升格调，在显著位置突出关乎国计民生的重要时政新闻、社会新闻，加强置顶聚合正能量新闻。如2017年习近平总书记主持召开中共中央政治

局民主生活会,"今日头条""腾讯新闻"等移动新闻客户端纷纷置顶《中央政治局召开民主生活会　习近平主持并发表重要讲话》。在重大时政新闻面前,要综合考虑报道内容与编排形式,严格把控政治导向。通过算法推荐或人工编辑,一些网络传播平台将时政新闻与娱乐新闻、商业广告编排在一起,信息的娱乐性、商业性消解了时政新闻的严肃性、权威性,这种做法应坚决杜绝。

3. 加强原创内容,提高内容质量

用户生成内容已经成为网络传播平台的主要内容生产方式之一,网络传播平台可以采取一定的奖励机制推动原创内容创作,以精致创新的专业内容吸引流量,弘扬中华传统优秀文化与中国特色社会主义核心价值观。例如,"斗鱼直播"等直播平台有意引入科教内容,通过新颖的直播方式普及科学知识,达到了较好的效果,成为直播平台的一股"清流"。此外,用户原创内容的质量往往难以保证。网络传播平台,尤其是视频网站、社区论坛、网络直播客户端等平台,应切实推行用户实名制,建立用户信誉体系,积极进行道德建设与"正能量"宣传教育,提高用户的自律意识;建立网络传播黑名单,对触犯法律道德底线的用户进行严格处罚与规范。

(二)完善公共服务,细化投诉渠道

1. 加强便民服务建设,提供全方位、多维度的服务

结合传播平台自身特色、一般用户需求与本地用户需求,打造覆盖广泛的公共服务或区域特色服务,不断提升用户服务的数量和质量。如在提供新闻信息之外还能提供其他便民功能。提供类型多样的公共服务并做好日常运行管理。可以结合一般网民需求、本地网民需求与网站自身特色,打造便捷实用的公共服务或特色品牌栏目,不断提升服务数量质量。如移动新闻客户端"华尔街见闻"作为金融财经新闻客户端,不仅为用户提供相关资讯,还实时显示全球股票、区块链、债券、外汇、黄金的行情,服务目标用户。

2. 重视网络问政版块,打造网络民意集散地

其他网络传播平台应积极向新闻网站学习,完善网络问政板块,提供留

言、爆料、求助等相应渠道，将网络传播平台建设成为传达民生民意民情的平台。目前，大多数网页、客户端平台在用户问政、反馈一块仍需进一步强化。在公共服务方面，各平台应打破以往"传者→受众"的单向传播模式，站在网民、用户、读者、粉丝的角度，结合线上线下生活，想其所需、应其所求、急其所急，连接用户，关注社会发展动向，发挥网络传播的力量，开展网民讨论、汇集利益诉求，打造网络民意集散地。

3. 细化投诉渠道，提高投诉时效

改变单向的投诉模式，积极向用户提供针对平台、平台内容的投诉途径或方式，接受用户监督和意见反馈，及时处理投诉或举报。建立平台内部的建议和投诉渠道，以便能够在第一时间发现问题，并不断进行相应整改。以省级新闻网站"齐鲁网"为例，提供了用户反馈邮箱、新闻敲诈举报邮箱、版权建议咨询邮箱、网站投诉电话、新闻敲诈举报电话等多样化投诉反馈渠道，并提供撤稿申请服务、侵权内容删除或断开链接处理服务。优化投诉处理渠道界面设置，对用户可能投诉的内容进行分类，如设置色情信息、虚假信息、垃圾营销、有害信息、抄袭侵权等选项，在方便用户投诉的同时也有利于新闻客户端团队对相关投诉的处理，提高投诉处理效率。

（三）提升用户体验，保障数据安全

网络传播平台搜集的用户数据的数量、类型日益增加，但部分传播平台的"权限漏洞风险""应用数据任意备份风险""日志泄露隐私风险"等漏洞，不利于用户的数据安全保障。

微观层面上，需强化平台自身安全防护，修复漏洞，提升预防、抵御、恢复等各环节的技术能力，保护用户信息，维护自身数据安全，及时修复闪退、卡顿等漏洞，加快网络传播响应速度、优化平台耗电量等技术问题，为用户提供良好的使用体验。

宏观层面上，加大技术投入，利用大数据、云计算技术推动信息安全生产，推动网络传播平台构建"五层二体系"安全生产大数据中心，优化数据安全机制。①"五层二体系"大数据平台包括应用成果层、应用支撑层、数据存储层、资源管理层、采集传输层五个层面和标准规范体系、安全运维体系两大体系,通过大数据技术推动网络传播平台安全性能的全面化、系统化、持续化发展。

(四)加强用户导向,实施差异化战略

1. 加强平台内容创新,丰富内容选题和表现形式

加大网络传播平台之间的合作力度,丰富新闻客户端的内容表现形式。如移动新闻客户端"今日头条""腾讯新闻""天天快报""一点资讯"等平台不仅呈现新闻文本、新闻图片,还陆续开设"视频"栏目;新浪还与网络直播平台"一直播"达成战略合作伙伴关系,在"新浪新闻"客户端增设"直播"栏目,精选直播内容。移动新闻客户端"搜狐新闻""ZAKER新闻"推出"狐友""社区"等版块,搭建网络传播社交平台,聚合用户生产的优秀内容,调动用户积极性,增加用户在客户端的停留时间,培养忠实用户。

2. 规避算法推荐弊端,推动平台特色化发展

基于智能算法技术使同类型的网络传播平台表现出不同程度的同质化倾向,网络传播平台的特色化发展势在必行。视频网站"爱奇艺"重视原创内容的生产,坚持"悦享品质"理念,推出《坑王驾到》《奇葩大会》《偶像练习生》《萌宠小大人》《中国有嘻哈》等自制视频节目,满足年轻观众的个性化、趣味性追求,极大提升平台认知度,平台影响力居于前列。"华尔街见闻""军事头条""橘子娱乐"等移动新闻客户端专注细分市场、挖掘垂直领域内容,虽然用户数量不如综合性新闻客户端,但用户黏性强,在第三方应用市场的评分接近满分。

---

① 张玲玲、马爽:《大数据背景下安全生产新闻发布及传播机制的转变》,《重庆社会科学》2017年第8期。

分 报 告

Sub-report

B.3 中国网络社会风险治理年度报告(2017)

刘鹏飞 张力 曲晓程*

摘 要： 目前，中国已经成为网民规模全球第一的互联网大国，网络社会的发展经历了深刻变革。人工智能、大数据等新技术与新闻生产分发相结合，进入智能媒体时代。网络治理随之进入了一个新的阶段，从网络信息的管理逐步迈向网络行为的规范。本文在总结2017年网络热点事件的基础上，分析当下网络社会治理的难点与风险，总结治理经验，提出要区分不同层级，包容和引导网络民意，吸引多方共同参与，辩证看待和处理好新兴技术的发展。

关键词： 网络社会 风险治理 网络热点事件

---

* 刘鹏飞，人民网新媒体智库高级研究员、人民在线副总编辑；张力，人民网新媒体智库研究员、智库中心研究部副主任；曲晓程，人民网新媒体智库助理研究员，学术秘书。

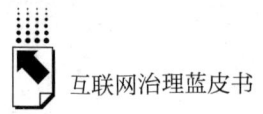

一 网络社会治理现状基本面分析

互联网正在彻底改变人们的日常生活以及信息沟通、共享方式。中国互联网络信息中心（CNNIC）第41次《中国互联网络发展状况统计报告》显示，截至2017年12月，我国网民规模达7.72亿，新增网民4074万人；我国手机网民规模达7.53亿，新增5734万人，移动互联网已然成为传媒巨头争相角逐的头等要塞。①"移动互联、万物互联"，2017年发生的热点事件不时在互联网呈"刷屏"趋势，随着信息分享和交流沟通的愈加便利，人们从"围观"开始迈向"争鸣"，微博、微信、聚合类新闻客户端已然成为社会热点事件的舆论发源地和发酵平台。

本文对2017年1月1日至2018年2月28日涉及网络治理的91件热点事件进行梳理分析，通过对事件在网络新闻、论坛、博客、报刊等媒体平台上的新闻数量分布进行热度计算，列出热度值前十位的热点事件（见表1），可以发现，目前网络上引起舆论反响的热点事件多集中在互联网整治、网络安全、隐私安全以及网络谣言等领域（见图1）。

表1 2017~2018年中国网络社会热点事件排行

序号	事件	网络新闻	论坛	博客	报刊	微博	微信	APP采集	热度
1	《互联网新闻信息服务管理规定》等颁布	5762455	659025	346580	288140	23889	2788241	888567	1821356
2	"死亡游戏"潜入中国	299819	29536	12191	1961	983	178607	53754	96842.6
3	"网红工厂"引关注	232199	19622	11020	5164	3506	166931	41981	80300.45
4	全球多地爆发电脑勒索病毒	166945	34274	9801	4892	27964	77146	18565	56397.9

① 中国互联网络信息中心：第41次《中国互联网络发展状况统计报告》。

续表

序号	事件	网络新闻	论坛	博客	报刊	微博	微信	APP采集	热度
5	杭州互联网法院成立	80979	5324	2723	3790	3031	48761	10595	26586.8
6	顺丰菜鸟数据之争	66924	4501	2873	1294	4473	31362	10225	20778.75
7	苹果下架中国逾5万个App	51100	3190	2026	429	2876	31739	9196	16939.25
8	《王者荣耀》网游引关注	52307	5901	1098	1634	3976	16345	7559	15292.15
9	"塑料紫菜"网络谣言波及至少五省市	30993	3580	771	2157	3424	20909	4404	11155.45
10	《互联网群组信息服务管理规定》发布	25709	13436	557	1039	2598	16444	4855	10090.7

注：热度值 = 报刊×0.2 + 网络新闻×0.2 + 论坛×0.1 + 博客×0.1 + 微博×0.15 + 微信×0.15 + APP×0.1。

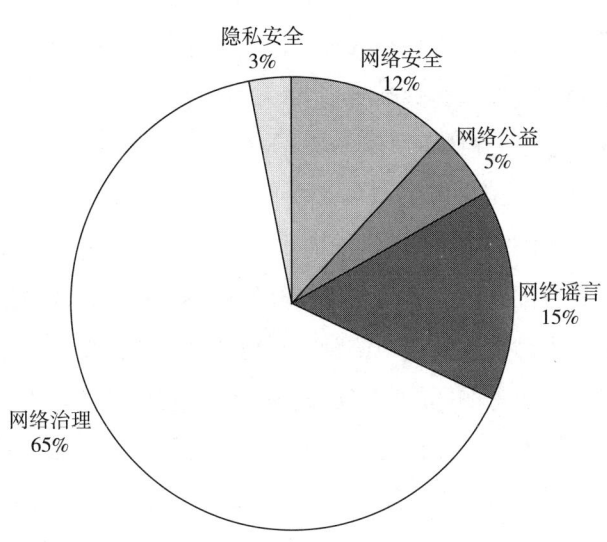

图1 网络社会热点事件类型分布（n=91）

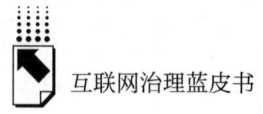

1. 互联网整治方面，依法治网迈向新常态

互联网法治化建设进一步加深，为治理行动提供了前提依据和法治保障。2017年中国互联网法律政策制定紧跟时代步伐，习近平总书记在党的十九大报告中多次提到互联网，指出要建设网络强国，加强互联网内容建设，建立网络综合治理体系，营造清朗的网络空间。回顾2017年，国家互联网信息办公室密集发布相关管理办法、规定，例如《互联网新闻信息服务管理规定》《互联网新闻信息服务许可管理实施细则》《互联网论坛社区服务管理规定》《互联网跟帖评论服务管理规定》《互联网群组信息服务管理规定》等，管理范围覆盖网络安全、信息保护、竞争规则、平台责任等多个领域。

2. 网络安全方面，网络安全威胁逐步得到重视

习近平总书记曾多次提到"没有网络安全就没有国家安全"，守护网络安全不应只流于表面，也不应该只归咎于某一方，如何维护网络安全是所有用户共同的责任。2017年5月12日，英国数十家医院遭到大范围网络攻击，黑客要求每台电脑支付等额价值300美元的比特币，否则将删除电脑中的所有资料。与此同时，西班牙、俄罗斯等150个国家均遭到网络攻击，勒索病毒WannaCry席卷全球。此次比特币勒索病毒不只是给用户造成了巨大的经济损失，也是给全人类一个警示：网络安全战才刚刚开始，网络病毒、处理器漏洞等网络安全威胁逐渐受到各国的重视。

3. 隐私安全方面，个人信息保护强化

微信被质疑监控用户聊天记录、支付宝年度账单被指"逼迫用户签订协议"、百度网盘被曝用户分享信息被泄露等诸多涉及用户个人信息、隐私安全、数据监管等问题都在迫使全社会开始思考：技术与用户隐私之间的界限在哪里，如何保障数据安全与监管、平衡个人隐私信息与大数据技术伦理是当下值得所有人思考的问题。当前我国个人信息保护体系仍处在积极构建的过程中，立法层面上，国内总体上形成了以《网络安全法》《消费者权益保护法》为主确保个人信息的事前、事中安全可控，以《民法总则（2017版）》《刑法修正案（九）》为事后责任认定的个人信息保护法律体系。但在组织层面和机制层面的建设上，进程稍显落后，意味着我国关于个人网络

信息安全体系的构建仍任重道远。

4. 网络谣言方面，谣言不断滋生

谣言是网络舆论空间的一颗毒瘤，"年年辟谣年年有"似已经成为网络社会空间的常态。人民网舆情数据中心曾对2017年的网络谣言进行热度排名（见图2），其中"紫菜是塑料做的"为2017年第一大谣言，其次为"国家确定4个全球城市和11个中心城市""微信头像一年只能修改5次""鸟巢慈善活动可领5万元"等。①

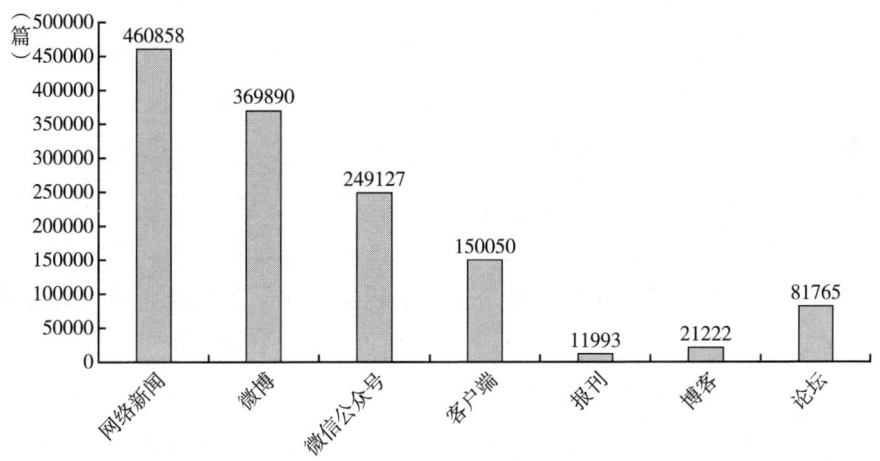

图2 "辟谣"网络检索数据

数据来源：人民在线信息综合管理系统。

5. 网络公益方面，"互联网+公益"创新发展

"互联网+"与公益活动深度结合，引起广泛关注。如"1元购小朋友画作"的公益活动曾刷屏了朋友圈，这些画作均由患有自闭症、脑瘫、唐氏综合征等病征的WABC（World of Art Brut Culture）无障碍艺途学员创作，该项目在不到1天之内迅速吸引580余万人次参与，筹满1500万元善款的

---

① 智观天下、人民日报中央厨房：《2017年十大网络谣言，你中招了吗》，环球网，http://baijiahao.baidu.com/s?id=1587379038162441646&wfr=spider&for=pc，2017年12月21日（2018年5月3日）。

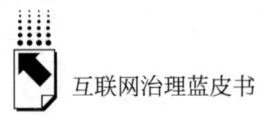

成果也引起了社会的关注。与以往传统公益的单一模式不同，这次公益以"小朋友画廊"为载体，以"1元购小朋友画作"与用户互动的形式，向公众呈现了患有自闭症等智力和精神障碍的特殊人群的内心世界，而这种创新、积极的形式也迅速被公众接受。此外，"捐献日记""善行者""一个鸡蛋的暴走"等，也引起了公众的关注并收到了良好的效果。

二 互联网领域治理难点

以2017年1月1日至2018年2月28日筛选出的91件热点事件进行分析的基础上，对目前网络社会中存在的治理难点进行分析梳理，本文认为目前网络治理领域存在六大难点须逐一破解。

（一）违法行为升级"触网"

2017年下半年，李文星、林华蓉身陷传销致死的悲剧触痛了公众的神经。8月初，教育部、公安部等四部门亮剑集中打击传销，印发通知要求严厉打击、依法取缔传销组织。其实，近年来各地公安、工商等部门多次重拳整治非法传销，取得了不少成效，但传销依旧难以根除。纵观传销在中国的生长、迁移、变种、升级，不难发现其与地方政府部门的打击、宏观经济形势乃至互联网技术的发展密切相关。

自2012年以来，以互联网、移动互联网为媒介的网络传销大案就已频频出现。网络传销发展猖獗，呈现变异快、复制快、跑得快、大的快四大特征。这个时期的传销，不仅虚拟性更强、更具欺骗性、隐蔽性、传播跨地域性，成为部门监管的"灰色地带"。①

当前，随着互联网的广泛应用以及微博、微信、QQ等网络社交平台的迅速发展，依靠网络实施传销违法犯罪的活动更为多发。中国政法大学资本金融研究院发布的《新型网络传销——微传销在我国的发展、危害及防治

---

① 汲东野：《传销30年：一棵毒苗的生长、繁衍、变异》，《法治周末》2017年8月15日。

研究》认为，微传销是2013年以后传销的主要形式。微传销的发展无实体项目支撑、无明确投资标的、无实体机构，以高收益、低门槛、快回报为诱饵，靠不断发展新的投资者实现虚高利润。

此外，2017年发生的多起重大传销事件也让大学生群体进入了公众的视野。有分析认为大学生社会阅历少、就业压力大、抵御诱骗能力偏低是其误入传销的主要原因，客观原因则归结为传销手段顺应互联网潮流、传销组织结构更加严密、高校教育方面存在漏洞等。

从传销组织持续生长反思打击传销机制，中南财经政法大学刑事司法学院负责人认为，当前发布网络经营信息等网上经营活动常处于无人监管状态，如李文星遭遇的BOSS直聘，很容易被传销组织钻漏洞。除了监管不到位，各部门在打击传销上没有形成有效的合作机制也是另一个重要原因。从打击结果来看，追诉难、量刑低，使得法律手段难以起到有效的震慑作用，助长网络传销的气焰。①

（二）信息数据保护监管缺失

中国互联网协会《2016中国网民权益保护调查报告》显示，有84%的网民曾亲身感受到由个人信息泄露带来的不良影响。2018年3月5日，马化腾在十三届全国人大一次会议首场"代表通道"集中采访中表示，在刚刚过去的春节，微信和WeChat的月活跃账户总数超过10亿，成为中国第一个月活跃用户超10亿的产品。此前有传言称微信监控用户聊天记录，随后微信官方公众号"微信派"发文表示，微信没有权限，也没有理由去"看你的微信"。但随着隐私安全事件的集中爆发，无论是今日头条被指利用手机麦克风窃取用户信息，或是百度涉嫌侵害消费者个人信息安全，再如2018春节期间支付宝年度账单被指"逼迫用户签订消费权益"等，公众对个人隐私的担忧日渐增长，健全个人隐私信息保护已迫在眉睫。

---

① 王庆凯、张文娇：《中国传销地图｜"经济邪教"的野蛮生长》，国是直通车，https://baijiahao.baidu.com/s? id = 1574946345402056&wfr = spider&for = pc，2017年8月6日（2018年5月3日）。

不可否认的是，大数据已经成为互联网领域生存发展的基础，也是俘获忠实用户"芳心"的必要条件。不过随大数据技术而来的是人变得"透明化"的担忧。"棱镜门"事件将数字化隐私问题推至全人类眼前，当个人的隐私被记录分析之后，对个人的行为预测也就变得易如反掌。诚然，保护社会安全、保障公民安全需要个人提供一些必要的个人信息，但如何平衡数据收集与个人信息安全？如何把握收集数据的程度？如何在数据收集的同时给公民提供安全感？如何保障数据收集的合理合法、数据监管的持续有效、数据使用的安全透明？这些都需要规制、法律或政策跟上时代的需求，捍卫社会中每一个人的数据财产安全。

2017年1月24日，《信息安全技术个人信息安全规范》在国家标准全文公开系统上线，2017年5月1日起正式实施。《网络安全法》出台后，规定收集信息须经被收集者同意，不过有的企业又开始缩小提示字号、默认勾线授权，打起擦边球。2017年支付宝用户个人年度账单刷屏朋友圈，有网民指出，在打开年度账单时，"我同意芝麻服务协议"是默认勾选，允许支付宝收集信息包括在第三方保存的信息。有媒体指出，支付宝年度账单引起隐私争议，未尝不是一件好事。一方面企业正在逐渐走上合规的道路，履行法律要求的明示同意原则；另一方面大众的隐私意识正在觉醒，履行自己知情同意的权利。中国电子商务研究中心《全国网络交易平台合规审查报告》显示，目前多家主流电商平台、生活服务平台以及分期消费平台均存在收集、使用用户信息违反合法、正当和必要性原则的霸王条款。① 此次支付宝事件，也在敦促有关部门进一步完善平台条款的合法性，理清用户与平台的法律关系。

（三）网络谣言屡禁不止

2017年以来，各种网络谣言滋生不断，谣言的产生多集中在人身健康与财产安全、食品药品安全、信息安全、公共卫生疫情等直接涉及公众的切身利益和安全的领域。在政策的发布和解读方面，也时有谣言产生，这多是

---

① 姜樊：《大数据下如何保护个人隐私》，《北京晨报》2018年1月5日。

一些人在解读过程中理解偏差导致的。例如2018年2月底,一篇在朋友圈热传的《重磅!3月1日起,2018驾驶证消分新规来了!找别人扣分的注意了!》文章表示,从3月1日起,帮他人处理电子眼扣分,必须提前面签。随后公安部交通管理局回应,实际是新增了一项线上便民功能。

朋友圈、微信群也是谣言散播的重灾区,且比一般的网络谣言更难及时发现。社交群落传播具有圈层化、内部同质化等特点,群体内存在共同语境和相互信任,对外则具有排斥性。这种通过人际传播、小圈子传播的谣言难被辟谣,例如"鸟巢大会每人领5万"虽经过警方辟谣但仍有不少中老年人对此深信不疑。谣言从历史的口耳相传转变为今天依凭网络媒介载体传播的网络谣言,要使其绝迹,几乎是不可能的。治理谣言最根本的办法是对其所涉及的社会问题进行整治,完善信息公开制度,熟悉新媒体传播环境、规律和特点,以及建立预判社会问题、社会心理等风险预案机制。

(四)不正当竞争破坏互联网诚信体系

2017年"双十一"再次刷新单日全球零售的历史记录。阿里巴巴集团披露的数据称,截至11月12日零时,2017天猫"双十一"交易额为1682.69亿元人民币,无线交易额占比达90%。但隐匿于网购评价、销量中的刷单、炒信行为,及其带来的不愉快的购物体验都是会引起网民热议的话题。

随着网购平台的大量崛起,上述不诚信经营行为已经从早期的个人行为演变为今天的平台群体"潜规则"。一些店主、部分快递公司、个别电商平台共意合谋形成新的"产业链",鉴于其违法成本低廉,造假手段不断升级,加之监管难度空前增加,互联网诚信体系遭到进一步破坏。

实际上,打击刷单、炒信等电商不正当竞争的努力一直在进行中。2017年6月20日,首例全国个人通过创建平台、组织会员刷单炒信并从中牟利而获罪的"刷单入刑"案在杭州公开宣判,刷单组织者李某某因犯非法经营罪被一审判决五年零六个月。2017年11月4日,十二届全国人大常委会第三十次会议表决通过了新修订的《反不正当竞争法》,要求经营者不得采用刷单、炒信、删除差评、虚拟交易等方式,帮助自己或其他经营者进行虚

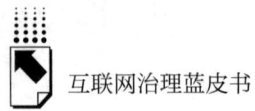

假宣传或引人误解的商业宣传,情节严重的,最高可处200万元罚款,吊销营业执照。此外,为了进一步打击刷单行为,维护消费者权益,2017年"双11"前后,国家发改委联同有关部门,发布了电子商务领域黑名单、《电子商务领域信用风险"双11"预警报告》和《"双11"网络促销活动期间消费信用评估报告》。

其实,面对这一问题,可以思考、行动的地方还有更多。比如对于电商平台,是否可以形成更加合理的产品服务推介展示方法、提供更加多元的商品服务遴选手段?刷单只是整个网购链条中的一环,其前端末流也同样存在很多隐患,比如借虚假刷单信息施行网络诈骗、空壳快递盗取、倒卖个人信息等,这些连带问题都需要在日后予以重视。

(五)大数据时代互联网知识产权保护困难

中国的网络模式一直以免费和共享为主,互联网大数据市场在茁壮成长的同时,相关纠纷也层出不穷。中国市场情报中心有关统计显示,到2018年,我国大数据市场规模将达到463.4亿元。大数据的可复制性和可重复利用性为产权保护设置了重重挑战。

2017年4月15日,《腾讯知识产权保护白皮书》显示,自2015年1月至2016年12月,微信共收到针对个人账号侵权诉讼107000余件,其中,知识产权侵权投诉主要涉及商标权、著作权、专利权,占比分别为9%、7.5%和0.2%;同时期,微信共收到针对公众号文章侵权投诉61000余件,其中著作权和商标权侵权投诉分别占总投诉数量的41%和10%。

内容生产领域成了抄袭的重灾区。近年来,从"摘抄好词好句"到"洗稿""融梗",有网友调侃"抄袭的时代过去了,高级抄袭的时代到来了"。有人将"洗稿"借用前人偷诗的行为,将其分为"偷语""偷意""偷势"三重境界。微信公众号"人民日报评论"认为,仅有"偷"出不了真正的好诗。这样的洗稿,换汤不换药,本质上还是剽窃和抄袭。只是目前的查重软件无法识别认定,现有的法规也没有相应的约束条款,原创作者投诉无门,被"洗稿"已成为其心中难以言说的痛。

2018年2月20日，有不少视频网站用户发现，可以直接使用账号密码登录"快视频"，并称自己的视频被上传到了该平台中，甚至连ID、头像都被盗用。随后，微博"共青团中央""环球时报"等官方账号发博明确表示遭侵权。

大数据时代的知识产权保护的难点在于既要开放大数据，同时也要限制侵权滥用。北京市海淀区人民法院中关村法庭庭长认为，目前大数据软件很容易遭到侵权，比如被抄袭，或者大数据软件作品被第三方恶意修改，第三方对大数据软件进行屏蔽，进而产生侵权行为。但在这个侵权过程当中，侵权方有可能会提出技术中立的抗辩。他表示："侵权方式在技术上中立还是在内容上中立是有区别的，目前涉及这方面的纠纷对于大数据软件是内容还是技术，并没有定论，这是大数据软件著作权中的一个难点。另外关于大数据软件雷同的判定过程当中，怎么判断实质性相似的问题，也是司法实践当中遇到的一个基本难点。"[①]

（六）信息不对等的互联网公益事业

信息公开透明是互联网公益事业的关键。随着社会参与渠道的畅通、多元，参与公益的门槛日渐降低，越来越多的人参与到公益宣传与公益活动当中。但低门槛、信息不对称、非组织化、快餐式等新特征也导致民间慈善事业发展走偏，一些问题日益暴露。

2017年12月22日，"同一天生日"慈善活动在微信朋友圈"刷屏"，其创新的助捐方式很快就带动了人们的参与热情。不久，有网民发现，活动页面展示的孩子信息存在问题，同一个孩子的照片不止一次地出现，且标注了不同的姓名和生日。随后，活动发起方"分贝筹"称，此次意外是因泄露了还在测试阶段的活动页面，表示已紧急协调优化界面，避免系统再次出错。媒体评论此次活动称，这本是一个极具创新力的募捐方式，但最终被冠

---

① 任晓宁：《"互联网+"时代下，大数据需要著作权保护》，《中国新闻出版广电报》2017年7月20日，第7版。

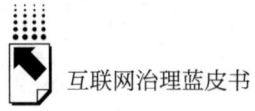

以"诈捐",令人惋惜。这其实也是一些慈善募捐组织者经常会遇到的问题,前期发布的信息量如果太少,会导致舆论危机出现时,公众无从建立信任的基础。

而2018年开年,"冰花男孩"王福满的照片流传网络,不少网友表示愿意捐款捐物,希望以个人力量帮助孩子渡过难关。也有网友质疑"冰花男孩"善款的分配和使用,"社会捐赠30多万元,'冰花男孩'只得500"的说法在网络上流传。对此当地教育局回应,所接收的30万元善款,属于不特定用途捐赠,将用来改善更多的"冰花男孩"生存状况。

不少网民的议论焦点转向慈善捐助的程序和透明度上。未来,随着移动互联网的飞速发展,以及支付宝、微信支付、Apple Pay等支付软件的普及,公益和互联网还将进一步互相渗透,社交网络和圈层社群将成为公益的重要力量来源。从"冰花男孩"事件可知,网民关注的焦点已经从参与网络公益向关注儿童个人救助与后续保障问题的持续深入。思考如何在更大范围内完善捐赠程序,提高透明度,给予公众积极参与慈善捐助的信心,是加大移动端网络慈善的监管力度,确保信息化时代下网络公益事业的可持续发展的关键所在。

三 网络社会治理暗藏的风险

(一)伴随科技产品更新迭代的潜在风险

2017年,虚拟现实(VR)、增强现实(AR)、人脸识别等新兴科技正在不断被应用到新产品当中,但也伴随了各种问题的出现。"密码"的市场需求随着人工智能技术的快速投入而更新换代,从早期的字符密码到指纹识别、声纹识别,再到现在正在快速兴起的虹膜识别、人脸识别,指静脉技术等,生物识别技术正在被应用到解锁手机、支付等众多日常生活场景中。然而,生物识别技术的识别原理和提取的数据都会存储进企业的数据库,就目前全世界的情况来看,生物识别技术都存在重大的数据泄露、失窃的潜在安全风险。

2017年"3·15"晚会上,一段测试人脸识别安全性的互动演示揭示了人脸识别技术的安全隐患:一张静态照片只要通过如眨眼、动嘴后等特殊处理,就能轻松登录个人账户。9月13日,苹果发布新品iPhone X,新功能"Face ID"引人瞩目。几乎同一时间,小米手机Note3以及此前的三星手机S8,也同样具备人脸识别功能。

人脸识别技术直接关系个人隐私信息中的生物识别信息,由于生物识别信息是唯一的、终身不变的,是不可再生或重建的,因此一旦泄露或者丢失,就是永久泄露。在生物识别技术领域,目前安全监管机制上不够完善,发生用户隐私信息泄露的安全风险很高。尤其是目前市场上各种水平参差不齐、没有技术质量保障的相关产品层出不穷,不法之徒很容易利用其漏洞窃取他人隐私信息。只要掌握了这些生物技术数据,就能在商业和公共服务领域获得很大价值,甚至可能会使国家安全等产生重大潜在风险。

(二)网络安全问题考验有效的国际合作

2017年,比特币勒索病毒一度席卷全球,从英国数十家医院遭到大范围网络攻击开始,到我国部分高校、企业也被病毒入侵,电脑病毒引发的恐慌再次将网络安全问题呈现在了人们面前,而结合目前电脑病毒大有入侵手机移动端的趋势,我们更加应当提高警惕。

同时,网络安全面临更为严峻的形势。2017年,中国赴美访问学者章莹颖失踪,案件进展牵动着无数国人的心。关于章莹颖的下落产生了诸多猜测,经由一些自媒体公众号与该案件的关联,"暗网"这个略微充满神秘色彩的概念走进国内民众视野。从各个主要国家的统计数据看,利用互联网技术实施偷盗、诈骗、敲诈的各种案件总量每年以超过30%的增速在增长。[①]网络空间的特性亦反复证明,应对暗流涌动的网络乱象,无论是选择独善其身还是孤军作战,都难成为赢家。各国唯有打破法律和制度障碍,切实开展

---

① 黄洁:《"网络黑产"市场规模高达千亿》,《法制日报》2017年7月28日,第6版。

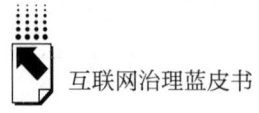

积极有效的国际合作,才能遏制暗网等地下黑市的发展势头,共同推动网络空间行稳致远。

(三)资本逐利下的网络金融风险

区块链技术无疑是近一年多来最火爆的概念,但凡搭上区块链这趟快车的,股价都会一路向上狂飙。区块链是比特币的一个重要概念,是比特币的底层技术和基础架构。根据业内人士的解释,区块链本质是一种数据库技术,具体来讲是一种账本技术。与物理世界事物的真实必然存在性不同,数字世界的数据可凭空删除、篡改或复制,区块链技术则可以解决此类问题,使得数字世界同物理世界一样真实可信。

不可否认,区块链正成为一些公司股价上涨的驱动力量,但不容忽视的是,很多人对区块链技术缺乏透彻了解,被资本炒热的区块链很可能是资本游戏。从技术角度来说,区块链是一项很先进的加密技术,能够大大提高账户或系统的安全性,不过其价值仍然是一个未知数。比特币其实是基于区块链的一堆数据,但其价格最高时已接近2万美元1枚,这背后的资本变换很难不让人怀疑比特币就是一个骗局。除此之外,迅雷的链克、人人网的RRCoin币都是基于区块链的虚拟货币,按照其火热的趋势发展下去,不成熟的区块链技术难以支撑大规模的现实商业场景,也可能存在投机和概念炒作。

(四)数字鸿沟加剧信息孤岛

中国互联网络信息中心(CNNIC)发布的第41次《中国互联网络发展状况统计报告》显示,我国城镇地区互联网普及率为71%,农村地区互联网普及率为35.4%。与此同时,报告显示农村人口是非网民的主要组成部分。截至2017年12月,我国非网民规模为6.11亿,其中城镇非网民占比为37.6%,农村非网民占比为62.4%。"不懂电脑/网络"以及"不懂拼音等文化程度限制"是两项比重较大的不上网的原因。

近几年,全国各地政务新媒体蓬勃发展,"政务双微"不仅成为绝大多数政务机构新媒体建设的标配,也成为地区展示经济社会发展的重要窗口,更是地方政府实现治理能力现代化的重要途径之一。在许多突发公共事件中,"政务双微"所起到的预警、信息公开、救援等方面的作用越来越重要,但不可忽视的是,当我们在移动互联网上"抗洪救灾"刷屏信息时,移动互联网之外的人们的生命安全则还须借助政府敲锣、击鼓、逐户敲门等传统方式告知事态发展,确保消除信息孤岛。网民与社会乃至国家与全球,在互联网特别是移动互联网的动机参与、物质参与、技术参与等层面的差异,都对如何缩小数字鸿沟工作提出了新的要求。

(五)互联网发展背后的生态代价

11月11日又被称为"光棍节",原本产生于校园,是在校生用于自我调侃、自我安慰的节日。2009年,淘宝商城首次举办以"双十一"为口号的促销活动,现已演变成全民网络购物狂欢节。2017年"双十一",中国电商阿里巴巴的全天交易总额达到1683亿元人民币,比2016年超出39%。中国电商的消费奇迹让世界各国人民也开始参与进来,成为全球最大的购物活动。

如此巨大的消费在某种程度上也造成了极大的浪费,有环保组织指责阿里巴巴和其他电商煽动人们的消费欲望,从而直接造成了堆积如山的垃圾。① 根据国家邮政局提供的数据,2017年"双十一"期间可能产生超过15亿件包裹,全年快递业务量将达到400亿件。如果把"双十一"包装盒连接起来,足可以绕地球七圈半。虽然快递纸盒也可流转至造纸厂二次利用,但有数据显示,事实上只有约四分之一的快递纸箱被循环利用,其回收率只有50%至60%,回收的循环利用率在50%左右。

必须承认的是,每年的"双十一"都是对我国电商IT和快递业进行一次极限测试,与春运相同,备战"双十一"是每年的重要课题,从人工分拣到智能机器人配件,从包裹数量的增长到送达时间的缩短,从中可

---

① 吴俊刚:《警惕跟风式消费后果》,《联合早报》2017年11月15日。

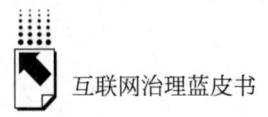

窥见我国 IT 与快递基础设施的跨越式升级。但巨大的快递量带来了巨大的快递包装消耗，由此产生的快递垃圾如何处理成为社会亟待解决的难题。

（六）企业对抗下的网民权益保障

共享单车押金问题一直是人们关注的焦点。2017 年 1 月，有媒体曝出摩拜单车陷入资金池吃紧、使用用户押金冲抵运营费的消息；2017 年 6 月，悟空单车成为首家倒闭的共享单车企业；2017 年 11 月，小蓝单车也面临倒闭。"侠客岛"文章称，作为业内综合排名第三、素来以"体验好、管理精细"自居的一家单车公司，它的停摆折射了整个行业的困境。

随着共享单车市场竞争的加剧，一些共享单车逐步被落下或退出市场，退押金难等问题开始出现。共享单车能够得到快速发展的一个原因在于方便人们的出行，换言之是减少人们的出行成本；但当企业面临资金困难面临倒闭时，共享单车企业则将金融问题转嫁到消费者身上，押金被挪用，必然会带来退款难的问题。共享单车企业不退还用户押金，属于公然侵犯消费者权益行为，而企业侵犯消费者权益，政府部门理应监管、制止、纠正，从而令消费者的权益得到切实的维护。但目前，面对部分共享单车企业不退还押金的行为，消费者只能通过不断奔波、自力维权，而且难以奏效。人们期待共享单车押金监管办法能够尽快出台，令不退还押金的行为得到制止，保护消费者权益，促进社会的和谐与稳定。

（七）技术对抗下不实信息的升级

在移动社交媒体时代，社交媒体化、媒体社交化已经成为不可逆的潮流。但有研究证实，在社交媒体上，不实新闻的传播速度远远超过真实消息，扩散范围也更广。

根据麻省理工学院科学家锡南·阿拉尔的一项调查发现，在推特上不实消息被转发的概率比真相高 70%，真实信息扩散至 1500 人所需的时间平均是不实消息的 6 倍；同时该研究还发现，自动机器人在助长不实新闻传播方面的作用并没有大于对真实消息传播的促进。该作者表示,机器人加快真伪消息传播的速度是一样的。不实新闻之所以比真相传播更广,是因为人类更易于传播不实新闻。研究人员最后认为,不实新闻的传播主要缘于猎奇心理,人们更有可能转发让他们感到惊讶的消息,而不实新闻与真相相比往往更令人惊讶和新奇。①

英国《金融时报》甚至大胆假设了一段假新闻的终极版剧情——一段足以令人信服的特朗普宣布对朝鲜发动核战争的视频。在当前这种疯狂的大环境下,在白宫来得及否认之前,这段煽动性的视频很可能会像病毒一样迅速传播。

(八)网络水军的界定与识别

2017年3月15日,艾漫数据公布了一组明星"水军榜",从"'水军'占比""最敬业'水军'""单个'水军''注水量'"等指标揭示当今网络红人、微博鲜肉的真实热度。曝光假人气,揭露假明星,并由此引起路人热议和粉丝争执。"最敬业'水军'"榜数据显示,某些明星的"水军"数已经超过总量的1/10。至于企业的品牌营销与公关活动,"水军"的作用发挥得可谓是更为淋漓尽致,甚至有业界戏称的"网络'水军'是企业未来的标配"。如果相关平台不对网络"水军"进行处理,正常与有效的信息,乃至整个平台都很有可能被"水军"淹没。此外,"水军"与网络公关的过度紧密捆绑,很可能引发互联网发展的本末倒置,正所谓"产品开发得好不如'水军'用得好"。同样的逻辑可以映射到网络剧、网络文学等一系列互联网产品当中。

四 网络社会治理的对策经验

(一)治理网络社会区分不同层级

网络社会信息多元,其涉及的群体、话题、类型不尽相同,治理网络社

---

① 〔英〕克莱夫·库克森:《在社交媒体上不实新闻比真消息更易传播》,英国《金融时报》2018年3月9日。

会可以针对不同问题的重要程度进行分级处理。网络虚拟社区常见的风险，例如网络安全、网络犯罪、数据隐私、网络谣言、网络暴力、网络突发事件等，每个类型中所涉及的群体关系、热点领域也存在轻重缓急之说，而在每一种细分领域当中，网民的关注度，媒体报道的广泛度、意见领袖的关注度等外围因素都会左右事件本身的重要层级。

评定网络社会治理的优先层级可参考《中华人民共和国突发事件应对法》《国家突发公共事件总体应急预案》和《国家特别重大、重大突发公共事件分级标准（试行）》《公安机关处置群体性治安事件规定》等。例如2006年1月8日国务院发布《国家突发公共事件总体应急预案》，依据突发公共事件可能造成的危害程度、紧急程度和发展态势，一般划分为四级：Ⅰ级（特别严重）、Ⅱ级（严重）、Ⅲ级（较重）和Ⅳ级（一般），依次用红色、橙色、黄色和蓝色表示。①

（二）网络民意需包容和引导并行

网络空间具有"公共空间属性"，政府在治理网络空间时需考虑其"公共属性"，在包容网上杂音的同时对其进行引导，与网络民意形成良性互动。微博、微信、客户端已成为网民使用时间最长的社交平台，月活跃度的持续增长，新的移动应用会更多地选择嵌入微信、微博、客户端使用；加之直播技术的跨平台同步，视频内容流转加速，会对舆情产生新的影响。

当微博、微信成为全民使用的社交平台的同时，青年人群的小众传播平台也正在崛起，如简书、MONO等一些大学生和职场青年的亚文化生产场域。与"双微"热衷于追踪议论时事热点不同，他们在相对封闭的圈层中进行着超越的思想文化体验和知识沉淀，依托于专业定位，在特定议题上分享话语权，以自己的方式影响着青年人的社会化进程。这些"外围地带"的小众文化昭示着当今社会舆论的复杂多元，宣传工作更须注重分众传播、

---

① 人民网舆情监测室：《如何应对网络舆情？网络舆情分析师手册》，新华出版社，2011。

专业性沟通。

政务新媒体的使用方面更需创造性、贴近性、引导性,不仅需要专门组织"网评员"队伍,还要扶持一批有建设性的民间声音,传播网络正能量。同时,注意针对社会个案的事件解读,避免舆论意见撕裂社会共识,提高网民媒介素养,自觉维护清朗的网络空间。

(三)网络治理主体需多方共同参与

2017年,多地网信办以《网络安全法》等法律法规为依据,就微信、微博、贴吧等平台分别存在的传播暴力恐怖、虚假谣言、淫秽色情等危害国家安全、公共安全、社会秩序的信息等行为进行立案调查。2017年6月1日起,《网络安全法》《互联网新闻信息服务管理规定》《网络产品和服务安全审查办法(试行)》等一系列互联网领域的法律法规正式实施。舆论认为,这是适应国内网络安全新形式,切实履行治理主体责任,保障网络安全和发展的重大举措,为依法治网撑起了一把"保护伞"。

然而,网络空间的治理不能仅靠政府的宏观引导,企业、媒体、网民等多方也应合力加入网络空间治理的进程中。中国政法大学教授、博士研究生导师解志勇认为,网络平台凭借技术优势和平台规则,正在塑造互联网秩序,不再停留于"单纯通道"的消极角色,具备了影响网络行为的动机与能力。无论是直播平台、视频平台、众筹平台,都理应对平台承载的内容进行审核、监管,及时处理不良网络信息,明确网络平台作为媒体传播信息的主体责任。[①]

与此同时,移动互联网时代,新闻信息的传播者与接受者的界限被打破,自媒体人在网络社会某一领域拥有了话语权,从而在一定程度上影响部分网民的观点走向。"媒介素养"一词已经从专业领域向公共领域延伸,已经成为作为公民社会参与的基本素养之一,也成为"一个亟待重视的全民教育"。随着移动新媒体的发展,网络社会治理离不开全民媒介素养的提升。

---

① 解志勇、修青华:《互联网治理视域中的平台责任研究》,《国家行政学院学报》2017年第5期。

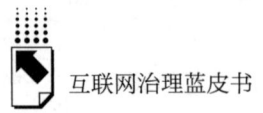

（四）新兴技术的监管还须辩证思维

互联网的诞生与发展得益于科学技术的进步，计算机的应用从起初的军事科研领域扩展至如今社会的各个方面，由此引发了深刻的社会变革。日新月异的技术成果也在改变着舆论生态，重塑公共生活。近十年来，微博的兴起丰富了网民的表达渠道，促进了政务公开、政府危机管理应对的升级。随着社交平台媒体化的持续深入，微博、微信开始成为新闻报道的重要舆论源头，但随之而来的不实、片面言论，甚至谣言的滋生和蔓延都对网络治理提出了挑战。

网络直播作为一种新的技术应用和信息传播交流模式，不仅丰富了网络文化，同时也为透明执法提供了一种新方式，一方面满足了公众对执法透明的期待，另一方面也有利于避免了信息造假，增强了社交互动功能。

2017年入汛以来，无人机应急测绘、无人机空中搜救、无人机勘探、无人机防疫等均完成了高效率的救援工作，无人机正在成为抢险救灾一线的重要力量。无人机设备的平民化不仅拓宽了网民围观世界的窗口，也为社会治理带来了新的解决方案。不过，无人机"黑飞""滥飞"事件给公共安全造成威胁，也是世界性难题。当前我国在法律建设上，《民用航空法》《民用机场管理条例》均禁止在民用机场净空保护区域内，放飞影响飞行安全、无人驾驶的其他升空物体；《民用无人驾驶航空器系统空中交通管理办法》第十条也明确规定，民用无人驾驶航空器飞行应当为其单独划设隔离空域，明确水平范围、垂直范围和使用时段。2017年1月公安部公布的《治安管理处罚法（修订公开征求意见稿）》第46条增加规定，对在低空飞行无人机、动力伞等航空器、运动器材，或放飞无人驾驶自由气球、系留气球等升空物体者，处以5~15日的拘留。

技术本身是中立客观，技术使用的方向性以及其规范与监管是有待讨论的话题。高科技的出现是时代进步的表现，我们所需考虑的是正视新兴技术带来的利弊，把握规范和管理的分寸，让其更好地辅助人类社会的发展，发挥科技的最大优势。

B.4 中国网络直播行业生态及治理报告(2017)

陈勇 宋馥李*

摘 要： 网络直播从2015年发端以来，以迅猛的速度抢占了互联网前沿阵地，成为社交网络时代的新宠儿。在2016年直播元年涌现出"千播大战"之后，2017年的直播行业在继续维持繁荣的情况下出现了深度调整，直播行业两极分化日益明显。围绕这种分化，新的直播形式和商业模式不断涌现。已经占据头部地位的直播巨头强者仍强，甚至开始分享直播带来的商业果实。2017年，直播的低俗化倾向和负面作用也日益凸显，政府监管部门开始强力介入直播监管，厘清监管责任，覆盖监管盲区，为直播空间带来清新的空气。

关键词： 互联网直播 行业生态 直播治理

在国家文化政策支持、网络基础设施和移动宽带加速普及、视频技术日趋成熟、资本助推等利好因素推动下，2017年，网络直播行业延续了蓬勃发展的趋势，各大网络平台的网络直播业务营收仍保持高速增长。

---

* 陈勇，资深媒体人，北京直播天下科技有限公司CEO，曾出版中国第一本直播行业白皮书《中国直播行业热度报告》，开创首个直播行业Dominer指数系列白皮书《2017上半年中国直播行业发展分析报告》；宋馥李，籽语智库创始人兼CEO，资深媒体人，曾任经济观察报政研院副院长，主导完成《复兴中的世界城市——西安国际化大都市发展蓝皮书(2018)》的课题调研。

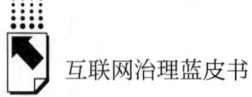

2018年1月18日，中国演出娱乐行业协会网络表演（直播）分会联合中娱智库发布了《2017中国网络表演（直播）发展报告》，报告显示，2017年我国网络直播市场整体营收规模达到304.5亿元，比2016年的218.5亿元增长39%。而据中国互联网络信息中心（CNNIC）不久前发布的第41次《中国互联网络发展状况统计报告》显示，2017年，我国网络直播用户规模达到4.22亿，年增长率达到22.6%。这两份报告都说明，2017年的网络直播仍然在持续的繁荣中度过。

不过，繁荣伴随着调整。经过高速增长和泡沫挤出，网络直播行业也在2017年过渡到市场结构化调整、直播平台重塑业务规划的时期，部分平台遭到淘汰或尝试转型。中娱智库的数据监测显示，截至2017年，全国共有200多家公司开展或从事网络表演直播业务，较2016年减少近百家。

当前网络直播行业仍处于初创阶段，在内容生产、市场生态等方面都有待进一步提升和优化。如何规范、引导，促进直播行业的良性健康发展，已成为社会和政府相关职能部门必须关注的问题。

一 中国网络直播行业的竞争状况

（一）千播大战落幕，直播进入下半场

1. 行业深度洗牌，各平台开始差异化布局

在经历过2016年的融资大战和"千播大战"之后，中国网络直播行业进行了一轮大洗牌，行业进入深度调整期，部分平台或遭受淘汰或尝试转型。激烈的市场竞争状况下，众多直播平台为避免遭受市场淘汰，展开差异化布局。

网络游戏直播平台如斗鱼直播、虎牙直播、熊猫直播、龙珠直播、全民直播等，借助"军事演习"类游戏和王者荣耀、英雄联盟联赛等，巩固内容优势；泛娱乐直播平台如映客、花椒直播、一直播、秀色娱乐、腾讯NOW直播等，在生活、户外等内容的布局逐步加深；秀场直播平台如六间

房、YY等,着重在网红选秀和才艺表演方面投入资源,联合制作娱乐节目。

酷狗直播垂直深耕音乐直播领域,首创"音乐+直播"生态,线上与酷狗音乐联动形成双平台流量、粉丝互通,线下布局南宁、成都、重庆、长春等重点城市音乐孵化基地,创新打造直播造星产业链,促进优质音乐内容再生循环,成功产出庄心妍、蒋雪儿、陈雅森、方雨晨等知名歌手。

花椒将AI人脸识别、AI背景识别、AI手势识别等技术应用到直播场合,提供了萌颜、美颜、大眼、瘦脸、魔法背景、魔法手势等功能,满足了主播爱美、爱秀的需求,获得大量主播的喜爱和赞誉,主播素颜出镜都可以得到令人惊艳的镜头效果。

2. 直播进入下半场,用户增长乏力

2017年,龙珠直播率先提出"直播行业下半场"的概念,并宣布龙珠直播将对游戏、体育、泛娱乐和电商四大板块进行战略布局。针对"体育+直播"的概念,聚焦西甲德比,将娱乐融合到看球之中,双方球迷互动助威,实时PK,提供小游戏等多种极具趣味性的互动看球模式,让观众体验新的观赛感受。

在用户规模方面,截至2017年12月底,秀场直播、游戏直播、泛娱乐直播平台的覆盖人群继续扩大,用户规模分别达到3.12亿、2.47亿、3.6亿,相比2016年分别增加0.32亿、0.27亿、0.4亿(见图1)。

相对而言,泛娱乐直播应用的渗透率更高,但是面临用户增长乏力、内容单一的瓶颈;秀场直播依靠附属的主播公会体系,用户群体稳定增长;游戏直播在电竞和赛事直播方面聚拢了资源,与综艺结合的跨界直播节目也获取了一定的增量用户。

3. 形式多样,PGC内容逐渐多样化

2017年是直播平台的PGC及自制内容元年,网络直播内容日益多样化,直播企业对原创内容的投入力度持续增大。

综合分析认为,中国网络直播行业未来主流的盈利模式应该是"流

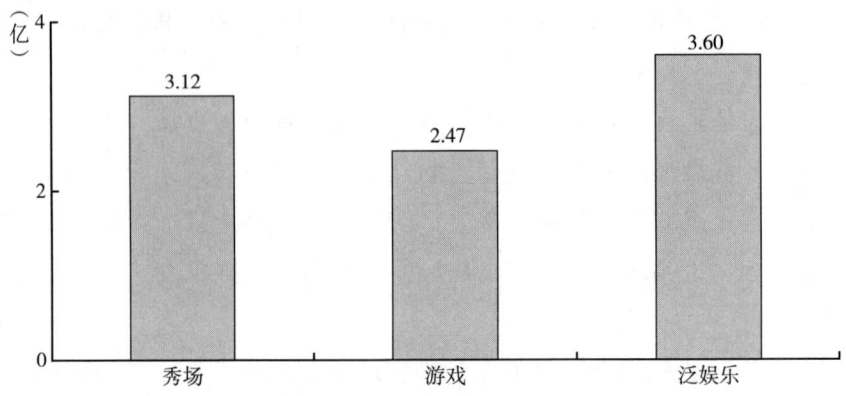

图 1　2017 年网络表演（直播）用户规模数量分布 ＊

＊ 图源：中娱智库。

量＋内容"的变现方式，在整合优质资源和打造直播生态之后，让厂商、渠道、观众都参与进来，愿意为各类优质的内容买单和消费。

（二）生态链逐渐成形，"走出去"步伐加快

目前，在迅速壮大的中国网络直播产业链中，除了经营主体——直播平台、内容提供商（经纪公司、主播艺人、制作公司、音乐公司），还出现了各类技术服务提供商，包括服务器、IDC 加速服务商、大数据分析服务商、人工智能图像识别技术的内容审核服务提供商、内容反欺诈服务提供商等。

随着越来越多的高新技术企业和机构的加入和参与，直播技术监管以及服务体系也日趋完善，用户权益得到保障，企业经营环境也得到改善，保证了行业更加快速、健康地发展（见图2）。在国内市场竞争日益激烈、新增用户增长放缓的情况下，越来越多的中国网络直播企业在积累了成熟的产品、运营、商业运作经验后，开始积极在国外新兴的互联网市场寻找机遇。

其中，地缘接近、文化差异小并且拥有庞大潜在用户规模的东南亚，成为中国网络直播产品的重要目标市场，例如 BigoLive、kittyLive、Nonolive、starme 等，成为"一带一路战略"的有力支持，对推动网络文化"走出去"、增强企业国际竞争力起到越重要的作用。

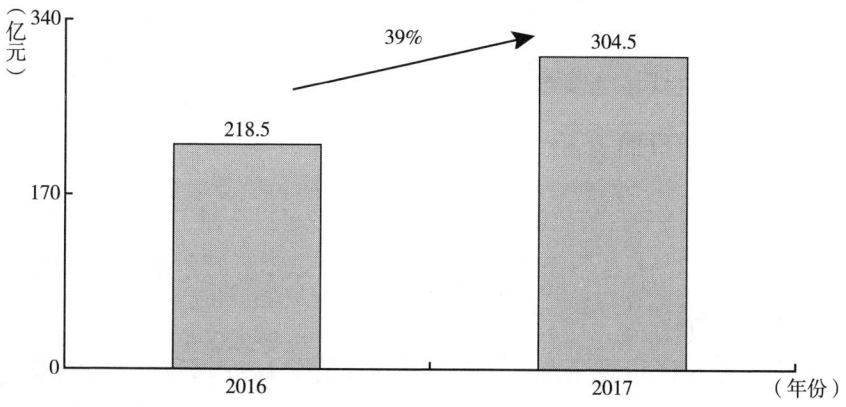

图 2　2016~2017 年网络直播市场营收状况*

* 图源：中娱智库。营收根据公司财务数据、公开披露数据、直播 APP 覆盖率监测；根据实际发展情况，部分数据会略有调整。

（三）北深上杭广成直播一线，金华成最大黑马

互联网产业的整体发展水平是网络直播行业的重要基础。北京、上海、深圳、杭州等城市作为中国互联网创业的发源地和前沿地，仍是网络直播行业的前沿阵地。根据监测，在网络直播平台的分布数量上，北京地区的平台数量远超第二名，多达 98 家，占总数的 36%，深圳、上海、杭州、广州几个城市位列其后。

值得注意的是，除了这五大城市之外，地级市金华的直播平台数也达到了 13 家，位居全国第六，数量远远领先后续的重庆、武汉等大城市，成为网络直播平台城市榜单中的最大黑马。其中，注册地位于金华市的浙江齐聚科技有限公司就拥有 6 家直播平台。

金华异军突起，正是得益于这个城市互联网产业的高速发展。据了解，金华市已连续三年跻身"中国电商发展百佳城市"前列，金华互联网乐乐小镇全力打造以游戏交易、视频社交、网络文艺为主导的互联网娱乐产业园区。目前全市有网络文化经营许可证的数字文化企业有 60% 聚集在乐乐小镇，并有腾讯 NOW 直播、熊猫 TV 等知名直播平台的相关业务部门入驻。

这说明,网络直播是新经济的产物,互联网产业基础雄厚的二、三线城市有可能在新经济时代,实现弯道赶超。

(四)秀场直播步入"疲软期"

评价网络直播平台的热度,从百度搜索指数可以衡量。百度搜索指数由PC搜索指数和移动搜索指数两项组成,计算热度得分时使用的是两者相加后的整体搜索指数。

从热度排名前50的平台类型看,秀场直播以12个席位在数量上取胜。游戏直播优势明显,在前50名中占据9个席位,并且有4家游戏类直播平台位居榜单前10,分别是虎牙直播、龙珠直播、斗鱼直播和熊猫直播。娱乐、泛娱乐类直播也是热度前50平台中的重要角色,YY、花椒等4家热度前十的平台分属此类;主打社交的直播平台则由MOMO陌陌担当领头羊;生活类直播日渐式微;垂直类直播平台中,体育类独占鳌头。

在对276家直播平台数据监测结果发现,排名较后的平台中,不乏9158、咸蛋家、ME直播、视吧等在2016年热度前50的平台,也有包括网易BoBo、人人直播等关注度较高的直播平台,秀场直播正进入疲软期,曾经独占鳌头的直播平台,如果不能快速转型,将很快进入疲软期。

(五)资本投资直播热度不减

2017年,网络直播行业用户流量增速放缓,各平台逐渐将发展重点从C端向B端转移。经历了2016年的流量及资本竞争,2017年以制作内容取胜,2018年将聚焦于商业化发展。

2017年,我国网络直播行业营收模式日益多元化,对于社会经济的带动效应日益明显,行业新增投资也不断增加,投资强劲。YY旗下海外直播平台BIGOLIVE获得6000万美金投资,快手获得腾讯3.5亿美元投资,虎牙直播获得7500万美元A轮融资,微吼获得2亿元C轮投资,熊猫直播获得10亿元B轮融资,花椒直播完成10亿元B轮融资,斗鱼直播完成10亿元D轮融资,触手TV获谷歌领投5亿元E轮融资。

投资的增加,代表着资本对于中国网络直播行业的信心。目前,大多数网络直播营收模式还是以礼物和打赏模式为主。在这种成熟的模式以外,网店也是许多主播的标配,甚至有营销公司专门为各个网店做直播营销。最常见的"网红+电商"的模式是:网络主播经营一家淘宝店,并在直播过程中适时介绍所经营的淘宝店铺。比如游戏主播在直播游戏的过程中,对自己店铺的电脑周边或者相关游戏周边产品进行口播。

(六)人口红利消退,流量增长趋缓

根据艾瑞咨询连续监测产品 mUserTracker 和 iUserTracker 数据显示,经过 2016 年和 2017 年上半年大规模的行业发展和用户激增之后,2017 年下半年,直播行业整体发展情况趋于稳定,竞争格局已经基本成型,用户经过沉淀后流量增长趋势放缓。整体来看,直播行业正在从 PC 端向移动端发展,规模仍在保持扩大趋势。但用户流量提升空间有限,各直播平台从 C 端获取收入的商业潜力已经基本挖掘完毕。

网络直播用户多为年龄 22 岁以下的人群,腾讯研究院将 22 岁以下人群称为"Z 一代"作为网络直播行业最为庞大的用户群体,也作为网络直播行业发展的重要见证者和参与者,"年龄处于 22 岁以下的人群"的自身特点和精神文化诉求正在深刻影响着当前直播业的发展生态,形塑着未来直播业乃至整个互联网产业链的发展趋势。全面了解直播中的"Z 一代",有助于切实把握互联网治理的基本面。

(七)网络直播营收模式多元化

1. 直播平台盈利能力不足,竞争生态有待优化

就目前看,直播平台能够盈利的企业并不多见,如在游戏类直播 APP 中排名第一的斗鱼,日活跃用户约 300 万,估值超过 10 亿美元,目前仍没有实现盈利。为了制造人气,虚构观众和粉丝人数,在网络直播行业几乎成为通行做法。

竞争生态上,直播平台之间的竞争高度同质化。直播平台众多,但播出

内容大同小异，尤其是主播入驻、秀场直播的模式都趋于雷同。在各平台难以利用内容打开局面、拉开收视距离的情况下，天价争抢人气主播就成为一个重要的竞争方向。动辄过亿的"转会费"和千万年薪已经成为游戏直播行业一线主播身价的常态。

2. 电商直播异军突起

2017年，电商平台迅速跟进了网络直播，阿里巴巴、聚美优品、唯品会、蘑菇街、蜜芽等大小电商平台纷纷投身这一领域。据企鹅智酷发布的《2017中国直播行业生态报告》显示，电商直播开始呈现爆发式的增长。数据显示，在直播与电商的融合和突破上，41%的用户观看过电商直播，80%的用户因观看直播产生过购买行为。

根据淘宝直播的数据显示，目前已经有超过千万的用户观看过直播内容，每天的直播场次接近2000场，内容涵盖化妆品、母婴、农产品、体育健身等多个品类。在观看直播的用户中，超过一半是"90后"，其中女性用户比例高达80%。主播的主体包括明星、网红店主、达人三大类。

YY、一直播等也在试水"直播+电商"的变现模式。研究认为，这种全新的销售模式会在更多领域获得认可，直播电商的爆发式增长将是可以预期的。例如，YY以打造"翡翠行业最大共享直播社区"切入，直接撬动整个广东地区翡翠市场，已经在传统产业领域沉寂多年的珠宝行业借此搭上互联网快车。

"直播+电商"既能为电商平台带来机遇，也同样带来挑战。通过直播导购的方式，全程陪伴导购直播，开启直播新电商平台，使网络直播实现商业变现，这种颠覆式增长也必将改变和影响整个线下传统产业的格局和发展走向。

3. B端营收成为核心

纵观整个2017年，网络直播行业营收模式日益多元化，与其他产业的联动日益紧密，"直播+"模式日益成型，电商直播、非遗直播、传统文化直播、公益直播、政务直播等多种内容并存，并向PGC模式转型，对社会经济的带动效应日益明显。在行业进入成熟期的情况下，当下发展的重点在于建立起真正健康的、规模化的商业模式。目前，各平台开始逐渐重视来自B端的收入，并且开始关注如何利用直播的优势和特点帮助广告主进行产品和品牌的营销，从而实现最大限度的流量变现。

二 网络直播行业中的主播和粉丝

1. 主播的收入

无论是什么样的直播形式，都少不了主播。根据统计，综合各个平台的TOP100主播的收入，他们瓜分了直播平台的绝大部分收入，比例接近80%。

在游戏直播平台中，收入来源主要集中在英雄联盟、王者荣耀以及绝地求生这三大板块中。电商直播相比秀场、电竞类直播中"以销售虚拟道具为主"的盈利方式，变现模式更为直接，能够更加高效地将网红们"自带流量"这一资源加以利用。网红转职做电商直播的不在少数，部分网红主播月收入甚至可轻松达到200万元。

2. 从业人员整体素质提高

互联网时代也改变甚至再造年轻群体的就业观。国家人力资源和社会保障部公布的数据显示，2016年应届高校毕业生最向往的新兴职业排行榜中，有54%毕业生选择了网红主播，其次是配音员、化妆师、游戏测评师。网络主播职业在社会中的地位提升，自身荣誉感和自信心大大增强。

移动社交平台陌陌发布的《2017主播职业报告》显示，从性别比例看，全国85.8%的主播为女性，男性主播占比不足15%，不过东北三省的男性主播占比却高达63.3%；在收入方面，约35%的全职主播月收入高于8000元，6.6%的全职主播月收入高于3万元。

调查发现，男女主播选择做全职主播的原因略有不同，54%的男主播看重通过直播结识朋友；而35.3%的女主播更看重通过直播获得收入。全职主播的受教育水平方面，主播中受过高等教育的人数比例达到46%，高于全国大学教育人口12%的比例，这表明全职网络主播的素质较高。

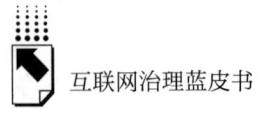

此外,网络主播的受教育程度也在逐渐提升。例如,花椒与四川传媒学院深度战略合作,成为首家将直播专业引入艺术类专科院校的直播平台,通过正规化专业化培训,提升网络主播的政治思想水平、道德建设水平,更是推进了直播行业的规范化进程。

3. 秀场直播用户

秀场直播用户以男性用户为主。从年龄来看,音乐直播用户年轻化显著,未婚男青年是音乐直播主要用户,30岁以下人群占比近七成,24岁以下用户TGI(Target GroupIndex,目标群体指数)高达135.2,25~30岁用户TGI达114.6。

此外,直播用户分布较为集中在东部沿海地区,以三线城市及以下为主;秀场直播用户相对集中在东部沿海地区,同时北京、上海、广州、重庆用户占比相对较高。而从城市分级来看,更多集中在三线及以下城市,占比达64.2%;但相对整体直播行业来看,一线城市用户占比相对较高,TGI指数达109.8。

从秀场直播用户的职业来看,15%的用户为自有职业者,TGI高达310.6,与此同时学生群体占比达9.7%,TGI高达415.0,说明秀场直播用户的整体娱乐时间相对充沛。

秀场直播用户中,超80%每天都会观看直播,属于高频用户,与此同时,整体直播行业高频用户占比53.6%,相对频率低于秀场直播。从观看时长来看,直播用户中每天超2小时用户占比高达70%以上,且45.4%的用户集中于每天3小时以上的观看时长,而直播行业普遍用户更集中于1~2小时区间,重度黏性用户秀场直播占比显著高于整体直播行业。

秀场直播用户过半是受主播的吸引而持续观看,粉丝效应在音乐直播上体现得更明显。秀场直播用户与主播之间形成良好的互动关系,对主播的认可和信任,成为持续打赏的重要原因。从每月打赏金额来看,秀场直播用户相对分散,但高额打赏用户仍占较大比重,每月2000元以上用户占比近四成,平均来看,单用户月度打赏金额高达2823.8元。

我们可以为直播用户这样来画像：他们爱自由自在的生活，以未婚为主，占比达67.4%，受职业及年龄影响，收入水平近七成集中在小康和中高收入之间。但随着用户成长，未来仍有较大的收入增长空间。

4. 资讯直播用户

在资讯直播这一领域，除了新闻，与自身生活相关度高的美食、旅游、科技、健康、财经、军事等内容，都可以是用户感兴趣的内容，关注度高的有个人才艺和旅游户外直播，其次是具有猎奇性质的个人互动、明星见面活动、婚礼转播和个人生活直播。

在直播用户的职业与行业调查中，资讯直播用户中管理者和技术人员的占比明显更高；行业分布上，资讯直播用户在科研教育、房地产、自由职业、金融投资领域的占比更高些，说明他们观看资讯直播，除了娱乐的因素，也同时是为了获取新知（见图3）。

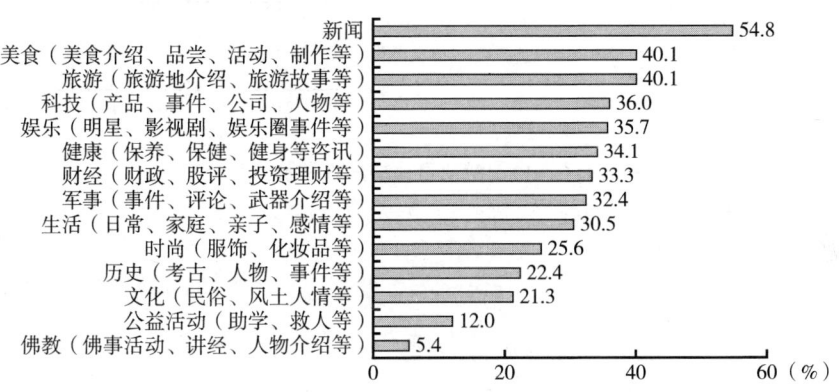

图3　2017年中国用户感兴趣的资讯直播内容分布＊

＊ 图源：艾瑞Click社区调研。咨询直播样本：N=590。

5. 游戏直播用户

随着网络游戏类型的不断演进以及直播平台对游戏的影响力的扩张，新型网络游戏不断出现，并且风靡各大直播平台。相较于传统的竞技类游戏，这类新型游戏在直播效果上达到了一个新的高度，具有极强的观赏性。

在这种风潮下，一大批用户慕名而来，养成观看游戏直播的休闲习惯。这类用户以青少年男性为主（见图4），爱看高频次赛事，时间往往集中在晚上，占比为81.8%；他们观看频次较高，每天都看占比为51.4%；直播观看时间集中在晚上6点至凌晨，发送弹幕是他们的一大爱好。在这些用户中，道具打赏率超过64%，但是都是免费的，付费打赏仅为24%，很多用户是为了追随知名电竞选手而来到游戏直播平台。

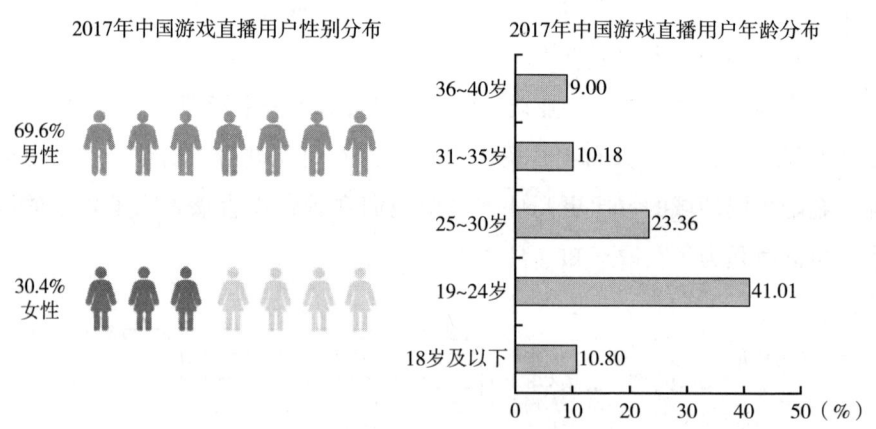

图4　2017年中国游戏直播用户性别及年龄分布＊

＊ 图源：艾瑞Click社区调研。性别/年龄样本：N＝840。

三　中国网络直播行业的协同治理

1. 网络直播行业的乱象

作为互联网业务的未来方向，网络直播也呈现出了纷繁复杂的社会情态。一方面，直播为好奇心强的青年人打开了一扇窗，有机会了解日常生活环境外的多元体验，满足了他们的精神文化需求；另一方面，网络直播主播素质参差不齐，往往会传播对待社会、人生和情感的消极态度，甚至是错误的价值观，青少年用户由于辨别能力较差，很容易受到误导。

客观地说，直播有着非常广泛的群众基础，好的直播产品对增强全社会归属感和凝聚力有着独特的优势。然而，当前一些直播平台对用语粗暴、行为大胆、扰乱公共秩序等不合规直播内容难以进行有效的调查和监督，网络直播一时间出现了种种乱象，对青少年的劳动观、审美观和是非观，都有着严重的不良影响。青少年看到有些网红主播动辄月收入过万元甚至过10万元，认为主播们不过是坐着动动嘴、不用上班劳动就能发家致富，会产生强烈的崇拜或趋同心理。如果这种观念占据思想上风，就可能幻想不劳而获、萎靡沉沦。

在这些乱象之中，无论是数据造假、内容低俗，还是主播烧钱、色情表演，终极目的都是一个——吸引眼球，赚足"银两"。于是乎，直播造娃娃者有之，"闪现露点"者有之，裙子"不慎"掉落者有之，挑逗9岁男孩者有之。参差不齐的直播内容、乱象丛生的直播行业，挑战着公序良俗和法律底线。艾媒咨询的研究报告认为，我国网民有77.1%认为直播平台存在低俗内容，90.2%认为直播平台内容在整体价值导向一般或较低。

2. 直播时代的监管之惑

从监管对象看，海量主播给监管带来难度。从主播数量上看，由于网络主播入行门槛低导致群体迅速扩张，主播增速快于观众增速；从主播素质看，庞大的主播群体素质参差不齐，网络直播"以主播带动观众"的推广模式容易导致部分主播为吸引观众做出违规行为。

从直播内容看，网络直播的"信息实时传播"特征导致内容监管难以及时发现问题、全面覆盖信息。网络直播的本质是让用户与现场进行实时连接，受众与受众之间、主播与受众之间进行实时交流，是最真实、最直接的体验。因为其真实性，难以预料接下来会发生什么，导致以人工审核为主的直播监管方式无法及时发现问题。

从商业模式看，利益驱动导致直播平台难以自律。从收入角度看，网络直播行业尚未形成成熟的盈利模式，大部分平台依然停留在用户为主播购买虚拟礼物、平台抽成的模式，同质化竞争严重。从成本角度看，除了视频存储、带宽、平台加大审核所需的资源等成本开支之外，签约主播也是一项巨大的开支。因此，资金储备不足、缺乏竞争力的平台为了不被市场淘汰，往往放松对主播的审核，甚至纵容部分主播一些"打擦边球"的违法违规行为。

3.九龙治水须协同步调

从监管角度看，我国对网络直播的联合执法监管机制不健全，统筹协调不够。网络直播具有融合性、跨区域及主体多元化的特征，客观上要求加强部门间协同监管、属地化协同监管，鼓励多元主体共同参与的社会协同治理。

在对网络直播实施监管的角度上，政府要将不同监管主体的作用发挥出来。比如网络直播涉及消费者权益保护要联合工商管理部门，涉黄等问题要联合文化部门，涉赌或危害国家安全的要联合公安部门等。网络管理部门、工商管理部门、公安部门等要积极承担起监管责任，建立技术监管体系和备案登记制度，发挥互联网协会等行业组织、社会公众的监督作用，一旦发现网络污染，立即向主管部门举报，由主管部门予以惩戒。

（1）监管技术须支持

随着行业的快速发展，网络直播的产业链日益完善，出现了各类技术服务提供商。越来越多的高新技术企业和机构的加入和参与，让直播技术监管也得以快速发展。例如，图普科技推出基于人工智能图像识别技术的内容审核服务，在识别色情、暴恐、时政敏感信息、小广告等违规图片和视频方面已经居于领先水平。同时，图普拥有国内最大的图像识别云服务平台，为众多头部直播和视频平台提供内容审核服务。

腾讯NOW直播则利用腾讯的技术优势，推出特有的"绿幕技术"，用户打开NOW直播APP在绿幕下直播，便可自由切换背景图片和视频充当背景，这个技术大大优化了直播体验。这些正在进化中的在线监管技术，应该得到大力扶持，促进其快速发展，有效遏制和截留直播中的低俗内容。

（2）涉未成年人直播，监管亟待净化

未成年人参与网络直播和视频的乱象，相关网络平台难辞其咎。一些网络直播和视频平台主播注册仅需要上传身份证，但并不需要进行实名认证；

一些平台还设定了试用时间,其间连上传身份证都不需要,给了许多未成年主播生存的空间。

与成年人做主播追求经济利益不同,很多未成年人做主播甚至发布违法内容,就是为了"好玩儿",甚至一些未成年主播为了与同学攀比粉丝,不惜做出脱衣直播等行为。不仅如此,一些主播还将直播场景设在了学校。上述种种现象,都表明了对未成年参与直播的监管是一个亟待加强的领域,应为未成年人的成长创建一个健康的网络环境。

事实上,将未成年人禁止在网络直播外,是公认的行业准则。2016年,多家从事网络表演的主要企业负责人曾共同发布《北京网络表演(直播)行业自律行为公约》,承诺所有主播必须实名认证,不为18岁以下的未成年人提供主播注册通道。然而几年过去,这条行业自律显然只存在于纸上。北京市文化部门曾依据《北京网络表演(直播)行业自律行动公约》提出,并禁止未成年人开通主播频道。但由于这些规章缺乏强制性,也没有起到应有的作用。

根据监测,目前大多未成年人主播都属于休闲主播类型,即不以直播为职业工作,直播时间不定,没有相关限制。相对于与网络平台签约的主播,休闲主播认证较宽松,一些未成年人使用非本人身份证件,钻漏洞开通直播,平台也没有严格甄别。

2018年2月,湖北省武汉市施行的《武汉市未成年人保护条例》规定,视频直播网站聘请未成年人担任主播或为未成年人提供主播注册通道,应当征得未成年人的父母或者其他监护人的同意。然而,由于对征得未成年人父母或者其他监护人同意的方式、行为是否获利的认定等缺乏细致的规定,并且对网络的跨地域性等问题也不能完全解决,《武汉市未成年人保护条例》仍显得有些简单。但即使如此,在全国范围内,像武汉市一样进行立法层面上探索的地方仍不多。

完善未成年人网络直播立法,专家观点分为两派,一堵一疏,但都认为应当严格准入及监管。一派观点认为要全面禁止未成年人注册网络直播平台账号,禁止未成年人以网络主播的身份进行网络直播。另一派观点则认为没必要全盘否定,未成年人直播也可以内容积极向上、不影响正常生活,但是

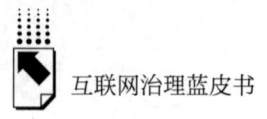

在未成年人的直播一定要进行实时监管,并且相关法律法规要对未成年人担任主播的时间、内容、监护人责任等方面做出详细规定,明确责任。

(3) 政府监管责任与扶持对策

网络直播内容具有即时性,网络直播不需要事先上传内容或程序,而是直接用手机进行录播,所以平台难以对其内容进行准确的监管,往往是事后发现内容不妥、被人举报,引起较大反响,监管部门才介入。但此时已经造成了恶劣影响,事后补救不能完全消除不良影响。

政府的内容监管重点,在于完善监管体系及措施。首先是要落实网络直播责任主体机制,明确网播企业、网络主播以及网播管理部门的相关责任;其次要完善监管细则,促进直播平台及其主播行为的规范化;再次要持续加强直播整治力度,通过约谈、专项治理、依法关停或下架等手段,净化网络直播生态。最后是发动社会监督。对于网络直播,传统"发牌照"式的管理方式相对较为粗疏,前置审查难以发挥实效;要发挥网友及相关利益群体的监督作用,建立网络直播的社会举报和处理机制。

政府相关部门也应积极探索制定相关产业扶持政策,以引导良性有序的网络直播市场格局的形成。如放宽对网络直播行业的市场准入,鼓励传媒、影视和电商等相关外围企业投身网络直播,促进竞争,通过减税和财政补贴、奖励等方式鼓励网络直播企业创新;对与网络直播行业有一定经济业务合作的相关单位予以一定的政策优惠等。

(4) 强化行业自律,营造良性直播文化

网络直播行业的自律不仅在于自觉抵制直播中涉黄、涉暴等社会反映强烈的问题,还包括通过制定行业规范和标准等方式,规范平台之间的竞争行为,促进行业的健康发展。加强行业自律,一是要制定明确具体、可执行性强的自律公约;二是落实平台责任,采取切实措施自查自纠,完善内部管理制度和内容审核机制;三是鼓励直播行业成员之间的监督,成立行业协会,共同促进直播行业的健康发展。

网络直播的发展走向,随着部门监管的加强、直播平台的规范化发展及公众需求的提高,网络直播内容低俗化倾向必然受到遏制。直播平台内容生产有全民化趋势，但真正有影响力和关注度的内容必然走向专业化、优质化、特征化。在良性的市场竞争生态下，直播平台能够立于不败之地，必将取决于其有竞争力的内容生产和经营能力。

结　语

新时代背景下，网络直播作为现象级应用和社交网络文化表现形式，满足了青年人对互联网内容生产、文化消费、社会价值传承等的更高需求。在持续几年繁荣期内，整个行业也在快速发生嬗变，技术创新、商业模式创新、服务形式创新层出不穷、快速迭代。

事实表明，网络直播既不是洪水猛兽，也不是美丽星空。在互联网的巨潮下，新事物和新问题总是泥沙俱下，交错涌现。一方面，要激活网络直播对经济和社会的正向价值，为传播公益、传播优秀传统文化提供新形式。另一方面，要实施有效的监管和约束，规避其负面作用，尽最大力度净化网络空间，给青少年和所有用户一个安全的、健康的互联网。

参考文献

[1] 中国演出娱乐行业协会网络表演（直播）分会、中娱智库：《2017 中国网络表演（直播）发展报告》，北京，2018。

[2] 中国互联网络信息中心（CNNIC）：第 41 次《中国互联网络发展状况统计报告》，北京，2018。

[3] 直播天下：《2017 上半年中国直播行业发展分析报告》，北京，2017。

[4] 陌陌：《2017 主播职业报告》，上海，2018。

[5] 艾瑞咨询：《2017 年中国游戏直播行业研究报告》，北京，2017。

[6] 艾瑞咨询：《2017 年中国资讯直播市场发展白皮书》，北京，2017。

[7] 艾瑞咨询：《2018 年中国网络直播营销市场研究报告》，北京，2018。

[8] 艾瑞咨询：《2018 年中国音乐直播用户白皮书》，北京，2018。

B.5
大数据时代贵阳市网络空间治理年度报告（2017）

刘刚 沈刚*

摘 要： 贵阳市网络空间治理围绕建设公平共享创新型中心城市的目标，以总体国家安全观和网络安全观为指导，坚持大数据发展与安全并重原则，发挥国家大数据综合试验区先行先试的优势，按照"1+1+3+N"的大数据及网络安全的总体思路和"八大体系"的建设架构，逐步构建起全市大数据及网络安全保障体系，推进国家级大数据及网络安全示范试点城市，为贵阳市建设成为"中国数谷"提供强有力的保障。

关键词： 网络空间治理 贵阳市 大数据 网络安全

实现城市善治目标，必须以充分掌握治理对象的各种信息为前提。大数据技术与城市治理对信息的巨大需求不谋而合，使城市善治真正成为可能：它不仅形塑治理主体思维，提升城市治理能力，还将变革城市治理模式，塑造城市的未来。

"大数据是一种资源，一种技术，一种产业。"作为中国首个国家大数据综合试验区，贵州在2017年保持着强劲势头：以大数据为引领的电子信

---

* 刘刚、沈刚，贵阳市公安局网络与安全保卫支队，研究方向为网络安全信息安全。

息制造业附加值增长86.3%，成为工业经济的第三大增长点。2017年，贵阳市确定建成"中国数谷"的新目标，而贵阳高新区则立志成为"数谷之心"。近年来，高新区建立起"1+N"大数据产业新体系，全力打造"国家绿色数据中心"，建成"云上贵州产业园"，积极发展大数据金融和区块链应用。

一 贵阳大数据与网络安全建设取得的年度成就

随着数字化、网络化与各行各业融合发展程度不断加深，网络安全逐渐成为现代城市建设必不可少的环节，是关系城市健康持续发展、关系广大人民群众切身利益的重大问题，也是体现一个城市安全治理水平和能力的重要指标。①

2017年，贵阳围绕"建立网络综合治理体系，营造清朗的网络空间"的总体要求，结合打造"中国数谷"行动计划，以国家网络强国战略和贵州大数据发展战略为引领，整合大数据安全技术领域创新资源，推动大数据安全体系进步和产业发展；围绕国家大数据安全战略需求，协同相关政产学研单位，以数据安全能力成熟度模型等数据安全标准为抓手，开展大数据时代下数据安全测评认证、咨询培训、产品研发和学术研究等工作，支撑政府主管部门的大数据安全监管和数据安全治理工作，协助各行业提高数据安全能力和水平，支持大数据产业的可持续发展。

（一）加强大数据及网络安全顶层设计，建立健全网络安全管理体制机制

贵阳市网络安全和信息化基础薄弱，大数据、云计算、人工智能等相关产业蓬勃发展的同时，面临着数据安全、隐私保护等前所未有的严峻挑战，

---

① 大数据协同安全技术国家工程实验室、提升政府治理能力大数据应用技术国家工程实验室、中国赛宝实验室、大数据战略重点实验室：《大数据城市网络安全指数报告》，《信息安全与通信保密》2017年第7期。

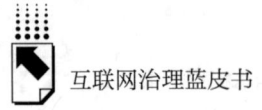

必须加强顶层设计和创新体制机制。

1. 成立网络安全与信息化领导小组，统筹网络安全工作

为充分认识网络安全治理工作对贵阳市的特殊重要性，2014年11月6日，市委召开网络安全和信息化领导小组第一次会议，强调一手抓网络安全，一手抓信息化建设，有效提升了贵阳市依法执政、依法治市的能力。一方面，贵阳市运用物理隔离的老办法，不断完善对重点部门、重点内容、重点区域实施动态管理的新机制；运用大数据产业链发展带来的新技术，持续创新运用法治思维和方式打击网络犯罪的新手段。另一方面，贵阳市毫不动摇地举全市之力发展以大数据为代表的信息化产业，推动大数据核心产业由导入期逐步进入成长期；进一步夯实网络基层基础，以"宽带中国"示范城市、"智慧贵阳"试点工程为契机，推动政府公共服务能力的有效提升，为依法治市工作营造良好环境；通过信息化建设，助推经济结构、社会治理、文化发展等全面优化。贵阳市还进一步强化互联网思维方式，尤其在应急处突、网络信息发布等领域，运用新办法、新技术、新思路，不断积累经验、改进工作。

中共贵阳市委网络安全和信息化领导小组充分发挥领导统筹作用，从能做的领域、容易的事情着手，进一步完善工作内容和内部流程；建立政府主导、社会参与的联动工作机制，形成了完备的网络专家决策咨询系统，加快了网络人才队伍培养和建设，推动网络安全和信息化工作取得新成效。

2. 加强大数据及网络安全顶层设计，建立健全网络安全保障体系

贵阳市大数据及网络安全示范试点城市体系化建设构架初步成型，以"1+1+3+N"的大数据安全总体规划为引领，起草了《中共贵阳市委贵阳市人民政府关于建设大数据及网络安全示范试点城市的实施意见》（以下简称《意见》）的主体文件。该意见包括《贵阳市大数据及网络安全产业示范区建设总体方案》《贵阳市大数据及网络安全监督管理办法》等"1+2+4+1"8个配套文件，形成了推进大数据及网络安全示范试点城市建设规范化、制度化、常态化的制度体系。同时，以《网络安全法》为上位法，贵

阳市先后制定了《贵阳市政府数据共享开发条例》和《大数据及网络安全监管管理办法》，起草了《贵阳市大数据安全管理条例（草案）》加强网络和数据安全管理。

（二）提升网络安全态势感知平台能力，推进贵阳市网络与信息安全通报中心建设

贵阳市网络与信息安全通报中心成立后，负责建立国家网络与信息安全通报中心、贵州省网络与信息安全通报中心、党委政府、通报机制成员单位的网络与信息安全通报联络渠道，不断完善通报体系，确保信息通报的时效性。同时，接收国家、贵州省通报中心下发的网络安全情况信息，收集各通报机制成员单位网络安全保障工作情况，以及各种渠道获取的情况信息，汇总整理后定期向成员单位通报网络安全情况信息和态势分析、安全漏洞隐患等预警信息、网络安全事件等情况信息[①]。

1. 建立网络安全态势感知与通报预警平台，加强全市网络监测预警能力

为更好地完成全市大数据及网络安全保护工作，贵阳市委市政府投资建立了贵阳市网络安全态势感知平台，平台主要围绕实时监测、通报预警、应急处置三大功能实现对全市网络安全的保护，目前已经对全市近400家党政机关及重要企事业单位的网络安全状况进行实时监测。平台对全市党政机关、重点单位共部署8台流量传感器，接入云防护的101家主站和子域名，采用云监测对281家重点网站进行实时监测；完成143家单位信息系统的备案申请，安装无线场所管控前端AP 10933个；清理下架违规APP应用160个；互联网巡查处置发现本地违法信息422条，共处置本地违法信息606条，行政处罚13家。

2. 成立贵阳市网络与信息安全信息通报中心，开展全市网络安全隐患通报处置工作

大数据技术已逐渐深入许多网络空间安全问题的解决方案中，改变了网

---

① 代晓龙：《贵阳市网络与信息安全通报中心正式揭牌成立》，《贵阳日报》2017年9月8日。

络空间安全与情报分析的研究格局,提高了高级网络攻击检测、信息安全风险感知与威胁情报分析处理等网络安全防御技术水平。①

2017年9月6日,贵阳市网络与信息安全信息通报中心正式挂牌成立,通报中心自成立以来,逐步完成大数据安全监管服务平台全网态势感知系统的一期建设。中心将全市280家党政机关重点网站纳入实时监测,及时发现网站存在的漏洞,实时监测网站页面被篡改、敏感词、暗链等网站安全隐患和安全事件;将115家重点网站纳入云端防护,为重点网站提供云端防护,抵御网络攻击;在市人力资源和社会保障局等10家重点保护单位部署了网络流量探针,通过探针采集网络流量,识别、监测网络中僵木蠕毒、APT攻击等恶意行为;实现了对网络安全隐患的"早发现、早预警、早防范、早处置",累计报送《贵阳市网络与信息安全情况通报》106期,涉及118家单位,共监测发现紧急漏洞126个、高危漏洞387个、中危漏洞1034个,并及时敦促成员单位完成网络安全整改工作。中心还被运用于电子商务峰会、生态文明会等重大网络安全保卫工作中,发现各类网站漏洞1200余个,处理各类应急事件5次,抵御各类网络攻击9万余次,成功完成安保任务。

(三)加强大数据及网络基础数据管理,强化网络安全执法检查

国家关键信息基础设施是指关系国家安全、国计民生、公共利益的信息设施,包括公共通信、广播电视传输等基础信息网络,能源、金融、交通、教育、科研、水利、工业、医疗卫生、社会保障、公用事业等领域和国家机关的重要信息系统,也包括重要互联网应用系统等。关键信息基础设施是经济社会运行的大动脉,加强安全防护、强化网络安全执法检查是网络安全工作的重中之重。

---

① 陈兴蜀、曾雪梅、王文贤等:《基于大数据的网络安全与情报分析》,《工程科学与技术》2017年第49卷第3期。

1.加强大数据及网络基础数据管理

贵阳市加强在全市范围内开展大数据信息系统、IDC及云平台摸底调查工作。经摸底排查，全市共有贵州高新翼云科技有限公司、中国移动通信集团贵州有限公司等9家IDC服务单位，云上贵州贵阳云平台、贵阳块数据有限公司贵阳云平台、优特云云平台等3家云平台。认真梳理备案系统中存量网站信息，做到及时受理、及时审核，全市网站备案数达1904家；加强等级保护监督管理工作，严格审批流程，对定级不准确的单位，提出修改建议；督促三级系统开展等级保护测评工作，并对已完成测评的网站系统单位，开展实地复核工作。目前全市备案单位500余家、备案系统数达到550余个。同时，针对移动互联网APP应用服务建立分类备案管理制度，督促责任单位进行备案，建立多渠道安全监管和协调处置联动机制。加强对全市仅有2家APP应用商场落实网络安全防范措施工作，严格要求落实"实名制"，完善网络安全管理制度。

2.强化网络安全执法检查

一是加大执法检查力度。2017年，贵阳市网安部门主动侦破涉网类案件60起，其中部督案件10起，抓获犯罪嫌疑人390人，同比增长219%；配合侦办案件2452起，抓获犯罪嫌疑人8153人，同比增长206%；通过互联网发现并推送涉毒情报信息1415期，同比增长43%，摸排涉毒人员网上虚拟特征7096个；协助一线办案部门共强戒涉毒人员1089人，刑拘1236人，治安处罚929人，缴获毒品78057.47克，同比增长201%。

全市建立"安全整改、行政约谈、行政警告、行政罚款、停止联网"的执法管理模式，处罚强度层层递增。组织了9批次针对涉及能源、金融、民航、铁路等关键信息基础设施，对党政机关、重要企事业开展现场检查1000家（次），对9家单位负责人进行约谈，下达《安全隐患告知书》160份、《网站（系统）备案告知书》184份。按照新实施的《中华人民共和国网络安全法》的要求，对未落实网络安全责任而发生网络安全事件的23家单位开展行政处罚工作，对存在风险隐患、不履行网络保护义务的贵州省地震局、宏利城14家等开展行政处罚，最高罚金达10

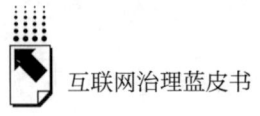

万元。

二是扩大执法检查成效,注重宣传培训。宣传报道随警作战,实现执法检查社会效果最大化。为不断营造执法检查声势,扩大执法检查的社会效果,2017年6月以来,贵阳市共计出动警力375人次,检查单位141家,组织全市网络安全专题会议5次;利用网络安全宣传周对70余家单位进行《网络安全法》宣贯,活动期间走进街头、广场、社区、学校厂矿和企事业单位,把普法宣传的触角延伸到千家万户,做到全民参与、全民防范、全民普及《网络安全法》和增强网络安全意识,在国家网络安全宣传周期间密切联系主题日开展专题宣传活动。

三是全力助推国家级大数据安全靶场建设,保障2017年攻防演练圆满实施。国家级大数据安全靶场建设过程中,贵阳市网络与信息安全信息通报中心积极寻求公安部支持,多次就"省部共建"模式进行争取汇报,筹划开展与发达城市间的互动合作,形成贵阳引领、辐射全国的大数据和网络安全创新和测试平台。在2016年大数据攻防演练的基础上,对2017年攻防演练事前的调研评估、背景审查,事中的组织保障、实战对抗,事后的点评总结、反馈整改等系列流程进行了认真总结,初步建立了一套常态化攻防演练机制。

二 贵阳网络空间治理采取的主要措施

随着信息技术的快速发展和互联网的进一步普及,网络空间也出现了诸如违法与不良信息泛滥、网络犯罪日益猖獗等问题,严重影响了网络空间秩序,其负面影响还延伸到了现实社会,危害人们的人身和财产安全,造成企业经济损失,威胁着国家安全。加强网络空间的治理刻不容缓。

十八大以来,党和国家高度重视网络空间治理。贵阳市网警在网络空间治理方面也做了大量的整治工作,致力于为贵阳市网民营造清朗的网络空间,取得了相当不错的成就。总体来讲,贵阳市在净化网络空间方面的工作取得的成就,主要采取了以下几点措施。

（一）网警公开巡查执法，加强网络有害信息巡查，确保无死角无遗漏

通过网警公开巡查执法，在微博、百度贴吧、微信公众号、百度百家号、今日头条等各网络社区主要平台和本地网站开展24小时网上巡查制度，结合"科技＋人力"工作机制，当好网上"巡警"，及时发现各类违法、违规网上有害信息。2017年，网安支队"贵阳网警公开巡查执法"账号在原有微博、微信公众号、今日头条、百度贴吧的基础上又开通了百度百家号等官方执法账号，实现了对网上主要宣传平台的较全面覆盖，继续深入细致开展网上公开宣传、服务、巡查、警示、线索转递工作。同时，加强与各大网络平台合作，网警执法公信力得到大幅提升。

（二）加强网络空间内容管理和查处工作，打造清朗网络空间

加强网络空间的内容监管，需重点发挥网警执法权威，为发现、处置违法有害信息创造新的治理手段。通过对违法网民的公开警示和有害信息的举报，网警巡查执法账号可对微博、贴吧等平台上涉及贵阳市违法信息和各类谣言有害信息实现第一时间发现、第一时间快速处置。全年共警示网民3100余人次。警示、举报删除各类违法有害信息9000余条。具体查处工作的执行开展情况如下。

1. 依法查处发布违法犯罪有害信息的网民

网络治理的基本目标是在线行为的有序化与合秩序化，这需要持续进行网民生活样态的范式化、网络合作关系的模式化，以达成网络自由与社会秩序的均衡状态。① 对于在网上发布各类违法犯罪有害信息或制造、传播谣言等违法信息的网民，必须依法打击并公开宣传，以震慑违法犯罪人员，有效遏制谣言传播渠道。其次，继续开展本地谣言宣传辟谣处置工作。举报删除相关谣言信息150余条，警示造谣网民80余人。此外，对恶意造谣"偷小

---

① 何明升：《中国网络治理的定位及现实路径》，《中国社会科学》2016年第7期。

孩团伙来到贵阳""自家小孩被抢""花果园一家四口被杀"的 5 名网民依法通报属地分局对该五人做出写保证书及行政拘留 10 日的处罚。

2. 教育、告诫轻微违法的网民

对网上发布有害信息情节轻微的网民，通过网警公开执法账号对其私信或公开评论，以"拍肩膀"的方式对其开展警示教育工作，在加强网警与网民互动的同时，提高网警网上见警率，让网警公开执法账号成为网警与网民普法执法宣传桥梁。

（三）加强网警警示宣传，提升网民防范网络违法犯罪的能力

通过网上公开执法巡查，及时对发现的各类诈骗伎俩、谣言、网络安全漏洞案例进行搜集，通过网警执法账号在各大网络社区平台发布权威警示宣传信息，并加强与网络平台、全国网警、新媒体网络大 V 等的互动推送，最大限度地向网民推送相关内容，最大限度地防范诈骗、遏制谣言和降低网络违法犯罪。

1. 网警宣传形式多样，受众更广

2017 年，贵阳市网警总共发布了 900 余条网络安全防范知识，提升了广大人民群众对网络安全的了解。2017 年国家网络安全宣传周期间，网安支队联合贵州卫视法制频道制作了《网络安全为人民　网络安全靠人民——依法治"网"维护网络安全》《守护网络绿色家园　贵阳网警在行动——探索大数据及网络管理新路》《贵阳网警带您解读〈网络安全法〉五大亮点》系列宣传文章。同时，制作贵阳网安电子数据实验室、网络与信息安全通报中心等系列宣传报道，积极调动各县（市）局网安大队宣传真实案例、先进典型，形式多样的宣传和真实鲜活的案例使网民对神秘的网安部门进一步了解，获得网民的赞同。其中被中央、省级媒体、五大新闻门户网站转发的报道共 42 篇，网民粉丝累计增加 2 万多人，网警执法账号影响力进一步提升。

2. 持续开展本地谣言宣传辟谣处置工作

如发布宣传文章《偷抢小孩的团伙又双叒叕来到贵阳了？蜀黍还是那

句话：假的!》《贵阳警方通报：网传"四肢残疾在贵州街头卖唱女子"向民警说：我不是山东人》《3名男女感染sk5病毒在贵阳省医死亡？贵阳省医：该消息系谣言》（图1）、《网传"花果园一家四口被杀"？南明分局郑重声明：假的!!!》（图2）、《请不要再张冠李戴！贵阳市花溪区并未发生所谓暴力执法事件!》《网传贵阳清镇东门桥发生血腥命案系谣言》。

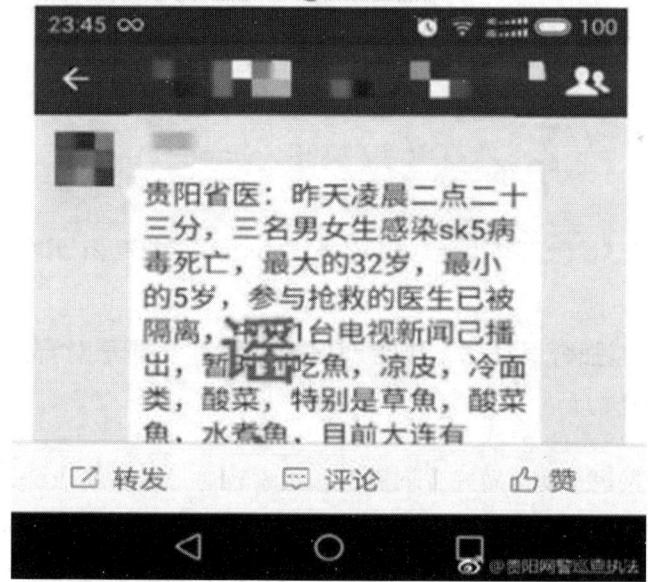

图1　《3名男女感染sk5病毒在贵阳省医死亡？
贵阳省医：该消息系谣言》

图2 《网传"花果园一家四口被杀"?南明分局郑重声明:假的!!!》

(四)加强警民互动,接受网民报案咨询,提升网警为民服务能力和执法公信力

加强与网民互动,做好咨询服务和线索转递工作是加强警民互动的关键。贵阳网警公开巡查执法账号,努力营造合格网警的角色,积极与网民互动,介绍网民报案咨询,亲和的形象和专业的解答赢得网民的赞许,2017年全年共回复网民咨询求助4143余条。其中涉及网民举报花果园、世纪城等传销线索、网上诈骗、赌博、招嫖等线索100余起,经核实后转递属地分局得到有效的跟进和处置，为公安主动发现线索创造新的途径。

通过进驻微博、百度贴吧、今日头条、微信公众号、百度百家号等网民主要社交平台，网警公开执法账号实时接受网民举报、咨询、求助，协调相关警种及时向网民提供咨询、救助服务。自2016年以来，网警已通过网民举报联合当地警方成功解救3起网上发言欲自杀网民，经核实后转递涉案线索100余起，其中成功破获一起团伙买卖重大毒品案。此外，贵阳网警还加强与网络媒体和本地自媒体交流互动，构建网络健康生态圈，共同打造健康和谐公平共享清朗网络空间。

三 贵阳网络空间治理的下一步举措

贵阳网警2018年将紧紧围绕公安部"净网2018"专项行动的部署要求，继续深化网警公开巡查执法工作，进一步强化网上巡查措施，严厉打击整治网络违法犯罪活动，强化清理整治，全面规范网络安全秩序；强化宣传引导，教育警示广大网民遵纪守法、提高自我防范意识，积极举报违法犯罪线索；努力建设更高层次、更高水平的平安网络，为广大网民营造一个风清气正的网络空间。下一步工作思路具体如下。

（一）全面掌握大数据与网络基础数据

大数据除了作为新兴战略资源的重要性之外，还与以下两个要素密切关联。

第一，5G等新兴技术的日益临近，将极大地提升数据的资源属性。虽然6年前麦肯锡就曾预言大数据时代即将到来，过去3年间产生的数据量超过了以往的总和，而今数据的井喷在5G时代更将超出人们的想象，这些海量的大数据作为国家层面的基础战略资源，其地位和作用难以估量。

第二，人工智能等前沿技术的日臻成熟，将极大地扩展数据的功能属性。"数据已经渗透到当今每一个行业和业务职能领域，成为重要的生产因

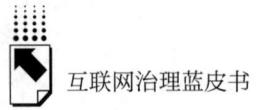

素",人工智能等前沿技术将极大地促进数据的挖掘和运用,这对于调结构、稳增长、惠民生和推动政府治理能力现代化等方面的作用,同样举足轻重。①

鉴于此,贵阳市下一步打算从全面开展摸底排查转向以行业为纽带深入开展摸底排查工作:一是以前期摸底调查工作,以网站等保备案掌握基础数据为参照,全面按照行业进行分类整理;二是以行业主管部门为重点,深入开展网络信息系统摸排工作;三是协助配合行业主管部门开展全面梳理排查工作,切实做到行业信息网络系统底数清。

(二)加强全市网络安全漏洞发现能力

近年来,利用网络安全漏洞实施攻击的安全事件在全球范围内频发,给网络空间安全带来了不可逆的危害。网络安全漏洞披露已成为网络安全风险控制的中心环节,对于降低风险和分化风险起着至关重要的作用。②

当代社会、经济、个体各层面越来越依赖于信息系统,各种类型的信息系统存储、处理海量丰富的数据和信息,带来便利并提高劳动生产率,蕴含着巨大的宝藏。这也使能突破信息系统的防护获取控制权的技术能力变得炙手可热。由于信息系统从设计、开发、测试、部署和应用多种原因,系统中存在脆弱点或者缺陷,使得漏洞具有普遍性和长期性。利用安全漏洞,可使本无授权的相关人员通过技术手段"侵入"他本不应该进入的系统,窃取机密或个人隐私,获得利益。鉴于极大的经济利益诉求,漏洞信息已不仅是一个可用于安全人员或者"黑客"进行炫技的"知识诀窍",更因其"附加价值"直接推动漏洞交易的市场过程。信息安全攻防领域内社会分工日渐细化,围绕着"漏洞"攻防,网络漏洞产业顺势发展。③

---

① 崔光耀:《掌握大数据发展主动权》,《中国信息安全》2017 年第 12 期。
② 黄道丽:《网络安全漏洞披露规则及其体系设计》,《暨南学报》(哲学社会科学版) 2018 年第 40 卷第 1 期。
③ 黄道丽、石建兵:《网络安全漏洞产业及其规制初探》,《信息安全与通信保密》2017 年第 3 期。

根据美国网络安全公司 Cybersecurity Venture 发布的季度报告《2015 全球网络安全市场报告》[①]，全球网络安全市场由市场规模预测确定，据预测 2014 年的市场规模为 710 亿美元，到 2019 年将超过 1550 亿美元，各类网络犯罪不断上涨，每年给世界经济造成数千亿美元的损失。网络安全不仅影响经济利益，更是关系国家安全利益的一种战略资源。自伊朗"震网病毒"事件始，武器级"漏洞"已悄然现身，安全漏洞的及早发现有助于己方防护，同时也可用于进攻敌方，全球各国在争夺漏洞信息的控制权呈现白热化态势。在全球网络安全与国家安全高度融合、产业竞争日趋激烈的背景下，网络安全问题不再仅仅局限于狭义的信息安全领域，而成为全民关注的互联网产业的一个基础性问题，也是国家间安全竞争、企业间商业竞争的重要手段。[②]

当务之急是丰富网络安全落地信息源头，建立上级机构通报、通报机制成员单位报告、技术支撑单位提供、外部安全机构共享、自建监测平台和公开来源获取等六类信息安全情报信息源。

（三）提升监测预警能力，扎实推进贵阳市网络与信息安全信息通报中心建设工作

继续加大力度提升监测预警能力，扎实推进贵阳市网络与信息安全信息通报中心建设工作：一是结合等级保护备案数据及网站备案数据，加强信息网络系统排查工作，进一步拓展监测预警范围，实现重点党政机关及企事业单位全覆盖；二是建立健全与信息网络安全服务公司合作机制，充分利用社会网络安全技术力量，建立国内外信息网络安全情报收集渠道，拓宽信息网络安全信息来源；三是加强本地大数据安全的网络安全日常监测、态势分析、预警及事件处置和安全监督检查。

---

① Cybersecurity Venture. Cybersecurity Industry Growth Outlook，http：//sandhill.com/article/cybersecurity – industry – growth – outlook – 2h – 2015/.，2015 年（2018 年 7 月 30 日）。
② 黄道丽、石建兵：《网络安全漏洞产业及其规制初探》，《信息安全与通信保密》2017 年第 3 期。

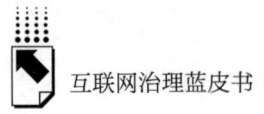

（四）提高监督管理能力，建立密切高效的监管机制

1. 要加强网站备案工作

一是建立联动机制，加大对违法违规网站的发现力度。建立移动互联网应用服务、信息系统等级保护联动机制，及时发现包括我市党政机关及重点单位在内的网站存在的问题。二是加大对中小网站的管控。定期抽查中小网站，检查是否落实安装防护系统措施，加强对未按照要求落实防护系统的中小网站的惩处力度。三是加大对网络安全法的宣传力度。召集重点单位组织网络安全法等的讲座，通过微信公众号推送网站备案方式方法，增强网站主体备案法律意识。四是完善网站备案考核细则。结合我市实际情况，完善考核指标，保证考核的公平性。

2. 加大信息系统等级保护备案力度

一是继续督促单位进行信息系统备案，扩大备案范围，重点突出。以网站、互联网移动应用服务等为参照，多渠道发现责任单位信息系统，纳入等级保护工作；重点管控涉及金融类信息系统，严格把关审核流程。二是针对已完成定级备案的网站与信息系统，督促各备案主体单位按等级保护管理办法开展测评工作整改工作，切实提高信息网络安全防范能力。三是定期检查、形成长效机制，对3级系统每年开展一次检查，2级不定期抽查，同时督促各单位加强日常自查，形成等级保护工作的长效机制。

3. 加强移动互联应用服务安全管理工作

一是建立健全安全监测和协调处置机，建立移动互联应用分类备案制度，建立全市移动互联应用基础工作台，加大对移动互联应用监控管理力度；二是督促移动互联应用发布落实实名注册制度，实行严格实名管理，对于未实名注册的移动互联应用停止发布；三是督促建立预发布安全监测制度，检测出安全问题的不得发布，严防"带病"上架。

（五）持续开展执法检查工作　形成法律震慑

持续采用单位自查、远程扫描检测及上门实地检查等工作方式加大对我市重要信息系统开展检查工作的力度。对在检查中发现的未落实网络安全等级保护制度或未履行网络安全义务的单位依据《中华人民共和国网络安全法》等法律法规要求进行处理；加强行政案件办理工作，形成一波查处高潮，要约谈一批、警告一批、罚款一批、关停一批违法违规、责任不落实的网站和应用服务，形成法律震慑，切实提高网安部门依法开展网络安全管理工作的严肃性及行政执法能力。

深入分析、总结检查工作经验，一是形成大数据及网络安全执法检查常态化工作机制；二是形成检测、检查、整改、复核一体化工作机制；三是形成行政处罚及普法宣传教育一体化工作机制。

（六）建立密切高效的监管机制

一是要健全完善大型网站的监管机制。二是要加强和改进网安警务室建设。网安警务室是公安机关的特色和优势，必须长期坚持、不断完善。按照警务室工作规范推动各项措施和要求落地，推动驻站民警参与企业安全管理会议。三是建立与安全企业的战略合作机制。充分发挥安全企业的技术优势、资源优势和人才优势，为监管工作提供必要的支撑和服务。协助开展安全检测、安全事件应急处置等事项。

探索篇

Exploration Part

B.6 我国短视频的现状、乱象与治理

钟瑛 刘利芳*

摘　要： 短视频行业在资本市场的追捧下野蛮生长，伴随着泛娱乐化内容的大量涌现，产生诸多乱象，主要体现在内容信息低俗化、同质化，虚假信息较多以及信息泄漏、侵权等问题。本研究从经济、心理、管理等多个维度分析短视频发展乱象背后的原因，梳理当下短视频的治理现状，剖析短视频的治理困境，进而提出政府、行业、传者、用户、平台、技术多方监管、多元共治的治理之道。

关键词： 短视频　治理困境　多元共治

---

* 钟瑛，华中科技大学新闻与信息传播学院教授、博士生导师；刘利芳，华中科技大学新闻与信息传播学院博士生，长江大学新闻系讲师。本文系湖北省教育厅人文社科青年项目"新媒体环境下的舆论场博弈与治理研究"（项目编号：16Q080）的研究成果。

短视频是以新媒体为传播渠道、时长控制在 5 分钟以内的视频内容，是继图文和传统视频之后新兴的一种内容传播形式，承载短视频的线上平台主要包括独立的短视频平台（如抖音、火山、快手等）和综合类平台（如在社交平台、新闻资讯平台、传统视频平台上的短视频内容分发频道）。[①]

据统计，截至 2017 年底，我国短视频独立 APP 用户已突破 4.1 亿人，较 2016 年同期增长率高达 116.5%[②]。短视频经历数年的探索，终于在 2017 年迎来全面增长和爆发，在外部环境（行业生态逐渐规范、移动网络和智能终端普及、用户偏好的视频化倾向、商业模式潜在空间大）和内在驱动力（内容生态趋向平稳、新平台不断涌现、用户规模增长）的共同作用下发展势如"井喷"，其中外部环境促其规模化发展，内部驱动吸引用户的注意力。短视频行业在资本市场追捧下野蛮生长，产生诸多乱象，也给互联网治理带来一系列新的挑战。

一 短视频相关研究综述

（一）全面爆发：短视频研究的总体概况

为评估短视频的研究现状，本文通过中国知网数据库（CNKI）检索系统，以"短视频"为主题词进行检索，共得到 2283 篇文章。通过对文献梳理可知，我国关于短视频的研究呈增长趋势。在 2011 年之前（萌芽期，PC 时代的短视频诞生阶段），有关短视频的文献寥寥。2011～2015 年（探索期，各类移动端短视频逐渐上线），有关短视频的文献为每年 5～40 篇。此阶段随着移动互联网的普及和用户碎片化使用习惯的养成，各类短视频产品纷纷上线，其中秒拍、美拍、快手等突围；2016 年（快速成长期，短视频产品密集面世），7 月一条获 1 亿元人民币融资，9 月抖音上线，11 月梨视频上线。互联网巨头布局该领域，短视频

---

① 艾瑞咨询：《2017 年中国短视频行业研究报告》，http：//ww.199it.com/archives/670553.html，（2018 年 5 月 10 日）。
② Quest Mobile：《2017 年中国移动互联网年度报告》，http：//www.sohu.com/217649604_100027260（2018 年 5 月 10 日）。

不再是长视频的补充,在内容形式、创作者属性和运营方式上都与长视频形成明显的分水岭。2016年有关短视频的文献数达96篇,此阶段优质内容是吸引用户注意力的根本,市场更贴近用户需求,软植入激发二次传播,短视频市场规模快速增长。2017~2018年(渐趋成熟期),短视频社交属性、创作低门槛和碎片化特征凸显,问题也不断暴露,监管力度加大,发展趋向成熟(如图1)。

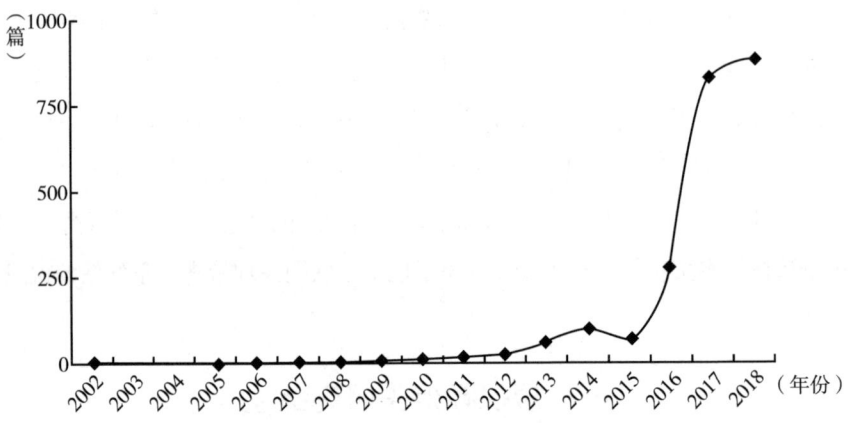

图1 我国短视频相关研究文献时间分布*

* 图源:作者以中国知网"计量可视化分析"工具自制。

(二)单一到多元:短视频研究的主题维度

有关短视频的研究主要集中在新闻与传媒领域(974篇,约占比37.81%)和信息经济领域(662篇,约占比25.7%);文献中排名靠前的高频关键词分别为"短视频"(290次)、"新媒体"(39次)、"移动短视频"(38次)、"自媒体"(37次)、"网红"(30次)。为进一步分析我国关于短视频的研究视角与维度,引入共词分析。共词分析是一种将文献中的关键词共引情况,通过聚类分析和可视化操作,形象呈现出研究维度与研究结构的方法(Rokaya, Mahmoud, et al, 2008)[①]。

---

① M. Rokaya, E. Atlam, M. Fuketa, T. C. Dorji, J. Aoe. Ranking offield association termsusing Co-word analysis. Information Processing & Management, 2008(2).

我国短视频的现状、乱象与治理

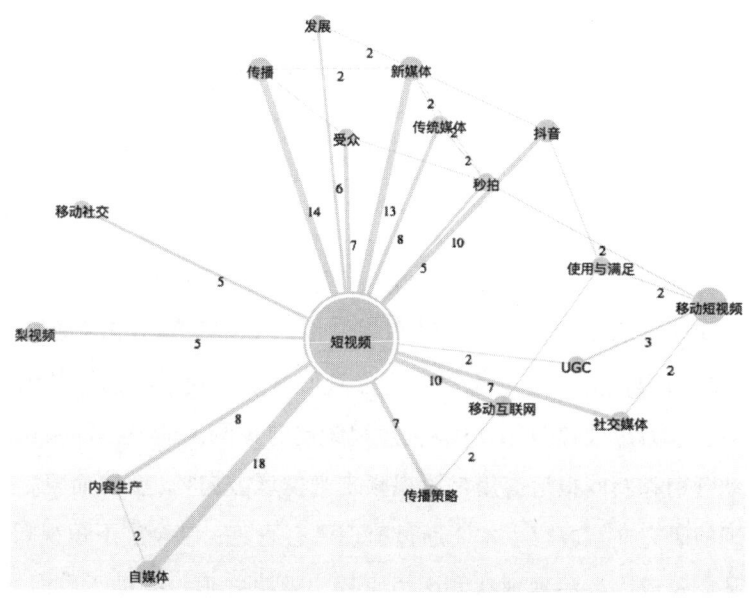

图 2　我国短视频研究文献关键词共现网络＊

＊ 图源：作者以中国知网"计量可视化分析"工具自制。

结合有关视频研究文献共词分析图（图 2）进一步分析可知，关于短视频的研究主要集中在以下维度：①短视频的发展现状，如赵昱等人从段视频传播特点入手，总结短视频发展现状[①]；②短视频的传播机制（用户、传播内容、传播渠道、传播效果、传播模式），如用户方面，季亚萍等人从传播心理学的角度归纳短视频传者个体表达的三种心理原因：慕名心理、从众心理和自己人效应等[②]；传播内容方面，周银总结娱乐是国内短视频最主要的功能，传授知识居次之[③]；传播渠道方面，赵小显在"生产性受众"理论视域下发现短视频的二次传播渠道；[④] 传播效果方面，Baptist 等人发现短视频

---

① 赵昱：《短视频的传播现状分析》，《新媒体》2015 年第 9 期。
② 季亚萍、万棋民：《传播学视角下短视频 APP 用户的个体表达——以小咖秀为例》，《新闻研究导刊》2016 年第 7 期。
③ 周银：《移动短视频社交应用的发展研究》，南昌大学硕士学位论文，2016。
④ 赵小显：《基于社交平台的移动短视频传播研究》，重庆工商大学硕士学位论文，2017。

在创作后的几个小时关注度达到最大值,随后关注量会急速下降[1],视频的关注程度符合"马太效应",随着短视频发布时间的增长,流行的视频越来越被关注,不流行的视频鲜为人知[2],传播模式方面,王晓桦从短视频的内容生产、社交互动和信息扩散三个环节概括短视频的传播模式[3];③短视频资本运营方面,朱旭光总结短视频的三类广告投放形式:热门榜单直推短视频广告、创意植入广告精准推送、制造话题带动广告病毒式传播[4];④短视频发展的问题和对策,王玉凤总结短视频由"失范"导致诸多乱象,资讯类的短视频内容,由"眼见为实"更加真假难辨,娱乐类的视频内容中恶搞、色情、暴力出现较多[5];⑤有关短视频趋势预测的研究,周银认为进行视频移动营销和新闻报道应用是短视频未来发展方向[6]。整体而言,有关短视频治理的研究文章寥寥。本文通过梳理已有研究,结合当下短视频的发展态势、乱象及成因、治理现状和困境,提出解决之道,有助于政府、企业、平台、用户多方对短视频进行有效监管,进而实现国内短视频行业的健康、有序发展。

(三)短视频的概念厘定

学界和业界对短视频的概念界定略有不同。业界主流的界定如下:①36氪研究院在《短视频研究报告中》将其界定为"以新媒体为传播渠道、时长在5分钟以内的视频内容,具有生产成本低、传播速度快、生产者和消费者之间界限模糊等特点[7]"。②艾瑞咨询将其界定为"播放时长在5分钟以

---

[1] Baptist Vandersmissen, et al. The Rise of Mobile and Social Short-Form Video: An In-depth Measurement Study of Vine. Ghent University, 2014.
[2] Lei Zhang, Feng Wang, Jiangchuan Liu. Understand Instant Video Clip Sharing on Mobile Platforms: Twitter's Vine as a Case Study. Simon Fraser University, 2014.
[3] 王晓桦:《基于社交媒体的短视频传播模式及问题研究》,《新媒体研究》2017年第8期。
[4] 朱旭光:《短视频社交产品的融合发展路径》,《新闻传播》2016年第4期。
[5] 王玉凤:《社交媒体短视频乱象及治理》,《新闻论坛》2017年第4期。
[6] 周银:《移动短视频社交应用的发展研究》,南昌大学硕士学位论文,2016。
[7] 36氪研究院:《短视频行业研究报告》,http://36kr.com/p/5111159.html,2018年1月4日(2018年5月10日)。

下的网络视频，具有社交属性强、创作门槛低、观看时长和场景便捷等特征，基于PC端和移动端传播的视频内容形式。①"③一下科技给出的定义是，"以明星、网红、PGC、UGC生产的内容为主，时长在5分钟以内。"在这些定义中短视频的时长都不超过5分钟，但第一财经《2017短视频行业大数据洞察》的报告中将短视频的时间上限拉到15分钟，"短视频是指视频长度不超过15分钟，主要依托移动智能终端实现快速拍摄和美化编辑，可在社交媒体平台上实时分享和无缝对接的一种新型视频形式②"。学界将短视频定义如下："是一种视频长度以秒计数，主要依托移动智能终端实现快速拍摄和美化编辑，并且可以在社交应用平台上实时分享和无缝对接的一种新型视频形式。"③

本文认为短视频是长度以秒计数，以明星、网红、PGC、UGC生产的内容为主，依托于移动智能终端实现快速拍摄和美化编辑，可在社交媒体平台上实时分享和无缝对接的一种新型视频形式，具有社交属性强、创作门槛低、生产者和消费者间界限模糊等特点。

二 短视频发展现状的多维分析

（一）发展概况：短视频行业格局趋稳

短视频平台不断崛起，BAT纷纷入局。2017年短视频强势发力，平台数量快速增加至60多家，除了快手、秒拍、美拍等早期市场进入者，今日头条在2016年推出头条视频、火山小视频、抖音、梨视频。2017年2月，今日头条全资收购美国短视频应用Flipagram。2017年3月，土豆网转型为

---

① 艾瑞咨询：《2017年中国短视频行业研究报告》，http://www.199it.com/archives/670553.html，2017年（2018年5月10日）。
② 第一财经商业数据中心：《2017短视频行业大数据洞察》，http://www.sohu.com/a/190870283_99900352.，2017（2018年5月10日）。
③ 张梓轩：《传播学视角下短视频APP用户的个体表达——以小咖秀为例》，《中国记者》2014年第2期。

短视频平台，腾讯领投快手新一轮3.5亿美元的融资，今日头条与芒果TV合作，将芒果TV旗下所有综艺节目的短视频内容在头条上分发。2017年5月，今日头条孵化的火山小视频宣布拿出12亿元补贴短视频。2017年6月，头条视频变身为西瓜视频，BAT纷纷入局重塑短视频行业格局。此外，由于短视频具有较强的用户黏性和用户活跃度，除了独立的短视频平台，视频门户、社交平台和新闻资讯APP也以内嵌形式积极分发短视频内容，成为短视频综合平台。

短视频用户规模快速扩大，将用户留住成为短视频平台的运营焦点。碎片化使用和平台内容的丰富性促进短视频的使用时长暴涨，2017年短视频行业用户总使用时长从2016年的808.0分钟，增长到2017年的3724.6分钟，增长率高达360.5%；短视频使用时长占移动互联网总使用时长的5.5%，而这一比例在2016年仅为1.3%。[1] 用户短视频使用时长增幅明显，人均使用时长有较高增长，短视频成为主要娱乐场景之一。对使用过短视频APP的用户进行调查发现，超过75.5%的用户只使用一款短视频APP（见图3）。因此，如何在用户形成观看习惯之前，将用户吸引并留住，成为短视频平台最主要的课题。[2]

UGC内容是短视频的核心，并有向PUGC逐渐转变趋势。现阶段短视频的主要创作动机为趣味内容激发的创作欲以及记录生活的需求。用户使用短视频的主要动机是打发闲暇，最受欢迎的内容是搞笑类、技能类内容。趣味内容的基础上，颜值、美食、萌娃及萌宠是吸引流量的附加值。短视频的发展关键还要看内容生产者，现有的内容生产者较多基于个人兴趣，通过个体或小群组进行内容创作，稳定性和商业转化能力不足，长期持续稳定的内容创作和商业收益促使短视频从UGC到PUGC的转化趋势，个体向组织发展。

短视频行业的快速发展是外部环境和内驱力共同作用的结果。短视频行

---

[1] Quest Mobile：《2017年中国移动互联网年度报告》，http://www.sohu.com/217649604_100027260（2018年5月10日）。

[2] Quest Mobile：《2017年中国移动互联网年度报告》，http://www.sohu.com/217649604_100027260（2018年5月10日）。

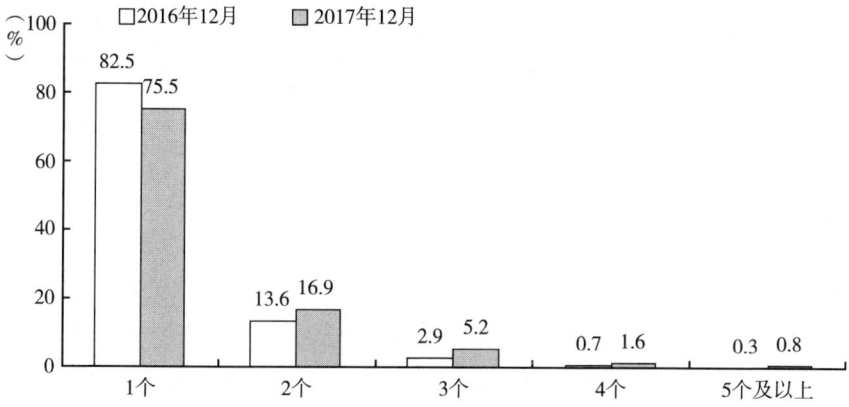

图3 2017年12月短视频行业人均安装APP数量

图源：2017年中国移动互联网年度报告。

业外部环境体现在以下三个方面：监管力度逐渐加大，行业规范慢慢形成；智能终端和无线网络的普及，为短视频发展提供条件；用户的内容习惯从图文逐渐过渡到视频。内部驱动力表现为：逐步规范的传播生态驱动短视频优质内容的生产；平台不断涌现从而刺激产业链的发展；用户规模迅速增长，推动流量红利。

（二）传播生态：短视频传播特征分析

短视频等新的媒体形式的出现，重构了我国的传播生态。在数字化的传播情境下，用户获得了空前丰富的参与和表达机会，同时传播的生态也空前复杂。短视频生产了新的社会空间，建构新的内容营销场景，创造出新的传播生态。在短视频这一媒体场域中，存在多元的行动者网络，除了内容生产者（个人或组织）和用户，还包括基于代码的算法推荐，技术、经济、政治和社会结构形成了外部的权利场域。短视频平台的算法推荐精准推送用户感兴趣的内容，用户再将这些内容通过社交媒体平台进行二次传播，为短视频平台带来巨大的流量。

1. 内容：垂直细分和PGC是趋势

短视频内容长度短、扩散速度快，迎合了当下的用户习惯，方便其在碎片化时间消费、传播。短视频内容崛起受多方面原因影响，如注意力经济的崛起、移动互联网和智能终端的普及，以及算法推荐等新的技术发展。短视频内容生产流程简单，准入门槛低（编排、拍摄技巧和设备的要求都比较低），普通用户均可参与制作。内容创作主要包括PGC和UGC，其中PGC变现能力和商业潜力强，而UGC群体基数大，与平台的消费人群的重合度比较高，同时也是气氛和热度的维持者，其创作活力是平台生态形成的重要因素。为创造更优质的内容，短视频开始从泛娱乐向垂直娱乐领域纵深发展。目前，垂直短视频内容仍处于早期阶段，有较大的增长空间资本对短视频内容生态的扶持，使更多垂直领域的内容创作者可提供高质量的内容；消费者在养成短视频的消费习惯后，会对垂直细分领域的内容产生更多的需求。

2. 用户：身份界限模糊，呈金字塔分布

短视频行业传授身份界限模糊，内容生产者和消费者具有较高的重合度，用户逐步从被动的接受过渡至积极参与，内容吸引力从精致度向多样性倾斜。2017年，短视频用户使用总时长同比增速322.3%，领跑其他所有细分行业，[①] 短视频基于强互动性和丰富的内容承载量，成为一种新的社交方式。短视频平台用户角色取决于用户使用APP的何种功能，上传视频时扮演"传者"角色，观看视频时扮演"受众"角色。扮演"传者"角色的用户主要有普通用户、平台专业用户和专业机构用户三类，分别对应着UGC、PUGC、PGC三种内容生产方式。UGC由于成本低、门槛低具有很强的社交属性，处于用户金字塔的底层，数量庞大；PUGC内容较UGC的更有价值，积累了大量的流量，具有一定的商业价值，处于用户金字塔的中部；处于金字塔顶端的PGC内容制作精良，需要专门的制作团队，对资金、专业和技术有较高要求，商业价值高。短视频内容生产者由个人化向组织化转变：一方面，短视频平台方与海量的内容生产方直接对接合作并不现实；另一方

---

① 36氪研究院：《短视频行业研究报告》，http：//36kr.com/p/5111159.html，2018年1月4日（2018年5月10日）。

面,众多内容生产方遭遇发展瓶颈,无法形成稳定的商业模式,短视频平台、PGC内容创作机构和个人纷纷转型MCN模式。

3.渠道:社交渠道成为互相争抢的重要阵地

短视频传播渠道包括内部渠道和外部渠道。内部渠道主要有转发、评论和弹幕等形式;外部渠道包括在线视频渠道、资讯客户端、社交平台、短视频渠道和垂直类渠道。社交渠道是短视频互相争抢的重要阵地,其重要意义不仅是进行短视频的传播,更是方便用户搜索到相应的内容。

4.模式:信息循环裂变式传播

短视频传播模式包括UGC信息生产模式、循环更新传播模式和裂变式信息传播模式。移动应用的低门槛、传播迅速等特性使得大规模的用户生产内容成为可能,社交媒体的出现又使得这种UGC内容可以相互分享、转发。循环更新传播模式是指用户通过弹幕、评论、转发等形式对原视频内容进行多次的再创,形成一种无限循环更新的模式之中,体现出短视频应用的无限内容创造性。裂变式信息传播特点,用户作为裂变环节的一个节点,承担着传者和受众的双重角色,在传播的网状结构中发挥自己的影响和作用。

三 短视频发展乱象及成因分析

(一)短视频发展乱象丛生

1.信息内容低俗化,引发社会成员行为失范

短视频内容较多为模仿视频,追逐眼球经济,内容充斥各种美女颜值、吐槽搞笑、明星绯闻、隐私窥探、伪科学和假知识等猎奇、低俗、恶趣味信息,此类信息在满足受众好奇心的同时也带来流量和商业价值,使得短视频平台充斥大量嘈杂、粗俗的景象。虽然广大用户具有表达的权利,但受商业利益驱使的平台利益价值取向以及用户的猎奇娱乐和群体不理性的驱使,各种粗俗、丑态和毫无营养的"奶头乐"式内容大行其道。

短视频具有"亲娱乐"属性,市场上主流的快手、抖音等短视频应用

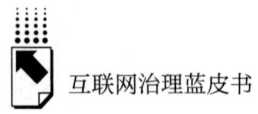

无一例外都被泛娱乐的内容占据。快手更是带着"低俗"的标签闯进公众视野。2018年3月31日,央视针对快手、火山小视频等平台上大量的未成年孕妇现象进行报道。2018年4月2日,《新闻1+1》再次点名快手、火山小视频中以"未成年少女做妈妈""全网最小二胎妈妈"为内容的视频,武汉一男子因模仿抖音上热门翻跟头,致幼儿严重受伤,这些视频还被标注"官方推送"的字样,触犯道德和法律。

短视频平台低俗化内容侵蚀用户的价值观和精神世界,尤其是对缺乏自制力的青少年带来极大的负面影响。大部分的短视频内容没有信息价值与知识价值,仅仅是作为闲暇的消遣,却让青少年深陷其中。

2. 信息内容同质化,造成用户审美疲劳

短视频内容同质化:一是源于国内短视频平台扎堆出现,内容分类具有较高的相似性;二是源于短视频内容空洞,知识价值和信息价值非常少,同质化严重,大部分短视频内容是在某视频"火"了后单纯地翻拍、模仿,毫无新意;三是出于技术原因(不同于文字,机器对短视频的识别技术还有待突破,当下只能识别场景),加上短视频平台的社交属性,用户将其转发后会被更多人看到同样的内容,从而影响大数据技术根据用户需求的推荐,造成短视频内容的同质化。

内容同质化和推荐重复性造成审美疲劳。从最初的小咖秀视频模仿开始,模仿一直是短视频创作的第一动力,分别有77.8%的抖音用户和50.9%的快手用户发视频的动机是"看到别人拍的视频有趣,忍不住尝试"。其实对于短视频平台,不单内容同质,平台界面和设计也高度一致,国内短视频还一度被质疑模仿国外,美拍跟美国Vine高度相似,抖音也被质疑抄袭美国短视频平台musical.ly。从用户角度,用户对同质化内容的感知受UGC内容的丰富度和推荐算法共同影响,当用户使用一段时间后,熟悉了短视频中笑点的套路,新鲜感逐渐丧失,平台可能将面临大量的用户流失的风险。

3. 信息内容真假难辨,影响用户认知

相对于文字和图片,短视频的直观性和直接性具有更强的感染力,容易让用户身临其境、信以为真，影响用户的判断。通过各类蒙太奇剪辑处理后的短视频呈现在用户眼前，用户认为真实的内容可能并非真实发生。短视频平台很好地实现了观点的"自由市场"，其"分权"特性使人人均可成为传播主体。部分视频上传者为赢得注意力，制造有噱头和煽动性的视频，呈现作秀式造假现象。平台为了盈利更是以最大限度的放纵和容忍应对虚假和低俗内容，甚至刻意为之。较多传者抱着缺少监管和法不责众的心理，肆无忌惮地制造和传播谣言和虚假信息，造成短视频平台上的内容真假难辨，甚至影响到用户的认知。

4.信息内容泄露，道德法律问题频发

短视频由于其技术门槛低、使用方便，"一键拍摄""一键上传"已成为年轻人的生活习惯，在公共场所拍短视频的隐私边界成了争执焦点。而且用户在短视频应用上传、观看、点赞、转发等行为都会留下一连串的私人信息，这些数据信息反应用户个人特征，平台会对这些数据进行分析并用来盈利。在经济利益的驱动下，售卖用户信息时有发生。短视频中个人信息被暴露在所有用户的视野之下，走红视频主人公也存在被"人肉"的风险。目前对于短视频户隐私保护的措施和政策少之又少，基本都是"事后审核"，而短视频的多渠道使得事后删除于事无补，用户的相关信息仍旧会残存在网络空间。更有甚者，短视频信息内容未经当事人许可擅自发表传播，严重侵犯他人隐私权。经常爆出来的不雅视频，如2018年6月，抖音平台小女孩拍妈妈洗澡全过程上传到抖音，并被抖音平台推荐到首页，引起朋友圈疯传，严重侵犯当事人隐私，对当事人和社会造成极大负面影响。

（二）乱象产生的原因分析

短视频行业乱象丛生，与短视频使用门槛低、短视频的商业价值驱动、内容监管不到位以及用户媒介素养低等有着密不可分的关系。本部分分别从经济、心理、管理角度分析乱象产生的原因。

1.经济因素：市场化倾向驱使内容追逐眼球

短视频平台属商业企业，市场经济规则认为企业唯一的责任是在法律和规章制度许可的范围之内，从事旨在增加它利润的活动。① 追逐利润是其遵循的普遍商业逻辑，这就导致平台为迎合市场的需求、在流量的竞争中取胜，盲目追逐眼球经济。麦克尔·哥德海伯指出，目前正在崛起的以网络为基础的"新经济"的本质是"注意力经济"，在现在的社交平台上，越是反常、不走寻常路的内容越容易斩获受众的注意力资源。某些短视频APP为了在用户争夺战中杀出重围，甚至主动给自己打上"三俗""耸人听闻"的标签，刻意迎合受众的低俗趣味。这些平台不但对低俗、格调低下的内容不加干涉，甚至给予最大限度的放纵与展示，为短视频乱象推波助澜。

2. 心理因素：娱乐和窥视心理致使内容低俗

短视频的社交和互动，造就用户的心理卷入度，卷入程度越高传播效果越好。短视频传播链中，用户的参与受到诸如窥视猎奇、娱乐和虚荣心理的影响。①窥视是人与生俱来的一种欲望，用户对短视频平台上低俗、无聊的内容有较高的窥视欲。人们在高压和规范的现实生活环境没能得到喘息和宣泄的机会，在短视频平台中可以光明正大地窥视平台上的各类私人信息和吸引眼球的内容，满足人们的好奇心和猎奇心，将窥视权利合法化，人们的窥视心理和猎奇心理促使短视频内容低俗化倾向。②尼尔·波兹曼在《娱乐至死》中说过："一切公众话语日渐以娱乐的方式出现，并成为一种文化精神，我们的政治、宗教、新闻、体育、教育和商业都心甘情愿成为娱乐的附庸，毫无怨言。甚至无声无息，其结果我们成为一个娱乐至死的物种。"②在快餐和碎片化时代，短视频刚好满足人们打发无聊排遣寂寞的心理，且排遣式的娱乐需求，决定用户的在短视频平台追逐的并非知识性或信息性资讯，而是轻松、有趣甚至低俗的内容。

现代社会是具碎片化特征的注意力经济社会，在短视频平台，没有实名制限制，人们扮演的角色具有虚拟性质，各种心理甚至是黑暗心理在短视频平台被放大。青少年群体是快手的主要用户群，他们处于对社会未知的好奇阶段，

---

① 〔美〕米尔顿·弗里德曼：《资本主义与自由》，张瑞玉译，商务印书馆，2011，第144~145页。

② 〔美〕尼尔·波兹曼：《娱乐至死》，广西师范大学出版社，2004，第34页。

尚未形成稳定的"三观",容易受到传播内容的影响。匿名性选择使得用户更肆无忌惮,大量虚假、低俗信息盛行(如为博流量偷拆奔驰车车标等),当前很多短视频都是以讲段子、博得眼球为主,低俗观念、不良内容频繁出现。

3. 管理因素:制度设计限制内容的有效管控

首先,根据中国现行管理制度,只有新闻单位(含其控股的单位)或新闻宣传部门主管的单位才有可能取得互联网新闻信息采编发布服务许可,未经许可禁止通过互联网各种应用形式向社会公众提供互联网新闻信息服务。① 因此为规避政策和法律风险,短视频平台主动回避相应话题,主要呈现娱乐内容。就当前我国的法律规制来看,以《中华人民共和国网络安全法》《中华人民共和国电子签名法》《信息网络传播权保护条例》《互联网上网服务营业场所管理条例》等为主,虽然已经基本构建起了互联网信息管理框架,但是短视频方面的法律法规还比较缺乏。

其次,平台缺乏有效监管。平台自身为了追求关注度,在信息方面把关不严,短视频数量庞大且技术上难以完全实现技术审查,给监管带来很大难题。再加上有的平台为了追逐流量,给予低俗短视频最大限度地放纵和容忍,这无疑为短视频的不文明传播现象推波助澜。

最后,平台的推荐算法存在技术漏洞,存在价值观上的缺陷。算法考虑的只是"准不准",而不管"对不对"。算法的背后就是流量,创作者为了获得更大的点击量,往往会迎合受众的喜好生产内容,造成低俗、劣质内容的泛滥。

四 短视频治理现状及困境分析

(一)治理现状:短视频传播生态治理升级

监管的缺失会导致行业失范,短视频行业一度出现乱象丛生的局面。政

---

① 国家互联网信息办公室:《互联网新闻信息服务管理规定》,www.cac.gov.cn/2017-05/02/c_1120902760.htm.,2017年5月2日(2018年5月12日)。

府监管力度不断加大,从平台、内容、内容生产者等多方切入,约束内容乱象。2018年我国政府密集出台多项规章制度以规范短视频传播乱象,主要聚焦于以下方面:①运营资质方面;②不良信息的规制,是否存在低俗、淫秽、侵权内容;③未成年人保护;④实名制等。我国短视频治理受多个部门监管,包括国家新闻出版广电总局、文化与旅游部、国家网信办、全国扫黄打非办公室、工商总局等。本文将2017～2018年短视频领域相关的政策,以及短视频平台的自我整改总结如下(见表1)。

表1　2017～2018年颁布的与短视频相关的政策以及短视频平台自我整改

日期	印发部门	政策名称	相关内容
2017年1月1日	文化部	《网络表演经营活动管理办法》	有害内容、未成年人、版权、须具备《网络文化经营许可证》
2017年2月4日	北京市网信办、市公安局、市文化市场行政执法总队	责令梨视频进行全面整改	须具备《互联网新闻信息服务许可证》
2017年5月2日	国家网信办	《互联网新闻信息服务管理规定》	对多形式提供互联网新闻信息服务,进行统一的规范和管理,应具备相应资格
2017年5月22日	国家网信办	《互联网新闻信息服务许可管理实施细则》	应当取得互联网新闻信息服务许可
2017年6月1日	广电总局	《关于进一步加强网络视听节目创作播出管理的通知》	网络节目与广播电视节目统一标准,不准在广播电视播出的节目也不准出现在互联网
2017年12月29日	国家网信办	约谈今日头条	就传播色情低俗信息,违规提供互联网新闻约谈,责令整改
2018年1月28日	国家新闻出版广电总局	所有主播昵称和直播标题都不允许带MC、喊麦、文玩、交友、两性、校园等字眼	封杀MC天佑、PGone等问题歌手
2018年2月13日	文化部	网络表演市场专项规范整治行动	黑名单制、封禁违法主播
2018年3月16日	国家新闻出版广电总局	《关于进一步规范网络视听节目传播秩序的通知》	禁止非法抓取改编视听节目、恶搞
2018年3月30日	北京市工商行政管理局海淀分局	约谈抖音,对今日头条进行了行政处罚	今日头条广告页面存在违规二次跳转的行为

我国短视频的现状、乱象与治理

续表

日期	印发部门	政策名称	相关内容
2018年4月1日	央视	曝光火山小视频、快手等	存在未成年孕妇、未成年妈妈和未成年二胎妈妈主播
2018年4月4日	国家广播电视总局	约谈了"今日头条""快手"两家网站主要负责人	清查库存、排查账号、先审后播
2018年4月4日	国家网信办	约谈"快手"和今日头条旗下"火山小视频"相关负责人	"快手"和"火山小视频"被部分应用商店下架
2018年4月10日	国家广电总局	责令"今日头条"永久关停"内涵段子"APP及公众号	导向不正、格调低俗
2018年4月12日	全国"扫黄打非"办公室	约谈今日头条、快手等18家互联网公司相关负责人	要求务必履行企业社会责任,加强内容审核
2018年4月18日	北京市工商局海淀分局	约谈"抖音"	涉嫌发布售假视频的舆情报道,责令删除

表2　短视频平台的自我整改

日期	平台	自我整改措施
2018年4月3日	快手	CEO宿华就早孕少女事件向公众致歉,表示将改进算法
2018年4月4日	西瓜	暂停新注册用户上传视频,建设正能量的视频内容池
2018年4月4日	快手	将从7个方面进行重点整改:①加大对审核的人力物力及技术投入;②对现有库存视频加大清查力度,全面回查;③停止新增视频上传账户直至整改结束;④控制每日短视频上传总量;⑤启动责任倒查机制;⑥进一步加强用户引导和教育,严厉打击各类以不当方式吸引眼球的行为;⑦优化举报处置流程,加强举报处置团队建设
2018年4月6日	快手	清理问题短视频31万条,封禁5.6万名用户,清理6.5万个用户名,目前的审核团队扩大至5000人;同时建立未成年人保护体系,严禁未满18岁用户开通直播权限,同时快手封禁一批网络红人账号
2018年4月6日	今日头条	火山小视频、西瓜视频等短视频平台共计下架问题视频10318条,重置封禁问题账户4864个,增加视频审核相关词库敏感词1700余条
2018年4月10日	抖音	上线"防沉迷系统"
2018年4月11日	抖音	抖音表示系统将全面升级,其间直播功能与评论功能将停止使用,待升级完毕后再次开通
2018年4月12日	快手	上线"家长控制模式"
2018年4月18日	抖音	针对涉嫌违规内容进行了专项整治,共查删视频805个,封禁账号677个,添加违禁关键词67组
2018年4月23日	抖音	上线国风频道,倡导传统文化

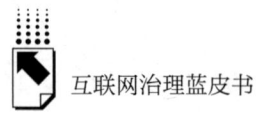

（二）治理困境分析

我国有关短视频的政策密集出台，但基本还处于应激—反应阶段，缺乏长效的治理体系。短视频平台频繁发布自我整改措施，但缺乏章法和系统性，具体分析如下。

1. 多运动性治理，缺乏系统的规章制度

对短视频的发展缺少全盘规划和高层级的政策法律。在治理手段上，不管是对社会化媒体、直播还是当下的短视频，目前多采用运动性治理。运动性治理能很快得到有效的市场反馈。在政策的压力下，短视频平台也出台了自我整改措施，达到立竿见影的效果，但平台自身是否从根本上有所意识并坚决杜绝相关现象还犹未可知。平台管理层误认为服务好了用户就是尽到社会责任，其实还需考虑平台的外部性影响，需要从伦理、道德的角度来思考产品的设计和运营。长期有效的规章制度和监管体系缺位，加之资本的利益驱动，低俗信息问题并未得到根本解决。当前，我国已出台多部关于约束互联网行为的法规，但多为行政法规、规章性文件等，未曾出现统一法律文件。对于短视频中违法乱纪、危害网络安全的行为，政府应制定详细缜密的法律文件，依据法律条例对违法行为进行处置，保证互联网健康发展。

2. 多政府治理，平台治理滞后

一方面，我国政府对短视频的监管效率有待提高。我国短视频管理主体多，包括网信办、公安部、文化部、国家新闻出版广电总局等，各部门执法的范围和侧重点不同。这种政出多门的监管方式没有明显的权责分离，势必影响监管效果。另一方面，当下短视频治理的普遍的规律是：出现乱象—政府采取治理手段—平台跟进，平台缺乏自身的具体规范。政府推出一系列政策后取得一定的效果，如抖音上线风险提示系统和防沉溺系统。快手则加强自身审核机制，成立学者、媒体和公众共同组成的"社区自律委员会"，利用算法对内容实时监控，对犯规主播进行处罚。但仍存在平台审查的滞后现象，导致不符合规范的视频在审查前已经流出，加之受众的二次创作和分享，视频信息一经发布产生裂变式的传播效果。

3. 多应激治理，缺乏长效的治理规范

短视频平台多为应激性治理，缺乏系统的治理规范，主要体现在以下几个方面：第一，短视频平台的治理主要以事后治理为主，平台建立与内容传播缺乏系统的规范，并且一度成为低俗和纯娱乐内容的传播载体。当前短视频平台准入门槛较低，事前把控程度低，出现问题后才按照条例规定进行规范。第二，平台对短视频的监管主要集中在内容部分的应激治理，分别针对造成用户流失的内容同质化和政府管制的内容低俗化进行整治，但是对于侵犯版权和隐私权等行为的监管还较少。第三，短视频平台举报渠道不畅，用户是短视频内容的生产者、传播者和观看者，也是内容的最强监督者。中央网信办规定健全社会投诉举报渠道，设置便捷的投诉举报入口，及时处理举报案件或是有奖举报制度。但短视频平台设置的举报途径比较有限，无法有效起到社会监督的作用。第四，对于不良内容主要采用删除手段、对部分不良内容上传者封号处理，处罚力度较小，并未造成足够的威慑力。

五 短视频多元共治之道

美国社会学家W. F. 奥格本在1923年出版的《社会变迁》中首次提出"文化堕距"概念，来说明在社会变迁中由于社会各部分变化的速度不同而产生的种种问题。奥格本认为，物质文化与科学技术的变迁速度往往是很快的，而制度与观念等部分的变化则较慢，这就产生了一种迟延现象。[①] 短视频应用作为一种科学技术产生并快速发展，但是对其产生约束的规范制度还未完全形成，构建长效的短视频治理规范体系意义重大。可从以下几个维度入手。

（一）管理层面：健全多元管理机制

1. 完善政府规则

立足短视频乱象，制定更加细化的规章制度，为短视频内容传播的参与

---

① 彭克宏、马国泉：《社会科学大词典》，中国国际广播出版社，1989，第278页。

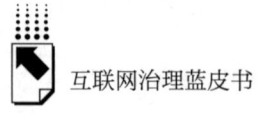

者提供明确的指导，深化用户、平台对各类低俗化、过度娱乐化和同质化信息的认识，有意识地规避发展乱象；为执法部门、用户及行业等对短视频监督提供依据，规避因条款政策的模糊性造成的规制不清等现象。

2. 健全平台管理机制

第一，对于发布不良信息者，予以相应的处罚。利用防火墙技术、关键词过滤技术、搜索引擎技术，过滤不合规的短视频，禁止上传低俗视频。第二，建立严格的准入门槛。第三，建立严格的用户信用等级，直接与用户的平台权限挂钩。第四，加大对违规违法行为的处罚力度，政府也可对直播平台连带问责，从而倒逼平台完善内容监管机制。第五，开放用户对内容提供者的信用评价权限，设定相应的信用等级标准和评价规则，对用户信用等级评分较低的账号处以适当处罚。

（二）政策层面：建立长效的政策体系，完善法律规章

短视频平台兼具公共利益和商业利益，二者之间存在一定矛盾性。追逐商业利益是短视频企业的本质需求，但作为公众信息传播载体，公共利益也是其必须履行的社会责任，两种利益之间存在竞争关系，使得外在的政策约束成为一种非常必要的手段。

在治理中，平台治理滞后且跟随在政府治理步伐之后，所以应该明确政策体系和法律规章，对当前短视频传播中存在的问题及时进行规范，保证短视频平台的传播内容健康积极向上。短视频治理方面，我国需建立更为有效系统的政策体系。通过上文分析可知，我国目前对短视频治理的相关政策和法律不具备系统性，且政策间相互交叉、政策位阶不高，众多不同级别的部门参与到短视频的治理中，治理效率不高。在政策层面需积极推进立法，对建立科学的政策评估体系，对政策的制定、执行、效果进行持续的跟踪和评价。

（三）行业层面：倡导行业自律，促进治理多元化

短视频平台具有开放性和包容性，在治理上仅依靠政府管理是远远不够的，尤其是在技术问题和监管难点方面，需建立行业自律机制。在建立起一

个具有统筹功能的行业协会、制定完整的运行机制和相关制度、以行业自律作为政府管理补充的同时,借助互联网行业的"自净化"功能,切实担负起社会责任。相比较平台治理的滞后性,行业自律有更敏锐的嗅觉和自觉性,通过行业内的自我约束,和行业内企业间的相互监督,建立行业、企业、用户之间有效的合作监督机制。

行业自律机制的建设上,一方面要发挥行业的主动性和示范效应;另一方面需要政府适度引导,成立自律联盟,制定自律公约。短视频行业在准入门槛、账号资质、内容评价等方面缺乏一个适用于全行业的指导性标准,无法从根本上约束与引导行业的日常运营,也就无法保证行业的安全与健康。成立行业组织、形成行业自律、制定行业内部规范、制定统一的规范标准,有助于有效监管短视频平台内容信息同质化、低俗化等现象。同时,对平台内容进行统一的分类分级,保证短视频行业规范有序运行。此外,还应重视专家、网络领袖、用户与平台之间的关系,形成短视频平台行业规范实施的外部监督机制,促进治理多中心化。

(四)传者层面:推进实名+黑名单制度,健全内容发布规则

短视频用户目前处于匿名状态,用户无须进行实名认证即可发布和传播视频。抛开社会角色的束缚,难以追责,加之猎奇心理需求,极易导致用户行为失范,用户会肆无忌惮地发布任何虚假、低俗、侵权的信息内容。推进实名制和黑名单制度,用户行为失范时更容易被追责,让其意识到短视频依然受法律和道德的约束。

推进实名制是短视频平台治理的重要环节,应该在全网范围内建立实名制,如账号通过各种手段"打擦边球",有关部门可根据技术监管或用户举报等手段,定位该账号并进行跟踪式处理;一旦确认其出现违法侵权的内容,可在全国范围内进行追责,以震慑内容创作者,从而规范其行为。"黑名单"制度是在实名制基础上,通过对上传的短视频内容进行审查,依据违规内容的程度,对上传者实行警告、限制或者加入黑名单等措施。短视频平台对虚假、低俗、违法的视频内容进行分级分类划分,对违反不同类别和

级别的内容上传者，施以不同的处理方法，使上传者意识到发布短视频内容的自由是受到限制的，违法视频内容的上传者需要承担相应责任。

短视频发展迅速在于用户的观看需求，对乱象治理的根本目的是保证用户有优质的内容可观看，而不是一味地限制审查。低俗的内容虽然可以吸引眼球，但真正引发用户共鸣的往往还是优质内容。社交平台的分享、转发等功能加快优质内容的快速传播，并且优质内容的精准推送可以有效地增加效益。扶植优质内容才是促进短视频发展步入正轨的根本所在。当下短视频在朝分众化、垂直化方向发展，应用形态也日益丰富。对低俗账号进行全面清查，解决内容低俗化问题，同时建立创新、鼓励机制打造优质内容，净化内容生态。

（五）受众层面：提升用户素养，以分权理念促进用户监督

娱乐性是短视频发展的核心价值和竞争力，而各种低俗的泛娱乐化信息会降低受众的道德水准，误导受众（尤其是未成年人）的社会认知，形成错误的价值观念。除了对平台内容进行有效监管，广大受众媒介素养的提高也是解决短视频乱象的重要途径。

短视频行业的爆发离不开用户基数的快速增长，而用户的媒介素养高低直接决定了短视频的发展方向。受众心理需求往往是多元复杂的，平台和内容创作者为迎合受众的窥视、猎奇等心理，会刻意呈现出低俗化的内容，这些信息又同时考验着受众的媒介素养。受众面对媒介提供的各种信息时有效选择、理解、质疑、评估、解读和思辨，可自觉抵制暴力低俗信息，从源头上解决短视频乱象问题。

受众不仅是短视频内容的消费者，同时也是平台内容的监督者，是治理短视频乱象的中坚力量。在提升自身媒介素养的同时，对监管不到位的不良信息积极举报，对不法违规内容进行上诉。海量的短视频内容对平台监管带来极大的技术挑战，但如果通过分权，建立健全举报投诉受理机制，为网民的举报投诉提供便捷的通道，动员受众参与到内容监管中来，对监管不到位的不良信息积极举报，对不法违规内容进行上诉，则能事半功倍的效果。

（六）平台层面：设置有效的整改和信息过滤机制

目前市场上抖音、快手等短视频平台已经陆续整改，推出诸如风险提示系统、家长控制模式、防沉溺系统等，部分运营商也已探索信息过滤机制。但是基于自身盈利需求和竞争压力，信息过滤机制建设速度缓慢，导致短视频内容乱象迟迟无法平息。政府机构可借助自身权威性来约束平台，加强对平台内部巡查机制与信息过滤机制建设与执行的引导，制定巡查机制与信息过滤机制的标准，引导平台运营商按照统一的要求和标准，严格实施巡查活动和信息过滤，借此增强短视频中泛娱乐化和低俗信息的过滤和监督。

（七）技术层面：利用先进技术，强化内容把关

互联网内容审查经历了"关键词过滤—算法识别—人工智能"的发展阶段。面对短视频这样基数庞大的 UGC 内容平台，依靠"人工+关键词"模式必然会造成内容审查的不可控局面。借助大数据、人工智能、云屏蔽等技术，加强对短视频内容的精确匹配和快速识别，不仅降低人工审核的成本，也减少审核的盲区，实现对用户和内容的智能追踪。因此提升技术水平，对改善平台审核把关机制、提升用户体验都起到至关重要的作用。

在短视频野蛮生长的传播生态下，对其监管既要落实主体责任，也要严格执法并提高违法成本，树立法律法规的权威性，让法律法规在短视频行业中内化于心，外化于行。政府监管之外，还要充分发挥行业自律与市场调节的手段，鼓励社会多方主体参与到短视频的治理当中，以统一的行业标准和安全评估体系，推进短视频行业有序发展。政府、行业、用户需监督短视频平台的治理，对短视频内容建立有效的监控体系。行业还应建立统一的标准倡导行业自律，推进实名制制度、黑名单制度，建立健全内容发布规则，设置有效的整改和信息过滤机制，借助大数据、人工智能、云屏蔽等技术，加强对短视频内容的监管，此外用户也应提升自身素养，积极参与内容监管，实现短视频平台多元共治。

B.7 公众信任对网络意见表达的影响研究
——基于OLS回归模型的实证分析

刘　毅　赵泽旭*

摘　要： 作为一种社会资本，信任是通过社会关系网络而获得的一种社会资源。使用问卷调查收集数据，运用OLS回归模型进行分析发现：媒体信任度和社交活跃度对网络意见表达活跃度有正向影响；社会信任、社会心态和主观幸福感都对网络意见表达理性程度有正向影响；不同职业的受访者的网络意见表达活跃程度有显著差异，而不同性别的受访者的网络意见表达理性程度也有显著差异。

关键词： 公众信任　网络意见表达　影响因素

引　言

互联网的兴起与发展，为公众意见的表达提供了崭新的时代背景和传播载体，极大地促进了公众利益诉求的直接表达，激发了公众的参政热情，对于健全公共决策的民主参与机制具有重要意义。然而，在网络意见表达的过程中，公民的自由表达权常被有意或无意地滥用。网络社会中充斥着各种流

---

* 刘毅，博士，教授，硕士生导师，天津外国语大学国际传媒学院新闻传播系主任，主要研究方向为舆论学、传播社会学、传媒经济学；赵泽旭，天津外国语大学国际传媒学院新闻传播系学生。

言蜚语、网络暴力和网络集群行为,其呈现出的非理性、情绪化的一面,也让公众和政府对网络公众意见产生了质疑和担忧。

有研究表明,公众信任是网络意见表达的影响因素之一。有学者通过对我国120起网络舆情重大事件的内容分析发现,有16.7%的事件涉及社会信任问题,在六种类型中排列在第二位。① 当前,中国正经历着深刻而广泛的社会转型,由此带来的社会问题不容忽视,其表现之一便是信任危机,对整个社会的良性运行产生了严重影响。信任是社会发展的基石,作为一种社会资本,它是协调社会关系和整合社会的重要机制。在现实生活中,公众意见的形成、变化和表达可能受到身边人、媒体和政府等多个主体的影响,公众对它们的信任程度直接影响其信息接收、观点采纳和态度倾向。因此,很有必要对公众信任和网络意见表达之间的关系进行更深一步的探讨。

一 文献回顾与理论假设

(一)网络公民参与和意见表达

从现有的研究成果看,对网络公民参与的界定有广义和狭义之分。从广义角度看,网络民众参与是将公民参与概念移植到网络空间,其本质在网络社会中没有发生根本性的变化。② 如果从狭义角度看,网络公民参与主要指表达层面上的参与,例如:普奇-阿布里尔和罗哈斯强调,网络公民参与是公众表达层面上的参与,具体包括发送政治信息、评论在线新闻、参加在线论坛、评论政治博客、使用社交网站就最近事件发表看法等(Puig-i-Abril &

---

① 陈志霞、王新燕、徐晓林:《从网络舆情重大事件看公众社会心理诉求——对2007~2012年120起网络舆情重大事件的内容分析》,《情报杂志》2014年第3期。
② 黄少华、郝强:《社会信任对网络公民参与的影响——以大学生网民为例》,《兰州大学学报》(社会科学版)2016年第2期。

Rojas，2007）。① 盛馨莲认为，网络公民参与是指社会公民借助网络表达自己的政治意愿，参与政治活动以达到影响或改变某一政治力量的决策制定的政治行为。②

本文中的网络意见表达属于上述网络公民参与的狭义层面，泛指公众利用互联网平台开展的各种形式的意见表达活动，并以此表达对特定公共事务的态度和意见。在公众意见的测量指标中，量（数量）和质（理性程度）被认为是重要指标（陈力丹，2005）。因此，本文主要从网络意见表达频率（量）和网络意见领袖理性程度（质）这两个方面考察网络意见表达状况。

（二）信任研究

最早关注"信任"问题的西方学者社会学家齐美尔认为，信任是社会最主要的凝聚力之一（Simmel，1900）。③ 德国社会学家尼克拉斯·卢曼第一次提出信任并不是传统社会特有的和已过时的东西，而是现代性阶段不可缺少的东西，他认为信任是一种以对他人能做出符合社会规范的行为或举止的期待或期望为取向的社会行为。④

在信任的分类方面，卢曼将信任分为两种：一是人际信任，建立在熟悉度及人与人之间感情联系的基础上；二是制度信任，是用外在的像法律一类的惩戒式或预防式的机制，来降低社会交往的复杂性。纳克和基佛把信任分为特殊信任和一般化信任两种。特殊信任，指人们对特定人或组织的信任，来源于经常性的互动；一般化信任，即社会信任，指对会其他人的信任，来源于人们普遍存在的对某种公平和合作的期望。⑤ 杜尔劳夫和法肯姆普斯把个体间的信任划分为两类：个人化信任，来自反复多次的人际交往的信任；

---

① Eulàlia Puig-i-Abril, Rojas H. Being Early on the Curve: Online Practices and Expressive Political Participation. International Journal of Internet Science, 2007 (1): 28 – 44.
② 盛馨莲：《网络环境下公民参与政策过程的问题与对策》，《东南学术》2007年第4期。
③ 齐美尔：《货币哲学》，陈戎女等译，华夏出版社，2002，第178~179页。
④ Niklas Luhmann. Trust and Power. John Wiley & Sons, 1979, pp. 21 – 30.
⑤ Knack, S. & P. Keefer, Does social capital have an economic pay off? Across-country investigation, Quarterly Journal of Economics, 1997, 112 (11): 1251 – 1288.

一般化信任，对陌生人或者社会上大多数人的信任，也可以称作社会信任。①还有学者把信任分解为政治信任和社会信任两个方面，认为政治信任是一种对基于政府多大程度上能够对民众的正常期待做出反应的基本评价；而社会信任是一个人或群体对另一个人或群体的口头或书面的言语承诺是可以依赖的期待。②③谢治菊通过对信任概念的梳理，把信任分为两种类型：一是社会信任，指社会中人与人之间的信任关系；二是政府信任，指公众与政府间存在的信任关系。④

除了对信任本身的研究，从社会资本角度来研究信任问题也是一个热点。因为信任具有协调社会关系的功能，被认为是一种重要的社会资本。帕特南把社会资本定义为社会组织中诸如信任、规范以及网络等特点，它们可以通过促进合作的行动而提高社会的效率。⑤福山认为，社会资本是建立在社会或其特定的群体之中，成员之间的信任普及程度，信任根植于家庭、国家或两者之间的群体中。⑥帕克斯通使用信任作为测量社会资本的指标，这里的信任包括对同事和对制度的信任。怀特利认为，只有两种类型的信任才能构成社会资本，即对个人的信任和对国家的信任。⑦

从以上研究成果大致可知，作为一种社会资本，信任是通过社会关系网

---

① Durlauf, S., and M. Fafchamps, " Social Capital", in Handbook of Economic Growth, P. Aghion and S. Durlauf, eds., Elsevier, 2005, 1 (1): 1639 – 1699.
② Hetherington, M. J. The political relevance of political trust. American Political Science Review, 1998, 92 (4): 791 – 808.
③ Rotter, J. B. . 1967. A new scale for the measurement of interpersonal trust. Journal of Personality, 35: 651 – 665.
④ 谢治菊:《村民的政府信任对社会信任的影响——来自贵州和江苏农村的调查》,《探索》2012年第3期。
⑤ 〔美〕罗伯特·帕特南:《使民主运转起来》,王列、赖海榕译,南昌:江西人民出版社,2006,第195页。
⑥ 〔美〕法朗西斯·福山:《信任——社会道德与繁荣的创造》,李婉容译,呼和浩特:远方出版社,1998,第34页。
⑦ Whiteley, Paul F., The origins of social capital, in Van Deth, Jan W.; Maraffi, Macro; Newton, Kenneth & Whiteley, Paul (eds.) Social Capital and European Democracy, NY: Routledge. 1999.

络而获得的一种社会资源。而作为网络公民参与主要形式之一的网络意见表达,则要求公民个体参与意见表达活动并与他人进行互动,继而形成社会关系网络。可见,信任对公众网络意见表达存在或多或少的影响。

鉴于大多数学者把信任分为社会信任(或人际信任)和政治信任两种类型,本文考虑加上近年来备受关注的媒体信任,将信任扩展为社会信任、政府信任和媒体信任三个类型。

(三)网络意见表达的影响因素

在网络意见表达的影响因素方面,研究者大多使用实证和量化研究方法对理论假设进行验证。例如,廖圣清对上海市居民的媒体使用情况进行调查分析后发现,市民对于政治和民生问题严重性的评估、意见表达的意向和内在效能以及年龄和受教育程度等因素,对网络意见表达频率产生显著影响。[①] 李亚妤经过研究发现,上网时间、网络政治信息接触、网络社区归属感以及开放的人际讨论模式对在线政治参与有积极影响。[②] 陈福平发现,互联网促进了受教育程度低人群的政治表达,推动其政治话语上的网络赋权。[③] 周葆华和吕舒宁发现,与主流媒体意见的不一致、与家长意见的不一致、政治新闻关注度和政治效能等因素,对大学生网络意见表达均有显著的正向影响。[④] 王建武发现,在网络意见表达中,网民更积极向政府部门表达意见,其中城市网民积极分子;维权抗争参与中,低受教育程度网民更容易被互联网信息操控和鼓动。[⑤]

另有一些研究来自社会资本视角,对本文启发较大,例如:虞鑫和王义

---

① 廖圣清:《上海市民的意见表达及其影响因素研究》,《新闻大学》2010年第2期。
② 李亚妤:《互联网使用、网络社会交往与网络政治参与——以沿海发达城市网民为例》,《新闻大学》2011年第1期。
③ 陈福平:《社交网络:技术 vs. 社会——社交网络使用的跨国数据分析》,《社会学研究》2013年第6期。
④ 周葆华、吕舒宁:《大学生网络意见表达及其影响因素的实证研究——以"沉默的螺旋"和"意见气候感知"为核心》,《当代传播》2014年第5期。
⑤ 王建武:《网络参与对突发性事件的影响探析》,《学理论》2015年第34期。

鹏（2014）经过研究发现，大学生的网络意见表达受到社会资本的显著影响。桥梁式社会资本（以弱关系为核心）越高，公开表达意愿越强；相反，纽带式社会资本（以强关系为核心）越高，公开表达意愿越弱。[①] 黄少华和郝强（2016）通过研究发现，在网络空间，大学生参与程度最高的是网络信息获取行为，其次是网络表达与讨论行为；作为一种社会资本，社会信任对网络公民参与有显著影响，其中网络人际信任和政治信任对网络公民参与有显著的正向影响，但现实人际信任对网络公民行动有负向影响。[②] 由此，本文提出以下理论假设：

H_{1-1}：媒体信任程度对网络意见表达活跃程度有显著的正向影响；

H_{1-2}：社会信任程度对网络意见表达活跃程度有显著的正向影响；

H_{1-3}：政府信任程度对网络意见表达活跃程度有显著的正向影响；

H_{2-1}：媒体信任程度对网络意见表达理性程度有显著的正向影响；

H_{2-2}：社会信任程度对网络意见表达理性程度有显著的正向影响；

H_{2-3}：政府信任程度对网络意见表达理性程度有显著的正向影响。

还有一些研究显示，社会心态、主观幸福感、网络媒体接触频率和社会交往情况也会对网络意见表达产生影响。例如：华中科技大学新闻与信息传播学院课题组（2013）对微博评论内容的态度进行分析后发现，社会心态作为自变量，对网络表达有着显著的影响。[③] 舒曼（2016）通过研究发现，幸福感影响信息表达意愿与行为。[④] 赵云龙等人（2016）发现，高表达意愿个体日常情绪表达方式越积极，则幸福感越高。[⑤] 何晶和晏齐宏（2016）的研究显示，控制人口统计变量的影响后发现，网络媒体接触频率越高，网络

---

① 虞鑫、王义鹏：《社交网络环境下的大学生公开意见表达影响因素研究》，《中国青年研究》2014年第10期。
② 黄少华、郝强：《社会信任对网络公民参与的影响——以大学生网民为例》，《兰州大学学报》（社会科学版）2016年第2期。
③ 华中科技大学新闻与信息传播学院课题组：《社会心态影响我国网民的网络表达研究——以微博网民对"药家鑫事件"的评论为例》，《新闻前哨》2013年第12期。
④ 舒曼：《网络语境下弱势群体信息表达研究》，《江西社会科学》2016年第10期。
⑤ 赵云龙、刘佳、高祖会、姜美春：《大学生情绪表达与主观幸福感的关系：表达意愿的调节效应》，《大理大学学报》2016年第1卷第3期。

意见表达程度也高。① 而根据帕特南的观点，信任是通过社会关系网络而获得的一种社会资源，要形成社会关系网络，必须进行人际互动和社会交往。因此，本文提出以下理论假设：

H_{1-4}：社交活跃度对网络意见表达活跃程度有显著的正向影响；

H_{1-5}：网络媒体接触频率对网络意见表达活跃程度有显著的正向影响；

H_{2-4}：社会心态的积极程度对网络意见表达理性程度有显著的正向影响；

H_{2-5}：主观幸福感对网络意见表达理性程度有显著的正向影响。

二 研究设计

（一）数据来源

本文采用问卷调查法收集数据，使用系统抽样方法在天津市社会调查基地（以社区居委会为单位）内随机抽取受访者。在正式调查之前，先进行问卷预试，共发放问卷121份，回收有效问卷120份，然后对预试问卷进行项目分析。在确认所有题目都通过项目分析或进行修正后，进行正式调查，共发放问卷480份，收回问卷480份，经过问卷审核，最终得到有效问卷393份。

（二）概念化操作

通过文献梳理，本文基本确定了因变量、自变量和控制变量，现将这些变量进行概念化操作。

1. 因变量

（1）网络意见表达活跃程度（AO）。该维度由 $AO_1 \sim AO_4$ 四个题目构

---

① 何晶、晏齐宏：《互联网使用与北京市新生代农民工的社会发展研究》，《新闻与传播研究》2016年第4期。

成,使用李克特五级量表(1代表几乎不,5代表频繁;得分越高,网络意见表达的活跃程度越高)分别测量发表原创性意见、转发或分享自己赞同的意见、和其他网民互动和讨论、参加由网上发起的网下活动的活跃程度。

(2) 网络意见表达理性程度(RO)。维度由 $RO_1 \sim RO_4$ 四个题目构成,使用李克特五级量表(1代表频繁,5代表几乎不;得分越低,网络意见表达的理性程度越高)分别测量被访者在网上与人争论/争吵、谩骂或人身攻击他人、冷嘲热讽或挖苦他人、抱怨和发泄不满情绪的等非理性程度。

2. 自变量

(1) 社会信任(ST)。帕特南认为,社会信任,即公民之间的相互信任程度,是度量社会资本的重要组成部分(Putnam, 1993)。[①] 德尔西和牛顿所谓社会信任,又称普遍信任,是指对陌生人或社会上大多数人的信任,它反映了个体对人性善的信赖(Delhey & Newton, 2005)。[②] 因此,社会信任维度由 $ST_1 \sim ST_6$ 六个题目构成,使用李克特五级量表(1代表很不信任,5代表非常信任)分别测量受访者对家人、亲戚、街坊邻居、同事或同学、朋友和陌生人的信任程度。其得分越高,说明社会信任程度越高。

(2) 政府信任(GT)和媒体信任(MT)。根据2010年"中国综合社会调查(CGSS)"调查问卷中的题D3对政府信任和媒体信任的测量,本文使用李克特五级量表(1代表很不信任,5代表非常信任)分别测量"您对我国各级政府的总体信任程度是什么?"和"您对我国主流媒体的总体信任程度是什么?"。其得分越高,说明政府信任和媒体信任程度越高。

(3) 社会心态(SM)。社会心态是在一定时期的社会环境和文化影响下形成的,社会中多数成员表现出的普遍的、一致的心理特点和行为模式,并成为影响个体成员行为的模板。王俊秀(2013)认为,从社会认知、社会情绪、社会价值和社会行为倾向四个方面考察社会心态是具有较好的解释

[①] Putnam R., Leonardi R., Nanetti R. Making Democracy Work: Civic Traditions in Modern Italy. Princeton, NJ: Princeton University Press, 1993.

[②] J. Delhey, K. Newton. Predicting Cross-National Levels of Social Trust: Global Pattern or Nordic Exceptionalism? European Sociological Review, 2005, 21 (4): 331 – 3274.

力的。[1] 因此，社会心态维度由 $SM_1 \sim SM_4$ 四个题目构成，使用李克特五级量表（1 代表很不符合，5 代表非常符合）分别测量受访者在社会认知、社会情绪、社会价值观和社会行为倾向四个方面的积极程度。其得分越高，说明社会心态的积极程度越高。

3. 控制变量

（1）主观幸福感（SW）。社会心理学家迪纳指出，主观幸福感是个体通过实际生活状态和理想生活状态的比较而产生的肯定态度和积极感受（Diener, 2000）。[2] 根据2010年"中国综合社会调查（CGSS）"调查问卷中的题 A36 对主观幸福感的测量，本研究使用李克特五级量表（1 代表很不幸福，5 代表非常幸福）测量"总体而言，您对自己所过的生活的感觉如何？"。其得分越高，说明主观幸福感越强。

（2）网络媒体接触（IU）。由于本研究关注的是网络意见表达，所以媒体只涉及通过电脑和手机等移动设备所接触的网络媒体，同样使用李克特五级量表（1 代表从不，5 代表每天）测量其接触频率。其得分越高，说明网络媒体接触频率越高。

（3）社会交往（SI）。根据2010年"中国综合社会调查（CGSS）"调查问卷中的题 A30 和 A31 对空闲时间从事活动的测量，本文使用李克特五级量表（1 代表几乎不，5 代表频繁）测量"您参加现实中的各种社交活动频率是？"。其得分越高，说明社会交往活跃程度越高。

（4）人口统计学变量。该部分包括受访者的性别、年龄、婚姻状况、受教育程度、职业、平均月收入、政治面目、宗教信仰等变量。

（三）问卷预试与项目分析

为了确保问卷题项的适切性，有必要在正式调查前进行少量样本的预试。预试共发放问卷121份，回收有效问卷120份。然后使用项目分析

---

[1] 王俊秀：《社会心态的结构和指标体系》，《社会科学战线》2013年第2期。
[2] Diener, E. Subjective Well-Being. The Science of Happiness and a Proposal for a National Index. American Psychologist, 2000, 55, 34 – 43.

（Item Analysis）对问卷中的量表题项进行检验，主要的方法有：遗漏值检验、描述统计检测、内部一致性效标法（极端组比较）和同质性检验，其结果汇总在表1中。

表1 预试问卷项目分析结果汇总（n=120）

		遗漏值	均值	标准差	偏度	极端组 T 检验 t 值	T 检验 p 值	CITC	因子负荷	备注
网络意见表达活跃程度	AO_1	0	2.62	1.139	0.140	2.131	0.037	0.659	0.811	保留
	AO_2	0	2.98	1.137	-0.141	3.553	0.001	0.646	0.798	保留
	AO_3	0	2.57	1.067	-0.071	3.819	0.000	0.748	0.870	保留
	AO_4	0	2.38	1.237	0.496	4.629	0.000	0.678	0.831	保留
网络意见表达理性程度	RO_1	0	3.91	1.045	-0.757	3.166	0.003	0.627	0.779	保留
	RO_2	0	4.47	1.092	-2.159	2.676	0.011	0.725	0.855	保留
	RO_3	0	4.52	0.840	-1.740	3.036	0.004	0.742	0.863	保留
	RO_4	0	4.23	1.075	-1.471	5.411	0.000	0.771	0.882	保留
社会信任	ST_1	0	4.39	0.946	-1.890	4.484	0.000	0.441	0.646	保留
	ST_2	0	3.72	0.881	-0.834	5.563	0.000	0.577	0.748	保留
	ST_3	0	3.23	0.825	0.107	5.720	0.000	0.558	0.727	保留
	ST_4	0	3.46	0.721	0.011	5.512	0.000	0.587	0.754	保留
	ST_5	0	3.58	0.806	-0.248	4.182	0.000	0.471	0.649	保留
	ST_6	0	2.16	0.830	0.143	3.741	0.000	0.281	0.452	删除
社会心态	SM_1	0	3.59	0.992	-0.311	7.199	0.000	0.615	0.787	保留
	SM_2	0	3.73	1.037	-0.851	5.720	0.000	0.589	0.775	保留
	SM_3	0	3.61	1.040	-0.477	6.444	0.000	0.618	0.795	保留
	SM_4	0	4.01	0.939	-0.821	5.879	0.000	0.663	0.824	保留

从表1的结果可知：在120个样本中，遗漏值全部为零；每个题项的均值均未超过量表均值的±1.5个标准差；除了ST_4，其他题项的标准差均大于0.75；SM_2、SM_4、ST_1、ST_2和RO维度每个题项的偏度系数都大于0.7，说明这几个题项偏度较大；绝大多数的极端组T检验的t值都大于3，只有AO_1和RO_2稍低，但是所有题项的T检验p值均小于0.05，可以通过检验；除了ST_1、ST_5和ST_6，其他题项的修正后的项与总计相关性（CITC）数值都大于0.5，符合检验要求；除了ST_6，其他题项的因子负荷全大于0.6，符合

检验要求。综合以上结果，只有 RO_1、ST_1 和 ST_6 三个题项在两个检验上不理想，其中 ST_6 情况最不理想，可以考虑删除。

（四）正式调查与信效度检验

在正式调查阶段，共发放问卷 480 份，最终得到有效问卷 393 份，随后对问卷量表进行信度和效度检验。

1. 建构效度检验

本文使用探索性因子分析对问卷量表进行建构效度检验。首先，使用 KMO 测度和 Bartlett's 球状检验对量表进行因子分析的适合性检验。检验发现，量表的 KMO 值为 0.831，Bartlett's 球状检验的近似卡方值为 2696.974，自由度为 136，在 0.000（Sig = 0.000）水平上统计检验显著，说明存在潜在公共因子，量表适合进行因子分析（见表 2）。

表 2　第二轮因子分析结果摘要[a]*

题项变量	最大方差法正交旋转后的因子负荷量				共同度
	网络意见表达活跃程度	网络意见表达理性程度	社会心态	社会信任	
AO_3	0.836				0.650
AO_2	0.823				0.554
AO_1	0.811				0.610
AO_4	0.790				0.563
RO_3		0.824			0.677
RO_2		0.815			0.694
RO_4		0.779			0.738
RO_1		0.663			0.707
SM_1			0.791		0.539
SM_3			0.723		0.723
SM_2			0.709		0.719
SM_4			0.698		0.640
ST_2				0.848	0.581
ST_3				0.711	0.775
ST_1				0.694	0.569

续表

题项变量	最大方差法正交旋转后的因子负荷量				共同度
	网络意见表达活跃程度	网络意见表达理性程度	社会心态	社会信任	
特征值	2.830	2.662	2.360	1.887	
解释变异量(%)	18.869	17.746	15.731	12.581	
累积解释变异量(%)	18.869	36.614	52.346	64.927	

* 提取方法：主成分分析法；旋转方法：恺撒正态化最大方差法；a. 旋转在 5 次迭代后已收敛。

本文共进行了两轮因子分析。在第一轮因子分析中，以特征值等于 1 为标准，采取主成分法抽取 5 个主成分，合计可解释 68.335% 的变量总方差。采用正交旋转中的最大方差法进行因子旋转，变量与公共因子的对应关系趋于清晰。但是，其中一个公共因子由 ST_4、ST_5 和 SM_4 构成，即由社会信任的两个题目和社会心态的一个题目构成，因子含义不清晰。鉴于社会心态的四个题目代表其四个必要的构成内容，所以考虑删除 ST_4 和 ST_5，然后再进行第二轮因子分析。在第二轮因子分析中，量表的 KMO 值为 0.828，Bartlett's 球状检验的近似卡方值为 2257.254，自由度为 105，在 0.000（Sig = 0.000）水平上统计检验显著，共提取了 4 个公共因子，合计可解释 64.927% 的变量总方差。经过因子旋转后，所有题项变量的因子负荷都大于 0.6，共同度都大于 0.5，符合因子分析要求（因子分析结果如表 2 所示）。同时，题项变量和公共因子的对应关系非常清晰，四个公共因子的含义也较为明确，分别为网络意见表达活跃程度、理性程度、社会心态和社会信任。

2. 信度检验

本文采用检验量表内部一致性的 Cronbach's α 系数对问卷量表进行信度检验。4 个公共因子的 Cronbach's α 系数分别为 0.761、0.853、0.819 和 0.698，整个量表的 Cronbach's α 系数为 0.736。一般认为，整个量表的 Cronbach's α 应该大于 0.7，最好大于 0.8；而分量表的 Cronbach's α 要大于 0.5，最好大于 0.6。因此，本问卷量表具有较高的内部一致性，通过信度检验。

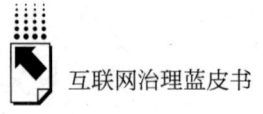

三 数据分析与假设检验

(一)描述性统计分析

在样本结构方面,受访者中的女性占比57.8%,人数略多于男性;19~30岁的受访者比重最大,合计占比50.4%,41~50岁和51~60岁的受访者各占比20.9%和17.6%;政治面貌为群众的受访者最多,占比54.7%,共青团员和共产党员各占比28.8%和13.5%;无宗教信仰者占比75.3%;已婚人士占比57%;学历为大学本科的受访者人数最多,占比35.6%,高中和大专学历各占比17.3%和17%;排在前几位的职业分别是学生(27%)、企业一般职员(14.5%)、个体/自由职业者(10.7%)、专业技术人员(8.9%)和企业中层管理者(8.1%);占比最高的月平均收入为0~3000元(48.9%),其次是3001~5000元(29%)。

表3 主要变量的描述性统计结果(n=393)*

变量	均值	标准偏差
意见表达活跃程度	2.494	1.054
意见表达理性程度	4.043	0.862
媒体信任度	3.320	0.872
政府信任度	3.480	0.904
社会信任度	3.828	0.696
网媒接触频率	4.280	0.925
主观幸福感	3.710	0.826
社会心态	3.756	0.736
社交频率	2.440	1.003

* 赋值:采用李克特五级量表,最大值为5,最小值为1。

表3是主要变量的描述性统计结果,从中可知:①在因变量方面,网络意见表达活跃程度较低,均值为2.494,处于比"很少"略高的水平上;网络意见表达理性程度较高,均值为4.043,表示很少发表非理性言论;②在

自变量方便，三种信任类型的均值处于 3.3~3.9，说明公众信任程度处于比"一般"略高的水平上，社会信任度均值为 3.828，略高于媒体信任度和政府信任度；③在控制变量方面，除了人口统计变量之外，网媒接触频率的均值为 4.28，表示受访者经常接触网络媒体；主观幸福感和社会心态的均值分别为 3.71 和 3.756，均处于比"一般"略高的水平上，还未达到"比较幸福"和"比较积极"的水平；社会交往频率的均值为 2.44，说明受访者很少参与现实生活中的社交活动。

（二）多元回归分析

本文运用多元线性回归模型，分别以网络意见表达活跃程度和网络意见表达理性程度作为因变量，以社会信任、政府信任、媒体信任为自变量，以社会心态、主观幸福感、社交活跃度、网媒接触频率、性别、年龄、婚姻状况、受教育程度、职业、个人平均月收入、政治面貌、宗教信仰作为控制变量进行回归分析。其中，性别以女性为参照类，年龄以 19~23 岁为参照类，婚姻状况以未婚为参照类，教育程度以大学本科为参照类，职业以学生为参照类，个人平均月收入以 5001~7000 元为参照类，政治面貌以共青团员为参照类，宗教信仰以无宗教信仰为参照类。回归分析结果如表 4 所示。

由表 4 中的 F 统计量可知，在 0.05 的显著水平下，两个回归方程的概率 p 值均小于显著水平，应拒绝回归方程显著性检验的原假设（所有偏回归系数全为 0），认为各回归系数不同时为零，被解释变量与解释变量全体的线性关系是显著的，因此，线性模型成立。表 4 中 B 值为回归模型中自变量的回归系数估计，在显著水平为 0.05 的情况下，在因变量为网络意见表达活跃程度的回归中，媒体信任度、政府信任度、社交频率和企业中层管理人员的变量回归系数的显著性 t 检验的概率 p 值小于显著水平，因此应拒绝原假设，认为这些偏回归系数与零有显著差异，他们与被解释变量的线性关系是显著的，应该保留在方程中；在因变量为网络意见表达理性程度的回归中，主观幸福感、人际信任度、社会心态和性别变量回归系数的显著性 t 检验的概率 p 值小于显著水平，因此应拒绝原假设，认为这些偏回归系数与

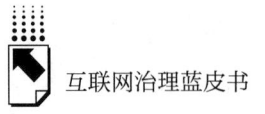

零有显著差异，他们与被解释变量的线性关系是显著的，应该保留在方程中。同时，VIF 均远小于 10，所以变量间不存在多重共线性。

表4 社会信任对网络意见表达影响的OLS回归模型（N=393）

模型		网络意见表达活跃程度			网络意见表达理性程度			共线性统计量	
		B	标准误差	标准系数	B	标准误差	标准系数	容差	VIF
（常量）		-1.463**	0.477		-0.157	0.497			
性别		0.072	0.094	0.037	-0.325**	0.098	-0.167	0.797	1.255
婚姻		0.054	0.169	0.027	0.122	0.176	0.060	0.266	3.759
政治面貌	党员	-0.134	0.178	-0.046	0.059	0.186	0.020	0.501	1.997
	民主党派	0.539	0.301	0.093	-0.411	0.313	-0.071	0.694	1.441
	群众	0.111	0.149	0.055	-0.138	0.155	-0.069	0.337	2.971
宗教信仰	佛教	-0.179	0.156	-0.057	-0.205	0.163	-0.065	0.751	1.331
	道教	1.614**	0.690	0.115	-1.688**	0.718	-0.120	0.770	1.298
	伊斯兰教	-0.225	0.175	-0.066	-0.011	0.183	-0.003	0.708	1.413
	基督教	-0.21	0.386	-0.026	0.006	0.402	0.001	0.830	1.205
	其他	-0.11	0.374	-0.015	-0.126	0.389	-0.017	0.761	1.313
教育程度	小学	0.112	0.453	0.013	0.645	0.472	0.072	0.720	1.390
	初中	0.053	0.195	0.018	0.198	0.203	0.068	0.412	2.428
	高中	0.148	0.168	0.056	-0.054	0.175	-0.020	0.460	2.176
	中专	-0.005	0.184	-0.001	-0.039	0.192	-0.012	0.551	1.814
	大专	0.221	0.150	0.083	-0.191	0.156	-0.072	0.586	1.706
	研究生及以上	-0.096	0.275	-0.018	0.294	0.286	0.056	0.668	1.496
职业	党政机关事业单位干部	0.184	0.481	0.021	0.270	0.501	0.030	0.639	1.565
	党政机关事业单位职员	-0.22	0.291	-0.054	0.560	0.303	0.137	0.369	2.712
	企业高层管理人员	-0.48	0.434	-0.064	0.671	0.452	0.089	0.564	1.775
	企业中层管理人员	0.646**	0.287	0.177	0.153	0.298	0.042	0.303	3.303
	企业一般职员	-0.235	0.259	-0.083	0.419	0.269	0.148	0.224	4.465
	专业技术人员	0.27	0.277	0.077	-0.003	0.289	-0.001	0.298	3.357
	商业服务业职工	0.006	0.311	0.001	0.300	0.324	0.069	0.363	2.752
	生产制造业工人	-0.659	0.499	-0.066	0.827	0.520	0.083	0.740	1.352
	个体与自由职业者	-0.449	0.287	-0.139	0.485	0.299	0.150	0.236	4.240
	农村外出务工者	-0.865	0.458	-0.106	0.129	0.477	0.016	0.589	1.697
	农林牧渔劳动者	-0.356	0.689	-0.025	-0.355	0.717	-0.025	0.774	1.293
	退休	-0.533	0.419	-0.117	0.428	0.436	0.094	0.219	4.556
	下岗失业	0.163	0.284	0.043	0.031	0.295	0.008	0.327	3.057

续表

模型		网络意见表达活跃程度			网络意见表达理性程度			共线性统计量	
		B	标准误差	标准系数	B	标准误差	标准系数	容差	VIF
年龄（岁）	13～18	0.077	0.256	0.015	-0.039	0.267	-0.008	0.772	1.295
	23～30	-0.011	0.208	-0.005	-0.061	0.216	-0.026	0.232	4.319
	31～40	-0.077	0.253	-0.031	-0.087	0.263	-0.035	0.177	5.664
	41～50	-0.266	0.272	-0.101	0.124	0.283	0.047	0.174	5.744
	51～60	-0.06	0.371	-0.015	-0.171	0.386	-0.043	0.219	4.566
	60以上	-0.061	0.668	-0.005	-0.080	0.695	-0.007	0.550	1.817
月平均收入（元）	1000以下	-0.262	0.225	-0.114	0.165	0.234	0.072	0.195	5.124
	1001～3000	-0.223	0.184	-0.095	0.078	0.191	0.033	0.305	3.281
	3001～5000	-0.023	0.161	-0.011	-0.171	0.168	-0.078	0.346	2.887
	7001～10000	-0.302	0.255	-0.065	0.071	0.266	0.015	0.620	1.613
	10001～15000	0.089	0.430	0.010	-0.138	0.448	-0.015	0.800	1.250
	15000以上	0.601	0.492	0.060	0.080	0.512	0.008	0.763	1.311
社交频率(SI)		0.233***	0.051	0.234	-0.083	0.053	-0.083	0.717	1.395
网媒接触(IU)		0.062	0.058	0.057	-0.031	0.060	-0.029	0.656	1.524
社会信任(ST)		0.028	0.127	0.012	0.429**	0.132	0.193	0.572	1.749
媒体信任(MT)		0.339***	0.063	0.295	-0.064	0.066	-0.056	0.617	1.620
政府信任(GT)		-0.128**	0.060	-0.116	0.017	0.063	0.015	0.627	1.595
主观幸福感(SW)		0.017	0.065	0.014	0.168**	0.068	0.139	0.646	1.548
社会心态(SM)		0.006	0.061	0.006	0.192**	0.063	0.192	0.506	1.976
调整R方		0.269			0.209				
F统计量		4.012***			3.154***				

由回归分析的结果可知，在控制其他变量的条件下，媒体信任度对网络意见表达活跃程度有着显著的正向影响，其每增加一单位，网络意见表达活跃程度增加 0.339 个单位；在控制其他变量的条件下，社交频率对网络意见表达活跃程度有着显著的正向影响，其每增加一单位，网络意见表达活跃程度增加 0.233 个单位；在控制其他变量的条件下，政府信任度对网络意见表达活跃程度有一定的负向影响，其每增加一单位，网络意见表达活跃程度降低 0.128 个单位；不同职业对网络意见表达活跃程度影响不同，其中企业中层管理人员的网络意见表达活跃程度更高。因此，理论假设 H_{1-1}、H_{1-3} 和

H_{1-4}成立。

同理可知,在控制其他变量的条件下,社会信任程度对网络意见表达理性程度有着显著的正向影响,其每增加一单位,网络意见表达理性程度增加0.429个单位;在控制其他变量的条件下,社会心态对网络意见表达理性程度有着显著的正向影响,其每增加一单位,网络意见表达理性程度增加0.192个单位;在控制其他变量的条件下,主观幸福感对网络意见表达理性程度有着显著的正向影响,其每增加一单位,网络意见表达理性程度增加0.168个单位;性别对网络意见表达理性程度的影响不同,男性的网络意见表达理性程度更低。因此,理论假设H_{2-2}、H_{2-4}和H_{2-5}成立。

四 结论与讨论

通过对调查数据的分析,本研究归纳出以下主要结论:①公众信任对网络意见表达的影响得到证实,其中:媒体信任对网络意见表达活跃度有正向影响,而社会信任则对网络意见表达理性程度有正向影响;②在众多控制变量中,社交活跃度对网络意见表达活跃度有正向影响,社会心态和主观幸福感都对网络意见表达理性程度有正向影响;③在作为控制变量的人口统计变量中,不同职业的受访者的网络意见表达活跃程度有显著差异,企业中层管理者活跃度最高;而不同性别的受访者的网络意见表达理性程度也有显著差异,男性的非理性程度更高。

以上结论也给予我们一些启示。

第一,媒体是社会的守望者,公众信任是媒体发展的动力。媒体是公众了解公众事务的最主要渠道,为网络意见表达提供了议题。公众对媒体的信任只能加重新闻媒体的社会责任,对媒体的信任程度越高,媒体议题就越容易引发网民的分享和热议,网民也越容易受到媒体报道态度倾向的影响。因此,媒体要珍惜公众的信任,坚持新闻真实性原则,全面、客观、准确地报道公共事务和传播正能量,这也是新闻媒体及其从业人员必须牢记的责任。提升我国新闻媒体及新闻从业人员的职业道德水准和社会责任感,是一项需要长期坚持的工作。

第二，提升社会信任水平，让社会治理更有成效。在我国经济高速发展、社会流动加速的背景下，陌生人之间的接触更加频繁，社会信任或人际信任在维护社会稳定发展方面的作用日益凸显。通过研究结果可知，社会信任程度高的个体更容易对他人产生信任感，从而提升其社会交往频率，获得更多的社会支持。因此，他们对社会和他人的看法也更为积极和理性，也更愿意敞开心扉表达个人观点和意见。总之，化解我国社会的信任危机，提升人际信任水平，不仅对培养公众积极的世界观、价值观具有重要意义，还会直接提升公众对政府的信任，赋予政府更多的权威，让社会治理更有成效。

第三，积极解决公众意见背后的利益诉求，是网络社会治理的根本路径。舆论（公众意见）是社会心态的表现形式之一。[①] 有研究者指出，不良社会心态源自其利益诉求未能实现，[②] 而主观幸福感也是一种较高层次的需求，其产生的前提就在于基本需求的满足。研究显示，社会心态越消极，主观幸福感越差，网络意见表达的理性程度越差。因此，要想提升公众网络意见表达的理性程度，最根本的路径还是满足意见背后的利益诉求，让网络社会治理做到治标又治本。

---

① 杨宜音：《个体与宏观社会的心理关系：社会心态概念的界定》，《社会学研究》2006年第4期。

② 石柳江：《规范网络舆情传播　化解不良社会心态》，《人民论坛》2018年第1期。

B.8
突发事件网络谣言转化模型仿真与治理策略研究

杨谨铖 马 龙 曾润喜*

摘 要: 面向大数据研究突发事件网络谣言转化模型,能够准确把握大数据环境下网络谣言的转化方式,并确定网络谣言应对措施的轻重缓急。本文构建网络谣言传播的系统动力学模型,分析网络谣言易感人群、传播人群和免疫人群节点在网络谣言传播中的变化情况及网络谣言传播中各影响因素对传播的影响程度。仿真分析结果表明,易感人群数量、接触速率、辟谣力度等因素对网络谣言的传播起到至关重要的作用,为有关部门应对网络谣言传播的管理提出了对策建议。

关键词: 网络谣言 系统动力学 传播规律 网络舆情 大数据

引 言

互联网具有便捷性、匿名性、大众性等特点,迅速成为人类社会活动不

---

* 杨谨铖,男,1993~,甘肃兰州人,中国人民武装警察部队学院在读硕士研究生,主要从事网络舆情研究;马龙,男,1969~,山西怀仁人,中国人民武装警察部队学院副编审,主要从事网络舆情研究;曾润喜,男,1984~,湖南邵阳人,重庆大学新闻学院研究员,新媒体与传媒管理教研室主任,主要从事政策传播与新媒体研究。本文系国家社会科学基金项目"'两微一端'时代反沉默螺旋传播及网络舆情引导机制研究"(编号:16BXW058)研究成果之一。

可缺少的场域。在网络社交环境下,部分网民选择传播谣言引起其他网友热议以博人眼球。谣言传播往往会扰乱正常社会秩序,甚至造成各社会阶层之间、人民和政府之间的矛盾和不信任。随着互联网技术的迅猛发展、网民的急剧增多,网络谣言的出现次数和传播速度呈现上升态势,如不及时制止,网络谣言必将更加强烈地影响正常的网络秩序。

在突发事件中谣言传播及对策研究方面,有研究从传播学角度对突发事件后的网络谣言进行解读,分析网络谣言的传播进程和主要传播途径,媒介在传播进程中扮演的角色、网络谣言的文本特征以及受众的态度问题[1];或通过分析突发事件网络谣言发生机制,量化研究网络谣言传播的各要素关系[2]。在谣言在社会网络传播研究方面,有研究通过研究人际传播与群体传播之间的关系,分析谣言的扩散风险[3];也有研究发现网络密度影响用户感知谣言可信度、谣言传播意愿及提高其辟谣信息传播意愿,并深入研究传播意愿等变量之间的相互关系[4]。在研究方法方面,一些研究通过建立反映谣言传播实际情况的动力学模型,基于 Lyapunov 函数分析模型平衡点的全局渐进稳定性,研究谣言的最终传播状态[5];或者利用系统动力学建模,从网民关注度、社交平台相互作用量、事件的重要程度、政府重视程度等影响因素定量分析对谣言热度的影响[6];也有通过无标度网络研究遗忘率随时间变化的谣言传播模型,从网络密度和均匀程度对谣言遗忘率展开研究[7];基于 Agent 的建模仿真方法对微博谣言传播进行模拟仿真,

---

[1] 孙燕:《网络谣言的传播学分析——以"日本地震"和"温州动车事故"为例》,《新闻界》2012 年第 2 期。
[2] 兰月新:《突发事件网络谣言传播规律模型研究》,《图书情报工作》2012 年第 14 期。
[3] 隋岩、李燕:《从谣言、流言的扩散机制看传播的风险》,《新闻大学》2012 年第 1 期。
[4] 刘于思、徐煜:《在线社会网络中的谣言与辟谣信息传播效果:探讨网络结构因素与社会心理过程的影响》,《新闻与传播研究》2016 年第 1 期。
[5] 霍良安、黄培清:《基于系统动力学的谣言传播模型研究》,《数学的实践与认识》2013 年第 16 期。
[6] 李仕争、丁菊玲、蒋鹏、姜飞:《移动社交网络谣言演化的系统动力学模型与仿真》,《情报杂志》2016 年第 9 期。
[7] 王筱莉、赵来军、谢婉林:《无标度网络中遗忘率变化的谣言传播模型研究》,《系统工程理论与实践》2015 年第 2 期。

对内容信服度、节点影响度、谣言源影响力等谣言传播影响因素展开研究①。

虽然国内外学者对网络谣言及传播规律已有较多研究，但目前存在的不足主要有：①对谣言的定量研究虽然较多，但以系统论视角定量研究谣言传播较少；②在对谣言传播各个阶段进行分析时，往往对各要素演化过程分阶段研究，缺乏对传播过程的全过程转化分析；③对谣言传播研究维度单一，缺乏在网络谣言传播过程中人群、事件和平台的综合研究。本文将社交平台视为统一整体，不考虑某一网络媒介内部的传播现象，关注整体的网络系统结构关系，探讨在不同影响要素之间的因果逻辑关系，构建谣言传播的系统动力学模型，通过仿真改变不同影响因素，提出有针对性的对策建议，为相关部门治理谣言提供参考。

一 面向大数据的突发事件网络谣言传播特性分析

大数据环境下，网络用户众多，网民在网络上获取信息相较于现实社会内容，容量更多、速度更快。网络谣言传播的现象呈现出新的特性，如图1所示。

1. 网络谣言传播范围广、速度快

大数据环境下，网络社交因其匿名性、实时性、便捷性等特点迅速成为人与人之间信息交流的重要方式之一。相较于受地域限制、活动范围相对较小的现实社会社交，网民在网络上可以与世界各地的网友实时交流，极大地拓宽了网民交流和获取信息的范围。在互联网络环境中，每个网民都是信息的发布者和接受者。通过互联网，网民可以迅速地完成信息的浏览、发布、评论和转发，网络信息传播速度呈现指数上升趋势。随着互联网基础建设进一步完善，网络用户数量增多、对网络的黏着度增大，网民参与度进一步提高，网络谣言的传播速度势必越来越快。

---

① 向卓元、陈宇玲：《微博谣言传播模型与影响力评估研究》，《科研管理》2016年第1期。

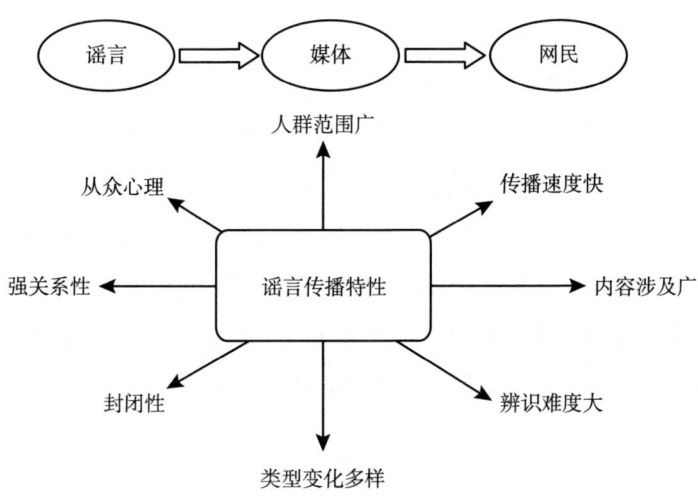

图1 大数据环境下网络谣言传播特性分析

2. 网络谣言内容涉及面广、辨识难度大

网络谣言存在于社会方方面面，广泛涵盖各个年龄段的网民，其内容也复杂多样，从养生健康到国家环境，从衣食住行到全球局势。在如此多种类的谣言环境下，由于自身对相关专业知识的局限，网民往往处于对谣言防不胜防的劣势状态下，因而在面对无法辨别真假的网络谣言时，网民往往采取宁可信其有，不可信其无的态度。更重要的是，针对某一事件往往并不只有一种谣言存在，在传播过程中，传播者为博人眼球经常会对谣言进行篡改，以不同的内容形式出现，让人难以辨别信息的真假。

3. 网络谣言传播呈现强关系性和封闭性

网络社交是网民现实社会社交的投影。在大数据环境下，在具有开放性、多样化特征的社交媒体平台内，网民聚集而成的小范围社交群体就如同现实社群一样，也呈现强关系性和封闭性，即网络社交群体内部成员互相认识、信任程度较高。例如，腾讯旗下的社交软件微信中谣言传播的形式就具有典型的强关系性和封闭性；微信里的好友几乎都是彼此相互认识、熟悉的好友，人们对网上陌生人散布的谣言将信将疑，但对于自己熟悉的朋友、亲人发布或转载的消息却不能断然不信。此类软件中网络谣言的渗透率较高，转发率较高，辟谣速率较慢。

4. 网民的从众心理严重

多数人的意见往往是对的，因此在谣言大量传播时，不知情网民往往选择相信谣言。消极的"盲目从众心理"现象即很好地描述了这种缺乏独立思考、不做深入分析、一概服从多数的随大流现象。在信息量巨大、谣言横飞、真实信息模糊的大数据环境下，网民由于害怕被边缘化而选择随从于主要舆论引导群体的意见，少数派声音被淹没，形成"沉默的螺旋"。在网络谣言传播时，当谣言传播人数、谣言的发声点越多，不明真相的网民越有可能选择相信谣言。

二 突发事件网络谣言传播的系统动力学模型构建

（一）大数据环境下网络谣言传播因果关系分析

网络谣言传播系统是一个复杂、动态、非线性的系统。尽管如此，它的演化过程也遵循着一定的系统性规律，可以引入系统动力学的视角和方法对信息传播的各影响因素进行分析。下文图2是所构建的突发事件谣言传播方法模型，图3是所构建的因果回路图。

网民是强大的信息接收群体和发布群体，在网络谣言纷飞的大数据环境下，由于网民自身知识水平的限制，极少有人能识破所有谣言。网民自身的科学素养、知识界限、学历等对谣言的抵制力与网络总人群对谣言的敏感程度（敏感比例）成反比，网络谣言易感人群数量的增减直接影响到谣言传播速率的变化，其传播速率的提高使得网络谣言传播人群数量的急剧增多。传播人群的增长引发网络谣言易感人群的从众心理，加速了网络谣言传播人群的增加。谣言的传播及发展引发民间舆论场和官方舆论场采取辟谣手段，使网络谣言传播人群得知实情进而对该谣言事件产生免疫，使网络谣言敏感人群和网络谣言传播人群减少。网络谣言易感人群转变为网络谣言传播人群的传播速率受接触速率、接触谣言

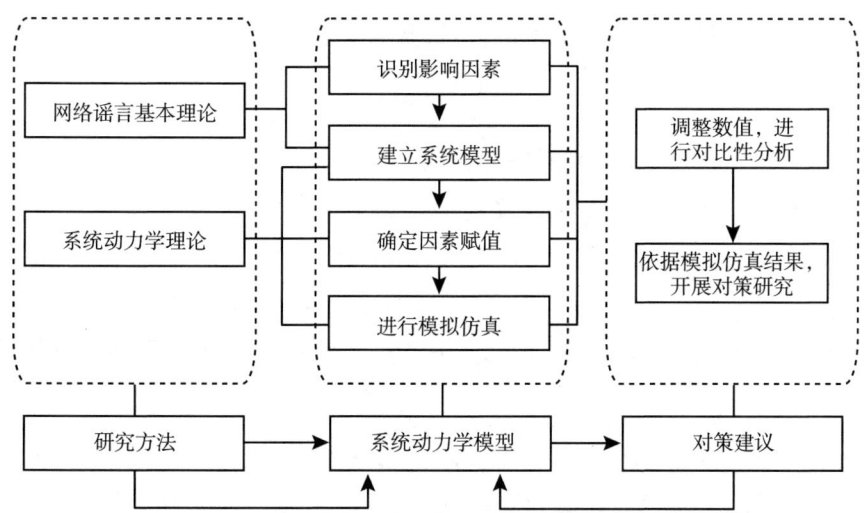

图 2　突发事件谣言传播模型

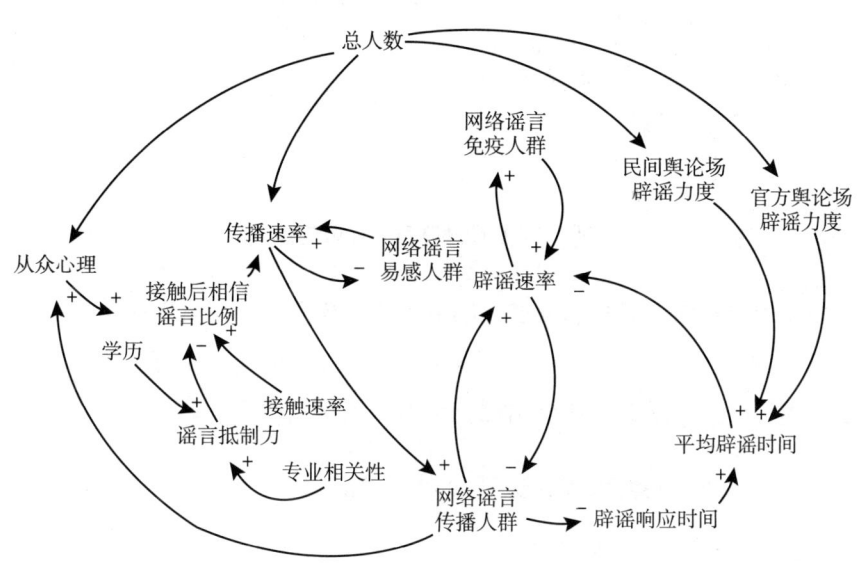

图 3　谣言传播及引导因果关系

后相信比例的影响，网络谣言传播人群转变为网络谣言免疫人群受到辟谣时间的影响。

（二）大数据环境下网络谣言传播存量流量图构建

存量流量图是"表示系统反馈回路中的各水平变量和各速率变量相互联系形式及反馈系统中各回路之间互连关系的图示模型"[①]。图4是在图3的因果回路图基础上最终确定的各影响因素在网络传播过程中的存量流量。

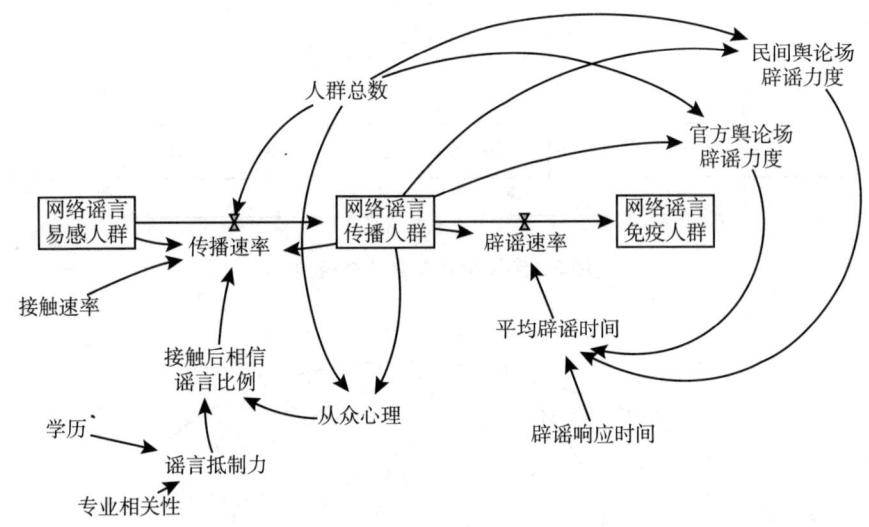

图4 谣言传播及引导存量流量

图4中以网络谣言易感人群、网络谣言传播人群、网络谣言免疫人群为聚焦点设为水平变量，引入受接触速率、接触后相信谣言比例、辟谣时间的综合作用等变量，最终构成网络谣言传播的演化系统模型。

（三）模型边界假设与变量之间方程式

1. 模型边界假设

本文模型预设以下假设：①在某次网络谣言事件中网民数量是一个常

[①] 李旭：《社会系统动力学：政策研究的原理、方法和应用》，高等教育出版社，2011，第140~145页。

数;②网络谣言易感人群在接触谣言并相信谣言后会转变为网络谣言传播者,具有谣言传播能力;③当网络谣言传播者被辟谣成功后即成为网络谣言免疫者,不再受此次谣言事件的影响;④网络是畅通的,不存在网速过慢、网络社交平台无法使用的情况;⑤此次谣言事件并没有受到删帖、禁言的影响;⑥事件是孤立的,即在模拟此次网络谣言事件时没有其他及次生谣言舆情事件的交叉影响;⑦不考虑此次网络谣言事件的二次演变。

2. 变量界定

本模型的主要变量:①总人数是指在网络环境中存在的网民规模总量;②网络谣言易感人群是指在接触网络谣言以后极易受到网络谣言所感染的网民;③网络谣言传播人群是指在网络中已经关注到网络谣言且具有传播谣言行为的网民;④网络谣言免疫人群是指在接触网络谣言后对其有充分理解并知晓事件真相,从而不再受到此次谣言影响或不相信此网络谣言的网民;⑤专业相关性是指网民自身所学专业知识与该网络谣言的相关联程度。

3. 模型主要变量之间的关系及参数

(1) 网络谣言易感人群 = 99999 人,是指事件一开始时有 99999 人容易相信该网络谣言。

(2) 网络谣言传播人群 = 1 人,是指事件一开始时只有 1 人关注并怀疑该事件。

(3) 网络谣言免疫人群 = 0,是指在事件被相信后辟谣之前,没有人对该谣言免疫。

(4) 接触后相信谣言比例 = 0.1 + 从众心理 − 谣言抵制力,是指网民在接触到谣言时具有一定抵制力,但随着网络谣言传播人群数量的增多,网络谣言易感人群的从众心理也愈加严重,网民的从众心理和谣言抵制力同时影响着接触后相信谣言的比例;0.1 为网民在接触后相信谣言的初始比例。

(5) 谣言抵制力 = (学历 + 专业)/2。

(6) 从众心理 = 网络谣言传播人群/总人数。

(7) 网络谣言易感人群在网络上单位时间内接触到总人数的比例为接

触速率，接触到谣言相信的比例即为接触后相信谣言比例，网络谣言传播人群占总人数的比例为网络谣言传播人群/总人数。因此，网络谣言传播速率＝网络谣言易感人群×接触速率×接触后相信谣言比例×（网络谣言传播人群/总人数）。

（8）在此模型中，假定辟谣时间为一个常量，辟谣时间为网络谣言传播人群转变为网络谣言免疫人群的平均时间，其辟谣速率＝网络谣言传播人群/平均辟谣时间。

（9）平均辟谣时间＝20－STEP（民间舆论场辟谣力度＋官方舆论场辟谣力度，辟谣响应时间），是指当官方舆论场和民间舆论场的辟谣力度加大，会使得辟谣时间缩短，但开始辟谣时往往不是第一时间，而是有一定的反应时间，即辟谣响应时间。

三　模型仿真

（一）在既定参数下系统模型的运行结果

以"红黄蓝幼儿园虐童事件"为例，综合多个新闻网站信息，可以得到如下舆情演化阶段。2017年11月22日，有数名幼儿家长反映朝阳区管庄红黄蓝幼儿园幼儿遭老师扎针、喂食不明白色药片，并提供孩子身上多个针眼的照片；关于"老虎团""虐童""安眠药"等谣言随即产生并传播。11月26日，北京警方就该幼儿园幼儿疑似遭针扎、被喂药一事进行通报，涉嫌虐童的幼儿园教师刘某某被刑拘；上述谣言开始新一轮发酵并继续扩散。11月29日，红黄蓝教育机构针对红黄蓝新天地幼儿园事件发布道歉信。该事件中，监控硬盘的损坏，造成了无法取证的问题，进一步推动谣言的大肆传播。随着官方的迅速回应，此次舆情事件迅速回落，但由此次事件传出各类谣言信息传播时间较广，对红黄蓝幼儿园乃至整个幼儿教育行业的形象造成了严重损坏。

假设该谣言事件中总人数为10万人，接触速率为每天8人，接触后相信谣言的比例为0.1，网民学历比重0.6，专业相关度比重0.6，由网络谣言传播人群转变为网络谣言免疫人群的辟谣时间为20天，官方舆论场辟谣力度为2，民间舆论场的辟谣力度为1.5，辟谣响应时间为3天。

通过系统动力学软件vensim PLE，建立系统模型。在不改变参数的情况下，网络谣言易感人群、网络谣言传播人群、网络谣言免疫人群变化趋势如图5所示。

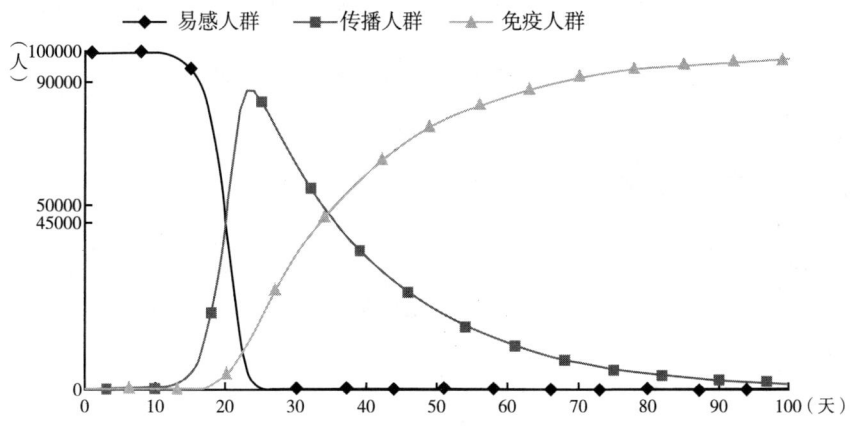

图5　网络谣言易感人群、传播人群、免疫人群数量变化趋势

（二）各因素对网络谣言传播的影响分析

1. 谣言抵制力的改变

谣言抵制力的改变会改变网络谣言易感人群的总量，在此模型中初始谣言抵制力为0.6，现在分别将其改变为0.55和0.65再次进行模拟仿真，则网络谣言传播速率变化趋势、网络谣言传播人群变化趋势、网络谣言辟谣速率变化趋势分别如图6、图7、图8所示。

网民对谣言的抵制力的大小受从众心理、自身学历和面对谣言的专业性的影响。网民整体的学历水平越高，对谣言的抵制力越大；网民自身面对谣言的专业性越高，对谣言的抵制力越大；网民对谣言的从众心理越强，对谣

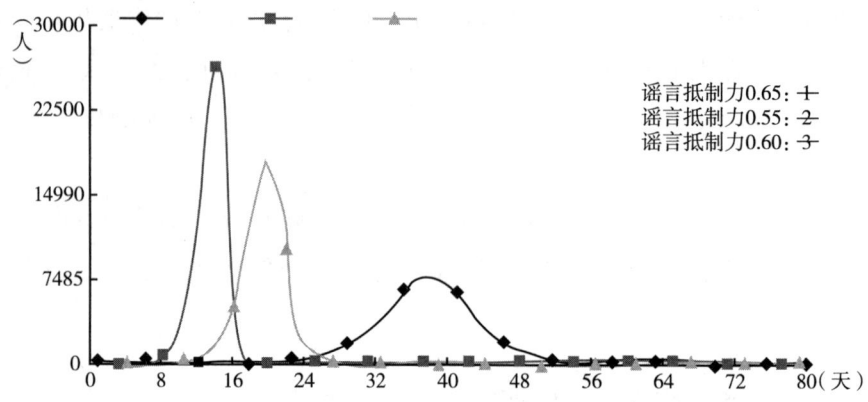

图6 改变谣言抵制力时传播速率变化趋势

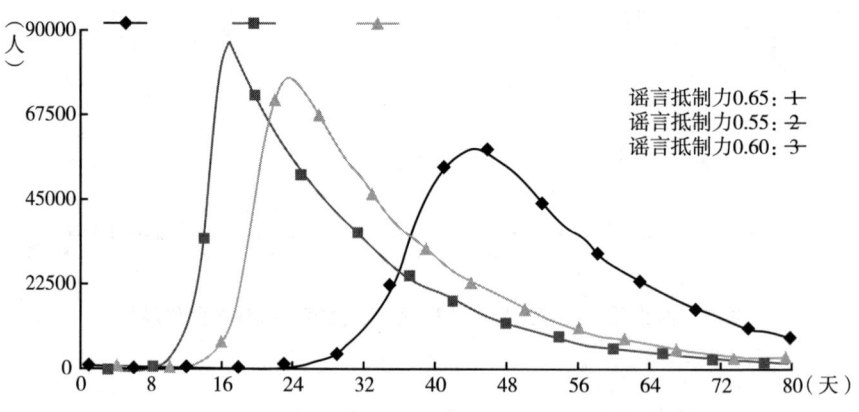

图7 改变谣言抵制力时网络谣言传播人群数量变化趋势

言的抵制力越小。由图6可知,谣言抵制力的变化会显著的影响传播速率,谣言抵制力越小,传播速率越大,且达到峰值的时间也不同,谣言抵制力越大,传播速率曲线到达峰值的时间越滞后,曲线越平缓。如图7所示,谣言抵制力的增减会使网络谣言传播人群达到峰值的时间提前或滞后,还会极大地影响峰值的最大值,谣言抵制力越小,网络传播人群曲线峰值越早到达顶点;数值越大,曲线的陡峭程度越大。由图8可知,谣言抵制力越大,网络谣言免疫人群曲线的上升愈加平缓。

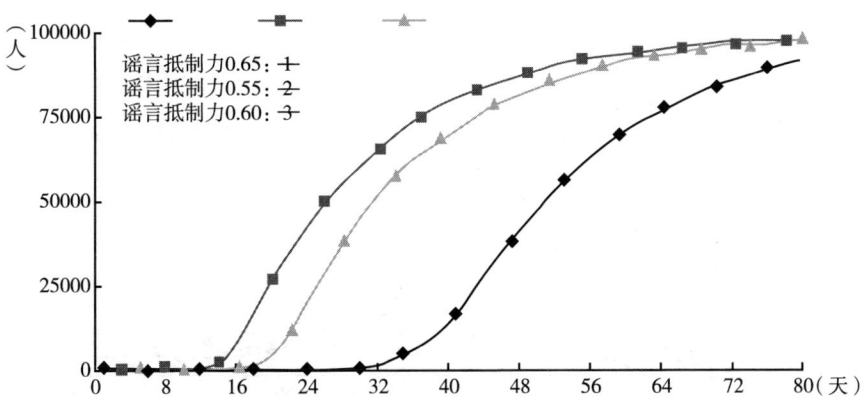

图8 改变谣言抵制力时辟谣速率变化趋势

2. 网络谣言接触速率的改变

系统初始设置网络谣言接触速率为8人/天,现在分别将其改变为6人/天、10人/天,在不改变其他参数的情况下,网络谣言易感人群变化趋势、网络谣言传播人群变化趋势、网络谣言免疫人群变化趋势如图9、图10、图11所示。

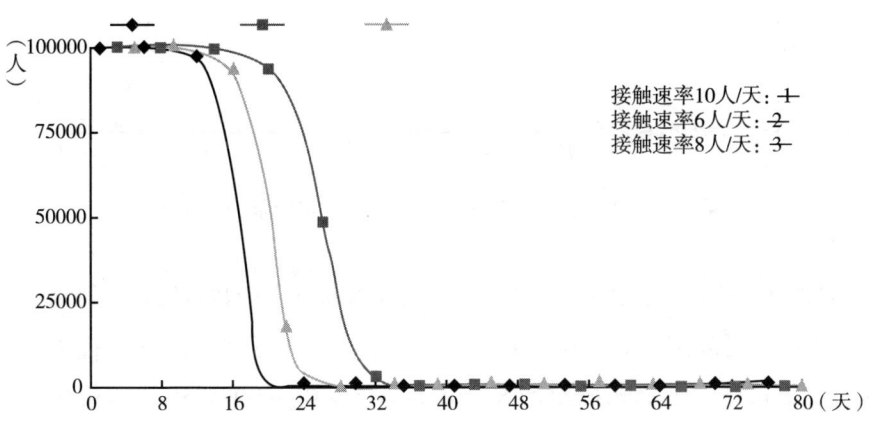

图9 改变接触速率时网络谣言易感人群数量变化趋势

网络谣言易感人群与外界的接触速率的改变影响着传播速率,传播速率增大意味着网络谣言易感人群转变为网络谣言传播人群的时间更短、速度更

199

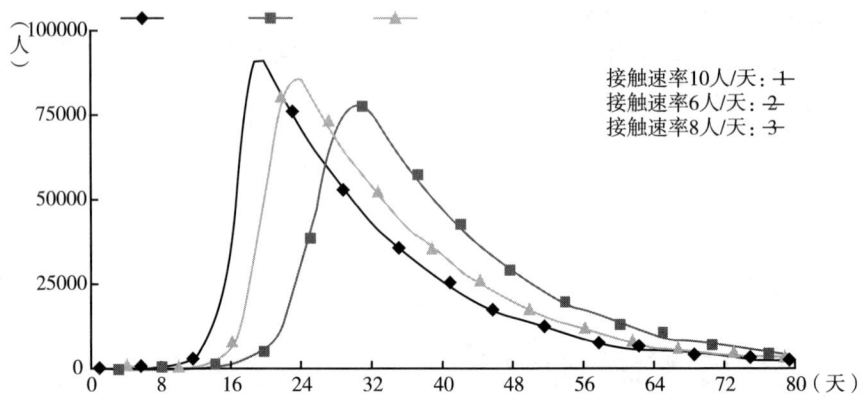

图 10　改变接触速率时网络谣言传播人群数量变化趋势

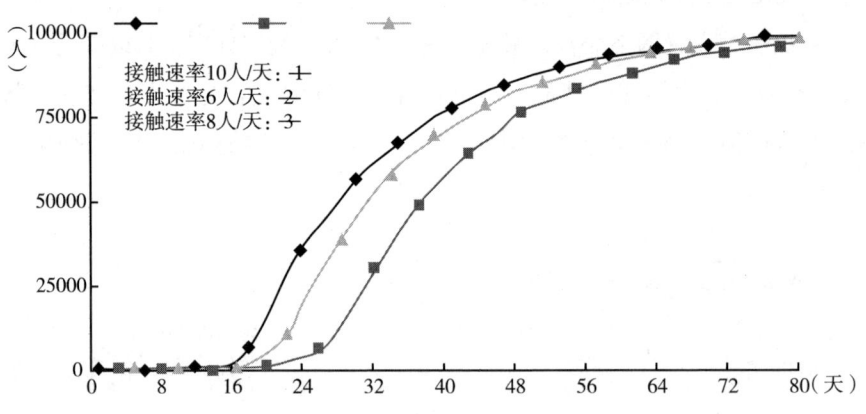

图 11　改变接触速率时网络谣言免疫人群数量变化趋势

快。由图 9 可知,当接触速率增大,网络谣言易感人群数量转变为网络谣言传播人群的时间越短,下降的速率越大。由图 10 可知,网络谣言传播人群的变化趋势由于接触速率的改变而呈现不同的变化趋势,接触速率越大,网络谣言传播人群到达的峰值时间越短,峰值越大,上升和下降的变化率越大;接触速率越短,网络谣言到达的峰值时间越长,峰值越小,上升和下降的速率变化越慢。由图 11 可知,随着接触速率影响着网络谣言传播人群的变化,舆论场辟谣速率也逐渐发生变化。接触速率越大,网络谣言传播人群变化量越大，舆论场辟谣速率随之增大，则网络谣言免疫人群的上升速率增大，网络谣言传播人群完全转变为网络谣言免疫人群的时间更短。

3. 两个舆论场辟谣力度的改变

若该模型其他参数不发生变动，辟谣力度的改变即意味着舆论场辟谣速率的改变。模型初始设置的两个舆论场辟谣力度为3.5，现在分别将其改变为1.5和5.5。网络谣言免疫人群的变化趋势如图12所示。

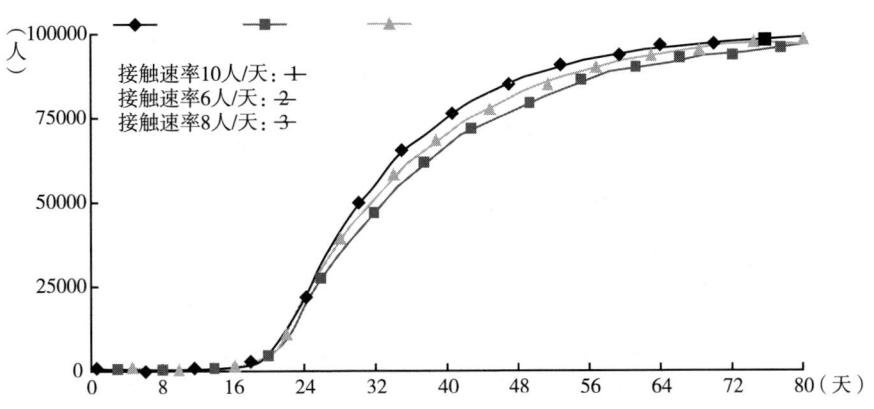

图12　改变辟谣力度时网络谣言免疫人群数量变化趋势

谣言在网络上传播引发政府和民间知识分子关注，政府为维护正常的网络秩序，消除网民由于不了解真相而信谣传谣，往往采用新闻发布会等途径发布辟谣信息，防止网民受到谣言误导；民间知识分子及组织出于对社会的热心，积极地通过网络社交平台、网站、自媒体等方式发布辟谣信息，让网民了解事实真相。政府主导的官方舆论场辟谣渠道具有独特的信息优势和权威性，民间知识分子主导的民间舆论场具有参与人数多、与网民互动好、传播速度快的特点。因此，应加强官方与民间舆论场之间的良性互动，形成辟谣合力，以达到较好的辟谣效果。如图12所示，当辟谣力度加大时，网络谣言传播人群转变为网络谣言免疫人群的速率加快，转变的时间也相对较短。

4. 辟谣响应时间的改变

若该模型其他参数不发生变动，辟谣响应时间的改变即意味着两个舆论场辟谣反应时间的变化，辟谣时间越长，辟谣速率越小；反之辟谣速率越大。模型初始设置的辟谣时间为3天，现在分别将其变为1天和5天。网络谣言免疫人群的变化趋势如图13所示。

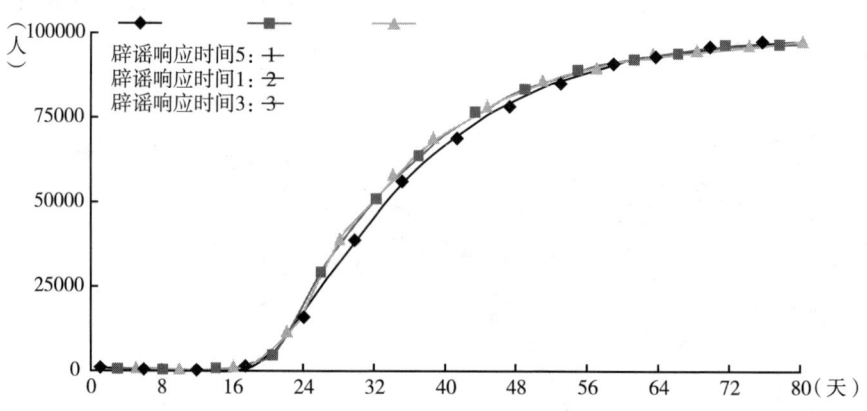

图13　改变辟谣响应时间时网络谣言免疫人群数量变化趋势

在谣言发生后，无论是官方辟谣组织还是民间辟谣组织都需要时间去关注谣言的来源、种类，进而发布权威消息破除谣言。辟谣响应所需的时间越短，将网络谣言传播人群转变为网络谣言免疫人群的时间越短、效果越好。如图13所示，辟谣响应时间越短，网络谣言免疫人群的转变速率就越高，促使网络谣言平息的时间越短。

5. 易感人群数量改变

系统初始设置易感人群数量为99999人，现在将其改变为39999人，在不改变其他参数的情况下，网络谣言易感人群变化趋势、网络谣言传播人群变化趋势、网络谣言免疫人群变化趋势如图14所示。

不是所有人都是网络谣言易感人群，网民受自身学历、批判思维、专业相关性以及从众心理的影响，对谣言的认知也各有不同，网民的受教育程度越高、批判思维越强、契合谣言的专业性越强，受到的谣言影响越小，此类

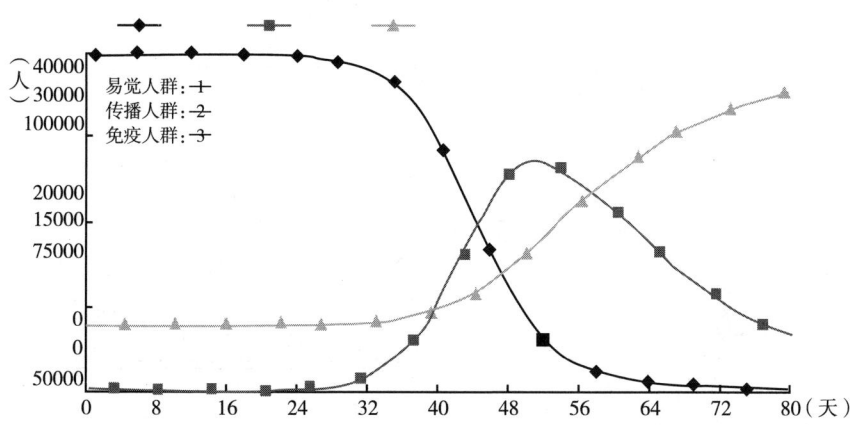

图14 改变易感人群数量时网络谣言易感人群、网络谣言传播人群、
网络谣言免疫人群数量变化趋势

人群在谣言形成前就已识别出该谣言的漏洞,进而对该谣言产生免疫。如图14所示,相较于易感人群数量处于原始值的图5,网络谣言易感人群转变为网络谣言传播人群、网络谣言传播人群转变为网络谣言免疫人群的曲线变化更加平缓,曲线发生的变化更加滞后。这说明,在一定的人群范围内,网络谣言易感人群数量越少,谣言传播的速率越低,谣言传播高峰期的时间越晚,辟谣的压力也就越小,准备时间也就越充足。

四 基于系统动力学分析的网络谣言应对研究

通过对大数据环境下网络谣言传播建立系统动力学模型,仿真谣言传播各个环节的转变方式,设定各个参数的模拟值,利用 Vensim PLE 软件进行仿真模拟,仿真结果与实际谣言传播拟合程度较好,证明模型具有一定的有效性,对实际网络谣言引导工作具有一定的指导作用。基于该模型模拟结果,提出以下对策建议,如图15所示。

1.减少网络谣言易感人群的接触速率,防止谣言在短时间内快速传播

降低网络谣言易感人群的接触速率可以延后网络谣言传播人群到达峰值的时间,降低传播人群的峰值。在一次谣言事件中,若传播人数迅速增多,

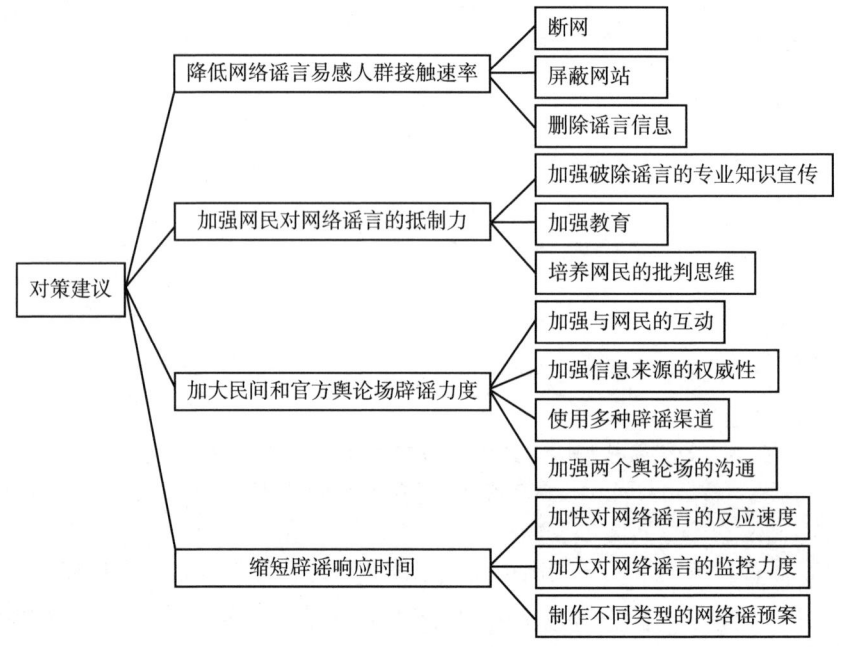

图15　网络谣言引导对策研究

往往会转化为舆情事件，造成舆情危机。因此在必要的紧急情况下，如发现在谣言事件中谣言传播人群急剧增加的情况下，政府应当采取相关措施，如屏蔽网站、删除谣言信息、断网等方式来降低易感人员的接触速率。此措施可以为政府处置谣言赢得宝贵时间，但该措施不应经常使用，该措施易引发网民的猜测怀疑，进一步引发对政府采取措施的相关谣言的传播，损害公民对政府的信任度，导致政府陷入"塔西佗陷阱"。因此，在采取减少网络谣言易感人群的接触速率这一措施时应充分了解谣言事件发展，谨慎采取相关措施。

2. 加强网民对谣言的抵制力，使更多网民可以识别接触到的谣言

网民对谣言的抵制力可以直接影响到网民对接触到谣言后相信谣言的人数比例。网民对谣言的抵制力与网民自身学历、谣言专业相关性成正比关系，即：学历越高、收入越高、其专业领域对应的知识越强，则越不容易受到谣言的影响。因此政府应加强对义务教育的投入，提升公民整体知识文化

水平,弘扬健康向上的思想品质,培育批判思维。同时还可以在谣言频发的知识领域加强宣传,使网民在谣言兴起之前即具对该领域的谣言具有抵抗力,防止谣言进一步蔓延。同时,加强网民的教育力度可以使网络谣言易感人群的数量减少,对网络谣言的防范意识增强,让谣言的传播处于一个较低的速率进行,为政府采取措施进行辟谣留出足够的实施时间。

3. 加大官方舆论场和民间舆论场的辟谣力度,形成辟谣引导合力

辟谣力度的加大会缩短将谣言传播者转变为谣言免疫者的时间,即提高网络谣言传播人群转换为网络谣言免疫人群的辟谣速率,这对于网络谣言的消散是有益的。政府引导的官方舆论场与权威专家、意见领袖引导的民间舆论场在谣言事件中所起的作用很重要。应努力打通两个舆论场,以政府为主导的官方舆论场应利用获取消息独特性的优势,加强对信息权威性的把控,主动解读谣言,及时公布事件实情,与民间舆论场的辟谣力量展开良性互动,采取有效措施做好谣言舆情引导措施,增加网络推手传谣辟谣的利益成本;民间舆论场应利用平民化这一优势,在辟谣网站和各个社交平台及时推送辟谣信息,并激发网民辟谣的积极性,促使谣言传播得到有效控制,降低谣言舆情危机及次生舆情事故发生的可能性。政府引导下缩短辟谣时间可以让在谣言传播环境下的网民看到政府起的作用,有利于提高网民对政府的满意度、信任度、认同度,巩固政府在消解谣言事件中的话语权。政府在消解谣言事件中辟谣时间越短,政府的公信力就越高;而政府的公信力越高又会反馈,使政府再次面对谣言引发的危机事件时辟谣时间越短,形成良性循环。同时,应通过多种信息发布渠道散布辟谣信息,使更多网民接触到辟谣信息,加快辟谣引导速率。

4. 缩短辟谣响应时间,防止谣言随时间的延长进一步变化

当谣言传播时,辟谣工作的开展往往滞后于谣言传播现状,如何以最快速度开展对谣言的辟谣工作引起了政府、学者的关注和研究,并提出了"黄金4小时""黄金24小时"等事件处置时间节点。通过图13可知,缩短辟谣响应时间可以加快谣言传播人群转变为谣言免疫人群的速率。在谣言的传播中,一个谣言的传播往往衍生出多个相关谣言,辟谣响应时间越长,

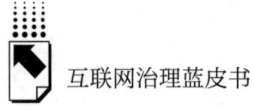

意味着谣言变化的种类越多,之后开展辟谣工作的难度也会加大。因此,加强对网络谣言的监控力度,在谣言出现的最短时间内发现并开展辟谣工作,防止谣言随着时间的延后产生新的变化,减轻政府、民间舆论场辟谣的难度和压力。同时,应制定应对不同类型网络谣言的处置预案,在谣言传播后政府可以有条不紊地开展工作。

结　语

当前政府正处于转型阶段,社会问题日益增多,各种矛盾相继出现,谣言变化多样、此起彼伏。由于网络的互联性、实时性以及网络接口的多样性、便捷性的特点加剧了谣言传播和谣言危机发生的可能。本文采用系统动力学的方法,在大数据环境下通过梳理出网络谣言传播的各个阶段及影响因素,构建了谣言转化的系统动力学模型。但网络谣言传播和引导过程复杂多样,涉及传播学、管理学、社会学、心理学等多个学科领域,本文构建的模型不能全面揭示网络谣言传播过程的各个因素,更难对网络谣言的传播进行全方位的模拟与仿真。此外,本文参数数值的设置是根据经验来设置的,后续研究可以结合更多实际案例进行更深入的研究。

B.9
互联网治理中的隐私议题：社交网络环境下的隐私侵权及保护策略

徐敬宏　陈文兵　胡世明　程雪梅*

摘　要： 随着社交网络的发展和大数据时代的到来，个人信息安全正遭受前所未有的挑战。网络隐私信息安全问题，已经成为全球互联网治理中的一个重要议题。本文从网络隐私与社交网络的关系出发，对2017年度的热点网络隐私安全事件进行案例梳理，分析总结了网络隐私安全潜在的威胁以及导致网络隐私侵权的原因——主要包括网络空间的复杂性、个人保护意识淡薄、法律政策体系不健全、网络恶意攻击频发、网络服务商安全体系不完善。在此基础上，本文也相应从法律层面、个人层面、网络服务商层面和国际层面提出了网络隐私的保护策略。

关键词： 网络隐私　互联网治理　社交网络　隐私保护

互联网技术的发展和智能移动终端的普及，使现代生活进入了一个数字社交时代。基于社交网络的特有属性，社交网络、社交媒体以迅雷不及掩耳

---

* 徐敬宏，北京师范大学新闻传播学院教授、博士生导师，北京师范大学新媒体传播研究中心副主任，主要研究方向为网络传播、互联网治理与网络法等研究；陈文兵、胡世明、程雪梅，均为北京师范大学新闻传播学院硕士研究生，研究方向为网络传播、互联网治理与网络法等研究。本文属于国家社科基金一般项目"社交网络中的隐私侵权问题研究"（11BXW042）阶段性成果，并受北京师范大学青年教师基金项目资助（310422105）。

之势成为互联网的新宠儿，用户通过社交网络实现任何时间地点条件下的互动、互通、互联，并产生共鸣。人们自由随意地上传信息、分享内容和存储资料。然而，任何一种媒介都有自己内在的偏向，能影响和改变人们认知世界的方式，同时媒介技术内在的负面倾向也会潜移默化地影响人们的日常生活[1]。例如，社交网络的广泛使用导致了大量存储于网络云平台上的个人隐私信息被非法利用。个人隐私信息安全问题，已经成为全球互联网治理中的一个重要议题，也成为关涉我国网络空间安全的重大社会问题。

一 网络隐私权与社交网络

（一）网络隐私权的概念界定

从法律概念上讲，隐私权是一项基本人格权，特指个人享有一定的私人信息空间并依法受到保护的权利，任何人不得未经主体许可而擅自公开泄露或传播他人的隐私信息。有关隐私权比较典型的概念，最早由美国法学家沃伦和布兰戴斯于1890年在《论隐私权》中提出，他们将隐私权定义为"个人独处的权利"[2]，隐私权现已被纳入现代法治社会中重要权利的保护范畴。网络隐私权，是指在未经本人同意或授权的情况下，他人不得在网上收集、取得、利用和传输本人个人资料与信息的权利。网络隐私权可谓是传统隐私权在虚拟空间的延伸，是数字技术发展到一定时期的产物，属于数据隐私的一部分，是个人隐私权的数据化形式。

（二）社交网络中的隐私泄露

社交网络因其独特的优势而吸引了广大的用户，用户可以在社交网络上可以进行注册账号、添加好友、邮件往来等操作，这些信息或数据在虚拟空

---

[1] 〔美〕尼尔·波兹曼：《娱乐至死》，广西师范大学出版社，2004。
[2] Warren S. D., Brandeis L. D. The right to privacy. Harvard Law Review, 1890, 4 (5): 193 - 220.

间存储的同时，也面临着隐私泄露的巨大危机。目前来看，在社交网络上个人信息的公布主要依托自主发布和被动传播两种模式：对于自主发布，从立法界定角度来讲，个人对相关己身的隐私信息有一定程度的支配权，也有权许可或拒绝第三方对该类信息的传播；对于被动传播，是指经由第三方发布或转发的个人信息内容①。

被动的个人隐私泄露，主要包括四个方面的个人信息泄露：个人档案信息、社交活动信息、登录位置信息和社交关系信息。在大数据时代下的社交网络中，信息的数据化使得个人在社交网站上的信息很容易被访问、收集和传播。随着数据样本的扩大，通过不同社交网络信息的整合，个人隐私就可能受到侵害。同时，用户主动的个人隐私披露是指用户在社交网站上的自我表露。从某种程度上说，社交网络更鼓励用户在使用过程中进行自我展示和表达，而不是对个体个性的隐藏，社交网络的特性更鼓励用户对自己的隐私进行主动披露——一种无意识状态下的自我信息泄露。我国学者通过对西方社交网络中隐私侵权问题进行研究发现，社交网络中最主要的隐私侵权主体是各类社交网站，社交网站借助其免费提供的网站或平台，利用先进的技术和极具欺骗性的隐私声明，大肆侵害用户群的隐私，收集用户的个人信息②。

二 网络隐私案例分析

2017年，随着人工智能、大数据、云计算的蓬勃发展，网络环境中的个人信息保护问题成为重中之重，用户信息泄露、网络黑客勒索和通信信息诈骗等隐私侵害事件不断出现在人们视野中。全球范围内，名为Wanna Cry和Petya的勒索蠕虫先后在5月和6月肆虐全球，给超过150个国家的金融、

---

① 赵萍萍、牟云娟：《基于社交媒体平台的网络隐私安全问题研究》，《成都行政学院学报》2016年第6期。

② 徐敬宏、张为杰、李玲：《西方新闻传播学关于社交网络中隐私侵权问题的研究现状》，《国际新闻界》2014年第10期。

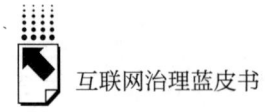

能源、医疗等行业造成影响，使政企机构愈加重视自身网络安全的潜在风险。社交网络中个人隐私信息侵害的事件也层出不穷。在数据泄露事件频发的今天，社交网络隐私侵害已经成为重大的法律问题，如何在立法、技术、理论以及公民意识等层面完善和保障网络隐私安全，已成为当前我国网络治理及法制建设中亟待解决的一个重大问题。

（一）欧美网络隐私权侵害事件

在社交网络发展飞速的美国，个人隐私侵害问题更是不胜枚举，大大损害了网络用户的利益。2017年1月，即时通信软件WhatsApp修改其隐私政策——允许Facebook向用户投放精准广告，德国消费者组织联合会（VZBZ）因此对其提起诉讼，指控其非法收集和存储数据并传输给Facebook。2017年5月，脸谱（Facebook）被法国隐私监管部门（CNIL）罚款15.5万欧元，原因在于脸谱收集大量用户个人数据用于发布定向广告，并且没有提供用户拒绝的选项；同时还在用户不知情的情况下收集用户浏览第三方网站数据。2017年10月，美国电信巨头Verizon称，雅虎30亿用户信息都有可能遭到泄露，这些用户信息包括用户姓名、电话号码、出生日期、电子邮箱和加密密码等。2017年11月，据《国际财经时报》报道，Google利用算法成功避开苹果手机的默认隐私设置，收集大概540万名iPhone用户的历史浏览数据，严重侵犯用户隐私，已被消费者在英国法院提起诉讼，并被要求对规避苹果Safari浏览器的隐私设置的行为进行赔偿。

（二）国内网络隐私权侵害事件

在中国，与社交网络相关的个人隐私泄露的事件频频出现，信息泄露事件呈现高速增长趋势，互联网行业更是信息泄露的高发区。2017年1月，暗网市场知名供应商双旗（DoubleFlag）抛售从数家中国互联网巨头盗取的大量数据，数据条数达到10亿以上，这些数据来源于网易及其下属公司、腾讯控股、TOM集团、新浪集团、搜狐公司等。2017年10月，据南都记者调查报道，一些不良现金贷平台向数据公司购买所谓的"数据产品"，由后者通过爬虫技术，扒取用户在移动通信运营商、电商网站、微信支付宝等社交网络上的行为轨迹以及包括央行征信报告、水电煤使用等在内的生活信息，作为平台放贷前评估用户风险的"风控奇招"。此举在维护现金贷企业一己之利的同时，也将用户的个人隐私置于极大的风险当中。2017年12月，奇虎360公司旗下的水滴直播也因信息隐私问题被关闭，给直播平台用户隐私保护敲响了警钟。

三 网络隐私威胁及侵权原因

在个人信息主动发布或者被动传播的基础上进行考量，社交网络上的隐私泄露表现可分为三种：自主公开型，即用户自愿"暴露"个人隐私的行为，一种"晒"的信息传播；保护不当型，对于社交网络中个人隐私的保护，很多用户在个人社交媒体的使用习惯上缺少防范意识；不法网络搜集型，随着移动社交媒体的丰富和发展，精准营销等新型营销方式不断普及，掌握用户个人隐私、依据隐私展开产品的针对性营销是商家实现盈利的重要手段[①]。

（一）社交网络隐私保护面临的威胁

数字媒体时代，社交网络成为用户隐私泄露的"主战场"，网络隐私保护岌岌可危。在这种环境下，社交网络中个人用户面临着诸多信息安全威胁：①个人隐私泄露：社交网络使用的过程中，常见个人隐私泄露情况是用户在社交平台上自我表露——身份、态度、情感、认知等个人信息的公开化；②黑客恶意攻击：鉴于信息成为重要的资源，Facebook、Twitter等热门社交平台成为黑客制造僵尸粉的重点攻击对象，黑客通过代码的方式对用户的各类信息进行收集以作其他用途；③智能终端的威胁：社交网络信息安全受到各类因素的影响，尤其是集成了海量数据信息智能终端，若终端设备被

---

① 付继：《移动社交媒体中的个人隐私泄露危机》，《新闻研究导刊》2017年第14期。

损坏丢失或受病毒控制，极易造成信息丢失①；④网络服务商的信息收集：从经济利益或竞争优势出发，应用服务商经常为了获取利益而对隐私信息进行非法收集或信息买卖。这些威胁的存在，都使社交网络用户信息保护成为个人信息保护的重要内容。

（二）社交网络隐私侵权的原因分析

互联网技术的爆炸式发展过程中，社交网络隐私侵权事件屡屡发生，而这种现象往往由多方面、多因素原因导致。产生隐私泄露和侵权现象的原因基本有以下几点。

1. 网络空间用户基数冗杂

移动互联网正在促进硬件设备智能化、消费模式共享化以及消费场景多元化，使得整个互联网行业向个性化、规范化以及价值化发展。当前我国手机网民总数有7.53亿，网民中使用手机上网的人群占比达到97.5%。巨大的网民基数导致社交网络的多元性、不确定性以及匿名性，以及网络空间的复杂多变性，都在一定程度上导致用户个人隐私容易受到侵犯。

2. 个人隐私保护意识淡薄

从用户层面考虑，隐私保护安全意识薄弱、社交网络素养不高等非技术性因素，大大助长了商业公司、应用服务商非法收集和利用个人隐私信息的侥幸心理。有关研究发现，只有极少部分用户会阅读社交平台、网站的相关隐私说明，大部分用户从没关心或阅读过相关声明。与此同时，网民在社交网络上的"隐私悖论"型自我表露和自我保护意识不强，也导致其个人隐私信息出于公开暴露状态②。

3. 网络服务商隐私信息安全体系不完善

网络服务商内部数据管理松懈、用户隐私信息安全体系不完善，时常造

---

① 唐磊：《研究大数据时代社交网络个人信息安全问题》，《中国战略新兴产业》2018年第4期。
② 肖会敏、祝晓梦：《基于大数据的社交网络安全问题及对策研究》，《信息系统工程》2018年第2期。

成用户信息泄露；另外，服务商自身的数据保护机制不牢固也为网络黑客窃取用户隐私提供便利。有学者对 49 家网站进行研究发现，绝大部分（占比 98%）网站都会在隐私保护政策中声明收集、共享用户个人信息[1]。正如相关研究指出，我国知名企业网站的隐私声明，不仅与美国等国际企业网站的隐私声明相比差距不小，而且与 10 年前相比，依然进步不大[2]。同时，根据腾讯社会研究中心联合 DCCI 互联网数据中心发布的《2017 年度网络隐私安全及网络欺诈行为分析报告》显示，对 852 个安卓系统手机 APP、275 个 iOS 系统手机应用研究后发现，2017 下半年有 98.5% 的 Android 应用存在获取用户隐私的行为[3]。隐私泄露往往是在用户不知情的情况下发生的，用户没有被告知，更没有同意。

事实上，大多数网站、移动 APP 的隐私声明中都会表示，在未经用户同意的情况下，网站及其所属的关联公司不会与第三方分享用户的个人信息；在得到用户同意的前提下，才会开展分享行为。但是，如何征求用户同意、什么情况下才算已经征求得到用户同意等问题，依然是隐私保护中的一个盲区。有学者指出，虽然不少网站都发布了隐私政策，但现实中并没有采取技术手段或其他必要措施兑现其信息保护承诺[4]。

4. 网络恶意攻击大量存在

数据信息挖掘第三方利用隐私保护技术本身的缺陷进行攻击，也容易造成用户信息隐私泄露[5]。社交网络作为人类在互联网上传播信息、进行社会交流活动的平台，在人们生活中作用越来越大。网络黑客瞄准相关安全技

---

[1] 申琦：《我国网站隐私保护政策研究：基于 49 家网站的内容分析》，《新闻大学》2015 年第 4 期。
[2] 徐敬宏、赵珈艺、程雪梅等：《七家网站隐私声明的文本分析与比较研究》，《国际新闻界》2017 年第 7 期。
[3] 孙奇茹：《网游、工具类 APP 获取隐私情况严重》，《北京日报》2018 年 1 月 19 日，第 15 版。
[4] 邵国松、薛凡伟、郑一媛等：《我国网站个人信息保护水平研究——基于〈网络安全法〉对我国 500 家网站的实证分析》，《新闻记者》2018 年第 3 期。
[5] 陆雪梅、古春生：《大数据环境下用户信息隐私泄露成因分析和保护对策》，《现代情报》2016 年第 36 卷第 11 期。

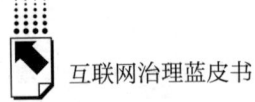

术、法规政策及用户安全意识的滞后,大肆践踏社交网络中的个人隐私。攻击者利用隐私保护技术漏洞可以非法获取大量用户隐私信息,然后将其进行商业交易或者自己利用,雅虎30亿用户信息遭泄露便是黑客入侵所导致的严重后果。

5. 法律监管的不充分性

各国历来都重视网络安全问题,互联网治理是当前世界各国国家治理的重要组成部分。互联网技术的飞速发展使信息的传递更加迅捷,但由于网络隐私保护的滞后性,也使两者之间的矛盾日益突出。

当前,网络监管的范围依旧宽泛,社交网络监管对象也没有被完全明确界定。我国有关网络隐私权的法律法规也比较零散且缺乏系统性。2017年6月1日正式实行的《中华人民共和国网络安全法》对个人信息保护作了专章规定,网络运营者不得滥用个人信息、个人信息共享的条件、个人的数据权利等新规定也被纳入法律范畴。但是,《中华人民共和国网络安全法》目前在保护个人信息的效果是有限的,这迫切需要相关机构加大执法力度,将其相关规定付诸行动,使该法能对违法网站产生应有的威慑力。相比美国、欧盟等隐私权保护相对成熟的国家和地区而言,国内的网络隐私权法律保护仍有很长一段时间要走。

四 网络隐私保护的策略

当越来越多的人在社交网络上分享个人生活,陌生的网络虚拟空间由于其海量、隐匿、开放、互动等特点,给网络隐私权的主体、客体都带来了影响。社交网络环境下,如何为个人隐私信息提供安全牢固的保护屏障,是当前必须考虑的问题。

1. 完善法律政策保护机制

在互联网治理中,网络安全问题与亿万网民的利益息息相关,虽然目前信息安全管理技术不断提高,但不管技术多么发达都离不开规范的管理,从法律政策层面对网络隐私信息保护做出有效的界定和监管十分必要。当务之急，是在现有法律体系框架下，以《中华人民共和国网络安全法》为依托，整合与完善有关网络隐私权保护的法律条文，建立一套维护网络隐私权的完整法律体系。

同时，新的法律政策必须就法律主体及界限做出具体明确的说明，如对网络隐私侵权主体、网络隐私的范畴、网络隐私权主客体的责任和权利等要有明确界定，且对于不同程度不同范畴的网络隐私侵害应有不同的判案标准，避免定责不明难以判案。比如，2018年5月，欧盟《通用数据保护条例》（General Data Protection Regulation）正式生效。这部被称为"史上最严"的公民隐私数据保护条例除了规定了姓名、身份证号、邮箱等常规数据受到保护外，位置信息、DNA信息等隐私也被纳入个人数据保护的范畴，科技公司如未经允许收集并使用这些数据，将可能面临巨额罚款。

2. 网络服务商加强自律和安全技术创新

现阶段，网络社交平台已经成为人们社交的重要方式。建立合理的互联网服务商行业自律体系，包括整个行业的自律和相关从业者的自律，是对法律政策保护网络隐私权的有效补充。规范行业行为，协同服务商之间的利益关系，是建立有效的网络隐私信息保护规则的基础。与此同时，规范网络信息收集和使用的行业制度，需要以更加多元的网络监督体系为支撑，比如网络隐私安全保障联盟、网络信息安全技术合作平台等。网络服务提供者在业务活动中收集、使用信息时都必须遵守明示原则、同意原则、目的明确原则、安全保障原则等。

另外，鼓励安全技术创新势在必行。在网络隐私安全保障方面，网络服务商必须从技术和应用角度保护网络隐私安全，提高数据把关能力和网络除痕技术能力，强化网络加密功能及数据风险预警机制等，这样才能实现用户隐私信息实时保护功能、避免网络黑客攻击的技术漏洞。网络服务商从制度上保证公民的网络隐私权不受侵害，建立一种真正的互信关系，从而实现网络隐私权的基础保护。企业一旦侵害网民的网络隐私权，则应主动承担相应的赔偿责任。另外，也可学习发达国家的做法，在企业内部设立专门负责处理用户隐私权相关事宜的部门。

3. 培养公民的网络隐私安全意识

做好个人层面的网络隐私权保护，关键在于通过各种渠道，提升网民媒介素养，加强网民的网络隐私权保护意识①。一旦发生个人隐私信息泄露，网民就必然遭受相应的不良影响。因此，公民应学习管理与支配隐私信息的能力，使用隐私权限设定等方式维护个人信息安全，一旦受到侵害，要立即通过法律途径维护自身的合法权益。同时，公民要懂得尊重他人网络隐私信息，未经许可不得擅自公布或传播他人隐私信息，维护网络隐私权。再者，网络用户对个人信息的保护应当系统化、规范化。在现实网络环境中，无论是国内的微信、微博、QQ，还是国外的Facebook、Twitter、Instagram、Snapchat等，用户在使用社交网络的过程中，应当根据网络站点的安全可靠性有选择地公开个人信息，时刻保持警惕，不给非法分子留可乘之机，从而保护自身安全。同时还应当注意，不同用途的账号尽可能使用不同的登录密码，避免被重复盗用；离开某一账户之前，及时注销用户信息以免造成安全隐患。

4. 增强国际协作水平

在社交网络环境下，网络信息的交互和传播往往不受地域疆界的限制，网络隐私权保护是世界各国所面临的共同问题。维护网络隐私权，需要全球范围内增强技术和信息交流，通过整合与统筹的方式充分利用全球信息资源，加强应对网络隐私安全风险的应对能力，提高互联网安全治理水平。

互联网的诞生，信息数量呈指数级增长，信息交流跨越时空限制，信息的接收者与传播者可以完成即时对话，这都是前所未见的现象。面对这一蓬勃的网络发展态势，我们应持有更多的审慎态度，对隐私安全问题予以重视。社交网络个人信息安全是当下用户较为关注的一个重大问题，信息安全

---

① 徐敬宏、赵莉：《我国网络隐私权的个人保护、行业自律保护和法律保护概述》，《情报理论与实践》2011年第34卷第1期。

问题如果得不到解决，势必会打击用户参与社交网络的信心，从而阻碍互联网经济的健康发展。如何把握好个人信息的安全界限、平衡信息使用和隐私保护之间的关系是当前需要深度思考与深入解决的一大课题。只有确保信息安全保护机制落到实处、减少网络隐私侵权现象，社交网络的发展才会给现实世界带来更多益处。

B.10
"非交互式"网络传播行为的法律困境及其解决方案

牛 静 常明芝*

摘 要： 互联网的发展，催生了网络直播、定时播放这样的"非交互式"网络传播行为。对非交互式网络传播行为的定性，在司法界和理论界都产生了意见分歧，主要有以下三种，或判定其侵犯信息网络传播权，或判定其侵犯广播权，或判定其侵犯"应当由著作权人享有的其他权利"。本文在剖析"非交互式"网络传播行为能否适用信息网络传播权、广播权和"兜底条款"的基础上，提出两种解决"非交互式"网络传播司法判决分歧的较好方式。一是拓展广播权；二是把广播权和信息网络传播权合并，建立"向公众传播权"。

关键词： "非交互式"网络传播 信息网络传播权 广播权 兜底条款 向公众传播权

一 "非交互式"网络传播行为在司法中的侵权认定

"非交互式"网络传播主要包括两种网络传播形式：网络定时播放和网络实时转播（或者叫网络同步直播）。这两种形式的共同特点是，网络用户

---

* 牛静，华中科技大学新闻与信息传播学院副教授、博士生导师；常明芝，武汉传媒学院新闻传播学院讲师。

没有观看时间上的自由，只能在特定时间在线观看。

近年来，多起案件均被诉涉及"非交互式"网络传播行为，较为典型的案例有：2007年北京星传影视文化传播有限公司诉上海文广新闻传媒集团、百视通网络电视技术发展有限责任公司及杭州申通投资有限公司的著作权侵权案[①]；2008年宁波成功多媒体通信有限公司诉北京时越网络技术有限公司案[②]；2012年乐视网诉广州珠江数码集团有限公司侵害作品信息网络传播权纠纷案[③]；2015年深圳迅雷网络技术有限公司诉央视国际网络公司信息网络传播权侵权案。[④] 这些侵权案件性质相似，不同法院却作出了不同的判决结果，或判定其侵犯信息网络传播权，或判定其侵犯广播权，或判定其侵犯《中华人民共和国著作权法》（以下简称《著作权法》）"兜底条款"中的应当由著作权人享有的其他权利，下面我们对这些司法判例进行分析。

（一）认定侵犯信息网络传播权

2008年，在宁波成功多媒体通信有限公司诉北京时越网络技术有限公司侵犯著作权案中，起诉原因是成功多媒体公司享有电视剧《奋斗》在大陆地区的独家信息网络传播权，却发现被告所属的"悠视网"正在播放电视剧《奋斗》的第6集，即将播出《奋斗》第9集和第10集等节目预告信息。成功多媒体公司认为该网站的行为侵犯其信息网络传播权。一审法院判决结果认为："虽然网络用户在其选定的时间不能够获得《奋斗》的全部或任意一集的内容，但却能够获得网站正在播放的那一集的内容。因此，时越公司的行为构成对原告信息网络传播权的侵犯"。[⑤] 二审法院判决认为，"关

---

① 上海市第二中级人民法院（2007）沪二中民五（知）初字第393号民事裁定书。
② 北京市海淀区人民法院（2008）海民初字第4015号民事判决书；北京市第一中级人民法院。
③ 广东省广州市越秀区人民法院（2012）穗越法知民初字第1100号，广东省广州市中级人民法院（2013）穗中法知终字第1173号。
④ 北京市海淀区人民法院（2015）海民（知）初字第5692号民事判决书。
⑤ 北京市（2008）海民初字第4015号民事判决书；北京市（2008）一中民终字第5314号民事判决书。

于北京时越公司主张其行为不属于信息网络传播权范畴，对此，本院认为，互联网用户通过悠视网能够观看该电视剧的内容，即使悠视网的播放方式系定时定集播放，悠视网未经许可的在线播放行为亦侵犯了宁波成功公司享有的信息网络传播权"。①

与此案件上述判定结果相似的是 2008 年央视国际网络有限公司诉世纪龙信息网络有限责任公司侵犯著作权纠纷案。央视国际起诉被告在其网站上实时转播中央电视台 CCTV - 奥运频道正在直播的节目。法院判决认为："被告未经许可，在其经营的网站上实时转播中央电视台 CCTV - 奥运频道直播的奥运火炬珠穆朗玛峰传递节目，并且该网站用户可以对该节目进行回放，侵犯了原告的信息网络传播权。"②

上述两个案例既有相似之处，又有自己的独特之处。成功诉时越一案属于定时播放，涉及"非交互式"网络传播行为；央视国际诉世纪龙这一案件，被告的网络实时转播行为属于"非交互式"网络传播行为，而允许用户在网站上随时回放节目的行为属于"交互式"网络传播。但法院将这不同类型的传播行为都归为信息网络传播行为。

（二）认定侵犯著作权人的其他权利

2008 年，在安乐影片有限公司诉北京时越网络技术有限公司、北京悠视互动科技有限公司侵犯著作权案中，安乐影片公司发现被告在其网站"悠视网"提供电影《霍元甲》在线定时播放服务，有固定的播放时间点，并提供该影片的在线播放和录制服务。一审法院认定时越公司未经授权传播影片《霍元甲》，侵犯了原告安乐公司对该影片享有的著作权中的"通过有线和无线方式向公众提供作品的权利，通过有线和无线方式按照事先安排之时间表向公众传播、提供作品的定时在线播放、下载、传播的权利"。③ 二

---

① 北京市（2008）海民初字第 4015 号民事判决书；北京市（2008）一中民终字第 5314 号民事判决书。
② 广东省广州市中级人民法院（2008）穗中法民三初字第 352 号民事判决。
③ 北京市（2008）二中民初字第 10396 号民事判决书。

审法院支持了一审的判决,"我国《著作权法》规定的'信息网络传播权'针对的是'交互式'传播行为,即网络用户拥有何时,何地获得作品的自主权,而非被动接受传播者安排。悠视网提供的是对涉案电影作品定时在线播放服务和定时录制服务,网络用户只能在该网站安排的特定时间才能获得特定的内容,因此,这种网络传播行为不属于信息网络传播权所限定的信息网络传播行为。同时,由于这种行为也不能由著作权法第十条第一款所明确列举的其他财产权所调整,所以一审法院认定其属于著作权法第十条第一款第(十七)项'应当由著作权人享有的其他权利'调整的范围是正确的"。①

2015 年,在深圳迅雷网络技术有限公司诉央视国际网络公司著作权侵权案中,央视国际未经授权在其经营的网站"www.cntv.cn"向公众传播迅雷公司依法享有著作权的电影《形影不离》②,在此案中,央视国际称迅雷公司只享有该影片的信息网络传播权,而央视国际公司在其经营的网站上对涉案影片进行的是网络电视直播服务,按照节目预先规定的时间播放并且网络用户不能影响播放进度,因此,没有侵犯原告的信息网络传播权,不同意迅雷公司的诉讼请求。③ 最后法院认为这种"非交互式"传播行为侵犯了著作权人"通过有线或无线方式按照事先安排的时间表向公众传播、提供作品的定时在线播放的权利",属于《著作权法》中的"兜底条款"——"应当由著作权人享有的其他权利"。

因此这两个案件的审理过程中,法院已经认识到将"非交互式"网络传播行为侵权认定为侵犯"信息网络传播权"的不当,而改用我国《著作权法》中的"兜底条款"。

(三)认定侵犯广播权

法院还将未经授权的"非交互式"网络传播行为认定为侵犯广播权,

---

① 北京市(2009)高民终字第 3034 号民事判决书。
② 北京市海淀区人民法院(2015)海民(知)初字第 5692 号民事判决书。
③ 张俊翠:《非交互式传播行为探析》,吉林大学硕士学位论文,2016。

如 2012 年的央视国际网络有限公司诉百度和搜狐侵犯著作权纠纷案。央视国际发现在百度应用平台上可以看到"2012 年央视春节联欢晚会直播",并标明"来自搜狐视频"、点击"立刻播放"按键,可以在线播放"春晚"。央视国际公司认为百度公司未经许可擅自在其网站上向用户提供"春晚"的网络实时转播,侵犯了其著作权。一审法院经审理后认为,未经许可对他人享有著作权的作品进行网络实时转播并非适用《著作权法》第 10 条第 (17) 项的"兜底条款",而是适用该法第 10 条第 (11) 项之规定,应认定为侵犯广播权。但法院认为由于搜狐公司承认百度平台上播放的《春晚》是由其提供,而并非百度公司通过接收无线广播信号并予以在线播放,故百度公司并未侵犯央视国际对《春晚》的广播权。然而二审法院经审理后认定,由于百度公司未能举证证明其未对《春晚》进行网络实时转播,故推定百度公司未经许可提供了《春晚》的实时转播,并进一步认为,当网络实时转播的"初始传播"方式为无线方式时,可受我国广播权调整,本案中,百度公司的"初始传播"来源自央视的"无线广播",故百度公司提供《春晚》的网络实时转播行为侵犯了央视国际的广播权。①

对未经授权的"非交互式"网络传播行为,或认定为侵犯信息网络传播权,或将其认定为侵犯《著作权法》的"兜底条款",或将其认定为侵犯广播权,表明了法院在审理该类案件时表现出的一定谨慎与智慧,但"法院的判决依据显然已经超出了《著作权法》的相关规定"。②

二 "非交互式"网络传播行为侵权认定的理论分歧

按照用户是否具有获取信息内容、时间和地点的自主性,我们把网络传播行为分为"交互式"和"非交互式"两种。不管"交互式"网络传播还是"非交互式"网络传播,传播者都是通过有线或者无线的方式向公众提

---

① 北京市(2012)海民初字第 20573 号民事判决书;北京市(2013)一中民终字第 3142 号民事判决书。
② 汪涌、史学清:《网络侵权案例研究》,中国民主法制出版社,2009,第 63 页。

供作品,这是两者的相同点。两者的区别在于,"交互式"网络传播,用户可以在任意时间获取作品,但是"非交互式"网络传播,用户只能在信息提供者指定的时间获取作品。网络时代,网络直播、网络电视、网络定时播放都属于"非交互式"网络传播。

(一)"非交互式"网络传播侵权行为是否能归为信息网络传播权规范的范围

根据我国现行《著作权法》第10条第1款第(十二)项的有关规定,"信息网络传播权,即以有线或无线方式向公众提供作品,使公众可以在其个人选定的时间和地点获得作品的权利"。根据该项规定,可以将信息网络传播权所规范行为的特征归纳为以下三个要素:"首先是传播媒介要素(借助有线或无线信息网络);其次是传播对象要素(传播是针对不特定的社会公众);第三是接收方式要素(接收者可以在其个人选定的时间和地点获取作品,即接收方式的'交互性')。"[①] 针对"非交互式"网络传播,网络定时播放和网络直播、网络电视都属于"非交互式"网络传播形式、接收方式不具有交互性、不符合信息网络传播权的特点,因此,"非交互式"网络传播侵权行为不能用信息网络传播权进行规范。

(二)"非交互式"网络传播侵权行为是否能归为广播权规范的范围

根据我国《著作权法》第10条第1款第(十一)项的规定,广播权是"以无线方式公开广播或者传播作品,以有线传播或者转播的方式向公众传播广播的作品,以及通过扩音器或者其他传送符号、声音、图像的类似工具向公众传播广播的作品的权利"。具体来说,"广播权限制的是三种行为:第一种是以无线方式传播作品;第二种是对广播作品的有线传播或转播;第

---

① 焦和平:《论我国〈著作权法〉上"信息网络传播权"的完善——以"非交互式"网络传播行为侵权认定为视角》,《法律科学》2009年第6期。

三种是对广播作品通过扩音器或其他任何传送符号、声音或图像的类似工具向公众传播"。①

有研究者认为,"非交互式"网络传播行为符合《著作权法》第10条关于广播权的规定,"即使不把其视为该条所规定的'以无线或者有线方式'的传播,也可视为是该条所规定'以其他传送符号、声音、图像的类似工具'的传播,而广播权的规定中并不要求'使公众可以在其个人选定的时间和地点获得作品'这一要件,因此可以适用广播权的规定"。② 另一部分研究者对此则持否定态度。"非交互式"网络传播主要通过有线和无线两种方式进行传播,"如果作品是由无线网络进行传播的,则可以适用'广播权';如果作品是经由有线网络传播的,就不能适用'广播权'"。③ 这显然违反了"技术中立"原则,因此是不科学、不合理的。这种观点具有一定的说服力,因为对于同一种性质的行为,如果这一行为导致的结果和危害相同,只是技术方法不同,在法律上应该遵循技术中立原则。因此,根据技术中立原则,"非交互式"网络传播侵权行为不能用广播权进行规范。

(三)"非交互式"网络传播侵权行为是否能归为《著作权法》中的"兜底条款"规范的范围

我国《著作权法》除了规定著作权人拥有16项明确的权利外,还制定了第17项"兜底条款",即遇到无法适用其他16项权利的情况,用这一项来规定其他特殊情况,这避免了立法的不周延。偶尔使用"兜底条款"来解决"非交互式"网络传播行为是可以的,但是此类"非交互式"网络传播案例频繁出现,"非交互式"网络传播侵权行为不能都使用《著作权法》

---

① 王迁:《网络环境中的著作权保护研究》,法律出版社,2011,第124~125页。
② 刘军华:《论"通过计算机网络定时播放作品"行为的权利属性与侵权之法律适用》,《东方法学》2009年第1期。
③ 汤辰敏:《论我国〈著作权法〉中"信息网络传播权"和"广播权"的重构——以"非交互式"网络传播为视角》,《河南理工大学学报》(社会科学版)2012年第1期。

中的"应当由著作权人享有的其他权利"来规范。因此，需要对我国的《著作权法》进行修改和完善。

三 "非交互式"网络传播行为法律困境的解决方案

针对"非交互式"网络传播行为司法判决结果的多样化，同一法律行为却有不同的司法判决，必定会增加法律适用难度。将未经许可进行"非交互式"网络传播行为视为侵犯信息网络传播权或广播权，都有失偏颇，对于"非交互式"网络传播行为适用"兜底条款"进行调整，也只是权宜之计。这导致权利人不知道该用何种诉因提起诉讼请求，是广播权、信息网络传播权还是著作权；甚至有些权利人担心以侵犯信息网络传播权作为诉因，得不到相应的保护，而改用更为宽泛的"著作权"概念。这不仅增加了法官的工作难度，而且增加了权利人维权的难度，也使得网络环境下的著作权保护力度减弱。[①]

（一）扩张广播权

对于未经授权的"非交互式"网络传播行为的侵权认定问题，王迁（2011）建议扩张广播权，使之能够规范各种"非交互式"的传播行为，他认为，我国的"广播权"仍局限于《伯尔尼公约》中的有线转播，而现在需要扩展到直接的无线传播行为。[②] 但有研究者认为，"非交互式"网络传播行为与广播行为存在两个方面的明显差别：一是传播媒介不同，前者的传播媒介是互联网，后者的传播媒介主要是无线电台、电视台；二是传播的信息形式不同，前者传播的是数字化信息，后者传播的是无线电波信息。[③] 总

[①] 王迁：《我国〈著作权法〉中"广播权"与"信息网络传播权"的重构》，《重庆工学院学报》（社会科学版）2008年第9期。

[②] 王迁：《网络环境中的著作权保护研究》，法律出版社，2011，第124~125页。

[③] 焦和平：《论我国〈著作权法〉上"信息网络传播权"的完善——以"非交互式"网络传播行为侵权认定为视角》，《法律科学》2009年第6期。

结以上观点，反对者只看到了信息网络传播权和广播权适用媒体和信息传播形式的差异，并没有注意到信息网络传播权的本质特征是适用那些"交互式"的网络传播行为。而网络直播、网络定时在线播放等"非交互式"网络传播行为与传统的电视和广播节目的播放方式并没有本质差别，应纳入广播权的调整范围。

根据我国《著作权法（草案）》第三次修改草案第二稿、第三稿和修订草案送审稿（三者的规定是一致的）的做法，删除了广播权，增加了播放权，即"以无线或者有线方式公开播放作品或者转播该作品的播放，以及通过技术设备向公众传播该作品的播放的权利"。同时对信息网络传播权也进行了界定："以无线或者有线方式向公众提供作品，使公众可以在其个人选定的时间和地点获得作品，以及通过技术设备向公众传播以前述方式提供的作品的权利。"可见草案对两种权利有了明确的区分方法，播放权用于规范用户没有自主性的"非交互式"网络传播；而信息网络传播权则用来规范用户拥有主动权的"交互式"网络传播行为。对两种行为进行明确区分，适用于不同的法律，有利于体现立法的公平价值和正义价值，所以扩张广播权是一种较好的立法建议。

（二）建立"向公众传播权"

鉴于扩张广播权仍然未能体现《著作权法》体系化的思路。有研究者提出，可以规定一项广义的"无线或者有线传播权"（即"向公众传播权"），用以规范"交互式"和"非交互式"、无线和有线方式传播作品的行为①。顾威豪（2013）也指出："设立'无线与有线传播权'，既糅合了原有广播权、信息网络传播权的内容，也涵盖控制了'非交互式'信息网络传播行为，还为传播技术的进一步发展留出了空间。"② 当然也有研究者不赞同这种观点，认为："通过'向公众传播权'来进行统一规制，固然拓

---

① 王迁：《网络环境中的著作权保护研究》，法律出版社，2011，第124~125页。
② 顾威豪：《非交互式网络传播行为的定性——由司法解释对"信息网络"的扩张看"网络传播行为"的扩张》，《中国版权》2013年第6期。

展了其在法律涵盖范围，但是在实际应用中统一的规制会导致法律的过于宽泛，会因法律界限不明而使公众不能有一个较为明确的把握，反而不能体现法律的针对性，不能对作品的传播行为提供具体的指导，不能有效保护著作权者的权利。"①

个人认为建立"向公众传播权"虽然会打乱著作权的既有权利体系，但也是另一种建立立法体系的尝试，仍然具有很大价值。第一，在著作权法体系中有一类权利被称为"公开传播权"，包括"向公众传播权"和"在公众传播权"。"向公众传播权"包括了我国著作权法中的广播权和信息网络传播权。虽然我国没有规定一项总的"向公众传播权"，但是建立"向公众传播权"是有一定著作权法依据的。第二，国际上有很多国家采取扩充公众传播权的方式，如意大利《著作权法》第16条规定："排他性的有线或无线传播权，即指以任何传播方式进行远距离传输，如电报、电话、广播、电视和其他类似方式……此外，还包括以任何人在其选定的地点和时间可以自由获取作品的方式传播。"② 此外，韩国、日本和澳大利亚等国也采取了这样的立法，如韩国《著作权法》第18条规定："'向公众传播的权利'，是指作者有向公众传播其作品的权利。"③ 第三，这一方案符合技术中立原则，能够包容各种新型传播技术，保持法律体系的和谐统一。

上述两种立法建议，都尽量遵循技术中立原则，以及维持《著作权法》体系的系统性和完整性，参考我国网络技术发展出现的问题、我国《著作权法》第三次修改草案的建议，以及国际上其他国家的成功经验，希望能够促进我国《著作权法》不断完善。

---

① 李瑞钦：《信息网络传播权制度适用的实践困境及其完善构建——从非交互式网络传播行为的侵权认定切入》，《法律适用》2014年第12期。
② 《十二国著作权法》翻译组：《十二国著作权法》，清华大学出版社，2011，第283页。
③ 《十二国著作权法》翻译组：《十二国著作权法》，清华大学出版社，2011，第283页。

B.11
区块链：构建网络社会"诚信长城"的利器

张田文 彭治国*

摘 要： 区块链应用逐步从金融延伸到征信、供应链溯源、数据存证、线上交易、档案管理、知识产权、慈善以及物联网等各行各业，结合云计算、大数据等新一代信息技术，构建可信机制，转变社会商业模式，从而引领新一轮的社会变革。本文诠释了区块链这部信任机器是如何运行的，并指出区块链模式将把互联网治理从被动防御推进到主动构建。本文提出了通过构建各行业的区块链公共平台来建设网络社会诚信长城，并提出了三步走的建设路线构想，指出必须通过区块链降低行业诚信成本，提高行业效率，来解决行业痛点，通过行业联盟链方式形成行业共识，最终形成"人人为我，我为人人"的合作共赢的行业生态。

关键词： 区块链 网络社会诚信 构建路线

前 言

区块链（Blockchain）是分布式账本、P2P传输、共识机制、加密算法

---
* 张田文，广州和链科技有限公司董事长；彭治国，广州和链科技有限公司董事总经理。研究方向均为区块链。

等技术的集成技术，从技术上提供了一种防止在传统交易模式中无法解决的数据造假行为的机制，从而构建可信交易环境，打造可信社会。近年来，区块链应用逐步从金融延伸到征信、供应链溯源、数据存证、线上交易、档案管理、知识产权、慈善以及物联网等各个行业，结合云计算、大数据等新一代信息技术，构建可信机制，转变社会商业模式，从而引领新一轮的社会变革。

当前，各国政府机构、社会组织，包括开源组织和产业联盟等纷纷抓住区块链发展机遇，大力投资区块链产业应用。

2016年，区块链技术正式作为国家战略，被纳入《"十三五"国家信息化规划》。规划明确提出加强区块链等新技术的创新、试验和应用，以抢占新一代信息技术主导权。2017年，党的十九大报告中指出，创新是引领发展的第一动力，是建设现代化经济体系的战略支撑。为加快建设创新型国家，实现为建设科技强国、质量强国、航天强国、网络强国、交通强国、数字中国、智慧社会提供有力支撑这一目标。这正是新时代、新使命、新征程赋予我们的新任务。在2018年5月28日举行的中国科学院第十九次院士大会和中国工程院第十四次院士大会上，习近平总书记进一步强调："以人工智能、量子信息、移动通信、物联网、区块链为代表的新一代信息技术加速突破应用……世界正在进入以信息产业为主导的经济发展时期。"在政府的支持和引导下，随着产业生态的持续演进，区块链技术和应用作为一项重要的国家战略，将充分显示其重要的战略价值。

一 区块链及其运行机制

区块链是一种创新的分布式交易验证和数据共享技术，即分布式共享总账（Distributed Shared Ledger），是分布式账本、P2P传输、共识机制、加密算法等现有成熟技术的有机组合。在区块链中，数据以区块（block）为单位产生和存储，并通过时间戳按照时间顺序生成链式（chain）数据结构。区块链的所有节点共同参与系统中的数据验证、存储和维护。新区块的创建通过共识机制获得全网所有节点的确认后，再向所有节点广播实现全网同步，并且不能更改或删除。

（一）区块链的基本特征

区块链是以 P2P 网络的形式建立在严谨的密码学验证基础上的开放式公共账本，它将数据存储在块中，通过块号指针将这些块在逻辑上串联起来构成链条，最后应用数字签名与完整性校验保证块数据的真实性、时序性、完整性。全网参与的节点协作完成交易验证和存储，在技术层面具有不可撤销、不可抵赖、不可篡改等属性，在应用层面具有分布式的公开透明、交易可跟踪等特征。区块链的核心价值是能够建立多中心化信任。区块链的特征如下。

1. 多方写入，共同维护

区块链的记账参与方由各方利益不一致的实体组成，由不同的参与方主导发起记账，而其他参与方将对主导方发起的记账信息进行共同验证。

2. 公开账本

所有参与者均可访问账本内的信息内容和历史信息。需明确的是，公开账本是指信息的可访问性对所有参与方公开，信息本身可以通过加密方式不予公开。因此，通过隐私保护技术，比如零知识证明、同态加密、门限加密等，可以实现密文操作验证信息有效性，从而做到既保证了区块链上的信息验证，又可达到不同级别的信息隐私保护。

3. 去中心化

去中心化（Decentralization），是区块链的一个主要特征。在一个分布有众多节点的系统中，每个节点都具有高度自治的特征。任何一个节点都可能成为阶段性的中心，但不具备强制性的中心控制功能。这种开放式、扁平化、平等性的系统现象或结构，我们称之为去中心化。区块链将统一交易记录账本保存在不同单位的节点服务器中，受不同单位的共同监控。通过在多个节点服务器进行部署，甚至代码公开，使各节点服务器权力平等，分布式平等共享相同数据，最终达到共享、透明、开放，交易可跟踪，去中心化控制，全网参与的节点协作完成交易的验证和统一交易记录账本的存储。

4. 不可篡改

区块链的不可篡改性质，一方面基于密码学的哈希算法，由各区块的哈希值相连形成的区块链，验证真假容易、篡改难；另一方面基于多方共同维护的特性，通过共识机制在各节点写入统一交易记录账本，再加上时间戳，最终形成带可信时间戳的链条，导致造假成本高昂，造假必须将组成整个链条的每一个区块的数据及时间进行重新调整。

（二）作为信任机器的区块链的运行机制

区块链这部信任机器，通过采用分布式账本技术、共识机制、智能合约、算法支撑等方式维持运行，保持共享、透明、开放。

1. 分布式账本技术

该技术让所有的参与者均能参与信息数据的记录和验证，再通过广播发送给各个节点，提升了数据的可信度和安全保证。即使部分节点受到攻击或者损坏，也不会影响整个信息系统的正常运行，相当于每一个参与的节点都是一个完整的中心，最终形成所有参与者达成共识的一套应用系统，没有任何人能够单独控制它（见图1）。在传统信息系统中，数据管理是高度中心化的，在数据可信、网络安全方面的矛盾日渐突出，普通用户甚至专业人士都无法确定数据是否被篡改。并且，传统信息系统在遭受外部黑客攻击时，往往造成巨大的损失。区块链的分布式账本技术无论是面临少数节点对数据的蓄意修改，还是网络黑客的恶意攻击，均能从容应对，大大提升了数据的可信度和安全保证。

例如，淘宝网的数据库就像一个大账本，账上记录了某甲有398元，某乙有97元。如果某甲支付3元给某乙，那么淘宝网就在某乙账上加上3元，而在某甲账上减掉3元。数据库的这种变化其实就是一种记账行为。一般来说，类似淘宝网的应用系统都有管理者，旁人是无权参与管理的；但区块链的分布式账本技术可以让更多人参与管理记账。区块链就像一个庞大的总账本，区块链网络中的每个节点都可以参与记账。按照区块链的共识机制，由

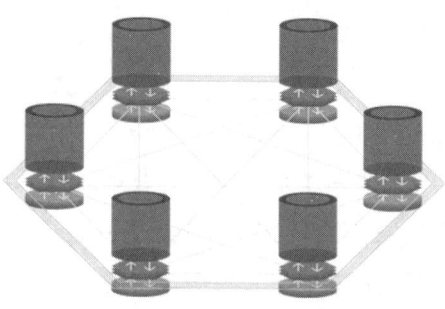

图1 区块链的分布式存储网络结构

某节点把数据写到一个区块中,就像写到一张账页上,并把这张账页复制给其他所有节点,于是区块链网络中的每个节点都有一个完整的账本副本备份(见图2)。

如果打造一个区块链模式的淘宝网,这将是一个由许多节点共同管理的公共平台,任何一个节点都不能单独控制它,这将是一个诚信共享的平台,造假者将无处可藏。

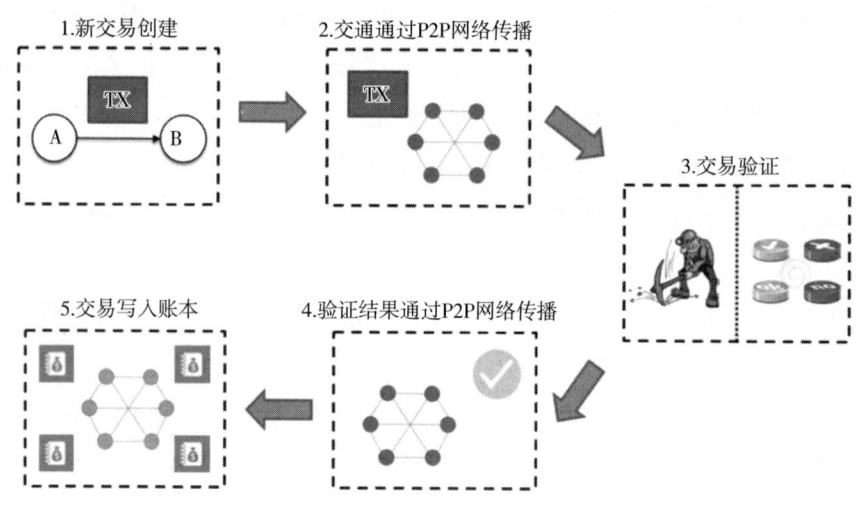

图2 区块链的分布式记账

区块链的分布式账本技术,使区块链具有足够多节点,很难被攻击和篡改。因此区块链被称为安全的数据管理模式。由于多节点按照一定的规则自动运行,一方面能够极大地降低成本和提高效率,另一方面又保证了账本记录过程和内容的公开透明。

2. 区块链的共识机制(consensus)

区块链网络的节点设计,必须保证参与记账的各节点不具有共同利益,比较理想的情况是各节点之间的关系是互相竞争的关系,并且这些节点如果相互通气合谋进行欺骗,其欺骗的成本非常高昂。在这种条件下,区块链网络可以运用共识算法,建立共识机制,构建信任网络。

共识机制的主要作用是在交易验证环节,选出相对诚实的节点来记录数据,并保证数量占优的诚实节点来产生的全网统一交易记录内容与次序,该技术可以让陌生人之间在缺少第三方公证的条件下进行交易(见图3)。

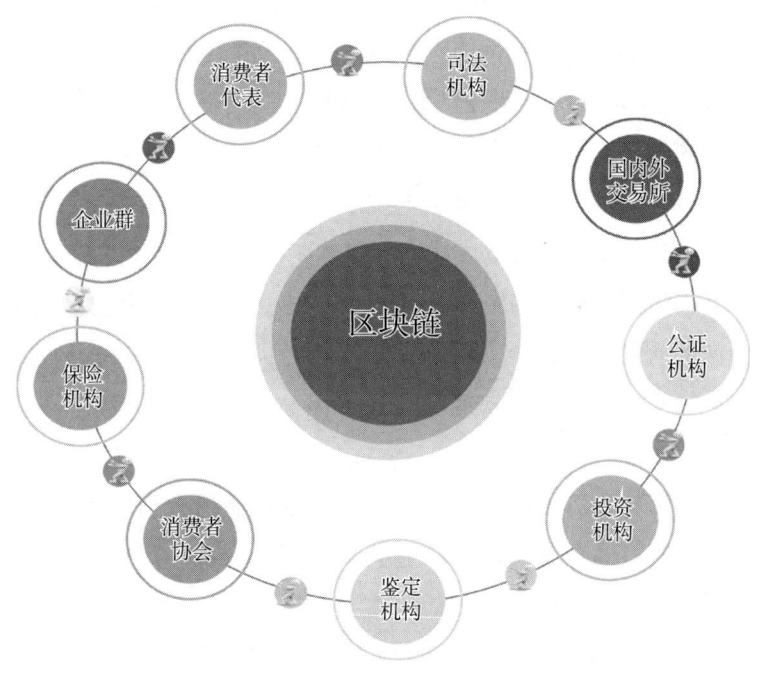

图3 典型的联盟链的节点设计

根据应用场景的不同,分为以 PoW(Proof of Work,工作量证明)和 PoS(Proof of Stake,权益证明)等算法为代表的适用于公链的共识算法和

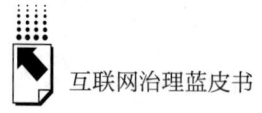

以 PBFT（Practical Byzantine Fault Tolerance）及其变种算法为代表的适用于联盟链或私有链的共识算法。无论是何种共识算法，其主要目的都是通过经济激励来激励各节点做贡献和付出，通过经济惩罚来阻止节点作恶。

POW 是应对拒绝服务攻击（DOS）或其他服务滥用的一种经济对策。它要求发起人进行一定难度的工作并得出一个结果，验证方通过结果很容易验证发起人的工作，比特币的共识机制 PoW 运作过程如下：①记录一项交易，并与其他所有准备打包进区块的交易组成交易列表，通过 Merkle Tree 算法生成一个哈希值；②把该哈希值及其他相关字段组装成区块头，将区块头的 80 字节数据作为 PoW（工作量证明）的输入值；③对该输入值和一个随机数做哈希 SHA256 运算，得到的结果值与当前网络的目标值做对比，如果小于目标值，工作量证明完成。

目前，主流的共识机制包括比特币和以太坊所采用的 PoW、Peercoin 和 NXT 所采用的 PoS，BTS 所采用的 DPOS（股份授权证明机制），以太坊所采用的 CASPER 以及超级账本所采用 PBFT（拜占庭容错）。

它们各有优缺点。PoW 的优点包括：①算法简单，容易实现；②节点间无须交换额外的信息即可达成共识；③破坏系统需要投入极高的成本。其缺点包括：①浪费能源；②区块的确认时间难以缩短；③新的区块链必须找到一种不同的散列算法，否则就会面临比特币的算力攻击；④容易产生分叉，需要等待多个确认；⑤永远没有最终性，需要检查点机制来弥补最终性。

PoS 将 PoW 中的算力改为系统权益，拥有权益越大则成为下一个记账人的概率越高，其优点主要是不像 Pow 那样耗费资源，缺点包括：①没有专业化，拥有权益的参与者未必希望参与记账；②容易产生分叉，需要等待多个确认；③永远没有最终性，需要检查点机制来弥补最终性等。

DPOS 是在 PoS 的基础上，将记账人的角色专业化，先通过权益来选出记账人，然后记账人之间再轮流记账。这种方式依然没有解决最终性问题，类似于董事会投票，持币者投出一定数量的节点，代理他们进行验证和记账。其优点为大幅减少参与验证和记账节点的数量，可以达到秒级的共识验证；缺点为整个共识机制还是依赖于代币，很多商业应用是不需要代币存在的。

PBFT机制，是由权益来选出记账人，然后记账人之间通过拜占庭容错算法来达成共识。其优点包括：①专业化的记账人；②可以容忍任何类型的错误；③记账由多人协同完成，每一个区块都有最终性，不会分叉；④算法的可靠性有严格的数学证明。其缺点则包括：①当有1/3或以上记账人停止工作后，系统将无法提供服务；②当有1/3或以上记账人联合作恶，且其他所有的记账人被恰好分割为两个网络孤岛时，恶意记账人可以使系统出现分叉，但是会留下密码学证据；各主流共识算法的特点如表1所示。

表1 主流共识算法的特点

共识算法	PoS	DPoS	Casper	PBFT	PoET
性能	较高	高	较高	高	高
去中心化程度	完全	完全	完全	半中心化	半中心化
最大允许作恶节点数量	51%	51%	51%	33%	51%
是否需要代币	是	是	是	否	否
应用类型	公有链	公有链	公有链	联盟链	联盟链
技术成熟度	成熟	成熟	未应用	成熟	未应用

3. 区块链的智能合约（Smart contract）

该技术可以在没有第三方进行公证的情况下自动传播、验证或执行合同，所有在合同下执行的交易都可追溯且不可逆转，大大提升了交易的可靠性，同时降低了交易成本。

基于区块链的智能合约拥有一个完备的状态机，用于接受和处理各种智能合约，以及事件处理和保存的机制，数据的状态处理能够在合约中完成。一旦事件信息传递到智能合约，即可触发智能合约进行状态判断，如果满足条件，则由状态机根据条件选择合约动作的自动执行。智能合约不仅能够按照预设条件对信息进行处理，而且不受人为干预自动执行合约，保证了公平，避免了违约行为的出现。

智能合约具有如下优点：①合约制定的高效性：智能合约的制定不用依赖第三方机构，合约各方只需通过计算机技术手段，自动生成协议；②合约维护的低成本性：智能合约在生成后，由计算机系统自动执行，极大地降低了人工成本；③合约执行的高准确性：智能合约全程由计算机系统自动执行，确保合约执行的准确性。

4. 算法支撑

区块链采用了包括哈希算法、对称加密、非对称加密、数字签名、数字证书、同态加密、零知识证明等密码学技术。

首先，区块链采用哈希算法对每个区块的内容生成包含上一个区块哈希值的哈希值，来保证账本的完整性。哈希算法，简单来说，就是一种将任意长度的信息数据通过算法运算，输出成一个固定长度的的二进制串，此输出值称为哈希值。因此，哈希算法可以一种从任意大小的信息中创造一个固定长度的小"数字指纹"，即哈希值，它是此信息的唯一性标志，并且这种标志与信息中的每一个字节都相关；当原有信息发生改变时，其哈希值也会发生改变。在区块内生成所有验证过的交易的 Merkle 根哈希值，一旦内容被篡改，都无法得到与篡改前相同的哈希值。因此，检验账簿的合法性极其容易，只要将信息进行一次哈希算法，将得到的哈希值与已有的哈希值比对，便知道信息的真假，保证区块链的完整性。

区块链，顾名思义，就是由数据块组成的链。每一次交易在记入区块的合法账簿之前，都会将此次交易的参与方、金额等各种信息，与前一个区块的哈希值，通过哈希算法，产生一个新的哈希值，作为本区块的地址，并将保存前一个区块的哈希值，如此将一个个区块连接成一个链（见图4、图5）。通过这种复杂的哈希链结构形成的区块链，要篡改数据时需要篡改整个区块链的所有关联数据，并且仅仅篡改一个节点的数据还不够，必须篡改掉区块链中的大部分节点（51%的节点）的数据才能达到真正意义上的篡改（见图6）。

其次，区块链尤其是联盟链，采用 TLS（Transport Layer Security）加密通信技术，进行安全数据传输。在 TLS 加密通信中，通信双方利用非对称加密（RSA）技术，协商生成对称密钥，对数据进行加解密，完美利用了非

区块链：构建网络社会"诚信长城"的利器

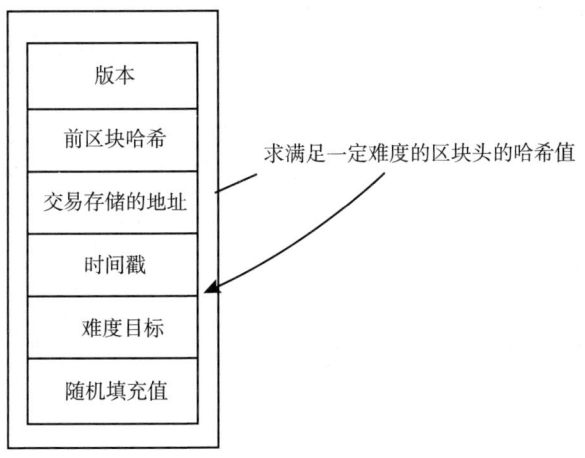

图4　区块的中文结构

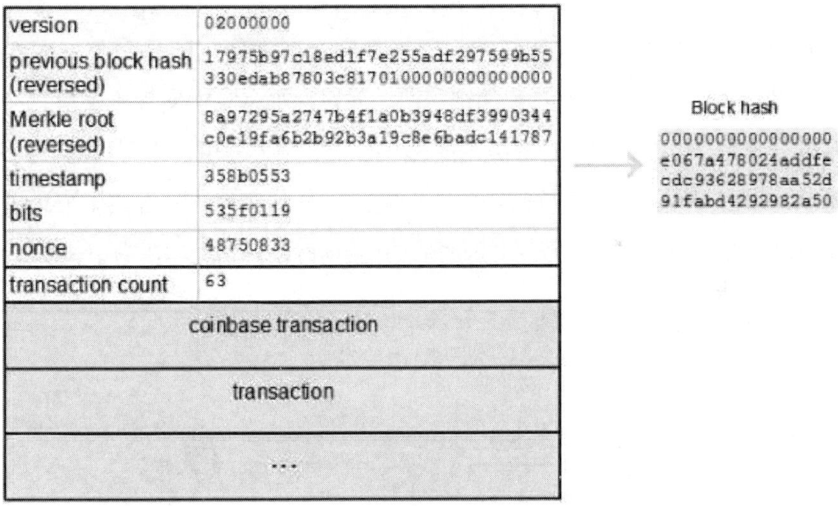

图5　区块的英文结构

对称加密不需要双方共享密钥、对称加密运算速度快的优点。

非对称加密算法（asymmetric cryptographic algorithm）是一种密钥的保密方法。非对称加密算法需要两个密钥：公开密钥（public key）和私有密钥（private key）。公开密钥与私有密钥是一对，如果用公开密钥对数据进行加

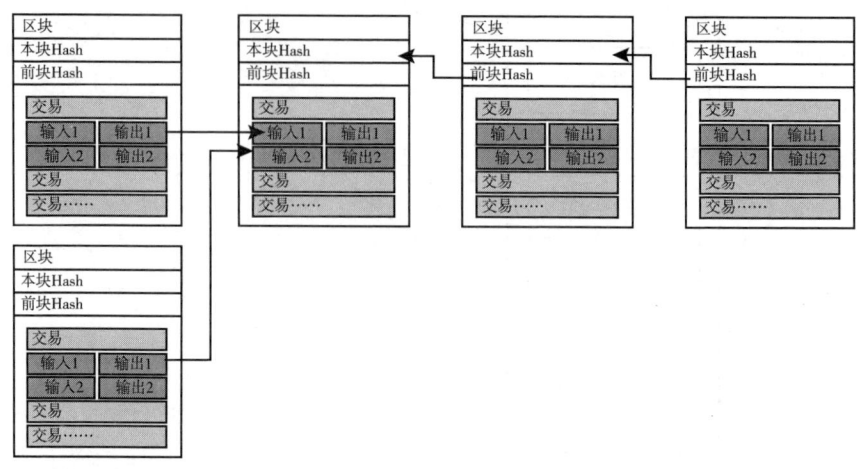

图 6　区块和链的逻辑结构

密,只有用对应的私有密钥才能解密;如果用私有密钥对数据进行加密,那么只有用对应的公开密钥才能解密。因为加密和解密使用的是两个不同的密钥,所以这种算法被称为非对称加密算法。非对称加密算法实现机密信息交换的基本过程是:甲方生成一对密钥并将其中的一把作为公用密钥向其他方公开;得到该公用密钥的乙方使用该密钥对机密信息进行加密后再发送给甲方;甲方再用自己保存的另一把专用密钥对加密后的信息进行解密(见图7)。①

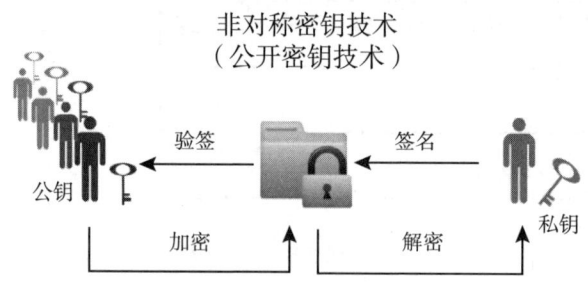

图 7　非对称加密过程

---

① 红黑联盟:理解 SSL(https)中的对称加密与非对称加密,https://www.2cto.com/article/201407/315433.html。(2018 年 6 月 23 日)。

非对称加密保证了交易各方身份的真实性,同时也保证了交易的不可否认性,即使没有第三方做公证,在区块链的网络中,陌生人之间的交易也可正常进行。区块链还采用数字证书验证通信双方的身份,应用了包括同态加密、零知识证明等密码技术,最大限度地提供隐私保护能力。

最后,区块链采用时间戳(Time Stamp)来证明某一时刻的数据已经存在。时间戳可以为任何电子文件或网上交易提供准确的时间证明,并且可以检验出文件或交易的内容加上时间戳后是否曾被人修改过。时间戳就如一个值得信赖的第三者或公证人,提供可靠的时间确认服务。

区块是对所有信息(包含数据和代码)和时间戳进行打包而生成的,每一个区块都包含上一个区块的地址信息,首尾相连便形成了链。所以,区块与链相加所形成的区块链,可追溯数据交易的完整历史,对每一笔交易皆可追本溯源。区块链上的每一个参与者在记账时生成区块并加盖时间戳,其一是可以证明交易的始创者,其二是由于时间戳和区块链的作用,可以证明数字资产的归属权。

时间戳为区块链上的每一个交易都打上时间标记,它证明了什么时候发生了什么事情,并且无法篡改,在区块链中作为公证人的角色,确保区块链的数据的不可篡改性,甚至比传统的公证体系更为可靠(见图8)。

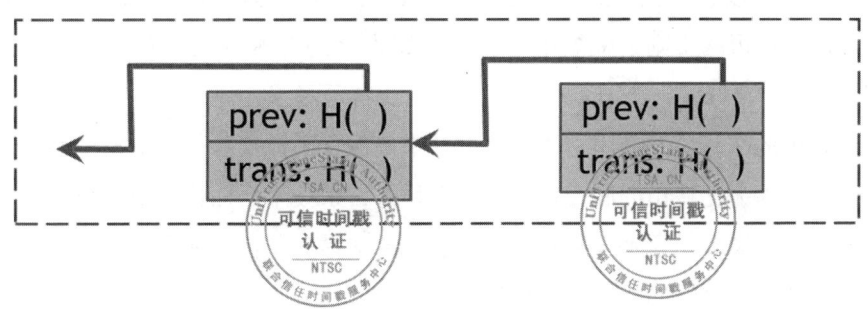

图8 带时间戳的区块链

通过共识机制在各节点写入统一交易记录账本,加上时间戳,最终形成带可信时间戳的链条,一方面确定了交易的正确时间和顺序,另一方面链条

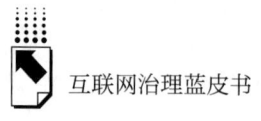

的形成使造假成本高昂,造假必须将整个链条的每一个环节的交易及时间重新进行调整。

总之,区块链技术实现了在多方无须互信的条件下,让所有参与方按事先设定的规则进行协作,共同维护同一个数据库。它通过构建点对点网络(Peer-to-Peer)、时间有序和不可篡改的密码学账本、分布式共识机制,从技术上解决了多方的知情权和监督权,从而实现信任。

二 区块链:极大降低人类社会诚信体系的构建成本

人类社会,从起源伊始就一直是一个中心化的世界,无论原始社会的氏族部落、奴隶社会的奴隶主、封建社会的君主、资本主义社会的三权分立,还是社会主义社会的人民代表大会,都有一个人类组织的中心,以此中心展开经济及社会活动。自从2009年比特币诞生后,第一次从技术上实现了去中心化的公平、公正、公开,第一次在互联网上构建出一个无国界的价值体系,第一次展现了一种低成本的去信任的全球性协作的方式方法。

比特币(BitCoin)由中本聪在2009年提出,比特币是一种数字货币,但没有央行参与发行,拥有一个去中心化的支付系统,任何人皆可通过"挖矿"形式获得比特币的奖励,但从技术上将其总数量永久限制在2100万个。比特币网络则是根据中本聪的思路设计的开源的运行在互联网上的P2P网络,全球无数个节点全天候维护着比特币网络,使用分布式数据库来记录货币的交易,并使用密码学的设计来确保货币流通各个环节安全性。

正是因为比特币的底层技术——区块链,从技术层面构建信任机制,从而低成本地实现了陌生人之间的去信任化的交易和协作,才有比特币这种全球性的宏大的价值网络体系实现的可能。

(一)网络失信呼吁区块链技术

虽然我国已经颁布了《互联网信息服务管理办法》《互联网电子公告服务管理规定》和《互联网站从事登载新闻业务管理暂行规定》等各项

法规，但侵犯他人知识产权、恶意侵犯他人隐私、网络谣言与诽谤和网络欺诈等现象层出不穷，网络不诚信泛滥成灾。网络不诚信的原因主要有以下几点。

1. 网络社会的虚拟身份为网络不诚信提供了条件

在网络社会中，人的身份是匿名的，即使撒谎也不用担心被揭穿真实身份，不像在现实生活需要时刻注意自身的责任和义务。因此，人性的阴暗面非常容易被激发出来，网络成为不诚信滋生的天然土壤。

互联网是一个去中心的世界。在这里，谁都可以自由发言，因为匿名性以及技术上的因素，无论是对人们的网络言行的取证成本，还是控制和防范，成本都非常大，这就导致了网络上不道德思想和行为的泛滥。

2. 网络社会规范的缺失使其有机可乘

互联网自建立就长期处于无政府状态，传统的法律法规和道德规范并不适合网络社会，网络上有关隐私权、知识产权、黑客等方面更是难以被传统法理顾及。目前，我国虽然已经制定了部分相应的网络法律法规，但是执行成本过高，网络失信行为得不到相应的惩罚，法律这柄达利摩斯之剑无法形成威慑，"无法可依""道德真空"局面长久占据着互联网，互联网的诚信主要依赖人的"自律"。

3. 诚信风险机制和诚信评价机制缺位

由于网络社会的诚信风险机制的缺位，对失信行为的惩罚或没有或力度太小，导致网络上长期不把失信当回事。当前，网络社会没有一套针对网络成员的诚信作出准确及时的评价的机制，这也进一步纵容了网络失信。

4. 诚信教育匮乏，诚信道德意识淡薄

互联网的网民主体是年轻人，他们崇尚技术为王，以掌握黑客技术为傲，不认为侵入他人电脑、查看他人隐私有何不对。这种重技能轻诚信之风由来已久，直接影响着所有网民的行为。目前无论学校的计算机课程还是德育课程，都缺失网络诚信的内容。

如果我们通过区块链逐一构建各行业区块链公共诚信平台，一方面会降低各行各业的诚信成本，另一方面将最终形成网络社会的诚信长城。

（二）区块链在行业的应用

区块链的突出作用表现为降低行业成本，推动诚信社会建设。通过区块链在知识产权这个行业的应用，从而降低知识产权整个行业的诚信成本，区块链的力量可见一斑。

根据艾瑞咨询发布的《中国网络文学版权保护白皮书》，生产力最活跃的互联网上同时也是知识产权最被漠视的地方。2014年，盗版网络文学如果全部按照正版计价，PC端付费阅读收入损失将达到43.2亿元，移动端付费阅读收入损失达34.5亿元，合计77.7亿元。盗版产业已经是集团化运作，而且盈利模式清晰。

目前国内的知识产权行业发展有三大痛点：①确权时间长：目前国内知识产权的申请流程复杂，申请时间长。②用权变现难：2017年，我国发明专利申请量为138.2万件，同比增长14.2%，而知识产权使用率却非常低，从2012年至2014年，全国共授予国内专利2787707件，签订专利许可合同仅为56067件，仅占授权专利比例的2%，反映出绝大多数的专利没有真正投入使用，用权变现难明显阻碍了整个行业的发展。③维权效率低：一方面国家在知识产权的法律制定及执行上相对落后，侵权现象较为严重，另一方面知识产权产业链条较长，造成维权追溯难。因此，无论是在确权环节中，还是用权以及维权环节上，包括知识产权的申请信息、利用、溯源等的信任成本极高，严重阻碍了行业的发展。

区块链通过自身的技术特点，推动知识产权行业的发展：①区块链平台是集体维护，因此知识产权可以做到实时确认，大大提高知识产权的确认效率；②通过区块链技术建立知识产权的数字资产，一方面明确了产权方，另一方面可以直接点对点交易，减少中间交易环节，极大地加快知识产权的流通速度，做到极速匹配；③可以通过区块链进行知识产权溯源，如果与有法律效益的数字证书结合，将可作为法律依据，极大地提高了维权效率。另外通过在区块链上构建智能合约，合约各方只需通过计算机技术手段，自动高效地生成协议。智能合约是由计算机系统自动执行，不但精确地保证合约的执行，而且极大地削减了人工成本。

目前，美国 Monegraph 公司建立了一个用于验证和交易数字媒体资产的区块链平台。该平台简化了传统数字媒体资产的授权、交易和支付等流程，推动和帮助知识产权所有者获得相应的回报。以色列 Colu 公司则与专职为独立音乐人服务的 Revelator 公司合作建立了区块链平台，在该平台上实现音乐所有权的交易，简化了音乐版权的核查步骤，使艺术家们能够快速销售他们的原创音乐。

由知识产权行业的区块链应用经验可以推断，各行各业通过建立行业区块链平台，一方面可以极大地降低行业诚信成本，另一方面可以减少中间交易环节，从而从成本和效率两个方面推动行业快速发展。

（三）区块链在行业监管平台上的可实现目标

通过创建基于民间合作、政府支持的一个开放透明的、合作的区块链行业应用平台，强化行业的区块链应用和行业监管，将促进行业相关产业健康和可持续发展，开拓更加透明、更加高效、更加开放行业应用广阔市场。

1. 通过区块链构建互联网金融公共监管平台

将互联网金融平台、平台运营者、产品及用户等方面的信息公开，实现对互联网金融平台的各参与主体进行监管的目标；针对互联网金融平台的各种业务，采用区块链技术进行存证，实现对互联网金融平台的各种业务进行监管的目标，实现对互联网金融平台上的资金动向进行监管的目标。

2. 通过区块链构建供应链金融公共监管平台

将原本分散断开的供应链各个环节连接起来，形成连续的业务和监管模式。可以将供应链各个环节，包括原材料、生产加工、仓储、物流、分销零售、应用消费等的商品流、资金流、信息流公开，实现对供应链上的各参与主体、各种业务以及资金动向进行监管的目标。

3. 通过区块链构建食品安全公共监管平台

可以将有关食品安全的责任人、原产地、食品生产、运输、销售等供应链各个环节以及食品检测认证机构等方面的信息公开，实现对有关食品安全

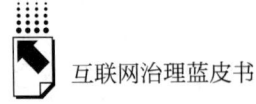

各方面相关的主体、各种业务以及资金动向进行监管的目标;通过区块链技术进行防伪溯源,实现了防伪溯源零成本,最大限度地提升食品防伪的可信性和工作效率,最终实现政府和民众一直以来重点关注的食品安全。

4.通过区块链构建版权保护公共监管平台

将版权、版权所有人、版权交易信息、版权使用和授权等方面的信息公开,实现对有关版权保护各方面相关的主体、各种业务以及资金动向进行监管的目标;摆脱目前版权保护严重依赖相关权威机构的情况,同时解决目前版权保护效率低下的问题,满足社会对版权保护日益增长的需求。

5.通过区块链构建公益慈善公共监管平台

可以将从事公益慈善事业的个人和机构、善款善物、公益慈善项目等方面的信息公开,实现对有关公益慈善各方面相关的主体、各种项目以及相关资金动向进行监管的目标;维护真实公益慈善机构的形象,打击虚假公益慈善的行为,让更多乐于助人的人参与公益慈善,也让更多需要帮助的人和事业获得更多的支持。

(四)区块链推动互联网治理从被动防御走向主动构建

区块链技术的出现,让互联网治理多了一柄利器。区块链就是诚信的高速公路,路铺到哪里,诚信就通到哪里。区块链能够建立诚信的长城,在互联网中营造一个清朗的网络空间。在通过区块链披露合规真实信息方面,可以达到以下目标。

(1)信息披露真实性:信息披露义务人所公开的信息必须与真实情况相符,防止个别企业伪造企业背景、资质以及产品的应用场景以吸引投资者,以及伪造交易量等信息欺骗投资者。

(2)信息披露完整性:保证信息披露的充分性,使用户尽可能全面地了解所选择的业务对象,企业不得有意隐瞒或遗漏,不得刻意回避对自身不利的信息,防止信息披露不完整的情况。

(3)信息披露及时性:当源信息发生变化时,应及时更改和补充。互联网具有虚拟属性,网络身份的确认、信用风险、交易欺诈、洗钱等一系列问题,都是源于网络的虚拟化而带来的信任问题。一方面,一旦出现遗忘账号、系统故障等情况,没有实名认证的账号就很难挽回损失;另一方面,匿名账号为洗钱、套现、欺诈或违法交易提供了便利。

由于监管、规范等不到位,投资行业缺乏自律,违规操作多,相关业务存在诸多问题,威胁用户资金安全、国家金融秩序和社会稳定。我们可建立区块链平台帮助投资人甄别非法集资、传销等。通过区块链建立网络合法身份有非常积极现实的意义,我们可以达到以下目标。

(1)用户认证:能够按照不同业务需求采用不同等级的实名认证,建立完善的网络身份认证体系和客户身份识别制度,不得为身份不明的用户开设账户或提供相关金融服务,如发现用户身份证件或资料造假,应拒绝办理。

(2)用户管理:能够按照不同业务需求采取不同的用户管理方式,例如用户自由加入退出、用户受控加入退出、强行注销冻结用户等。

(3)用户隐私:能够按照不同业务需求采取不同的用户隐私保护方式,如有些业务需要某些用户必须对外公示,满足社会的知情权;有些业务则需要考虑用户的隐私,避免暴露用户信息。

为了保护用户权益,各种数据存在需要第三方进行公证的需求,以区块链技术来构建数据存证平台,公平公正,有利于这一需求合理合法的实现,我们可以实现以下目标:①主体数据存证:包括运营主体、使用单位和用户、监管单位等必要信息;②业务数据存证:针对业务进行存证,可以不用涉及具体业务信息,采用密码学技术来实施业务数据的存证,起到既有存证数据,又不会干涉暴露业务隐私;③数据保全公证:对数据进行存证,其目的就是对外提供保全公证的服务,采用区块链技术来保全各类数据,借助区块链的特点来提供权威的公证服务。[①]

总之,区块链的诸多特点在互联网治理中发挥重要作用。区块链的去信

---

① 国家互金专委会:《2017合规区块链指引报告》,http://app.myzaker.com/news/article.php?pk=59855d8b1bc8e0a45800000a。(2018年6月23日)。

任化特点，使其能够在互联网上构建一个可匿名的信任空间，人们在相互交易的同时不用担心个人隐私的泄露；区块链的可追溯性，从机制上保证了违法必究；区块链的去中心化的特点，使其能够在互联网上利用社会的力量建立全民参与的协作组织，传播正能量，共同抵御"网络污染"。

三　网络社会诚信长城构建的路线设想

在构建行业区块链公共诚信平台方面，本文提出三步走的发展模式。首先通过在某个行业小范围内搭建区块链平台进行试点，尝试解决行业目前在诚信成本和诚信交易等方面的问题，通过树立行业标杆，总结经验；接着在政府支持下，组建行业联盟，制定行业联盟相关制度，形成机制，形成行业共识，逐步构建行业核心竞争力；随后不断扩大行业联盟范围，深化行业业务领域合作，甚至跨界合作，最终覆盖整个行业。

1. 以解决行业痛点为切入点，在试点区域建立行业区块链平台和树立行业标杆

以贵金属交易为例，现有的贵金属交易所信息系统是典型的中心化模式，贵金属拥有者进入贵金属交易平台进行会员注册和交易，所有的贵金属承兑、交易、托收等环节都直接通过贵金属交易所的信息系统，形成集中式数据存储平台、第三方的认证平台和资源交互平台。

为了有效防范贵金属交易市场的风险，可建立贵金属区块链交易平台。采用去中心化的区块链分布式结构，建立多中心的数据存储平台、多中心的第三方的认证平台和多中心的资源交互平台，并可以实现交易溯源，这种多中心的"背书"机制，极大地减低了内部和外部风险。

首先由于区块链具有不可篡改和交易公开的特性，一旦交易，将不会存在赖账现象。其次区块链的多中心取代了传统信息系统的单中心，不会因为单中心的服务器问题，而对整个交易市场会产生灾难性的后果。再次借助区块链的非对称加密算法，使得人为操作产生的风险几乎为零。借助区块链的真实数据，实现对所有参与者信用的搜集和评估，有效控制了信用风险。最后通过区块链上公开透明的数据，反映整个市场真实的成交量及价格，大大降低

了市场风险。同时，借助区块链的巨大力量，监管部门可作为链上的一个节点，实现实时监管市场数据，从而形成更加规范的市场，建立更好的秩序。

区块链技术完全可以解决目前各个行业因为数据和信息真实性而存在的问题及痛点，从而降低行业整体成本，提高行业整体效率。通过在部分地区选择某个行业作为区块链试点，快速积累经验，或选择部分有实力的企业率先构建区块链模式，树立其行业标杆，是尽快步入区块链模式的良策。

2. 组建行业区块链联盟，形成行业共识

在政府支持下，组建行业联盟，制定行业联盟相关制度，形成机制，形成行业共识，逐步构建行业核心竞争力。

各行各业组建行业区块链联盟，能够快速推动行业区块链技术创新，围绕区块链技术创新链，运用市场机制集聚创新资源，形成产业合作，形成以知识交易为最终目标的线上孵化人才、技术、成果及企业的综合性孵化平台，开放知识产权以解决行业发展中的共性技术难题，形成行业核心技术标准，通过开展交流对接、论坛研讨、创新创业培训等活动，为成果供需双方提供线下交流对接的载体平台，促成服务对接，提升行业的区块链技术应用的整体水平。

联盟可以加强宣传政府的区块链产业政策，展开对区块链技术的支持、标准的推进、区块链方案的研发、示范性工程的建立等一系列行动。特别是在政府对区块链应用的监管和放权并举方面起到一个承上启下的作用，推动区块链技术和应用在行业中的良性发展。积极鼓励各成员企业积极参加国际区块链开源社区，快速完善区块链能力，加强企业间的合作，组织对区块链技术在行业上进行攻关、方案研讨、技术贡献等，聚拢产业力量，提高国内企业在区块链技术的应用。

联盟在建设公共技术平台，开展技术合作，创造知识产权重要标准体系，保障知识产权共享方面；在促进技术转移，实现创新成果的快速产业化方面；在加强人才培养，加强科技人员的交流互动方面；在针对重大工程应用，协调骨干龙头企业与配套企业、科研院校间的整合，提高参与国家、省、市科技项目的能力，促进技术成果应用转化，推进试点示范应用方面；

在建立和维护生态体系，包括行业区块链数据存储、安全、分析、评估、交易、营销、标准等各个环节的生态体系构建方面，都是不可或缺的。

由于区块链技术本质是一种互联网协议，是一种标准化的数据层服务，是搭建基础的服务协议并构建共识规则，进而产生应用层的场景。因此，组建行业区块链联盟，快速形成行业共识，是区块链在行业应用上必经之路。

一旦区块链联盟形成共识，它将不仅是推进业务领域的应用，更等同于构建了一套行业的诚信体系，可作为行业的基础协议和服务，为进一步拓宽行业在金融、人才培养、跨界合作等各方面合作打下良好的基础。

3. 不断扩大行业联盟范围，深化行业业务领域合作

区块链第一次从技术手段解决了生产关系层面的平等问题，无论资本方、管理方，还是生产者、消费者，都将在区块链中作为一个节点，人人平等，公平竞争；实现了各尽所能、按劳分配，解决了效率问题，从根本上消除了不诚信的基础。区块链模式，通过联盟的共识、契约与制度，解决了产业链所有环节的信用问题，构建了一套行业的诚信体系。

行业联盟链将以"公心"取天下。行业联盟链的各节点将以独立的身份共同组成行业领域的协作网，行业联盟链不属于任何人，也不属于任何公司。在行业联盟链上，不再需要让劳动人事部门来证明你的劳资关系和收入，不再需要让会计事务所来证明你公司的资产，也不再需要让第三方权威机构来证明你及你公司的信用。所有这些都记录在不可篡改的区块链上，在你需要的时候，行业联盟链上的所有节点都将为你"背书"。因此，行业联盟链将形成"人人为我，我为人人"的齐心协力，合作共赢的行业合力。一旦行业区块链联盟形成合力，它将自动自觉地扩大行业联盟范围，深化行业业务领域合作，拓宽行业合作的宽度和深度。

平 台 篇

Platform Report

B.12
腾讯公司网络谣言治理实践（2017）

金璇 赵玉现*

摘 要： 在网络环境中传播的谣言与传统谣言相比，具有传播爆发性强、传播速度快、标题夸张化、假借或塑造权威性增加内容可信度、"自我繁殖力"强等特点。应对复杂的网络谣言，需政府、企业、行业组织、媒体、专业机构、网民等共同参与，调动社会各界力量协同治理。本文通过对腾讯公司网络谣言安全治理体系的系统分析，提出加强协同治理，推动行业自律、提高网民素质等可操作措施。

关键词： 网络谣言 谣言治理 协同治理

---

* 金璇，腾讯公司安全策略总监、腾讯研究院安全研究中心专家，研究方向为互联网生态安全、互联网治理。赵玉现，腾讯研究院安全研究中心高级研究员，研究方向为网络安全。

网络谣言，指网络空间中传播的未经证实的或虚假的信息。网络谣言因其迎合网民心理、传播爆发性强等特点，时需引发网络舆情和社会舆论，有时甚至扰乱社会公共秩序、破坏社会信任体系。因此加强网络谣言治理具有重要的现实意义。但网络谣言治理存在发证难、举证难、认定难、归罪难等问题，需要建立多元主体、多流程环节的网络谣言主体治理体系，以最大程度取得良好的治理效果。

一 网络谣言的传播特征分析

1. 网络谣言因迎合网民心理而传播爆发性强、传播速度快

网络谣言的主题往往与人们的日常生活或社会热点事件相结合，易引起人们的强关注，而传播过程中谣言也常迎合网民普遍的心理需求，尤其是网民恐惧、焦虑、欲望、希望、猎奇的心理，因而谣言传播具有很强的爆发性，一经发布，传播速度很快，在较短时间内即能得到广泛的传播，造成较大社会影响，呈现"谣言传播—网民关注—广泛传播—广泛关注—较大社会影响"的传播特点。

以"九寨沟地震云"谣言为例，2017年8月8日晚，四川阿坝州九寨沟县发生7.0级地震，为我国境内近年震级较大的地震灾害之一，且九寨沟为我国著名旅游景区，知名度高，地震发生后极大地吸引了网民关注，微信、微博等各网络平台充满了对灾区询问、灾区震感报告、受灾场面记录等信息。与此同时，关于"地震云"预测地震的信息，结合民间科学研究及历史考证，辅以民间种种"准确"的预测结果，营造出"可信"的传播印象，同时满足了网民对灾区的关注、对灾害的焦虑和恐惧、对灾害规避的希望心理，短时间内得到大量传播（见图1）。

2. 谣言标题精心设计，通过唤起网民心理、体现重要性而引起关注

标题是网民接触信息内容的第一视角，是吸引网民关注、引起网民阅读欲望的重要因素。网络谣言标题往往经过精心设计，容易唤起网民恐惧、焦虑等心理，或体现信息内容重要性而引起网民关注，获得较大的传

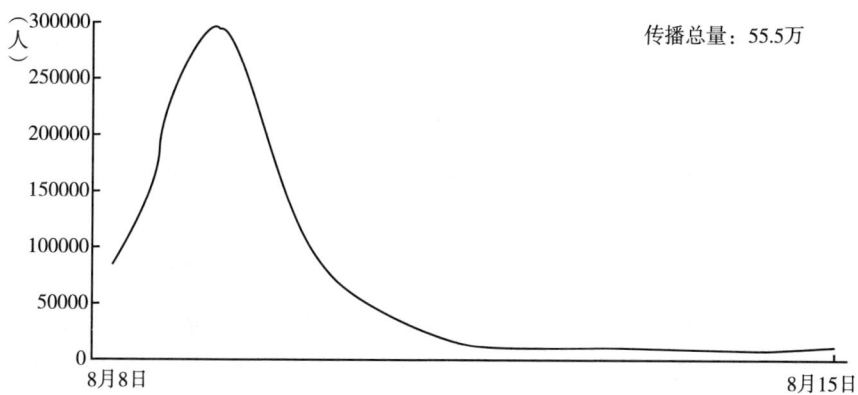

图1 谣言"九寨沟地震云"全网传播趋势*

*作者自制。数据来源：微信安全风控团队、中山大学大数据传播实验室：《2017 腾讯公司谣言治理报告》，2017 年 12 月。

播力。根据 2013～2017 年在微信公众号平台上广泛传播的 4000 余条被网民举报较多的疑似谣言文章标题分析①，发现谣言文章标题使用频率最高的词语为"注意""千万""中国""食物""孩子""朋友"等，这些词语均能较为容易地吸引网民关注，拉近与网民间的心理距离，在引起网民阅读欲望的同时增强谣言转发、传播的可能性。此外，谣言文章标题出现的高频词还包括"真相""紧急通知"等，这体现了谣言文章在标题中标榜信息内容的重要性的特点，通过引起网民对自身可能受到影响而焦虑、关注的心理进行传播；而"致癌""完蛋了""震惊"等谣言标题高频词，则通过夸张的表达，唤起网民的不安和焦虑心理，达到传播的目的。

3. 网络谣言通过假借或塑造权威性增加内容可信度

网络谣言为取信于网民，往往通过假借权威、捏造数据等方式提高其内容可信度，如谣言主题在传播过程中编辑、嫁接、歪曲权威媒体报道、图片等，"央视"一词甚至成为谣言文章标题的高频词，即谣言传播者通过假

---

① 微信安全风控团队、中山大学大数据传播实验室：《2017 腾讯公司谣言治理报告》，2017。

借、捏造"央视"报道，借助"央视"权威媒体的品牌形象提高内容可信度。

此外，网络谣言散布者为提高内容可信度，常对其传播主体进行精心设计、包装，提高迷惑性，以伪装成专业的信息分享形象。根据微信安全风控团队、中山大学大数据传播实验室的分析①，被网民举报传播谣言的微信公众号名称存在以下特点：一是公众号名称通过特定词语塑造传播主体专业、科普、科学的传播形象，如"教你""知识""百科""智慧"等词语；二是公众号名称显著反映其特定的关注主题，提高其在某一领域的可信、专业印象，如"健康""养生""生活""创业"等，这种情况下传播的谣言主题通常与其公众号名称类型契合，迷惑性较高。

4. 网络谣言"自我繁殖力"强，95%的谣言非"原创"

网络谣言在传播过程中，往往经过多次加工，改头换面，形成多种谣言样本，以贴合当时当地的社会舆论环境，从而获得广泛的传播。从原创性上看，根据微信公众平台被网民举报的疑似谣言信息的抽样分析②，被举报的谣言样本中95%未申请原创标志，即在陈年旧谣的基础上修改删减而来。

以每年高考期间广为传播的一则陈年旧谣为例③，"朋友捡到一个高考准考证，谁认识通知下，别耽误了高考大事。白娅倩，考点一中，考场013，座号11，准考证号20410131。联系电话XXXXXXXXXX"谣言样本，几年来先后在河南、山东、新疆、甘肃等十几个省份传播，网络谣言"自我繁殖力"可见一斑。

二 网络谣言的协同治理实践分析

网络谣言传播具有爆发性，且具有传播速率快、传播范围广等特点，谣

---

① 微信安全风控团队、中山大学大数据传播实验室：《2017腾讯公司谣言治理报告》，2017。
② 微信安全团队、中山大学大数据传播实验室：《微信年度谣言分析报告（2016）》，2016。
③ 金璇、赵玉现：《共治视角下的网络谣言治理分析》，《新闻与写作》2017年第6期。

言传播不受地域、时间、空间的限制，内容涉及社会生活的方方面面，如不得到有效治理，每个人都可能成为网络谣言受害者，加强治理具有十分重要的现实作用。

网络谣言治理是一项系统工程，需政府、企业、行业组织、媒体、专业机构、网民等共同参与，调动社会各界力量协同治理。实践中，腾讯公司从治谣、辟谣、止谣三方面发力，构建了应对网络谣言的安全管理体系（见图2），对互联网行业加强网络谣言治理、提高网络谣言治理效率具有重要的参考意义。

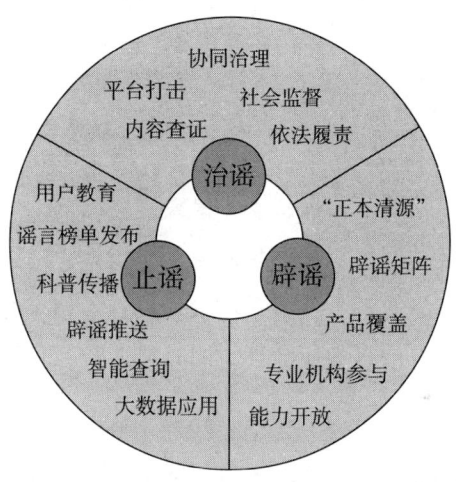

图2　腾讯公司网络谣言治理体系

（一）治谣体系

治谣，即识别确认并打击处置谣言内容的过程。健全的治谣体系，应有科学的识别、确认谣言的标准和工作流程，同时采取措施控制谣言扩散、缩小谣言影响范围。

1.联合多方参与，构建网络谣言协同治理体系

为维护平台环境、提高谣言治理效果，腾讯公司联合政府部门、研究机构、用户及第三方合作伙伴建立了共同参与、协同合作的谣言治理机制，联

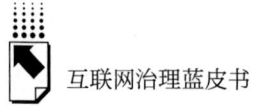

合政府部门推动权威信息公开,助力辟谣平台发展;联合研究机构合作开展谣言治理相关研究,掌握信息传播新趋势、新特点,从理论上指导谣言治理实践;联合第三方合作伙伴就疑似谣言信息进行查证、甄别,并提供权威信息,助力推广科普信息。

2.打击造谣传谣,维护健康的平台生态秩序

腾讯公司致力于为用户提供绿色、健康的互联网环境,坚决打击造谣、传谣行为,建立了包含内容清理、功能限制、惩罚公示在内的分级处罚机制,对在腾讯公司平台造谣、传谣的违规行为进行打击,2017年腾讯公司产品平台累计拦截谣言传播超5亿次,微信公众平台处罚涉嫌造谣、传谣公众账号约18万个,极大地威慑造谣、传谣行为。①

3.健全投诉机制,鼓励网民参与谣言信息投诉

网民积极参与网络谣言信息投诉、举报,有助于发挥社会监督作用,及时发现网络谣言,阻断谣言传播链条,提高网络谣言治理效果。腾讯公司积极接受社会监督,鼓励网民积极参与谣言信息投诉,向网民提供了完善、健全的投诉机制,在产品的各个环节、场景均设置了相应的投诉渠道,大大提高了网民参与投诉谣言信息的便捷性,同时投入资源积极响应、核实网民的投诉内容。

(二)辟谣体系

辟谣,即驳斥错误的谣言信息,通过权威、科学的信息发布,与网络空间中传播的谣言信息进行对冲,拨乱反正。完善、健全的辟谣体系要有广泛的产品覆盖为基础,同时兼顾"正本""清源"两个方面。

1.构建覆盖多产品、多场景的辟谣产品矩阵

为科学治理网络谣言,提高治理成效,腾讯公司构建了覆盖多产品、多场景的辟谣产品矩阵,辟谣矩阵打通了内容和渠道,在不同的产品终端为用户提供真实可靠的资讯内容,有力维护了绿色、健康的网络环境。目前腾讯

---

① 微信安全风控团队、中山大学大数据传播实验室:《2017腾讯公司谣言治理报告》,2017。

公司的辟谣产品矩阵包括腾讯新闻较真平台、微信公众平台辟谣中心、微信安全中心、腾讯内容开放平台企鹅号辟谣机制、QQ浏览器谣言大扫除圈及腾讯手机管家谣言骗局粉碎机等,覆盖了大多数用户群体及内容分发场景(见图3)。

图3 腾讯公司辟谣产品矩阵

2."正本":引入千余家专业的第三方,提供权威辟谣信息

"正本",即通过发布权威、科学的信息驳斥谣言的过程。为保障辟谣信息权威性,确保辟谣内容科学、可靠,腾讯公司辟谣产品矩阵引入权威性、专业性第三方合作机构和专家,对平台中的谣言信息进行辟谣。目前合作的辟谣机构和专家达1300余家,其中包括364家网警机构、289家国家食药监系统机构、32家网信中国系列账号及数家中央级媒体,如中央电视台、人民日报、新华社、网信中国、江苏网警等账号,2017年辟谣信息累计阅读人次达8亿次,内容涵括健康养生、食品安全、政治政策、社会事件等多个领域,维护了平台生态环境。

3."清源":辟谣中间页从源头处理,阻止谣言进一步扩散

"清源",即从网络谣言传播的源头着手处理谣言信息的过程,有利于阻止网络谣言的进一步扩散。微信公众平台引入辟谣中间页机制,在谣言传播的源头传播权威、科学的辟谣信息,对用户进行科普,网民在打开被第三

方权威机构识别为谣言的文章时，首先浏览权威机构发布的辟谣内容，从谣言传播的源头着手，削弱了网络谣言在微信公众平台生态环境的进一步扩散。2017年全年，辟谣中间页科普人次约4.9亿，平均每日科普人次约140万，辟谣中间页科普总人数约1.4亿。

（三）止谣体系

止谣体系，即阻止网络谣言信息进一步传播的治理体系。由于普通网民往往因缺少辨识"谣言"信息真伪的相关信息，才成为谣言传播的"帮凶"，加强网络科普，提高网民的网络素养，可以有效阻止谣言信息的进一步扩散，减轻谣言的影响。

1. 多渠道上线谣言查证、辟谣信息查询平台

为及时查证、识别谣言内容，帮助网民查询辟谣信息、辨识谣言，腾讯公司在微信公众平台、小程序、新闻客户端等产品分别上线了谣言查证工具，有力助推了辟谣信息传播，缩小了谣言信息影响范围。2016年6月，微信团队在微信安全中心、腾讯安全观、谣言过滤器等公众账号上线"辟谣小助手"功能，用户可将看到的疑似谣言信息直接发送至公众号，根据文本识别辟谣小助手将自动回复用户与之相关的信息。2017年6月，微信团队发布"微信辟谣助手"小程序，用户可以主动搜索信息辨识谣言并查看相应的辟谣信息，截至2018年6月，小程序累计发布辟谣文章数115万余篇。2017年10月，腾讯新闻较真平台上线"较真辟谣查证平台"产品，查证平台拥有超过300位专业查证员，查证方向涵盖食品、营养、医疗等领域，查证平台"提问较真"功能，可接收网民对自己关心的、不确认信息的查证需求，平台组织专业人员进行查证反馈。

2. 应用大数据、人工智能技术主动推送辟谣信息

为提高辟谣成效、削减谣言信息产生的不良社会影响，腾讯平台积极加强大数据、人工智能等技术的研发及应用，并利用算法将辟谣信息推送给谣言易感人群，帮助网民及时纠正谣言信息、理清事实信息。腾讯内容开放平台推出的企鹅号辟谣机制，利用人工智能、机器算法与人工查证相结合的方

式,组织生产辟谣文章,并利用推荐算法将之推送给阅读过谣言的用户,帮助用户修正谣言信息带来的不利影响。QQ浏览器推出"谣言大扫除圈"功能,针对用户关心的话题及社会热点事件,发布有正规信息来源、权威解答和分析的辟谣文章,同时根据不同用户阅读兴趣推送不同话题类型的辟谣文章,实现精准辟谣。

3. 积极发布谣言榜单,提高网民科学素养

除大力推进辟谣工作开展,传播辟谣信息外,腾讯公司辟谣产品矩阵还积极发布辟谣榜单,并联合权威第三方开展谣言治理研究,帮助网民提高网络科学素养、了解真相,免受谣言影响。据统计,2017年,腾讯公司辟谣产品矩阵累计发布辟谣榜单和研究报告76个,辟谣文章总阅读达8亿人次,拦截谣言超5亿次。

三 提高网络谣言治理成效的建议

1. 完善顶层设计,构建覆盖更广、效率更高的协同治理体系

当前网络生态日益丰富化、多样化,信息生产日益多元,技术、数据应用日益普及,利用网络生产、传播谣言形式更加复杂,治理形势更加严峻,在这种时代发展背景下,碎片化的谣言治理机制已不符合治理要求。提高谣言治理成效,需要打破治理主体间的界限,站在行业生态的大视角下,完善谣言生态治理顶层设计,发挥网络主管部门行业指导优势,引导市场良好的合作氛围,完善谣言治理协作机制,联动企业、媒体、专业机构、网民等社会各界,走齐抓共管、良性互动的治理新路。

2. 加强行业自律,发挥标杆企业、示范案例的引领作用

谣言信息传播具有跨平台性,且谣言发布者往往同时在多个平台发布,使得谣言信息传播具有广泛性,对网民的影响巨大。尽管以腾讯公司为代表的互联网企业已建立谣言治理安全管理体系,但由于互联网企业众多,不同企业安全资源投入、技术应用能力参差不齐,部分企业谣言治理投入不足,削弱了互联网行业谣言治理的整体效果。为更好地维护和谐、健康、文明的

网络生态环境，保障网民用户体验，维护网民权益，谣言治理还需互联网行业加强自律，多举并进，形成行业合力。一方面，要发挥标杆企业的引领作用，借鉴示范案例的实践经验，在互联网生态体系内进行推广、应用；另一方面，有实力、技术优的企业可开放安全能力，向中小互联网企业、开发者提供安全服务，补齐行业短板。

3. 加强网民素养教育，提升网络谣言的辨识能力

网民是网络谣言的受害者，也可能在不了解的情况下成为谣言信息的传播者，只有全部网民意识到甄别信息、识别谣言、为自己的网络行为负责的重要性，才能从根源上减少谣言的传播。因此，加强网络谣言治理，应采取多重举措加强网民素养教育。一方面，广泛推进网络安全教育，提升网民网络安全素养，以使得网民在碰到信息时具有主动甄别的意识；另一方面，发挥社会各方面力量参与，推动科普信息传播，为网民提供科普信息查询、甄别谣言的便捷体验。

B.13 京东云安全责任年度报告（2017）

京东云事业部

摘　要： 云计算已经成为IT基础设施，但云安全现状不容乐观。京东云作为国内领先的云平台，积极发展云平台安全责任保障机制，推动无界协同，保障网络数据安全。面对云平台发展必须面对的困难，未来京东云将在加强人才培养、提高技术水平、提升服务质量等方面加大努力，在提供安全、便捷、优质的云计算服务的同时，协同社会各界，为打造安全、健康的网络环境贡献力量。

关键词： 京东云　云计算　网络安全　云安全

运用云计算推动经济发展、激发行业创新、提升政府服务已经成为全球趋势。中国云计算市场从2007年起步，历经10年的发展，已从概念普及进入广泛应用的阶段。作为信息技术创新服务模式的集中体现，云计算不仅成为支持各行业发展的关键IT基础设施，还向生产、能源、政治、经济和社会生活的各个层面进行强有力的辐射、渗透，成为提升信息化发展水平、打造数字经济新动能的重要支撑。

安全是互联网永恒的主题。云计算服务提供商，在为用户提供高效、便捷的服务的同时，还应肩负起保障网络安全、构建网络安全生态的责任。云平台作为IT基础设施，不仅具有技术属性，还拥有社会性与公共性，且平台越大，越应具备更高的中立性、公平性和道德性。因此，云平台需要在规范、治理方面投入更多的关注与力量。基于云平台的特性，构建云服务商为主体的安全责任模型，系统性阐述安全责任概念至关重要。

一 云平台安全现状

（一）云计算已成为IT基础设施，国内市场增长潜力巨大

当前，数字化转型已经成为国家战略，以云计算为代表的第三方平台技术是帮助企业实现数字化转型的重要手段。企业通过使用云服务提高效率、节约成本，更加专注于自身核心竞争力的提升。随着云计算服务在国内市场的认知度、认可度不断提升，各类云应用和云服务快速涌现，云计算从游戏、电商、视频向制造、政务、金融、教育、医疗、物联网等领域延伸拓展，加速落地趋势明显。

2017年4月，工信部发布了《云计算发展三年行动计划（2017~2019年）》，提出在2019年，我国云计算产业规模将突破4300亿元。据2017年上半年《IDC全球公有云服务跟踪报告》显示，中国公有云服务市场未来五年的年复合增长率居全球第一，市场增长潜力巨大。

政府、企业以及其服务的终端用户享受着云服务带来的便捷，同时也面临着安全挑战。云计算系统规模庞大，具有开放性的特点，不仅普通用户可以使用其资源，黑客们也不断嗅探着各种可能的漏洞伺机发起攻击，复杂的安全挑战要求云服务商必须不断加强安全防范措施。

（二）数据泄露、攻击频发，云安全现状不容乐观

云计算不仅要面对传统信息系统的安全问题，还要面临由其运营特点所产生的一些新的安全威胁。云计算的威胁来自各方面，有外部攻击，也有内部云服务商的资源滥用，数据破坏、丢失，账户或服务流量劫持，不安全的API，拒绝服务，内部人员的恶意行为，滥用云服务，共享技术漏洞等。

由于缺乏数据加密和分散隔离存储机制，2011年12月，全球最大中文IT技术社区CSDN网站的用户数据库被泄露，导致包括600余万个明文的注册邮箱账号和密码被公开上传下载，在包括新浪微博在内的平台上广泛传播。2013年10月，自称是中国最大的酒店数字客房服务商的浙江慧达驿站公司，因为安全漏洞问题，使与其有合作关系的大批酒店的开房记录在网上泄露，其中包含2000万条在酒店开房的个人信息，容量达1.7G。2014年，黑客利用苹果手机iCloud云端系统的漏洞，破解众多女明星的账户密码，非法盗取大量私密照片，发布在网络论坛上。

2016年10月21日，提供动态DNS服务的Dyn DNS遭到了大规模DDoS攻击，导致许多使用Dyn DNS服务的网站遭遇访问问题，其中包括GitHub、Twitter、Airbnb、Reddit、Freshbooks、Heroku、SoundCloud、、Spotify和Shopify。Twitter甚至瘫痪近24小时。2017年2月，知名云安全服务商Cloudflare被曝泄露用户HTTPS网络会话中的加密数据长达数月，受影响的网站预计至少200万之多，其中涉及Uber、1password等多家知名互联网公司的服务。

由此可见，云计算安全现状不容乐观，稍有忽视就会给社会带来不良影响，甚至造成巨大的经济损失。

（三）云服务商的安全责任从平台层向社会层面延伸

习近平总书记在网络安全与信息化工作座谈会上强调，互联网企业既要有经济责任，更要有法律责任、社会责任和道德责任。

随着互联网与社会生活的紧密融合，互联网技术不再仅仅是工具，其天生携带的社会属性越发明显。这些社会属性随着网络边界的扩大，正在影响着每个人的生活。在数字经济发展的当下，互联网企业享受科技带来的红利的同时，也应该主动承担起更大的责任。以安全为例，作为技术服务类平台，云服务商不仅要保障云平台的安全，还要保障运行在云平台上的用户以及终端用户的安全。在此基础上，责任边界继续向社会层面延伸，承担起保障社会安全的职责。

二 云平台安全责任保障模型

云平台作为网络基础设施供应商，面对不断变化的安全风险，日益增长的用户需求，需要利用大数据、人工智能等先进技术不断提升改进，提供可靠安全的网络、设备环境和健康的服务环境。

2017年中实施的《中华人民共和国网络安全法》为云平台的安全发展进一步指明了方向。云服务应提供不同层面的保障，见图1。

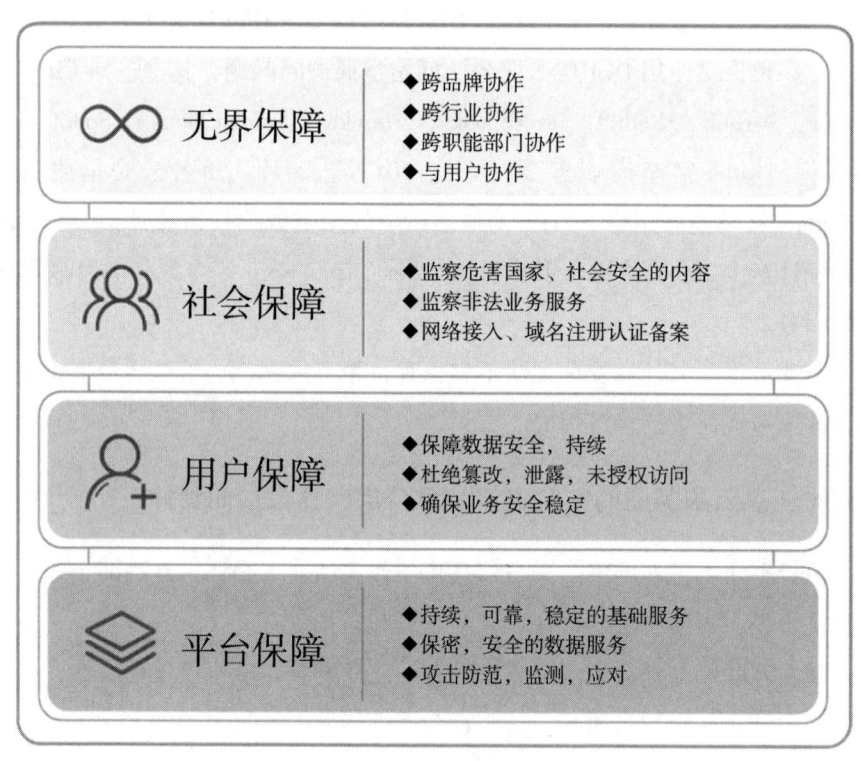

图1 云平台网络安全责任模型

（一）平台基础安全保障

云平台作为网络社会的基础设施，安全稳定是基石。云平台的核心三要素为：存储、网络、计算。云平台需要对系统稳定、数据安全、网络安全、主机安全提供全面的保障措施。

系统稳定性是头等大事。机房的建设在建筑承重、抗震、电力、制冷、消防、安防等方面都有一套严格的标准，可以消除供电、网络、存储、SPU单点故障，面对灾害、突发情况也能提供可靠应对，确保物理机、物理网络安全高可用。

数据存储作为云平台的基础服务，是其他系统服务的基础。云平台通过多种加密方式、分布式存储等技术手段，确保用户数据、系统数据的安全，为网络社会打造良好基础。

网络是连接云平台的血脉通路，确保其稳定、安全、畅通至关重要。云平台需要提供高速稳定的多路接入；针对已知网络攻击制定成熟的应对机制或解决方案；提供丰富多样的连接方式、网络管理监测工具。此外，安全服务产品也是云平台必须提供的基础保障。

主机被视为云平台的大脑，主机的安全、稳定、性能往往代表着服务本身的品质，针对主机的攻击、入侵以及系统漏洞问题十分频繁。为此，云平台需要提供具备不断迭代，甚至自我进化的能力，以应对未知的攻击。

此外，云平台还需要从软硬件分离管理、系统管理流程、运营规范等方面严格规范、执行内部安全流程，确保安全体系得到贯彻。

针对各种层面的系统监测也是确保云平台服务稳定可靠的重要环节。及时发现各种系统问题、漏洞、攻击、风险，及时处理、升级、应对，才能不断加固云平台，为网络社会的基础提供安全保障。

（二）用户安全保障

在保障云平台安全的基础上，云服务商还要确保用户的数据、服务安全。这里的用户分为使用云服务的用户及其服务的终端用户。

针对云平台上的用户，云服务商需提供一系列的网络、主机安全工具和服务，以保障用户网络系统的稳定、安全，即不影响用户正常网络服务，又

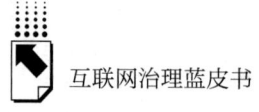

可以过滤绝大部分非法访问请求，杜绝未经授权的访问。

为用户提供强大的容灾能力，从容面对诸如宕机、系统故障、应用 bug 等异常状况，提供灾备解决方案，极大地提高系统可靠性，做到小灾不动摇，大灾恢复快，保障用户服务稳定、数据安全，防止数据泄露或被窃取、篡改等。

提供平台跟踪管理能力，针对平台用户的登录、操作进行记录，方便查找、回溯，明确责任。提供服务记录跟踪，方便问题定位，操作便捷；完整记录攻击事件，数据展现全面。

对于终端用户来说，账户常会面临诸如撞库、暴力破解等威胁。信息方面，以运行在云平台上的电商和金融机构为例，其终端用户的个人信息、交易信息等一旦泄露，极可能造成经济损失甚至威胁到人身安全。这就要求云服务商承担起辅助的安全保障职责。

（三）社会安全保障

随着生产、生活、政治、经济活动在网络中广泛开展，网络犯罪行为越来越多样化，造成的危害也越来越大。每年全球经济因网络犯罪损失超 4450 亿美元。据美国征信服务巨头益博睿 2016 年发布的《欺诈经济学：规避快速增长和创新中的风险》显示，我国网络犯罪导致的损失已占 GDP 总量的 0.63%，高居全球第二，仅次于美国。

作为为网络社会提供公共基础服务的云平台，必须对维护社会公共利益、打击预防网络犯罪、普及网络安全知识履行责任。云平台要及时发现并坚决制止危害国家安全，破坏国家统一、民族团结，传播暴力、淫秽信息，编造、传播虚假信息，以及侵害他人名誉权、隐私权、知识产权等其他合法权益的活动；坚决打击从事非法金融，非法赌博、博彩类经营，非法交易违禁产品、用户隐私等行为；清理对外攻击网站、挂马、钓鱼网站、非法VPN、爬虫、薅羊毛、发送垃圾邮件服务；做好网络接入、域名注册服务进行认证，备案，服务好正常用户业务，也为查处非法业务提供支持，避免为非法业务提供土壤。

（四）无界协同保障

网络安全规范是一个长链条，从用户到最终服务，中间经历十几个环节，任何一个环节出现疏漏，整条"安全大堤"（见图2）如同虚设。这就需要用户、运营商、政府部门、系统提供商、云平台一同积极参与，确保每一个环节完善可靠，不给渗透破坏提供漏洞。

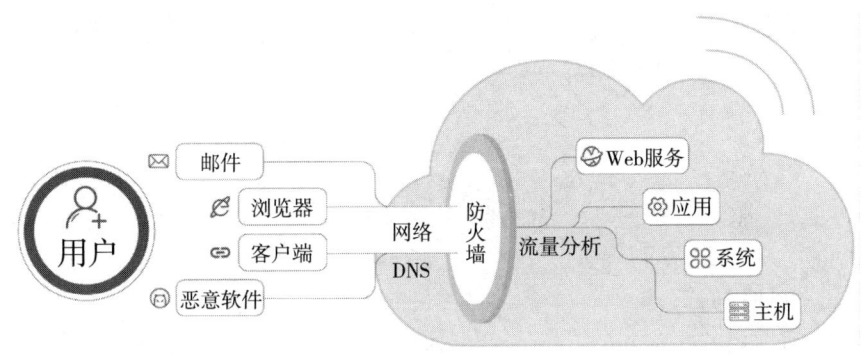

图2 "网络安全大堤"

1. 各云平台间的协同

网络治理不是单一云平台的工作，需要各云平台之间相互协同（见图3）。全球有几百万的域名被用于垃圾邮件发送、恶意软件服务、钓鱼网站运营，其中58%的域名被重复使用过，共同维护恶意域名库是每个云平台服务商的责任。此外1/5的一周以内的新注册域名被用来进行恶意用途，这就要求云服务商做到互通情报，及时同步黑名单，提升防御时效。

针对网络入侵、攻击，各平台也需要共同协作，信息共享，不提供宿主机，跟踪源头，尽快发现恶意破坏者。此外，技术升级完善防御、监控、恢复等责任也是各云平台需要协同共进的重要领域。

2. 基础运营商协同

近年来，国内出现过因运营商故障导致北京、广州各大云服务商服务中断的状况。由此可见，保障网络安全，网络运营商必须确保基础设施、线路

图3　无界协同模型

安全稳定。此外，落实实名制、做好网络记录也是有效保障互联网安全的重要手段。

3. 各政府职能部门协同

各政府职能部门为网络安全提供法律、政策、经济等方面的支持。2017年《中华人民共和国网络安全法》颁布，有调查数据显示，面对法律的威慑和政府强大的监管力度，基于计算机的主机类型攻击明显减少。另外，通过经济、政策手段对安全产品、安全行业进行扶植，也可以为网络社会长治久安保驾护航。

4. 科研机构、高校协同

当前，对具有高专业素质的网络安全人员需求量巨大。科研机构与各大高校应不断加强对网络基础安全的研究，加大教育培训投入，开设相应专业培养更多人才，为网络安全持续发展贡献力量。

5. 安全产品软硬件厂商

人才、产品的输出不仅是科研机构的任务，而且是安全产业的责任。在不断完善自身产品的同时，厂商应与云平台协同，获取网络风险情报，加强网络安全建设。安全产品厂商众多，各家产品优势各不相同，如果用户分别采购，难免造成资源浪费，冗余导致的性能下降，甚至冲突。各厂商亟待制定行业标准，为各类型安全产品进行规范、划定边界，为厂商协同提供可能性。

安全产品可以处理26%的安全问题，人员可以解决4%的安全问题，策略可以应对10%的安全问题。三者整合在一起的效力远不是简单叠加上述比例的效果。利用好安全产品，综合整合安全能力才是打造系统安全的目标。云平台具备人员优势，系统规范，需要结合厂商的各种安全产品，为网络环境的安全提供强有力的支撑。

6. 社会公众协同

互联网已经成为现代社会前进发展的基础，各行业、社会公众都应具备网络安全知识、全面协同，从各个维度严防安全漏洞，携手打造牢固的网络安全长城。由此可见，加强云平台之间的合作，出台行业安全管理标准，强化云平台与政、企、民、学各界深度协作，提高全社会网络安全意识和水平，才能构建安全友好型的网络生态系统。

三　京东云安全责任履行实践

云计算一直是支撑京东集团整体信息系统的基石，稳定、安全地支撑着京东商城、京东物流、京东金融等业务，并顺畅度过了数次"6.18"和"11.11"等电商大促骤增的突发交易压力。2016年4月，京东云正式对外开放，作为京东集团对外技术赋能的主要窗口，向社会提供安全、稳定、可信赖的基础云服务、一站式的大数据服务，以及成熟领先的解决方案（见图4）。

京东云始终坚守京东集团"正道成功、客户为先、只做第一"的价值观，以"成为可托付的中国云服务首选品牌，并放眼国际"为愿景。作为一家负责任的云服务商，京东云深知安全没上限，一直致力于改进服务稳定性，提高安全性，丰富安全产品线，全方位履行安全保障。

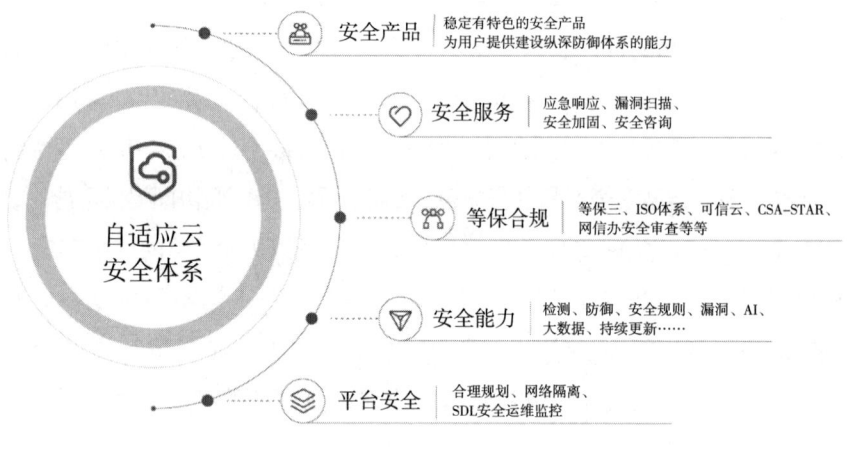

图4 自适应云安全体系

（一）平台基础安全保障履行情况

1. 打造稳定平台，提供可靠服务

京东云充分贯彻集团愿景，打造可靠安全的基础设施。分别获得：①公安部颁发的等级保护三级认证；②中国信息通信研究院可信云服务认证；③ISO9001,ISO27001认证；④中国电子工业标准化技术协会信息技术分会授予云计算服务能力标准符合性证书；⑤CSA－STAR（云安全联盟）认证。此外还荣获相关奖项：①2015年开源云计算实效应用奖；②2015年中国"互联网+"产业十大企业服务机构；③2016年中国国际大数据及云计算博览会最具创新力奖；④2016优秀云服务运营商；⑤2016年度IDC产业优秀云服务奖。

京东云服务数千合作伙伴，运营全球规模最大之一的 Docker 集群，容器数量超过 20 万。2017 年京东云新增华东区域节点与华北多可用区，为多可用区容灾热备、多区域灾备提供了更好更完善的平台。

2. 确保系统安全网络通畅

京东云提供针对网络攻击发生的不同阶段，进行全线的安全防御（见图 5）。

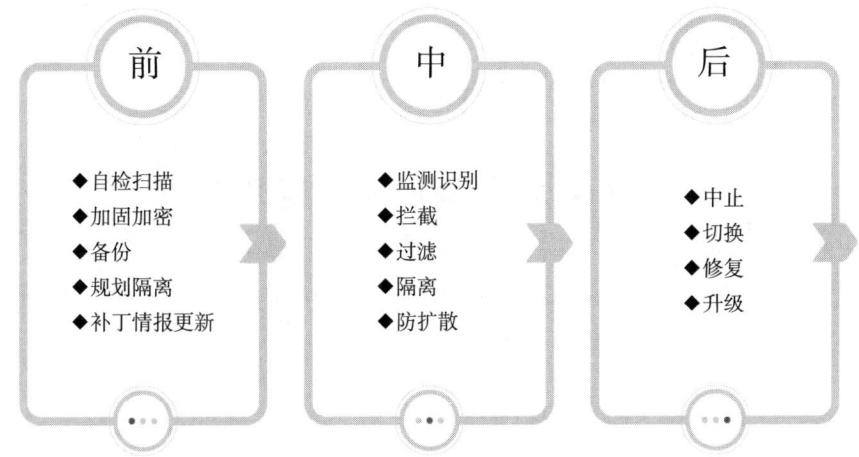

图5　京东云应对入侵/攻击

DDoS 攻击仍然是最较常见的攻击方式。2017 年，DDoS 攻击总量较上年增长 79.4%（绿盟），并呈现几个新的趋势。随着基础网络服务器的完善和应用服务的增加，攻击从网络层向应用层转移，3/4 的网站遭受过 Web 应用攻击，92.2% 的 Web 应用攻击针对互联网企业；攻击的峰值记录也在不断被刷新。2018 年 3 月，GitHub 遭遇峰值 1.35Tbps 的 DDoS；反射放大攻击的频率也在增加，2/5 的企业在 2017 年遭受反射放大攻击；国内暴露路由器超过千万台，1% 的设备就可以发起 Tb 级的 DDoS 攻击，越来越多的 IoT 设备成为新的攻击源。

京东云 DDoS 基础防护会对所有流量进行实时检测，第一时间发现其中的攻击流量，秒级应对攻击，清洗迅速，保障业务的正常运行。为所有主机

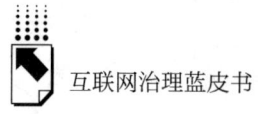

用户提供免费2G DDoS防御,并可升级成单线最大400G超大防护,支持电信、联通、BGP多条线路,支持网站+应用全场景,各种协议。京东云还提供应用安全网关、VPC防火墙、流量分析、流量控制,加强网络安全。

京东云的主机安全,对网站或APP服务进行可视化安全分析和应用层威胁防护。发现用户系统漏洞、弱口令、扫描攻击等风险,并及时通知用户。此外,京东云提供SSL证书与管理,对用户的网络请求,进行加密保护,防止窃听、泄露。在基础对象存储方面,全面3副本跨可用区存储,实现高可用,容灾;提供AES-128加密,确保安全性。

3. 实时展现运行情况,迅速发送警报信息

云监控服务对京东云资源进行监控和报警,展现各项监控指标情况并对指标设置报警。云监控会通过短信、邮件等方式发送报警通知,还会提供当前报警状态和报警历史的查看。通过监控,用户可以了解在京东云上的资源使用情况、性能和运行情况;通过报警,可以及时做出反应,保障应用程序的稳定运行。

(二)用户安全保障履行情况

1. 应用安全网关,用户服务器"卫士"

京东云通过提供WAF、用户访问审计、业务安全可视和合规性检查等功能,保障业务稳定可持续运行,提升用户体验,为网络服务提供者解决Web或APP业务因攻击导致的异常或合规性问题。

可有效防御SQL注入、XSS攻击、命令/代码执行、文件包含、木马上传、路径穿越、恶意扫描等OWASP TOP 10攻击;攻防团队7×24小时跟进0day漏洞,分析漏洞原理,并制定安全防护策略,及时进行防护;提供多种模式,对应用层DOS进行防护;提供IP封禁功能,对恶意用户进行实时拦截;对暴力破解进行防护。

2. 态势感知,帮助用户建设安全监控和防御体系

京东云的态势感知系统,通过数据建模、行为学习、情报关联分析,全面洞悉安全全景、发现入侵和攻击威胁,帮助用户建设自己的安全监控和防

御体系。可以实时检测黑客攻击、肉鸡、后门木马等恶意流量,保护用户信息系统和网络架构免受侵害;实时检测 SQL 注入、XSS 攻击、代码/命令执行、远程文件包含、本地文件包含、脚本木马、上传漏洞、越权访问、路径遍历等攻击。

同时,对多维度海量安全和业务数据进行快速、自动化的关联分析,通过图形化、可视化的技术将威胁和异常的总体安全态势呈现给用户,让用户一目了然,方便安全决策。

3. 恶意代码检测,保障终端用户

由于云平台资源集中、多租户共享的特点,其更容易受到恶意代码的攻击,用户保存在云端的数据面临非常大的恶意代码窃取风险。为有效抵御恶意代码攻击、保障终端用户安全,京东云提供一套恶意代码监测和防御机制,针对静默安装、执行程序、恶意链接以及窃取用户隐私行为,做到及时识别防御。

密钥管理,也是京东云为用户提供的一项数据安全保护。用户可用自己的密钥加密数据,从通路,到应用,存储,备份恢复全方位确保用户信息安全。此外,京东云的安全顾问团队,为用户监测安全,定制高可靠的安全方案,可全方位的保护用户数据、服务,安全可靠。

(三)社会安全保障履行情况

1. 反网络欺诈,保障公众经济利益免受侵害

全球每年因欺诈造成的损失总额超 500 亿美元。仅 2016 年,全球信用卡、借记卡、预付卡和私有品牌支付卡的损失就高达 163.1 亿美元,电子零售商和批发商因欺诈损失的金额占其年收入的 7.5% 以上。

实施欺诈最重要的交易工具是大量的账户。为获取账户,欺诈者一方面大量创建虚假账户,另一方面则大量盗用。为了躲避传统的网络反欺诈检测技术,欺诈者会使用多种不同的工具伪装成正常用户。其中 23% 的欺诈者使用公有云 IP 伪装身份,大量创建来自不同计算机和 IP 地址的用户账号。统计数据显示,恶意账户比普通用户使用云服务的可能性高 7 倍,18% 来自

云服务 IP 的账户是欺诈账户。

为了避免云计算成为网络欺诈者的温床，京东云通过监测系统及时高效地识别恶意账户，制止如检测伪装大型网站登录或支付页面，诱使用户输入账户信息或进行支付，窃取用户认证信息或钱财；伪装公司员工，以中奖等名义，诱使用户提供私密信息或进行支付等欺诈行为。

京东云自身的数据优势助力反欺诈。作为京东云综合性数据开放平台，京东万象帮助数据的提供方与需求方进行数据对接。企业的数据通过 API 的形式接入京东万象，在数据安全的基础上，通过数据 API 共享和交易实现双方的数据价值交换。京东万象在金融行业的相关数据，已覆盖了包括个人和企业征信报告、黑名单数据、失信数据等金融数据值等。

此外，京东云还与生态伙伴合作，推出"反欺诈识别""置信反欺诈报告""欺诈关注清单"等产品。

2. 识别非法内容，净化网络空间

近年来，随着集团业务高速发展和业务边界不断拓展，京东加大了对内容合规方面的重视和投入。为更好地履行企业社会责任，京东于 2018 年初成立"京东集团内容安全委员会"。针对政治有害、国家机密、黄赌毒、涉暴恐、禁售商品、民族分裂、宗教诋毁、非法出版物等问题内容进行严格把关、处理。同时，建立起内容安全事件的外部信息对接、内部信息共享、内部处理同步、排查结果反馈、事后追责等制度流程；组建敏感词人工运营团队，敏感词库关联拓展，建立统一的文字、图片、视频 AI 的内容安全算法机制。

京东云发挥技术优势，利用"爬虫技术 + 文字识别 + 图形识别"，与第三方内容安全服务商协作，对违法违规信息予以重拳打击。以打击淫秽色情信息为例，京东云的智能鉴黄技术，基于先进的深度学习和计算机视觉算法，能够精准高效地鉴别色情图片。智能鉴黄，通过接口上传图片进行鉴别请求并实时获取图片是"色情""性感"或者"正常"的鉴别结果。基于京东海量图片的数据验证，能够高覆盖、准确识别各类图片，在帮助儿童安全上网、直播视频色情监测等方面起到重要作用。

3. 反骚扰、防威胁，提升用户体验

恶意邮件和垃圾邮件是攻击者分发恶意软件的重要工具，因为它们直接威胁到终端。据统计，目前垃圾邮件超过邮件流量的85%，其中10%的恶意邮件。通过应用正确的社交工程技术组合，如网络钓鱼、恶意链接和附件，攻击者只需坐下来等待毫无戒心的用户激活他们的攻击漏洞。垃圾邮件的危害不仅在于对用户进行骚扰，还可能带来严重的损失。京东云利用网络封堵、安全组默认封堵、SMTP端口引流到反垃圾邮件网关等手段，防范垃圾邮件威胁，免除骚扰，提升用户体验。

4. 打击投机行为，打造公平市场环境

爬虫、秒杀、薅羊毛都是对企业正常经营的一种严重损害。爬虫轻易盗取企业花费巨额资金采集、整理完成的数据。这种严重的不正当竞争行为破坏了公正公平的商业环境，造成劣币逐良币的不良市场氛围，严重危害企业正当经营，打击企业完善业务、改善用户体验的积极性。秒杀和羊毛党对企业营销投入造成大量侵占，增加企业运营成本，无论是企业不得不转嫁成本到正常用户，还是企业被迫无法正常经营、无法继续为社会提供税收就业服务，都为公众、社会带来伤害，严重破坏平等商业环境。维护公平、公正、平等的商业市场环境，是企业的基本社会责任，云平台要坚决查处影响市场规则的行为，不给投机行为以土壤、空间。上述行为还占用大量计算资源、IP资源或短时带宽资源，污染网络环境，占用网络社会资源。

此外，非法VPN为非法请求、违法业务提供了通道，互联网规范治理必须打击非法VPN。京东云利用大数据技术优势，通过日志分析、大数据模型、用户行为模型等技术手段识别并处理上述行为。

（四）无界协同保障履行情况

1. 积极参与行业标准制定，推动云服务安全标准的推广和落地

2016年，京东云作为先进的云安全践行和服务企业获批加入"云安全联盟"（Cloud Security Alliance，CSA），成为CSA中国企业会员。加入CSA后，京东云积极担负云安全联盟成员的责任，发挥京东云平台业务和数据优

势，与国内主流云服务提供商加强交流合作，共同应对全球网络的安全威胁和挑战。

京东云还通过信息安全管理体系（ISO/IEC 27001：2013）国际认证、可信云服务（TRUCS）认证等；加入中国通讯标准化协会 TC608、中国计算机学会 CCF、中国电子学会、中国计算机行业协会云计算与大数据专委会、工业互联网产业发展联盟、Open Compute Project、互联网医疗健康产业联盟等云计算行业的联盟和协会。

同时，京东云还积极、持续参与云安全联盟 CSA 云计算、大数据安全标准制定，努力推动云服务安全标准在中国的推广和落地。京东云还与第三方从恶意域名，到钓鱼、挂马识别、漏洞监测，进行协同，情报共享。

2. 打造智能城市，助力产业扶贫、创业创新

京东云以开放灵活的方式与政府合作。在成都、重庆等地启动了云创空间，支持城市创业创新；在宿迁、滨州等地建设云计算大数据产业基地，打造新经济基础设施，加速城市工业化、信息化融合进程，支持传统产业结构升级、新经济新产业聚集，强化城市公共服务、数字化城市管理，助力政府打造智能城市。

精准扶贫一直是一个难点，京东云利用自身的云属性，很好地解决了这个问题。2018 年 3 月，京东云与陕西果业局签订战略合作，合作建设首个针对苹果的大数据中心，用云和大数据支持产业扶贫。同时，京东云联合京东生鲜事业部和西安国家民用航天产业基地同步打造首届"京东陕西苹果节"，实现农产品上网。2017 年，京东云还携手滨州举办"沾化冬枣电商节"，也是为当地打造地方特色产业发展的新模式。京东云通过云和大数据进行用户画像实现精准扶贫，农业发展模式被创新、被颠覆，扶贫效率也大幅提高。在应对网络犯罪、网络恶意行为等方面，京东云积极配合政府行动，提供技术支持。

3. 与白帽协作，主动发现安全漏洞

京东秉持"对待安全无比重视且开放交流"的态度，设有专门的 JSRC 安全应急响应中心，作为窗口收集京东产品相关的漏洞及威胁情报。

中心与白帽一起为京东云寻找漏洞，并为白帽提供资源、开放环境，进行奖励。

京东云还充分利用自身的技术优势对外提供安全咨询服务；利用京东大学的培训能力进行专家培训，推广专业网络安全认证。

4. 以开放的姿态与安全合作伙伴协作

云安全不是单个企业的问题，云安全的发展离不开整个信息安全产业的支持。云平台如果不能真正实现安全大数据的共享，就不能有效发挥信息安全产业各厂商的整体能力。

京东云以开放的姿态欢迎各信息安全厂商合作共建云安全。京东云与安全厂商协作，一方面与厂商一起完善京东安全产品，为客户提供更安全完善的产品；另一方面为厂商提供平台，协助厂商为客户定制化需求提供服务，实现生态共赢。

京东云一直致力于构建云服务安全生态与安全大数据共享平台，发挥京东云大数据处理能力，整合安全合作伙伴优势资源，与业界优秀的第三方安全企业打造完整的安全生态圈，实现从云平台、网络、系统、数据到应用系统安全的全面覆盖。

5. 帮助用户提高网络安全意识，普及网络安全知识

2017年发生了WannaCry漏洞勒索事件。勒索事件发生之前，微软早就提供了下载漏洞修复补丁，但只有30%的用户下载修复；勒索事件之后，下载修复的用户接近100%。除此之外，网络服务的风险（更新）通知44%的未阅读；阅读过的通知，也有相当比例未得到处理。由此可见，用户的网络安全意识亟待提高。普及网络安全知识，宣传风险强度危害需要不断反复加强。此外，及时备份数据也是用户应该养成的良好习惯。

提供更方便、自动的方式处理维护处理海量报警，严重问题的及时自动化响应。自动化的备份方案，并且分区域环境存储，避免集体被感染破坏，成为云平台的重要需求。京东云提供了易用的0Day服务和多种方便自动的备份服务，为用户服务提供更可靠的安全服务。

京东云还为用户提供了问题提交服务，用户可以及时提交遇到的安全问

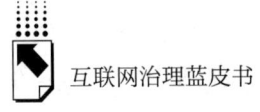

题和网络不文明现象。京东云与用户从系统到内容,全方位、多维度地协作,完善网络社会安全体系。

四 京东云平台安全治理难点及未来展望

(一)问题与难点

云平台自身的特性决定了其治理难度较其他互联网平台更大。京东云在履行网络安全责任时也遭遇一些问题和困难。

1. "加密""伪装"增加识别非法业务难度

互联网作为当今社会最重要、最大的平台,为人们的生活带来了极大的便利,与此同时,也为社会治理带来新的挑战,特别是犯罪问题。有研究表明,网络安全的主要威胁已经从黑客攻击模式转为犯罪分子的敛财模式,网络犯罪呈现规模化、体系化的特点,涉及范围越来越广。

如今,越来越多的互联网流量采用加密通道进行网络传输。据思科威胁研究人员报告,截至2017年10月,全球网络流量中有50%为加密流量;相较于2016年11月,加密流量增长了12个百分点。这导致云平台无法监控流量的内容,只能对流量的模式进行大数据比对识别,从而发现可疑的业务网站,这就大大增加了平台对非法业务的监控难度。另一个难点,非法业务将自己的非法业务请求加载在合法业务请求里,一起传递或者利用第三方合法网站提供的服务作为跳转,将非法业务、非法数据进行合法转移。

2. 保护用户隐私和监控非法信息之间的"矛盾"

2017年,《我叫MT》游戏所有者乐动卓越因某游戏公司在云服务器上运营侵权游戏而控告国内某知名云服务商侵权。法院一审判决:认定被告某云服务商构成侵权,需赔偿原告经济损失和合理费用约26万元。被告认为,作为云服务器提供商,自己无权读取服务器租用人存储于服务器的数据信息,并向北京知识产权法庭提起上诉。

这起国内首例云服务商责任案,反映出云平台在内容治理上面临的难点——云服务商如何既保护用户隐私,又能够及时识别、处理非法信息。可以说,这是一个困扰全球云服务商的难题。根据美国法律,云服务提供商有义务及时清除已知的非法文件,但事实上,并不是所有公司都会主动对非法文件进行扫描。尽管如此,云服务商还是在努力寻求解决矛盾的更好方法。

2012年,美国一名经常与小孩接触的教堂执事,因制作、存储及传播儿童色情资料被警方逮捕。揭露男子罪行的正是云服务提供商Verizon。Verizon检测到违法图像后,立即通知了全国失踪与受虐儿童服务中心。该中心随即转告执法机构。这则案例为云服务商在针对云盘的非法内容监管上提供了可借鉴的成功经验。在不对用户云盘进行扫描的前提下,云服务商可以利用工具,在文件进入云盘和离开云盘时,过滤、发现非法内容。

用户的数据隐私必须得到最大限度的保护。至于用户存储的数据是否涉及违法问题,云服务商应该在具备法律效力的情况下,对用户数据进行审核并且保证有第三方监督,做好全程记录以备用户追溯。这是目前普遍采用的内容治理的方法,在此基础上,云服务商还在继续探寻更加行之有效的方法。

(二)未来展望

未来,京东云将大幅提升网络设施支撑能力、核心技术创新能力、产业融合引领能力、网络空间防护能力和依法管网治网能力,为推动网信事业安全发展保驾护航。

1. 筑牢人才根基,加强网络安全专业人员培养

功以才成,业由才广。要贯彻"总体国家安全观",维护好网络空间这一非传统领域的安全,关键点之一在于培养一支规模大、结构优化、素质优良的网络安全人才队伍。

第一,京东云广泛吸纳国际知名云厂商人才,保持开放的心态不断学习AWS、Azure、Google等顶尖互联网公司的技术亮点和创新模型,打造中国云行业集研发、部署、运维等方面的技术梦之队。第二,京东云积极帮助政

府、企业和传统互联网行业的IT人员深化对容器集群管理、微服务架构等云技术的理解，提升国内网络安全从业人员的安全意识和专业技能。第三，为实现网络安全的健康可持续发展、做好人才的"选、育、用、留"，国家加大了学科建设和学历教育的力度。京东云作为信息领域基础设施建设者，未来将在校园环境和社会办学双管齐下，全线铺开各细分领域培训，全面覆盖安全技术、安全管理、渗透测试、安全开发、工控安全、密码安全、系统审计等人才紧缺的方向，为国家网络安全保障事业提供坚固的人才支撑。

2. 建设基础设施、提升技术水平，为网络安全保驾护航

在2018年4月20~21日召开的全国网络安全和信息化工作会议上，习近平总书记再次论及"正确的网络安全观"理念，并要求构建"关口前移，防患于未然"的网络安全管理体系。业界普遍认为，设施安全、系统安全和数据安全从物理层、逻辑层和内容层构筑了网络安全主体，各类信息网络设施是网络安全的载体和基础。践行"正确的网络安全观"，建设信息基础设施安全保障体系应放在首位。

在互联网、物联网环境下，京东云致力于为中国政府、传统企业、互联网企业、开发者乃至世界网络平台，从物理层和底层逻辑层面解决信息化、数字化、智能化转型过程中所遇到的安全问题，让企业和政府可以专注于统筹协调、业务逻辑等顶层设计而无后顾之忧。运作在云上的系统将自动实现京东云的Super HA（High Availability/Geo-AZ-Local Redundancy），最大限度地保障系统的可用性和可靠性；而诸如Intel Meltdown & Spectre的漏洞也会在第一时间在用户侧无缝无感地进行修复和升级。

未来，京东云将在加强人才培养、提高技术水平、提升服务质量等方面加大努力，在提供安全、便捷、优质的云计算服务的同时，协同社会各界，为打造安全、健康的网络环境贡献应有的力量。

B.14 摩拜共享单车助力城市治理年度报告（2017）

李婷　郭思嘉　陈国琼　肖恬*

摘　要： 随着国内互联网技术在交通领域的渗透，"互联网+交通"不仅在惠及居民个人出行方面效果显著，在助力城市治理方面的作用也愈发突出。摩拜单车作为行业细分领域中的标杆企业，依托自身的物联网系统与大数据人工智能平台，在助力城市治理的实践中收获了经验。本文通过梳理"互联网+交通"模式在国内外的发展状况及摩拜单车在城市道路规划、城市安全、城市生活、城市环保等方面的城市治理作用，总结摩拜单车在助力城市治理的探索与尝试，分享成功经验，提出摩拜单车在未来城市治理中的发展趋势，为未来城市治理提供借鉴。

关键词： 摩拜单车　城市治理　互联网+交通

引　言

摩拜单车成立于2015年1月，是国内唯一一家拥有物联网系统与大数据人工智能平台的共享单车企业，也是全球最大的智能共享单车平台与移动

---

* 李婷、郭思嘉，摩拜单车公共关系部，研究方向为企业形象与社会责任。陈国琼、肖恬，暨南大学新闻与传播学院硕士研究生，研究方向为互联网治理。

物联网平台。截至 2017 年 12 月 31 日，摩拜单车已进入全球 12 个国家、200 多个城市，共投放 800 万辆智能自行车，每日产生 3000 多万人次骑行，是成长速度最快、覆盖地域最广、使用人数最多的共享单车服务。

随着国内互联网技术在交通领域的渗透，"互联网+交通"不仅在惠及居民个人出行方面效果显著，在助力城市治理方面的作用也愈发突出。而摩拜单车作为行业细分领域中的标杆企业，依托自身的物联网系统与大数据人工智能平台，正在为助力城市治理发光发热——通过物联网实现自身的互联网化，对各个城市的市场规模、出行习惯和人群特征等进行详尽分析，从而透析城市交通的痛点与难点，为当地政府主管部门的城市管理规划提供及时可靠的数据支撑，在充分沟通中落实服务，助力城市治理。2017 年 4 月，摩拜单车联合国内 11 家研究机构、科研所与 NGO，共同发起成立全球首个城市出行开放研究院，并在业内推出首个大数据人工智能平台"魔方"，它在骑行模拟、供需预测、停放预测和地理围栏四大领域上的探索成果能够在实现自身高效智能运营的同时，进一步为居民健康美好生活与城市和谐发展出力，从而共同推动国内智慧城市、低碳城市与健康城市的建设。

一 "互联网+交通"的国内外发展状况

随着信息化上升为国家战略，科技在移动互联网、云计算和大数据等方面获得突破，"互联网+"已成为新时代的关键词。"互联网+交通"的提出正是互联网思维在交通领域的拓展——通过利用互联网技术及平台促进互联网与传统交通运输业的深度融合，从而创造新的交通行业发展形态，在满足公众便捷出行需求的同时，提高资源的使用效率。在新时代语境下，"互联网+交通"开始引领"智慧交通"的发展方向。

（一）"互联网+交通"国内发展现状

2015 年 7 月，国务院印发《国务院关于积极推进"互联网+"行动的指导意见》，交通运输部表示将积极参与大数据、云计算等相关重要政策意见的制定工作，鼓励和支持以市场为主体开展各种基于移动互联网的出行与物流信息服务，完善绿色交通发展制度体系。至此，"互联网+交通"模式开始在全国范围内得到确立与推进。根据《2017年中国"互联网+交通"城市指数研究报告》显示，截至2017年，我国"互联网+交通"模式已在国内各个城市全面铺开，一、二、三线城市发展迅猛且持续深入实践，四、五线城市也得到了拓展，同时各地政府部门进行了积极主动的推进，以不断提升交通管理能力。目前，我国"互联网+交通"模式主要表现为以下三种形式。

1. 以手机地图、共享单车、网约车为代表的智能出行

在移动互联网技术与传统交通运输业的融合发展下，以手机地图、共享单车、网约车为代表的智能出行，是现今我国城市居民最常使用的"互联网+交通"模式——通过移动互联网与智能手机操作获取交通信息与服务，从而实现便捷交通。最常见如百度地图、高德地图等地图类应用软件，通过对路网数据的实时采集，不仅能够提供精准的定位导航服务，还能为用户智能推荐多种出行路线、交通信息与周边商业服务，便捷居民出行。而共享单车与网约车服务则是一种以平台化和共享经济为特征的交通新业态，居民通过手机APP终端即可定位附近共享单车停放点与预约汽车接送服务。在城市公共交通系统覆盖不足的情况下，其能较佳地解决公共交通在短途、中长途出行的空白。

2. 以交通大数据开放、融合和创新为代表的智慧交通

大数据等互联网新技术在交通领域的发展与应用为城市智慧交通带来了突破性发展。通过将开放性交通大数据融入城市交通规划，城市主管部门能够在实时监测海量数据信息的过程中全方位掌控路网日常运行状态及设施使用情况，并针对拥堵限行、道路占用等问题提供短时最佳解决方案，对突发状况及时提供有力支持，促使线上线下交通资源的合理分配与高效优质出行，推动城市交通达到可控可管。如2017年广州交警引入阿里云ET，并结合高德地图交通路况，试点"互联网+信号灯"控制优化平台，通过智能指挥后部分路段拥堵得到大幅缓解，两块试点区域拥堵同比分别下降25.75%与11.83%，优化效果明显。

3. 以交通门户网站与官方公众号为代表的互联网交通政务

除了城市交通的现实疏导问题，高效便捷的一体化互联网交通政务服务也是现阶段我国城市交通重要的发展方向之一，如建设专门门户网站、APP等端口以促进政务信息资源共享与服务便民利民。此外，随着网络时代社交媒体在公众生活中发挥着日益重要的作用，它不仅是网民休闲娱乐的工具，也是公众聚焦公共事件的话语场域，并已成为公众与企业、政府部门等进行直接沟通交流的重要平台。通过网络社交媒体，城市交通管理部门能够以多种线上沟通的新形式回应公众热点问题、查处交通违法、普及交通安全知识、进行舆情引导甚至实现线上交通快速调动等，推进线上线下一体化服务。如2016年国家公安部交管局带领全国交警建立起矩阵直播长效机制，为公众现场直播交通执法全过程，促进政务执法更加公开透明。

（二）"互联网+交通"国外发展现状

近年来，我国"互联网+交通"宛如新生事物，发展得如火如荼，而国外对相关领域早有前瞻意识。1999年，美国在《国家智能交通系统五年规划》中通过系列法案规划，自上而下明确智能交通在国家发展战略中举足轻重的位置。2001年，日本发布《E-Japan战略》和《E-Japan优先政策计划》，将智能交通的推进列入四项优先政策领域之中。2008年，欧盟发布《欧盟智能交通系统行动计划》，明确智能交通是欧洲各国的共同发展目标。

随着"互联网+"深入重塑交通行业，各国又将物联网发展上升为重要战略领域，并不断深入推动大数据、云计算与超级计算在交通领域的运用。如美国新泽西州、俄亥俄州等地的交通管理部门已采用INRIX系统，通过获取手机与GPS信号提取交通信息，从而掌握地区交通情况，缓解交通拥堵，解决由天气引发的交通问题等。2010年，英国制订"连接城市"计划并投入大量资金用于互联网建设，力图通过应用大数据分析技术，结合智能化管理系统，以提升包含交通在内的城市管理水平，如2012年伦敦奥运会期间运用INRIX系统成功达成较好的交通管理。2016年，美国交通部与Google旗下公司Sidewalk Labs共同发起了一项名为Flow的交通信息平台开发计划,该平台将通过街道传感器收集交通信息,并结合地理信息数据,帮助全美 16 个城市改善公共交通服务与交通流量。

而以互联网企业为代表的科技公司也不断参与智慧交通行业。如"共享经济打车鼻祖"Uber,它作为全球即时打车软件,革命性地颠覆了传统出租车行业,引领共享经济在全球的发展,是"互联网+交通"模式的现象级企业与重要实践者。此外,谷歌推出的无人驾驶汽车已经上路且不断取得阶段性成果,并于 2018 年 5 月宣布其无人驾驶技术对于行人的判断错误率已下降 100 倍。

同时,随着"互联网+交通"产业在全球范围内开始强势崛起,各国针对相关重要发展趋势积极推进相关法律法规研究。如美国道路交通安全管理局于 2013 年发布《自动驾驶汽车的基本政策》,德国、日本、英国等国也均已启动相关立法工作,为交通产业的新趋势和谐步入人们的生活铺平道路。

二 摩拜共享单车在城市治理中的作用

1.科学规划城市道路

随着人们环保意识与出行需求的高涨,由摩拜单车号召的"让自行车回归城市"势头发展迅猛。数据报告显示,截至 2017 年底,共享单车总用户数超过 2.2 亿,共享单车成为继公交、地铁以后的第三大公共出行方式。[1] 但是与之相对的,各个城市的自行车道路建设却仍处于滞后状态,漫长的选址改造过程不能及时满足居民对安全畅通出行与健康锻炼的需求。此时,摩拜单车的骑行大数据已为问题的解决提供了新思路。

2017 年 11 月,摩拜单车与北京交通发展研究院签署战略合作协议,将协助北京市步行与自行车道的规划及停车道、停车地点的规划与选取,

---

[1] 中国信息通信研究院政策与经济研究所、摩拜单车:《2018 年中国共享单车行业发展报告》,中国信息通信研究院政策与经济研究所,2018。

支持北京3200公里自行车道建设。摩拜单车将借助自身大数据与人工智能系统提供用户骑行轨迹数据，利用数据挖掘技术真实而直观地反映居民的骑行需求，为北京市的自行车道路的合理规划提供科学依据。此外，摩拜单车还能借助密度聚类算法，掌握共享单车的热门停车区域和停车峰谷时段，为智能推荐停车点（SMPL）的设立和管理提供数据依托，为城市管理部门提供协助。且自2016年投入市场后，摩拜单车进入每个城市时都会对当地数据信息进行详尽收集与分析，在与当地政府主管部门进行充分沟通与共同规划的基础上，为服务落地做好政策与管理规划，赢得各地部门的普遍赞誉。

2. 提升城市公共安全

在传统公共交通系统中，人们的城市交通工具主要在于公交与地铁，但由于时间、空间、资金等多方限制，这些传统的城市交通工具站点覆盖不足，城市居民的出行生活缺乏足够的接驳交通保障，"最后一公里"成为影响居民便捷出行的主要障碍之一，并由供需失衡滋生了"黑车"市场，尤其是"黑摩的"的存在。2015年腾讯发布的中国"黑车"调查报告显示，乘坐过"黑车"的用户高达80%。"黑车"由于没有经过正规资格审核，它的非法营运影响的不仅是正常的营运秩序，损害了乘客的合法权益，还潜藏着各种交通安全隐患，并容易诱发抢劫等刑事案件，给乘客生命财产安全带来严重威胁。

摩拜单车作为一种自行车分时租赁的共享服务，能够较好地弥补公共交通在短途接驳中的空缺，且深入城市的"毛细血管"，扫除城市交通盲区，实现公共道路通过率的最大化。百度地图数据报告显示，摩拜单车在深圳覆盖盲区高达99.34%，北京与上海则达到92.71%与92.64%，广州也达83.26%，可见摩拜单车对公告交通站点覆盖盲区起到了很好的补充作用。并且，由于摩拜单车搭载GPS定位模块与智能锁科技，人们能够通过移动互联网定位寻找并灵活使用，无须固定停放，随租随用，与公交、地铁搭配使用，高效省时不堵车。数据显示，在北京与上海，出行距离小于5公里时，利用"共享单车+公共交通"出行在92.9%与91.9%的情况下比小汽车更快;大于5公里时,在23.7%与43.4%的情况下也依然比小汽车更快。① 由于"骑乘骑"模式带来可见的快速高效,摩拜单车成功打击了"黑车"市场。以摩拜单车在北京市某地铁周边调查数据为例,自2016年共享单车投放后,"黑摩的"数量直线减少70%,居民使用"黑摩的"的出行次数减少53%,效果可见一斑。

3. 改善城市生活质量

以摩拜单车为代表的创新型智能共享单车在提升人们的出行效率和体验的同时,也实现了我国"自行车王国"的人性化复兴——改善了人们的生活,给人们解决了"最后一公里"的难题,同时还方便了人们生活当中的日常出行。骑共享单车如今成为新的社会风尚,节能环保运动健身的"一骑多得",让人们拥有了更为健康的生活方式。

摩拜单车构建的"骑乘骑"新出行方式,不仅在提高出行效率、缓解城市的拥堵方面具有显著优势,其配备的GPS定位所产生的骑行大数据也助力"智慧城市"的建设。海量骑行大数据为城市慢行、系统环境改善和用地规划提供了数据支撑,从而实现了共享单车使用效率的提升,共享单车与多种公共交通接驳的完善,并推动城市绿色交通的发展,在为城市规划和城市交通智能调度提供了科学依据。摩拜单车构建的"骑乘骑"新出行方式,以各种可以量化的指标改变了大家的生活。世界资源研究所数据预测,以华盛顿市中心为例,"骑乘骑"的出行方式扩大了半小时通勤圈,也丰富了可供选择的就业机会——较之"步行+公交"的46.8万个工作选择机会,"骑乘骑"将可获得的工作增加到63.9万个。而在柏林,"骑乘骑"的出行方式则将可选择的教育机会则从138个增加到325个。②

此外,共享单车的出现还推动了骑行基础设施的完善。2017年,全国

---

① 世界资源研究所、摩拜单车:《2017年共享单车与城市发展报告》,世界资源研究所,2018。
② 摩拜单车:《2017年共享单车与城市发展白皮书》,北京清华同衡规划设计研究院,2017。

新增自行车停放点达到了1万多个,其中上海新增自行车停放点数量第一。① 由于自行车的停车位要比小汽车的停车位小很多,其对节省城市空间也多有助益。以北京为例,在停车位短缺的情况下,一辆小轿车的停车位可供约10辆共享单车停放,按此比例计算,如果有更多人选择以骑行来替代开车,那么共享单车可为北京节省约5个鸟巢大小的城市空间。在深圳,共享单车节约的城市空间可建造2.5个世界之窗,上海共享单车节约的城市空间可建造15个人民公园。如果学区房的面积按每套60平方米计算,那么全国共享单车节约的城市空间相当于60多万套学区房。② 所以说,共享单车的兴起在一定程度上节省了城市空间,并为居民提供了更多生活空间。

4. 推动城市环保建设

根据2017年《共享单车与城市发展白皮书》中显示的数据,在共享单车出现前,国内小汽车出行占总出行量的29.8%,自行车只占5.5%;而在共享单车出现后,小汽车占比总出行量比例下降至26.6%,而自行车骑行的占比翻了一倍至11.6%,共享单车在替代使用小汽车的出行方面作用明显。这一出行方式的改变,显著降低了我国城市的碳排放量和PM2.5排放量,整体提升了城市的大气环境。

联合国可持续发展目标中提出,要建设包容、安全、有风险抵御能力和可持续的城市及人类住区,并采取紧急行动应对气候变化及其影响。作为联合国"地球卫士",摩拜单车致力于推动科技创新来建设可持续城市,并通过构建健康的生活方式应对气候变化。在不到一年的时间里,全国摩拜用户累计骑行总距离超过25亿公里,相当于往返月球3300次;减少碳排放量54万吨,相当于减少17万辆小汽车一年的出行碳排放量;减少了45亿微克PM2.5,相当于多种了3000万棵树;节省的燃油相当于节约了4.6亿升

---

① 摩拜单车:《2017年共享单车与城市发展白皮书》,北京清华同衡规划设计研究院,2017。
② 摩拜单车:《2017年共享单车与城市发展白皮书》,北京清华同衡规划设计研究院,2017。

汽油（或者相当于为国家少进口 2900 万桶原油）。① 自摩拜单车运营以来，已累计节约碳排放量超 440 万吨，相应带来的经济效益超过 1.94 亿美元。②

摩拜给城市的节能减排做出巨大贡献，世界资源研究所表示：如果摩拜单车在全球 500 个城市投入运营，每年减少的二氧化碳排放将可达 3000 万～6000 万吨，从而全球用于减排的费用将节省 13 亿～26 亿美元。

三 摩拜在城市治理中的未来发展趋势

摩拜在所到城市中掀起的骑行热潮，推动"让自行车回归城市"，为更多人的出行带来方便，也给城市倡导绿色出行提供了可持续发展的智能解决方案。在下一步的发展中，如何改善城市骑行环境是摩拜所重点考虑的问题。就目前而言，摩拜在下一步城市发展与治理中，计划着力改进以下七点。

1. 重塑城市停车空间

就国内而言，在共享单车推出后，乱停乱放的现象就时有出现。这种现象除与部分用户的个人素质略有欠缺有关外，也反映出我国一些城市在停车区域规划方面的不足。在日本，东京对公共交通站点附近的停车设施进行了改善，其设立的每个车库可以停放 204 辆自行车，刷卡 13 秒就可以取到自行车，地下车库的设计方式也同样地节省了城市空间。而在美国，西雅图交通部门为共享单车专门设置了停放区域，并制定了管理条例。这些国外的先进做法为国内提供了启发，在下一步计划中，摩拜也将致力于城市停车空间的重塑。

2. 有效的单车停放管理

此前，摩拜通过创新技术手段开发了"红包车"，通过游戏的方式来引导用户文明用车。摩拜的首个大数据人工智能平台——"魔方"，也实现了

---

① 摩拜单车：《2017 年共享单车与城市发展白皮书》，北京清华同衡规划设计研究院，2017。
② 世界资源研究所、摩拜单车：《2017 年共享单车与城市发展报告》，世界资源研究所，2018。

对于智能共享单车停放状况的精准预测，摩拜由此全面部署了地理围栏。此外，针对停放管理，部分城市也采取了一些措施，比如济南，其为共享单车的运营预先规划了 6000 个自行车停放区，之后又依托大数据功能增设了超 1 万个自行车停车区域，在该地区共享单车的准入要求是要拥有 GPS 定位技术和大数据功能。而在新加坡，共享单车出现后，政府几个月内便增设了数百个共享单车专用停车区，在公交站点、住宅区和商圈都设置了自行车的停放区。这种对单车停放的有效管理，也值得摩拜在今后的工作中与政府进一步协商推行。

3. 提供更加安全的单车道

为了提供更加安全的单车道，纽约市交通局规划了骑行地图和骑行线路，并实现了"显示不同类型的单车道""显示单车店的位置""显示所在城市的名胜景点规划停车位"等功能。此外，世界资源研究在推动"更安全的单车道"这一理念上，也设计出受保护的单车道与可见的单车信号灯，并采取在交叉路口进行适当标记等措施来防止事故的发生。这些做法值得摩拜借鉴，而提供更加安全的单车道也是摩拜今后将联合政府来共同实现的目标。

4. 举办骑行活动，提升城市活力

在丹麦的奥胡斯市有一个特别的场所——"单车图书馆"，"单车图书馆"为人们提供了更多的单车选择，人们可以借用不同类型的单车，来让旅行变得更有趣，同时也帮为人们骑车增添乐趣。而在印度，"开放街道日"是一个向所有人开放的街头活动，该活禁止机动车通行公路的一部分，居民可以直接进入这些空地进行活动，在社区还会举办骑行活动，这些活动有利于增进邻里感情，同时也提升了城市的活力。在国内，不管是"单车图书馆"这样的设施，还是"开放街道日"这样的活动都比较少。因此，在未来多举办骑行活动，也是摩拜所要重点发展的方向。

5. 塑造骑行文化

2017 年，摩拜携手联合国人居署、联合国环境规划署、世界卫生组织、世界资源研究所等机构，共同倡议将 9 月 17 日设为"世界骑行日"，以此塑造骑行文化，倡导"骑行改变城市"的理念。摩拜单车也希望通过联合发起"世界骑行日"的方式来共同努力，早日实现让自行车回归城市的愿景。

6. 通过共享移动性原则，推动城市向"宜居"方向迈进

摩拜认为，未来的城市交通是多模式、一体化的，交通工具将是大小合适的、共享的、零排放的。这些原则可以指导决策者及相关方实现整体社会效益最大化，比如将城市规划与交通规划相结合，让以人为本优于以车为本，鼓励数据公开，引导零排放出行等。摩拜在下一步的工作中也将通过共享移动性原则，来推动城市向"宜居"方向迈进。

7. 推行共享单车实现联合国可持续发展目标

摩拜单车正与政府、企业、社区以及非政府组织合作，在联合国可持续城市和社区，在气候行动和社会平等的一些特定领域达成可持续发展目标。具体而言有以下几点：①为所有人提供安全、人人都可以支付得起且便于使用和可持续的共享单车服务；②通过扩大公共交通网络，整合贯通的自行车道，支持包容性城市发展，连接城市、城郊和农村之间的旅行，并获得更多的经济机会；③通过提供绿色通勤方式，减少空气污染，并为缓解气候变化做出贡献。

结　语

无论世界各地城市有多么不同，骑行和城市规划都能让城市变得更好。智能共享单车代表着和谐的生活方式，代表着"互联网＋"与实体经济的完美结合，不仅带回了自行车畅行的生活气息，还促进市民积极参与城市共建，推动了城市文明、低碳、智慧、健康地发展。摩拜单车如今在城市的道路规划、城市生活、城市安全以及城市环保等方面都做出了自己突出的贡献，而在今后，摩拜单车也将继续参与到城市治理与打造"智慧城市"的工作中去，并继续推行"互联网＋交通"与数据的融合、开放、共享。摩拜始终认为，政府、企业与互联网公司高质量的数据合作共享，是未来城市

智慧交通发展的必然趋势。政府的专业交通数据，如动态停车、交调、卡口、气象、驾车、交通信息等，结合互联网公司强大的数据资源和云计算能力，将多元数据有效地融合运用，才能使交通信息更为丰富、全面、有效地辅助用户出行决策、服务用户出行，最终达到点对点的一体化综合出行方案。相信在政府部门和摩拜的共同推进下，共享单车与"互联网＋交通"今后的发展定会越来越好。

参考文献

［1］高德地图：《2017 中国"互联网＋交通"城市指数研究报告》，高德地图，2017。

［2］摩拜单车：《2017 年共享单车与城市发展白皮书》，北京清华同衡规划设计研究院，2017。

［3］世界资源研究所、摩拜单车：《2017 年共享单车与城市发展报告》，世界资源研究所，2018。

［4］摩拜单车、中国移动：《2017 年智能共享单车白皮书》，摩拜单车，2017。

［5］中国信息通信研究院政策与经济研究所、摩拜单车：《2018 年中国共享单车行业发展报告》，中国信息通信研究院政策与经济研究所，2018。

［6］赵光辉、朱谷生：《互联网＋交通：智能交通新革命时代来临》，人民邮电出版社，2016。

［7］陈才：《数字经济背景下智能交通的国内外发展态势》，《电信网技术》2018 年第 3 期。

［8］羡晨阳、金纬：《国内外智慧交通发展的经验借鉴》，《物流工程与管理》2017 年第 39 卷第 1 期。

海 外 篇
Overseas Part

B.15
2017年全球互联网治理年度发展状况

罗 昕　杨仰文　李芷娴[*]

摘　要： 纵观2017年全球互联网治理发展状况，在基础资源治理方面，ICANN、ITU等国际组织及W3C、IAB等国际社群通过域名改革、召开会议、制定移动通信（5G）标准等多种方式推进治理进程，着力缩小数字鸿沟；在网络安全保障方面，以北约、上合、ITU、APEC为代表的国际组织和包括美国、俄罗斯、韩国、新加坡等在内的国家均高度重视网络安全，通过安全演习、加强反恐合作、发布全球网络安全指数、修订法律标准等方式继续跟进本国/本地区的网络安全保障建设；在联合国框架内方面，ITU、WSIS、IGF三大国际机构组织分别着眼于不同领域，分工明确，不断细化、深化联合框

---

[*] 罗昕，暨南大学新闻与传播学院教授；杨仰文、李芷娴，暨南大学新闻与传播学院硕士研究生。

架下的互联网治理；在网络（数字）经济与社会方面，APEC、OECD、G20 等重要国际组织也在重点关注相关议题，推动系列政策的制定与开展。

关键词： 全球互联网治理 网络基础设施 网络安全 数字经济与社会

2017 年，全球约有 36 亿互联网用户，约占全球人口的 48%。[①] 总体来看，2017 年全球互联网治理在整体有序的基础上稳步前行，网络基础设施资源这一核心要素建设不断深入，网络安全规划和部署循序渐进，联合国框架下的治理进展有序展开，网络经济与社会治理逐步完善。同时，全球互联网治理在各方主体协同推进过程中，也面临不少亟待协同解决的问题。

一 全球网络基础设施资源治理进展

网络基础设施可分为两部分，一是通信设备，如远程通信网、有线电视网、无线电通信网等；二是网络设备，例如互联网、移动网络等。基础设施的健全与完善，是一国乃至全球数字经济腾飞、网络安全稳定的基础。在 2017 年，无论是 ICANN、ITU 等国际组织，还是 W3C、IAB 等技术社群，都在着力推进网络基础设施资源治理。

（一）ICANN 治理

ICANN（The Internet Corporation for Assigned Names and Numbers），即互联网名称与数字地址分配机构，是于 1998 年成立的非营利性的国际组织。

---

① Mary Meeker. Internet Trends 2018. http：//kpcbweb2. s3. amazonaws. com/files/121/INTERNET_ TRENDS_ REPORT_ 2018. pdf？1527701640，2018 - 05 - 30 ［2018 - 07 - 20］.

ICANN负责全球互联网基础资源的运营，包括互联网协议地址（IP）的空间分配、协议标识符的指派、通用顶级域名（gTLD）及国家和地区顶级域名（ccTLD）系统的管理以及根服务器系统的管理，是全球政策制定与资源管理核心机构，"把控着互联网世界的安全阀"，对世界互联网发展发挥重要作用。2017年，ICANN在基础设施资源治理方面取得的进展体现在以下几方面。

1. 政府咨询委员会

GAC（The Governmental Advisory Committee），即政府咨询委员会，是ICANN多利益相关方代表结构中政府和国际政府组织的代言人。作为ICANN的核心社群，2017年GAC在以下两方面取得了较大进展。

一方面，GAC致力于通过召开与出席会议、发布相关报告，参与治理进程。例如，工作组在ICANN第58次会议上表示将继续致力于提出实施2016年10月生效的ICANN章程的一系列措施，如向董事会提供GAC建议以及GAC参与赋权社群的程序。在此期间，GAC与通用名称支持组织（GNSO）召开会议。2017年4月，GAC参加了GNSO组织的网络研讨会；在2017年6月的南非约翰内斯堡的会议上，GAC的公共安全工作组（PSWG）介绍了近期在域名系统（DNS）滥用缓解和注册目录服务（RDS）工作流程方面取得的进展，并与ICANN董事会就欧盟《通用数据保护条例（General Data Protection Regulation，GDPR）》和注册目录服务的相互影响中GAC的参与机制等相关问题进行探究。10月28日~11月3日，GAC在阿联酋阿布扎比召开会议，并于随后的11月11日发布了GAC公报，将其作为ICANN60会议的一部分。会上，GAC同意采纳关于其参与赋权社群这一指导原则。

另一方面，GAC着力推动成员国能力培养与提高。2017年1月，GAC与肯尼亚通信管理局（CA）合作举办"执法机构能力培养工作坊"，帮助非洲执法社群增强执法意识、培养执法能力，并将重点关注执法机构的能力培养，审核域名系统（Domain Name System，DNS）及其对公共安全的影响。2017年4月，ICANN与GAC欠服务地区工作组展开合作，在斐济纳迪市召开首届 GAC 太平洋地区成员能力培养工作坊，旨在协助太平洋 GAC 代表和政府建立最有效地参与和促进 ICANN 政策制定的能力，改善区域互联网接入不足、不可靠等影响 ICANN 参与的问题。2017 年 6 月，ICANN、GAC 欠服务地区工作组和公共安全工作组与 ZA 域名管理局在南非约翰内斯堡合作举办第二届执法机构能力建设研讨会，旨在发挥非洲政府的潜力，鼓励其积极参与 GAC 和 ICANN 的政策制定流程。同时，在日内瓦举行 WSIS 论坛期间，就 ICANN 的 GAC 能力发展倡议举行圆桌对话，并计划与通用电气、发展和公共责任（DPRD）合作建立评估框架，以便持续评估 GAC 能力发展活动。①

2. 启动注册数据访问协议试点项目

2017 年 8 月 1 日，gTLD 注册管理机构利益主体组织在注册服务机构利益主体组织的支持下，向 ICANN 提交了一份提案，即要求实施第一阶段的注册数据访问协议试点项目（Registration Data Access Protocol，RDAP）。② 9 月 21 日，ICANN 宣布即日启动 RDAP，项目于 2018 年 7 月 31 日结束。该协议旨在替代 1982 年由 IETF 发布的目录服务协议，即 WHOIS 协议。较之 WHOIS 协议，注册数据访问协议构建在网络协议超文本传输协议（HTTP）之上，能够实现数据安全访问；提供自展机制，能够更方便地针对某个特定查询找到权威服务器；具备更强的延展性，增添输出元素更为方便。③

3. 通用顶级域名改革进一步推进

由于域名是互联网的关键基础资源，数字时代的重要信息入口，2017 年 ICANN 继续推进通用顶级域名的改革。

ICANN 每年在全球召开三次大型会议，每次会议均会平行进行 200 余场子会议，这也使得 ICANN 大会成为全球性跨社群讨论平台。2017 年

---

① GAC. GAC to ICANN：Govermental Advisory Commitee. https：//www.icann.org/en/system/files/correspondence/gac－to－icann－29jun17－en.pdf，2017－06－29 ［2018－07－11］.
② ICANN. Registration Data Access Protocol. https：//www.icann.org/rdap，［2018－07－11］.
③ ICANN. Registration Data Access Protocol（RDAP）Pilot Program Launches. https：//www.icann.org/news/announcement－2017－09－05－en，2017－09－05 ［2018－07－16］.

ICANN 第 58 次会议聚焦于新通用顶级域（新 gTLD）应用推广、域名系统的不当滥用、域名系统安全扩展、互联网唯一标识符体系、根区轮转测试计划、ICANN 司法管辖权等，并公开发布了众多与域名系统稳定性与安全性、新通用顶级域注册管理相关的政策执行评估分析报告。① 2017 年 6 月，在南非约翰内斯堡召开了 ICANN 第 59 次会议，会上积极探讨《通用数据保护条例》及其潜在影响，从而寻找切实可行的解决方案。② 而在 ICANN60 大会上，就欧盟《通用数据保护条例》进行了研究，跟进 ICANN58 会议上探讨了新通用顶级域名（New gTLD）下一轮开放政策：目前通用名称支持组织（GNSO）已组成 5 个分议题的政策制定小组，进行关于 New gTLD 下一轮申请的整体流程、法律管辖、字符串争用、国际化顶级域名（IDN）、技术运营各层面的讨论。③

与此同时，与通用顶级域名相关的中小型会议陆续召开。2017 年 5 月，由 ICANN 与互联网协会（ISOC）合作、埃及国家电信管理局主办的第四届中东域名系统（DNS）论坛在埃及开罗举行，论坛涵盖了全球域名市场的相关主题，并对引入 1000 多个新通用顶级域名带来的新行业趋势进行探究。④ 9 月 10 日，在名为"通用顶级域中域名系统滥用的统计数据分析"的网络研讨会上，对比了新 gTLD 项目推出头三年（2014～2016 年），新 gTLD 和传统 gTLD 中的滥用发生比率，通过推论统计分析衡量域名系统安全扩展（DNSSEC）、域名停放、注册限制对滥用比率所带来的影响。

此外，规则是开展治理的依据和实践指南。7 月 31 日《新通用顶级域

---

① 陈慧慧：《互联网基础资源国际治理最新动向及策略考虑——ICANN58 哥本哈根会议参会思考》，《信息安全与通信保密》2017 年第 6 期。
② ICANN. ICANN Publishes Findings of ICANN59 Community Feedback and By the Numbers Reports. https：//www.icann.org/news/announcement - 2017 - 07 - 24 - en, 2017 - 07 - 24 [2018 - 07 - 14]．
③ 《ZDNS 独家解读 ICANN 60 会议》，科技讯，http：//www.kejixun.com/article/171108/389216.shtml, 2017 年 11 月 8 日（2018 年 7 月 14 日）。
④ ICANN. The Fourth Middle East Domain Name System（DNS）Forum to Take Place in Cairo, Egypt. https：//www.icann.org/news/announcement - 2017 - 05 - 10 - en, 2017 - 05 - 10 [2018 - 07 - 14]．

（gTLD）注册管理机构基准协议》2017版通用修订案（2017 Global Amendment）正式生效，其对数据托管、个人数据等多项条款进行修订与重述。① 8月17日，根区标签生成规则（RZ－LGR－2）第二版正式发布。较之2016年3月发布的第一版，新版纳入了新的五种文字：埃塞俄比亚语、格鲁吉亚语、高棉语、老挝语和泰国语，对DNS根区及其变体标签的国际化域名的有效性界定更为明确与标准化。

4. 通用域名健康指数两度更新

2017年7月12日，ICANN发布顶级通用域名市场健康指数（Beta版）（gTLD Marketplace Health Index, Beta）②；12月ICANN对通用顶级域市场健康指数发布更新。这一指数的指标设置，主要从强大的竞争（地理多样性）、市场稳定性、信任三个核心要素着手。该指数每半年发布一次，展示了通用顶级域名的统计数据及趋势，以此跟踪域名市场"稳健、稳定、可信"这一目标的进展情况，旨在作为社群讨论和协作的基础，以帮助ICANN的TLD市场指标的进一步制定。

（二）ITU

国际电信联盟ITU（International Telecommunication Union），简称国际电联，是联合国负责国际电信事务的专门机构，也是世界上历史最悠久的国际组织之一。2017年，ITU继续致力于统一全球电信标准和缩小数字鸿沟，推进互联网治理改革。

7月31日，国际电信联盟发布《2017年全球信息通信技术：事实与数字》报告，报告提供了有关互联网使用情况、接入率、国际带宽、移动宽带用户数等因素的最新数据，为各国发展信息通信技术提供了参考依据。

---

① ICANN. 2017 Global Amendment to Registry Agreements. https：//newgtlds.icann.org/sites/default/files/agreements/agreement－approved－global－amendment－31jul17－en.pdf，2017－07－31［2018－07－21］.

② 《ICANN发布顶级通用域名市场健康指数（Beta版）》，誉名网，https：//www.ymw.cn/news/viewnews－1415.html，2017年7月12日（2018年7月14日）.

9月，ITU理事会在瑞士日内瓦召开理事会工作组会议（CWGs）和ITR专家组（EG-ITRs）第二次会议，对《国际电信规则》（International Telecommunication Regulation，ITR）这一国际电联重要的基本法律文件进行审议，以满足互联网时代新电信环境下国际信息通信的变化与发展需要，应对发达国家与发展中国家之间的"数字鸿沟"不断拉大的趋势以及日趋严峻的网络安全问题。此次审议的重点是ITR在全球电信新趋势下的功能与定位，以及ITU在未来的职能范围调整，包括日本、俄罗斯、委内瑞拉、沙特阿拉伯等在内的国际电联组织成员均上提交了文案。①

10月，国际电联在阿根廷布宜诺斯艾利斯举办了为期两周的2017年世界电信发展大会（WTDC-17），共有来自全球134个国家和91个其他实体的近1400名代表与会，并共同审议了300余项提案。本次会议主题为"信息通信技术促进实现可持续发展目标"，会议聚焦于信息通信技术如何加速社会和经济发展，议题涉及数字经济、网络安全、ICT技术和应用、电信市场环境和监管、数据统计等多领域。② 会议废止了6项决议，并通过了《布宜诺斯艾利斯行动计划（BaAp）》，为ITU未来的工作打下制度基础。

ITU在第五代移动电话行动通信标准（5G）方面也取得了进展。12月，国际电联正式通过了其于2月发布的IMT-2020草案。文件深入探讨了5G的最低规格，继而成为全球5G技术标准化的第一步，将为ITU旗下192个成员国的5G技术规范奠定基础。

（三）技术社群

在2017年全球网络基础设施建设进程中，以W3C、IAB等为代表的技

---

① 王春晖：《〈国际电信规则〉（ITR）审议和修订的分析与思考（之一）——国际电联ITR专家组第二次会议提案综述》，《中国电信业》2018年第1期。
② 中华人民共和国工业与信息化部：《刘利华出席国际电信联盟2017年世界电信发展大会开幕式》，http：//www.miit.gov.cn/n1146285/n1146352/n3054355/n3057800/n3057805/c5854215/content.html，2017年10月10日（2018年7月11日）。

术社群发挥了至关重要的作用。

1. W3C

W3C（World Wide Web Consortium），即万维网联盟，系全球 web 技术联盟中最具影响力和权威性的技术标准机构之一。自 1994 年成立以来，W3C 一直致力于制定 Web 技术标准及实施指南，以解决 Web 应用中不同平台、技术和开发者带来的不兼容问题，保障 Web 信息的顺利和完整流通。2017 年，它主要在以下两方面开展了工作。

一方面，W3C 对物联网保持高度敏感与重视。为了应对物联网碎片化，降低发展成本与风险，2017 年 2 月，W3C 成立了物联网工作组，制定物联网的初始标准，进一步推动物联网设备和服务市场的发展。12 月，物联网工作组发布了物联网（WoT）安全和隐私注意事项组注释的初稿，为物联网提供了安全和隐私相关的非规范性指导。

另一方面，为使基础建设与日新月异的互联网环境及技术支撑要求相匹配，W3C 在 2017 年中也制定、修订更新了一系列的网络规范。在互联网内容接触与准入方面，2017 年 11 月，W3C 的无障碍丰富互联网应用工作组（Accessible Rich Internet Applications Working Group）发布无障碍丰富互联网应用（WAI - ARIA 1.1）提案推荐标准，这是一个为残疾人士等提供无障碍访问动态、可交互 Web 内容的技术规范。新版本中新机制的添加，使"HTML + ARIA"无障碍模型更加完整，并支持图形及数字出版的无障碍需求。残障人士能更容易地访问 Web 内容，也更便于一般用户使用。2017 年 12 月，HTML5 网络平台工作组发布了 HTML5.2 规范的 W3C 建议书，以此取代过时的 HTML5.1 建议书。建议书针对万维网的核心语言——超文本标记语言（HTML），进行了修订，添加了可以帮助 Web 应用程序开发者的新特征，同时根据开发者的普遍使用习惯引入新元素，重点关注定义清晰的一致性准则，以确保 Web 应用和内容在不同用户代理（浏览器）中的互操作性。

在加密操作方面，2017 年 1 月，Web Cryptography 工作组发布了 Web Cryptography API 的 W3C 建议书，描述了用于在 Web 应用程序中执行基本加密操作的JavaScript API。10月，社交网络工作组发布了WebSub的提案推荐标准（Proposed Recommendation），其提供了一种通用机制——允许在任何类型Web内容的发布者和订阅者之间通过HTTP的Web钩子（hooks）进行通信。订阅请求通过多个中继节点（hub）进行转发，并对订阅请求进行合法性检查和正确性验证。而在运行速度方面，8月3日，W3C正式启动了WebAssembly工作组，旨在为用C/C++等语言编写的程序在经过编译后，能在确保安全的基础上，以接近原生应用的运行速度更好地在Web平台上运行。

2. IAB

IAB（Internet Architecture Board），直译为互联网架构委员会，是国际互联网工程任务组（Internet Engineering Task Force，IETF）的顶层委员会，长期以来，一直负责定义互联网的架构、制订互联网长期发展规划与互联网标准。2017年，IAB继续专注于域名、互联网安全与隐私保护和物联网等领域的基础设施层面治理。

一是域名方面，2017年3月，IAB发布了关于ARPA域名中特殊用途名称注册的声明，IAB已经注意到在使用RFC 6761中定义的机制时，注册名称可能会出现的一些争议。① 5月1日，IAB对ICANN呼吁就国际化域名（Internationalized Domain Names，IDN）实施指南草案提出意见，IAB认为这份草案是支持在TLD中部署国际化域名的良好步骤，促进了IDN的使用，但有一些条款的具体措辞仍需修改。②

二是隐私机制方面，2017年2月1日，IAB发布了OCSP装订声明。OSCP机制能够避免与浏览器获取撤销状态信息相关的延迟，因此IAB鼓励

---

① IAB. Internet Architecture Board statement on the registration of special use names in the ARPA domain. https：//www.iab.org/documents/correspondence – reports – documents/2017 – 2/iab – statement – on – the – registration – of – special – use – names – in – the – arpa – domain/，2017 – 03 – 30［2018 – 07 – 08］.
② IAB. Comments from the IAB on IDN Implementation Guidelines. https：//www.iab.org/documents/correspondence – reports – documents/2017 – 2/comments – from – the – iab – on – idn – implementation – guidelines/，2017 – 05 – 01［2018 – 07 – 08］.

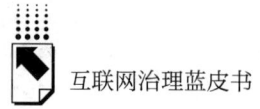

所有Web服务器使用TLS来保护其内容,并使用OCSP装订来提高撤销证书状态检查的效率,从而为浏览器用户提供更好的隐私保护。①

此外,IAB也高度关注物联网的发展。2017年3月,IAB向美国国家电信和信息管理局(NTIA)提交了关于2017年1月12日发布的绿皮书《促进物联网发展》的评论。IAB指出了绿皮书的优点与不足之处。绿皮书中提到的互联网中的隐私问题,不仅与拥有设备并在网络中运行应用程序的人有关,还受到政府政策和做法的影响,例如一些政府对互联网流量的普遍监控,而物联网中的任何隐私敏感信息都易受到普遍监控的影响。② 2017年9月,发布了RFC 8240——来自物联网软件更新(IoTSU)研讨会2016的报告,报告共27页,对2016在爱尔兰都柏林圣三一学院举办的物联网软件更新(IoTSU)研讨会内容进行了概述与总结,以初步结论指导后续物联网的发展。

二 全球网络安全保障状况

近年来,随着互联网的普及与发展,网络在带给人们便利的同时,也带来了更大的安全隐患。鉴于互联网的即时性、无界性,单一国家或地区的网络威胁事件可能在很短的时间内在不同国家之间蔓延,全球范围内的网络安全事件与日俱增且影响深远,带来经济损失和社会失序,甚至威胁国家和国际安全。在此背景下,网络安全已成为事关世界各国及地区总体安全的关键问题。2017年,各国和重大国际组织积极开展网络安全建设与保障工作。

---

① IAB. IAB Statement on OCSP Stapling. https://www.iab.org/documents/correspondence-reports-documents/2017-2/iab-statement-on-ocsp-stapling/,2017-02-01 [2018-07-14].
② IAB. IAB Comments to United States NTIA on the Green Paper: Fostering the Advancement of the Internet of Things. https://www.iab.org/documents/correspondence-reports-documents/2017-2/iab-comments-to-ntia-on-fostering-the-advancement-of-iot/,2017-03-02 [2018-07-17].

（一）北约：更新塔林手册

北约，即北大西洋公约组织，是美国与西欧、北美主要发达国家为实现防卫协作而建立的国际军事集团组织。而作为全球最大的军事联盟，北约在2017年持续对网络战保持高度关注。

一方面，北约更新了塔林手册。塔林手册全称《网络战适用于国际法塔林手册》，是北约卓越合作网络防御中心制定的网络战规则。2月8日，北约合作网络防御卓越中心（CCDCOE）、大西洋理事会和荷兰王国驻美国大使馆共同组织了世界发布会，发布《塔林手册2.0》。这是由19位国际法专家撰写的关于适用于网络运营的国际法的手册，是在2013年《网络战国际法塔林手册》的基础上，对少部分内容进行修改和保留并进行了全面更新。相较于前者偏重于网络战、局限于武力和战时法规，《塔林手册2.0》新增了主权、管辖权、国家责任等适用于和平时期"低烈度"网络行动的国际法规则[①]，拓展其适用范围，基本建构了一个既适用于战时也适用于日常网络行动的全球互联网空间治理体系。针对1.0版本的"编写专家组全部来自西方"这一争议问题，2017年出版的2.0在国际专家组的组成上提高了全球化程度，除去北约国家专家外，还有来自白俄罗斯、泰国、日本和中国的专家各一名。可以说，《塔林手册2.0》的发布是网络空间国际法的又一大完善。当然，某种意义上而言，《塔林手册2.0》的发布也意味着西方正在着力争取制定国际网络空间治理规则的主动权。

另一方面，北约举行了几场大规模网络演习，旨在检查北约成员国及伙伴国应付网络攻击的能力，并演练专家在国内和国际层面的协作，帮助网络防御者对未来的数字攻击做好准备。2017年4月26日，北约在爱沙尼亚举行了大规模网络防御演习，由北约爱沙尼亚塔林卓越合作网络防御中心组织，这是世界上规模最大、最先进的网络防御演习，旨在向保护网

[①] 黄志雄：《网络空间国际规则制定的新趋向——基于〈塔林手册2.0版〉的考察》，《厦门大学学报》（哲学社会科学版）2018年第1期。

络安全的专业人员提供训练。11月28日，北约代号为"网络联盟"（Cyber Coalition）的大规模网络战演习在爱沙尼亚拉开帷幕，演习一直持续到12月1日。演习内容包括针对基础设施的恶意软件攻击、涉及社交媒体的混合挑战以及针对移动设备的攻击，训练内容包括运营和法律程序的测试。

此外，在军事战方面值得注意的是，北约11月宣布拟增设两个司令部，这是北约自"冷战"结束以来首次改革指挥架构，旨在提高对网络防御能力的重视。而根据北约各成员国国防部长达成的共识，北约指挥官可以在必要时申请使用网络武器。2018年，北约将展开向网络战规则中添加"攻击性防御"条款的具体论证工作，以指导部队更为广泛地部署网络攻击性武器。[1]

（二）上合组织：加强网络反恐合作

当今社会，网络恐怖主义问题频发，特别是当前国际恐怖主义进入新一轮活跃期，恐怖分子常利用互联网传播恐怖主义信息与暴力思想，涉及范围广泛，给全球网络的稳定与安全带来潜在威胁。由于维护和加强地区和平、安全与稳定，共同打击恐怖主义、分裂主义和极端主义是上海合作组织成立的宗旨之一，2017年，打击网络恐怖主义、网络反恐依旧是上合组织的重要议题。

一方面，上合组织参加或举行会议，并在会上发表宣言，彰显加强网络反恐的决心。2017年6月9日，上海合作组织成员国元首在阿斯塔纳举行元首理事会会议并发表宣言，表示成员国将继续在《上合组织成员国保障国际信息安全政府间合作协定》（2009年）基础上切实加强合作，打击在网络信息空间传播恐怖主义、分裂主义和极端主义及为其开脱的行为。成员国将在双边、多边层面同有关国家、国际和地区组织，包括联合国相关机构开展协调。成员国支持在联合国框架内制定网络空间负责任国家行为的普遍规

---

[1] 《网络争夺或将掀起新高潮》，中国军网，http://www.81.cn/jfjbmap/content/2018-01/12/content_196794.htm，2018年1月15日（2018年7月5日）。

范、原则和准则,认为 2015 年 1 月以上合组织成员国名义将《信息安全国际行为准则》修订稿作为联合国正式文件散发是朝此方向迈出的重要一步,并继续深化打击信息通信领域犯罪合作,呼吁在联合国主导协调下,制定相关国际法律文书。① 11 月 1~2 日,上海合作组织地区反恐怖机构"打击恐怖主义—合作无国界"第五次研讨会在乌兹别克斯坦首都塔什干举行。会上就打击利用互联网从事恐怖主义和极端主义活动领域中的作法经验进行了交流,并提出愿进一步加强在该领域的合作。②

另一方面,为深化网络反恐领域的执法合作,完善相应协作机制,提高应对网络恐怖主义威胁的能力,上合组织从 2015 年就开始进行网络反恐演习,2017 年 12 月,上海合作组织网络反恐演习在厦门举行。此次演习有 8 个成员国参与,主要模拟某国际恐怖组织团伙成员逃窜到上海合作组织各成员国,按照恐怖组织头目指令,通过互联网频繁散布恐怖主义、分裂主义和极端主义信息,意图招募成员并实施暴力恐怖活动,严重威胁上海合作组织地区安全。在地区反恐怖机构执委会的协调下,上海合作组织各成员国主管机关展开联合行动,及时发现了恐怖组织成员发布的宣传煽动信息,并按照本国法律法规开展信息处置、调查取证、情报研判,查明了该恐怖组织成员的身份和活动地点并实施抓捕,最终成功消除了该恐怖组织的威胁。③

(三)APEC:推进网络安全框架

亚太经济合作组织(Asia-Pacific Economic Cooperation,APEC)成立于 1989 年,是亚太地区最具影响的经济合作官方论坛。2017 年,其在网络安

---

① 《上海合作组织成员国元首阿斯塔纳宣言(全文)》,新华网,http://www.xinhuanet.com/world/2017-06/09/c_1121118758.htm,2017 年 6 月 9 日(2018 年 7 月 9 日)。
② 《上海合作组织地区反恐怖机构"打击恐怖主义—合作无国界"第五次研讨会在乌举行》,中国经济网,http://news.sina.com.cn/c/2017-11-04/doc-ifynmnae1800813.shtml,2017 年 11 月 4 日(2018 年 7 月 13 日)。
③ 中华人民共和国公安部:《上合组织网络反恐联合演习再次在中国举行 侍俊观摩演习并致辞》,http://www.gdemo.gov.cn/gzyw/gj/201712/t20171207_262690.htm,2017 年 12 月 6 日(2018 年 7 月 19 日)。

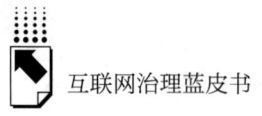

全方面最重大的进展便是进一步推进了网络安全框架（Cybersecurity Framework）的建立（见图1）。

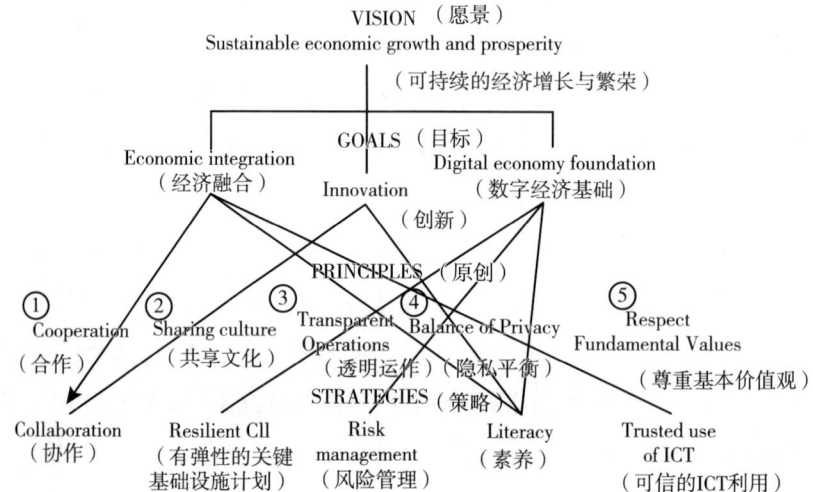

图1 APEC网络框架＊

＊ 图源：APEC Cybersecurity Framework Comment Form。http：//mddb.apec.org/Pages/searchmeeting.aspx，（2018年7月18日）。

2017年4月，APEC于墨西哥城召开2017年第55届电信和信息工作组会议。在4月4日的网络安全框架研讨会上，对泰国提出的网络安全拟议框架大纲进行了审查和评议。在第56届电信与信息工作组会议上，APEC再次召开了网络安全框架研讨会，并进行了两次演讲，主题分别围绕"经合组织对美国国务院数字安全风险管理的建议"和美国保险商实验室（UL）对基于风险的网络安全方法的案例研究，并指出一些领域需要进一步审议。

整体来看，网络安全框架的拟设大纲的最终愿景是使APEC达到可持续的经济增长和繁荣；战略目标是经济一体化、创新性和数字经济基础；框架的五原则包括合作、文化共享、操作的透明性、平衡隐私和尊重基本的价值观；策略包括协作、灵活的政府、风险管理、读写能力和可靠的信息通信技术，每个目标分别对应不同的原则与策略，划分明确。该框架将为经济发展提供安全和可信赖的网络环境,并帮助成员国提高对整个地区和相关国际机构工作的理解程度。

(四)ITU:发布全球网络安全指数

2017年,联合国国际电信联盟(ITU)在网络安全方面的重大进展便是《2017年全球网络安全指数》的发布。全球网络安全指数(Global Cybersecurity Index,GCI)对各国在应对全球网络安全问题上的承诺和行动进行了全面衡量,以推动各国政府改进应对网络安全威胁的措施,促进网络安全方面的双边和多边合作。①

国际电联根据以下五大基础关键因素对各国网络安全进行打分排名:法律架构、技术手段、组织架构、能力建设、国际合作。针对每个基础要素提出问题,并对承诺进行评估;通过专家组咨询,这些问题被加权,以获得总体GCI得分。调查通过在线平台管理,并通过在线平台收集支持证据。②《2017年全球网络安全指数》报告显示,在全球193个国际电信联盟成员国中,新加坡排名第一,中国排名第32;前十名的国家分别是新加坡、美国、马来西亚、阿曼、爱沙尼亚、毛里求斯、澳大利亚、格鲁吉亚、法国、加拿大、俄罗斯;排行榜最后10个国家是梵蒂冈、科摩罗、几内亚比绍、索马里、东帝汶、图瓦卢、多米尼加、中非共和国、也门和赤道几内。报告指出,全球约38%的国家发布了国家安全战略,只有11%的国家制定了专门的独立战略,另有12%的国家正在制定网络安全战略;43%的国家具有执法和司法系统的能力构建计划。该报告指出,各国政府应尽快考虑制定政策,支持技术发展、接入和安全,最关键的是要采取国家网络安全战略。③

---

① 王宗:《ITU公布全球网络安全指数》,《人民邮电》2017年7月12日,第5版。
② 《ITU:全球网络安全指数2017》,黑基网,http://www.hackbase.com/article-223239-1.html,2017年8月21日(2018年7月16日)。
③ 《2017全球网络安全指数:中国排名第32》,搜狐网,http://www.sohu.com/a/155468107_257305,2017年7月8日(2018年7月16日)。

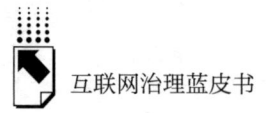

（五）重要国家网络安全战略

伴随着互联网的发展，网络安全的风险与挑战随之而来，网络攻击、网络诈骗、网络间谍、隐私泄露等问题层出不穷，网络安全逐渐成为各国普遍关注的焦点问题。2017年，美国、欧盟、新加坡、韩国等主权国家纷纷跟进了本国网络安全战略建设，积极巩筑网络安全防线，力争赢得未来全球互联网治理的主动权。

1. 美国

2017年1月，美国国土安全部公布了《国家网络事件响应计划（NCIRP）》，旨在描述政府处理公共或私营产业实体相关网络事件的方法。2月，美国能源部出资400万美元，鼓励国内四家网络安全公司开发新技术，旨在通过资金扶持和科研攻关的方式保护美国电力供应系统免遭黑客攻击。同月，美国国防部和美国国防科学委员会联合发布《美国网络威慑核心能力建设》报告，指出美国的网络安全存在三个主要挑战，其中之一是中俄等网络大国已经具备了随时可以通过网络对美国基础设施进行致命打击的能力，并且这种网络攻击的可能性在逐渐增加。[1] 3月，美国国家标准技术研究院（NIST）提出"态势感知"计划，旨在保护能源公司免受黑客针对其电网开展的攻击。4月，美国网络司令部与NSA职业黑客举办防御演习，新增无人机挑战项目。5月，特朗普总统签署名为"增强联邦政府网络与关键性基础设施网络安全"的行政令，通过对原有战略政策的调整，优化升级美国网络空间安全的顶层设计。7月，美国司法部（DOJ）犯罪科网络安全部门发布《在线系统漏洞披露计划框架》，以帮助组织机构制定正规的漏洞披露计划。12月，美国联邦通信委员会（FCC）发布《恢复互联网自由》，以3票对2票的投票结果废除了"网络中立"（Net Neutrality）的规定，这意味着美国以法规形式存在了三年的网络中立性原则被取消。

---

[1] 石培培、刘玉书：《美国网络安全战略变化趋势及问题研究》，《战略决策研究》2018年第1期。

12月18日，美国总统特朗普按照法律规定的责任公布其任内首份《国家安全战略报告》。在本报告中，除了在第三个支柱"以实力谋和平"的第二部分专门论述网络空间和太空安全外，还在第一支柱的第三部分专门强调了"确保美国在网络时代的安全"，可见网络安全在特朗普政府国家安全体系中的重要地位。① 报告强调了应对网络威胁的重要性，涉及网络安全的内容有三个方面：投入资源以支持并提升实现网络攻击归因的能力，确保有能力作出快速反应；努力改善美国政府已经严重老化的IT基础设施；美推动一轮"吸引、培养及挽留"各政府机构与部门网络安全专业人员队伍的努力。美国白宫还将5G网络推出列为国家安全首要任务。②

2. 韩国

2017年1月，韩国政府正式出台《国家网络安全法案》。新法案建立了网络安全推进机制、网络安全预防机制和网络安全应对体系，提升了网络安全管理机构层级，在原有的《国家网络安全管理规定》基础之上，拓展了政府对民间各行为体权责行为的监管范畴与约束力度，实现了网络安全治理水平的稳步提升。4月，韩国从其修订的5年中期网络安全防务计划中储备2465亿韩元（2.18亿美元），建立"三轴系统"防御计划，强调网络安全和军事间谍卫星，以应对来自朝鲜黑客的日益增长的威胁。6月，韩国加入APEC数据隐私计划，成为亚太经合组织跨境隐私规则体系的最新成员。

3. 德国

为加强网络攻击能力建设，德国于2017年4月成立专门从事信息战的网络司令部——"网络与信息空间司令部"，并且将其纳入联邦国防军体系。德国继而成为首个拥有"独立"网络战司令部的北约组织成员。

4. 澳大利亚

2017年3月，澳大利亚第一个网络威胁信息共享中心——布里斯班网

---

① 朱启超、龙坤：《试论后九一一时代美国国家安全战略的调整——基于对特朗普政府〈美国国家安全战略〉报告的分析》，《美国研究》2018年第3期。
② 《特朗普〈国家安全战略〉曝网络安全缺陷》，E安全网，https://baijiahao.baidu.com/s?id=1589276500572039116&wfr=spider&for=pc，2018年1月11日（2018年7月11日）。

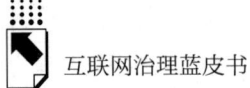

络威胁信息共享中心正式运行,该中心是澳大利亚威胁信息共享中心项目的一部分,旨在为合作伙伴提供网络威胁方面的相关信息。① 6月,澳大利亚与泰国签署打击网络犯罪合作协议,以此加强两国网络安全合作,共同应对亚太地区网络犯罪问题,提升网络安全水平。②

5. 英国

2017年,英国在网络安全机构设置方面逐渐完善与成熟。2月,英国女王伊丽莎白二世宣布正式启用了国家网络安全中心(NCSC),这是英国第一大网络防御机构,用于积极应对网络危机。9月,英国国家计算中心(NCC)为保障政府、央行、监管机构等多家组织的网络安全,建立了新一代威胁保障中心(CENTA),并聘请三家银行网络专家就网络弹性与最佳实践方案提供可靠建议。③ 12月,英国国家医疗服务体系(National Health System,NHS)宣布将投资2000万英镑成立新安全运营中心,增强网络防御体系,以帮助保护医疗系统免受网络攻击和黑客攻击。此外,英国于年中推出了新的数据保护法提案,拟将更多数据权利交给公民,规定英国信息专员办公室(ICO)有权对违法行为最高处1700万英镑或全球营业额4%的罚款。

6. 新加坡

在人才培养和投资建设方面,2017年3月,新加坡通讯及新闻部长雅国公布了"网络安全专才服务计划",意在吸引、培训与保留公共机构的网络安全人才。同月,新加坡国立大学和新加坡国家研究基金会新投资840万新元(约合593万美元)的网络安全实验室在新加坡国立大学成立,其将为学界及业界相关人士的网络安全研究和测试提供支持。

---

① 《澳大利亚成立网络威胁信息共享中心》,海外网,http://australia.haiwainet.cn/n/2017/0314/c3542340-30791159.html,2017年3月14日(2018年7月5日)。
② ZDNet. Australia signs cybercrime agreement with Thailand. https://www.zdnet.com/article/australia-signs-cybercrime-agreement-with-thailand/,2017-06-08 [2018-07-07]。
③ The Register. NCC hires three Bank of England cyber experts to beef up assurance business. https://www.theregister.co.uk/2017/09/15/ncc_bofe_hires/,2017-09-15 [2018-07-22]。

在法律方面，2017年7月，新加坡通信信息部（MCI）和网络安全局（CSA）共同公布了《网络安全法案（征求意见稿）》，旨在保障国家网络安全、维护关键基础设施；授权当局履行必要监管职责以减少网络威胁的风险，并确保能够更好地应付网络攻击。法案主要规定了四项制度：①建立CII的监管框架；②授权CSA管理和应对网络安全威胁和事件；③建立网络安全信息共享基本框架；④对于网络安全服务提供者建立许可准入制度。[①]这是新加坡继2016年10月宣布旨在加强全球合作伙伴关系的"网络安全战略"后的又一网络安全举措，也是新加坡首个全面规范网络安全的法案，将为新加坡的网络安全提供监督和保护框架。

7. 俄罗斯

据俄安全局统计，2017年俄罗斯共阻止大型恐怖袭击18起。2017年5月，俄罗斯成功打击了专门盗取银行账户资金的黑客组织Cron。该黑客组织通过恶意软件感染了俄罗斯100多万部Android手机，并盗取了银行客户超过5000多万卢布。[②]法律方面，俄罗斯于7月再度修订《信息、信息技术和信息保护法》，明确指出禁止使用VPN及匿名技术访问被封堵和禁止的网站，该法条从2017年11月开始生效。俄罗斯还于2017年底对《联邦刑法典》和《联邦刑事诉讼法典》进行修订，将黑客行为入刑，为处罚提供了法律依据。[③]

8. 欧盟

2017年6月，欧盟理事会宣布推出"网络外交工具箱"（Cyber Diplomacy Toolbox）联合框架，就如何惩治黑客达成协议，将未来响应网络攻击的计划程序标准化，以此指导盟国统一应对恶意网络活动。[④]为让欧洲更好地应对

---

① 刘耀华、张丽梅：《新加坡2017网络安全法立法草案的分析》，《现代电信科技》2017年第5期。
② 国家信息中心：《2016~2017年度俄罗斯网络空间安全综述》，http://www.zjic.gov.cn/art/2018/1/12/art_1707_1739968.html，2018年1月12日（2018年7月19日）。
③ 由鲜举：《2017年度俄罗斯信息空间安全建设回顾》，《保密科学技术》2018年第5期。
④ 《欧盟28国联合对抗国家支持型黑客行动》，E安全网，http://www.sohu.com/a/150991134_257305，2017年6月22日（2018年7月5日）。

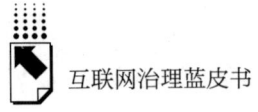

大规模网络攻击、提高网络防御能力，9月，欧盟组织了最高级别Cybrid联合网络防御演习，这也是首次在欧盟层面举行这样的演习。

9. 北美

北美于2017年11月中旬举办了"GridEx Ⅳ"演习，共有分别来自美国、加拿大、墨西哥等450家组织机构的6300人共同参与"北美电网故障"的场景。该演习每两年一次，主要针对北美电力和其他关键基础设施网络/物理攻击，旨在评估潜在的物理和网络破坏力，为今后的攻击做好充分准备。

三 联合国框架内的互联网治理进展

2016年，联合国正式启动《2030年可持续发展议程》，呼吁193个成员国一起实现包括社会、经济和环境在内的多层面的可持续发展目标。其中，构建可持续发展的信息技术社会、通过互联网等新兴技术推动政治、经济、社会的发展成为国际社会的聚焦点。联合国下属的国际电信联盟（ITU）、信息社会世界峰会（WSIS）、互联网治理论坛（IGF）等组织机构纷纷从不同领域出发，不断推进联合国框架下互联网治理的进程，共同构建公平、公正、包容、开放的网络空间命运共同体。

1. ITU

2017年以来，ITU动作频频，聚焦信息通信技术的监管、评估和能力建设，为各国数字经济与社会发展指明方向。

2017年1~4月，国际电联世界发展大会陆续在阿拉伯国家、美洲、亚太、欧洲等国家地区召开区域筹备会议，确定各区域信息通信技术发展战略的优先发展领域，这些举措包括：①降低灾害风险通信，②频谱管理和向数字广播的过渡，③部署宽带基础设施（尤其是在不发达国家地区、农村及被忽视地区）并加强服务和应用的宽带接入，④促进所有人的无障碍获取和提高价格可承受性，⑤发展数字经济、智慧城市和社区及物联网、促进创新，⑥构建有利的政策和监管环境，⑦建设安全且适应性强的信息通信技术生态系统。① 欧洲区域筹备会议主席 Feliksas Dobrovolskis 表示，各个筹备会议一直强调一个共同概念，即"作出共同承诺，通过信息通信技术的使用使世界更美好"。国际电联电信发展局主任布哈伊马·萨努指出："我期盼着下一届世界电信发展大会的召开，届时我们将审议已取得的结果和成就并确定未来的发展道路，以崭新和创新的方式实现我们的目标并加速实现可持续发展目标。"②

2017 年 5 月，ITU 发布《2017 全球 ICT 监管展望》，这是 ITU 首次出版年度相关报告，追踪 ICT 行业的市场和监管趋势及其对整个经济的影响，指明 ICT 市场和监管框架的当前趋势和挑战，有助于弥补差距并利用未开发的机会。报告提出 7 个全球 ICT 市场趋势，分别是：①ICT 成为数字经济发展的中心，②移动技术成为拓展互联网接入的引擎，③ICT 广泛进入生活各领域，④ICT 正在颠覆各个行业，⑤APP 经济正兴起，⑥ICT 技术集中整合市场，⑦网络威胁的范围和规模扩大。同时，报告也点明了全球监管的七大趋势：①监管机构出现合作趋势，②监管形势变化快速，③监管措施、范围不断增加，④监管成为平衡利益的手段，⑤有效的监管和执行成为重点，⑥监管的模式多样化，⑦各国正制定新的监管规制。报告指出，全球 ICT 监管日益受到重视，协同监管、整体监管将成为未来全球互联网治理的重要模式。③ 2017 年 7 月第十七届全球监管机构专题研讨会（GSR）在巴拿马举行，会议以"生活在数字化机遇的世界"为主题，进一步对构建可靠、信任和安全的协作监管环境进行讨论，旨在加强全球数字金融服务的安全性，使更多人有权利被纳入数字经济。2018 年 7 月 ITU 第十八届"新监管前沿"监管机构全球研讨会在日内瓦举行，发布新的工具、资源和报告，并用于建

---

① ITU. RPM & RDF. https：//www.itu.int/zh/ITU – D/Conferences/WTDC/WTDC17/RPM – ARB/Pages/default.aspx；https：//www.itu.int/zh/mediacentre/Pages/2017 – PR05.aspx，[2018 – 07 – 15]．

② ITU. D14 – RPMEUR Contribution 38：Report by the Chairman. https：//www.itu.int/md/D14 – RPMEUR – C – 0038，[2018 – 07 – 15]．

③ ITU. ITU Global ICT Regulatory Outlook 2017. https：//www.itu.int/en/ITU – D/Regulatory – Market/Pages/Outlook/2017.aspx，[2018 – 07 – 15]．

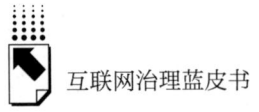

立新的年度国际基准。

新兴技术与经济社会发展也是ITU关注的重点。2017年9月，ITU在韩国釜山主办"2017世界电信展"，凸显包括5G、人工智能、虚拟现实和物联网在内的创新技术，重点支持中小型企业的技术创新发展。2017年10月，第十七届国际电信发展大会以"ICT促进可持续发展目标"为主题，制定了信息通信发展的战略和目标，为国际电联电信发展部门提供了未来的指导。同月，ITU出版《以信息通信技术为中心的经济增长、创新和就业》，介绍ICT在创新、治理、经济等方面带来的机遇，为确保ICT促进实现可持续发展、造福全人类提供切实的指导。布哈伊马·萨努在国际电联全球统计专题讨论会上强调："当前新兴技术的良好数据及其在创造经济机会中的作用的重要性。"① 人工智能是ITU2018年关注的技术焦点。2018年4月，《国际电联杂志》第一期发布，凸显了人工智能在认知无线电、自动驾驶和网络安全等领域支持通信网络和服务的潜力。5月，ITU在日内瓦举行全球人工智能峰会，确定了联合国对人工智能的实际应用和支持战略，以改善全球生活的质量和可持续性。

信息社会环境飞速发展，全球信息通信技术能力建设面临新的挑战和机遇。2017年11月，ITU发布《2017衡量信息社会报告》，其中最核心的指数——信息通信技术发展指数（IDI）覆盖全球176个经济体。最新数据表明，2016年全球几乎所有国家均在ICT方面取得进展，中国的排名有所上升（从第83位提升到第80位）。② 然而国家地区之间，尤其南北国家之间存在明显的数字鸿沟，欧美地区的移动宽带订阅量是非洲的3倍多；加强基础设施建设、发展高级信息通信技术、加强全球信息通信技术能力建设成为当务之急。2018年5月，联合国宽带委员会可持续发展委员会在卢旺达召

---

① ITU. Economic opportunities of emerging technologies identified at ITU global statistics symposium. https：//www.itu.int/en/mediacentre/Pages/2017-PR61.aspx，2017-11-07［2018-07-11］.

② ITU. Measuring the Information Society Report 2017. https：//www.itu.int/en/ITU-D/Regional-Presence/Europe/Pages/Events/2017/MIS_Report_Launch/Measuring-the-Information-Society-Report-2017.aspx.［2018-07-15］.

开的春季会议上,承诺采取具体的行动推动全球宽带的推广,推出急需的数字链接。2018年6月,ITU召开全球信息通信技术能力建设专题研讨会,以"数字经济和数字社会开发技能"为焦点,探讨了国家、学术机构、联合国等主体进行数字转换的技术要求,为数字时代的能力建设和技能拓展及加强全球ICT能力建设社团间的协作提供战略指导。

2. WSIS

在ITU的倡议下,联合国决定举办WSIS,峰会分两阶段分别于2003年和2005年在日内瓦和突尼斯举行,吸引众多国际组织、非政府组织、私营部门、民间团体等的广泛参与。年度WSIS论坛是一个全球多利益相关方平台,旨在促进WSIS行动方针的实施,在国家、区域和国际各级采取结构性和包容性方法,促进信息社会的可持续发展。

2017年6月,以"可持续发展目标的信息和知识社会"为主题的WSIS论坛在日内瓦举行。本次论坛关注卫生、教育、性别赋权、环境、基础设施和创新等重点可持续发展目标(SDG)领域的可持续发展趋势和包容性ICT举措。① 在行动方面,由WSIS行动路线促进者开发的WSIS-SDG矩阵是一种映射、分析和协调WSIS行动实施的机制(见图2)。② 具体而言,该矩阵是将信息通信技术作为可持续发展目标的推动者和加速器,强调WSIS行动线与可持续发展目标之间的联系及合理性。此次论坛在WSIS-SDG矩阵的基础上,强调WSIS利益相关者在各自会议和研讨会上确定的行动方针与可持续发展目标之间的联系。

2018年,WSIS论坛以"利用ICT建立信息和知识社会,实现可持续发展目标"为主题,来自全球的2500多名信息通信技术专家和倡导者参与论坛,更有超过500名更广泛的WSIS高级代表利益相关方社区与超过85位部长和代表、大使、首席执行官和民间社会领导人参与高级议程。论坛期间,主办方重视利用新兴技术展现对经济、教育、健康、环境等议题的关注,设

---

① WSIS. WSIS Forum 2017. https://www.itu.int/net4/wsis/forum/2017/,[2018-07-15].
② WSIS. WSIS-SDG Matrix. https://www.itu.int/net4/wsis/sdg/,[2018-07-15].

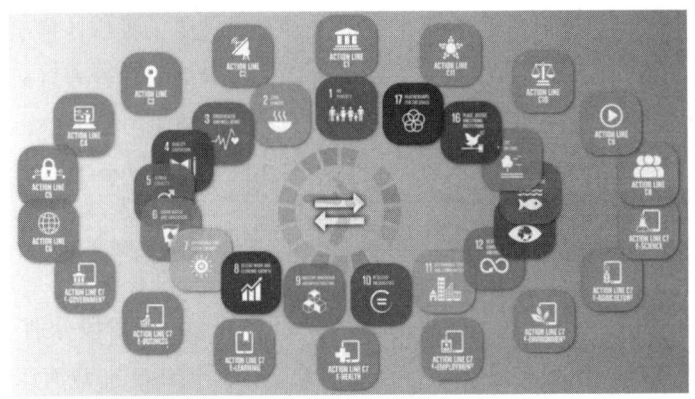

图 2　WSIS－SDG 矩阵

图源：WSIS－SDC 官网，https：//www.itu.int/net4/wsis/sdg/，（2018 年 7 月 15 日）。

置了超过 30 个展览空间突出创新项目。[①] 首先，WSIS 组织了一个关于可持续发展目标的信息通信技术的黑客马拉松，专注于消除饥饿；其次，举办了一场闪亮的新虚拟现实赛道，汇集了高水平的人物、世界级的 VR 体验以及对教育的特别关注；再次，此次 WSIS 联合 TED 演讲，推出"TED × Geneva"系列，向全世界展示互联世界快速变化的十字路口；最后，青年也成为 2018 年 WSIS 论坛关注的焦点，新一代如何承担信息社会责任，工具和知识能够促进可持续发展是此次论坛的重要议题。此外，2018 年 WSIS 论坛颁发了 18 个类别奖项，其中中国移动精准扶贫系统（TPAS）荣获电子政务类项目最高奖项。

3. IGF

互联网治理论坛（IGF）是联合国根据 WSIS 通过的《信息社会突尼斯日程》的相关决议，于 2006 年成立的关于互联网治理问题的开放式论坛，由利益相关方共同参与，这是国际上第一个关于互联网治理问题的专业论坛。

---

① WSIS. WSIS Forum 2018. https：//www.itu.int/net4/wsis/forum/2018/［2018－07－15］.

2017 年互联网治理论坛举办前，两次公开磋商和多利益相关方咨询小组会议先后在日内瓦召开，回顾 2016 年 IGF 的方案、结构并进行经验总结，提出改进建议。据 IGF 2017 年数据分析研讨会提交的报告显示，2017 年互联网治理最常被提及的十个主题标签分别是：网络人权、互联信息技术与可持续发展目标、网络表达自由、互联网治理、网络安全、性别问题、多利益相关方合作、数据未来、入口和多样性、人权（见图 3）。其中，“数据未来”是当年出现并被频繁使用的新主题。纵观所有 89 个最常被提及的主题，可以发现，数据、人工智能、能力建设、金砖国家等主题日益成为 IGF 讨论的热点。①

Top 72 Proposals
Thematic Tags – Overall Use

ALL TAGS (NEW TAGS IN RED)	SELECTION FREQUENCY	ALL TAGS (NEW TAGS IN RED)	SELECTION FREQUENCY	ALL TAGS (NEW TAGS IN RED)	SELECTION FREQUENCY	ALL TAGS (NEW TAGS IN RED)	SELECTION FREQUENCY
1 *Human Rights Online*	4.90%	24 *BRICS*	1%	47 *Child Safety*	0.50%	70 *Future Internet*	0.50%
2 *Internet & ICTs for the Sustainable Development Goals*	4.90%	25 *Community Networks*	1%	48 *Climate Change*	0.50%	71 *Global Citizenship*	0.50%
3 *Freedom of Expression Online*	3.90%	26 *Confidence Building Measures*	1%	49 *Cloud Computing*	0.50%	72 *ICANN*	0.50%
4 *Internet Governance*	3.90%	27 *Content*	1%	50 *Community Empowerment*	0.50%	73 *Inclusive Societies*	0.50%
5 *Cybersecurity*	3.40%	28 *Cybercrime*	1%	31 *Copyright*	0.50%	74 *Interconnection and Price Regulation*	0.50%
6 *Gender Issues*	3.40%	29 *Data protection*	1%	52 *Corporate Accountability*	0.50%	75 *International Geneva*	0.50%
7 *Multistakeholder Cooperation*	3.40%	30 *Digital Inclusion*	1%	53 *Counter and Alternative Narratives*	0.50%	76 *Internet-based Innovation*	0.50%
8 *Digital Future*	2.90%	31 *Digital Rights*	1%	54 *Critical Internet Resources*	0.50%	77 *Jurisdiction*	0.50%
9 *Access and Diversity*	2.40%	32 *Digital Trade*	1%	55 *Data*	0.50%	78 *Law Enforcement*	0.50%
10 *Human Rights*	2.40%	33 *Digital Transformation*	1%	56 *Data breaches*	0.50%	79 *Leaving No One Behind in the Digital Future*	0.50%
11 *Internet Economy*	2.40%	34 *Digital Work*	1%	57 *Data Localization*	0.50%	80 *Net Neutrality*	0.50%
12 *Privacy*	2.40%	35 *Disinformation*	1%	58 *Decision makers*	0.50%	81 *Openness*	0.50%
13 *Youth Engagement*	2.40%	36 *Enhancing Accessibility for Persons with Disabilities*	1%	59 *Democracy*	0.50%	82 *Platforms*	0.50%
14 *Artificial Intelligence*	1.90%	37 *Environmental Impact of ICTs*	1%	60 *Development*	0.50%	83 *Public Policy*	0.50%
15 *Capacity Building*	1.90%	38 *Fakenews*	1%	61 *Digital Divide*	0.50%	84 *Rule of Law*	0.50%
16 *Cybersecurity Norms*	1.90%	39 *Hate Speech*	1%	62 *Digital Economy*	0.50%	85 *Security*	0.50%
17 *Digital Literacy*	1.50%	40 *Inclusive Digital Futures*	1%	63 *Digital Geneva Convention*	0.50%	86 *Social Justice*	0.50%
18 *Emerging Issues*	1.50%	41 *Internet Inclusion*	1%	64 *Domain Name System*	0.50%	87 *Social Media*	0.50%
19 *Freedom of Expression*	1.50%	42 *Multilingualism and Local Content*	1%	65 *e-commerce*	0.50%	88 *Virtual Reality*	0.50%
20 *Internet of Things*	1.50%	43 *NRIs*	1%	66 *Emerging Tech*	0.50%	89 *Youth Participation*	0.50%
21 *Multistakeholderism*	1.50%	44 *Surveillance*	1%	67 *Empowerment*	0.50%		
22 *Access to Information*	1%	45 *Algorithms*	0.50%	68 *Encryption*	0.50%		
23 *Big Data*	1%	46 *Blocking*	0.50%	69 *Enhanced cooperation*	0.50%		

图 3　IGF 2017 年主题标签

图源：IGF 2017 Workshop Evaluations Statistical Synthesis.，http：//www.intgovforum.org/multilingual/content/igf－2017－4（2018 年 7 月 17 日）。

2017 年 12 月 18 日，第十二届联合国互联网治理论坛正式举行，为期 4 天，来自政商学界与民间社群的超过 2000 名代表参加了论坛。该届论坛以

① IGF Statistical Synthesis. IGF 2017 Workshop Evaluations. http：//www.intgovforum.org/multilingual/content/igf－2017－4［2018－07－17］.

"塑造数字化未来"为主题,着重探讨了"数字化转型""性别包容和互联网的未来""在数字经济中创造包容性的劳动力""加强全球网络安全合作促进可持续发展与和平""地方干预、全球影响:国际、多利益相关方合作如何解决互联网瘫痪,加密和数据流""数字世界中的权利"等议题。① 此外,2017年IGF还召开"数据可持续发展路线图"特别会议,旨在解决数据鸿沟、鼓励数据使用、强化数据经济、构建可持续发展系统、发布相关政策创建更好的发展环境。

值得关注的是,IGF社区承诺在IGF加强青年参与,截至2018年,已有荷兰青年IGF、亚太青年IGF、青年LACIGF、青年IGF香港、青年IGF运动等12个青年IGF倡议和计划加入官方青年IGF计划。2017年IGF推出青年和新人跟踪计划,在IGF期间举办五场互动活动,帮助青年参与者和首次参与IGF者更好地了解IGF流程并促进所有新兴利益相关者融入IGF社区,参与实质性讨论。

四 网络(数字)经济与社会的最近进展

大数据、云计算、物联网、人工智能……国际经济社会在新兴技术的爆发中呈现出新的发展态势,APEC、OECD、G20等许多重要的国际组织注意到了这一趋势,并纷纷将相关议题提上议程,各种公共政策的相继出台,推动网络经济社会大步向前迈进。但新技术的发展仍然面临着技术、道德和政策的三重考验。

1. APEC

作为亚太地区最具影响力的经济合作官方论坛,2017年,APEC不仅推进了网络安全框架,同时从新兴信息通信技术层面出发,对于数字经济——这一经济社会不可避免的潮流保持密切关注。据APEC统计显示,2017年

---

① IGF. IGF2017. http://www.intgovforum.org/multilingual/content/igf-2017-4,[2018-07-17].

全球企业对消费者（B2C）电子商务销售额达到2.1万亿美元，预计2018年将增长9%以上；亚太地区零售电子商务销售额超过1万亿美元，其在全球数字支出中的份额占全球市场份额的47.6%。①

2017年4月，APEC第55届电信和信息工作组会议和APEC关于加强在线连接以释放数字经济潜力研讨会在墨西哥举行。在第55届会议上，APEC强调了《亚太经合组织服务竞争力路线图（ASCR）实施计划（2016~2015）》，为提高服务竞争力采取以下行动：①促进全球价值链发展与合作的战略蓝图，加强全球价值链；②支持专业人员跨境流动，促进相互认可安排；③逐步实现制造业、环境服务相关服务的自由化和便利化；④提供适当的审慎监管、合法的消费者和安全保护，同时允许与贸易相关的数据流动；⑤支持某些金融服务的跨境提供；等等。② 美国UL公司在研讨会上通过总结美国在创新商业贸易和维护国家安全的做法的基础上，提出在良好的监管实践中，政府应该是竞争环境的捍卫者和协调者，应不断提高监管透明度、持续改进、保持理性；美国Verizon公司则强调监管灵活性是释放数字经济潜力的工具。

近年来，跨境贸易的发展引发了人们对跨境隐私保护的热议。2011年，APEC领导人批准成立APEC跨境隐私规则（CBPR）系统是一个自愿的、基于问责制的系统，旨在促进APEC经济体间的隐私保护。2018年，新加坡加入APEC数据隐私计划，成为APEC跨境隐私规则保密体系的最新成员，并保护了亚太地区网上交易中使用的敏感消费者数据量的迅速增长，成为电子商务发展及其在亚太地区安全推动创业和贸易能力的重要推动力。目前，CBPR体系的成员共包括美国、加拿大、日本、墨西哥、韩国和新加坡六国。APEC电子商务指导小组主席Shannon Coe强调："APEC跨境隐私规

---

① APEC. Electronic Commerce Steering Group. https：//www.apec.org/Groups/Committee – on – Trade – and – Investment/Electronic – Commerce – Steering – Group，[2018 – 07 – 19]．
② APEC. 55th Telecommunications and Information Working Group Meeting 2017. http：//mddb.apec.org/_layouts/aq/forms/mddb/DownloadMeeting.aspx? Name = 55th% 20Telecommunications% 20and% 20 Information%20Working%20Group%20Meeting%202017&y =2017&m = 04&d =03，[2018 – 07 – 19]．

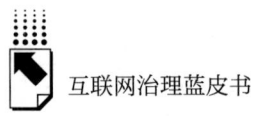

则体系的发展反映了不同隐私制度之间对互操作性的日益增长的需求，减少了它们之间数字化贸易的障碍，并在线促进了更大的信任和创业精神。"①

互联网经济也是APEC讨论的重点。2015年，APEC特设互联网经济临时指导小组（AHSGIE），指导讨论互联网经济问题。2017年，AHSGIE在第三次小组会议上发布《APEC互联网与数字经济路线图》②，提出发展数字基础设施、实现普遍宽带接入、加强互操作性、为互联网和数字经济发展搭建全面的政府政策框架、促进互联网和数字经济监管方法的一致性和合作、促进数据自由流动以推动数字经济发展、加强互联网数字经济的包容性、促进电子贸易便利化等11个APEC工作重点领域。高级官员将全面负责监测和评估亚太经合组织互联网和数字经济路线图下的进展，并在互联网和数字经济不断发展的情况下寻求进一步指导。

2. OECD

经济合作与发展组织（OECD）成立于1961年，是西方国家政府间的经济联合组织，与中国保持着密切的联系和合作。OECD高度重视移动宽带互联网的发展，据其最新数据显示，截至2017年12月，OECD成员国13.44亿人口中有13.77亿移动宽带用户，相当于每人拥有1.024个用户；移动宽带普及率最高的国家是日本、芬兰、爱沙尼亚和美国。③

2017年10月，OECD发布两年一度的数字经济展望报告《数字经济展望2017》。这份报告表明，西方政府已经开始认识到数字变革带来的机会和挑战，信息技术的发展带来积极的前景，通信基础设施和服务迅速发展，对信息通信技术的使用增多，数字创新推动了商业、贸易、就业等其他领域的

---

① APEC. Singapore Joins APEC Data Privacy System. https：//www.apec.org/Press/News - Releases/2018/0307_ CBPR, 2018 - 03 - 07 ［2018 - 07 - 19］.

② AHSGIE. APEC Internet and Digital Economy Roadmap. https：//www.apec.org/Groups/SOM - Steering - Committee - on - Economic - and - Technical - Cooperation/Working - Groups/Telecommunications - and - Information, 2017 - 11 - 07 ［2018 - 07 - 19］.

③ OECD. Mobile broadband subscriptions grow in OECD area, data usage doubles in 2017. http：//www.oecd.org/internet/broadband/broadband - statistics - update.htm, 2018 - 06 - 28 ［2018 - 07 - 19］.

变革。但同时,技术分布不均普遍存在于各国、各公司,对数字安全和隐私的担忧限制其应用,人工智能、区块链等高级信息通信技术仍然面临着技术、政策和道德的多重挑战。①

2017年11月,OECD进一步针对东盟十国、中国和印度推出《东南亚、中国和印度经济展望2018》。报告指出,基于稳健的国内需求,持续投资以及贸易回暖,新兴亚洲国家的中期经济增长稳健,平均经济增长可以达到6.3%。② 目前,这些国家和地区面临的经济风险主要是发达国家的紧缩性货币政策、再抬头的全球贸易保护主义和快速增长的私营部门债务。报告的特别章节强调了数字化对新兴亚洲国家的影响,指出新兴亚洲国家出口中所含的数字附加值大多来自国内,各国的数字化发展程度不尽相同。报告强调,数字化是促进新兴亚洲国家中期经济持续性增长的关键。

OECD既关注政府在数字经济中的作为,也强调创造公平正义的数字经济环境,保护数字消费者的权利。2018年5月,应G20德国主席国的要求、由OECD起草的《保护数字消费者的工具包》在布宜诺斯艾利斯G20消费者峰会上发布,支持消费者驱动的数字市场。《工具包》提出公平的商业广告实践、适当的披露、交易确认和支付的有效流程、应对隐私和安全风险的措施、跨电子商务供应链的产品安全、有意义地利用有效机制解决争端等六大原则,强调各国政府需要建立能够监督和执行这些规则的当局,并确保它们具备必要的法律权威和资源。③

3. G20

20国集团(G20)是1999年由八国集团(G8)在柏林成立的一个国际

---

① OECD. OECD Digital Economy Outlook 2017. https://www.oecd-ilibrary.org/science-and-technology/oecd-digital-economy-outlook-2017_9789264276284-en, 2017-10-11 [2018-07-19].

② OECD Development Centre. Economic Outlook for Southeast Asia, China and India. https://www.oecd-ilibrary.org/development/economic-outlook-for-southeast-asia-china-and-india-2018_9789264286184-en [2018-07-19].

③ OECD. Toolkit for Protecting Digital Consumers. http://www.oecd.org/internet/consumer/toolkit-for-protecting-digital-consumers.pdf [2018-07-19].

经济合作论坛，是一种非正式对话机制，通过推动南北国家就实质性问题展开对话和讨论，寻求解决问题的公共政策，推动国际合作并促进全球金融的稳定和经济的持续增长。随着数字化成为全球经济的重要趋势，近年来的G20峰会将数字经济议题摆在重要位置

2016年的杭州峰会上，G20核准了《二十国集团迈向更稳定、更有韧性的国际金融框架的议程》，并最终通过《G20数字经济发展与合作倡议》。2017年的德国汉堡峰会上以"塑造互联世界"为主题，力求采取行动，达成重构韧性、改善可持续性、承担责任三个目标；改善可持续性的重要议题之一就是"发挥数字化潜力"。汉堡峰会召开第一次数字部长会议，以如何推动全球数字化、如何制定国际数字经济标准、如何构建透明圆圈的网络信息环境、如何完善数字经济对话协商机制等四个议题为焦点，就数字经济以及数字贸易的现状、发展前景、发展方向展开切实讨论。

汉堡峰会上，G20发布《汉堡更新：推进2030年可持续发展议程G20计划》，这是将2030年议程计划落到实处的第一步。《汉堡更新》包括17个可持续发展目标和亚的斯亚贝巴发展筹资行动议程，具体的集体行动包括：根据各自国家的战略和发展政策框架，鼓励到2025年在国内部署数字连接到所有人；努力达成共识并改进对数字贸易的衡量，以促进该领域的知情和循证决策；促进数字经济和社会中妇女和女童的教育、增加就业和创业机会等。①

4. EU

应对国际数字化变革，欧盟（EU）反应迅速，尤其重视在数字世界中人的权利。2018年5月，EU出台的《通用数据保护条例》正式生效，该条例广泛覆盖一切收集、传输、储存或处理欧盟成员国内个人信息的组织机构，对企业的数据保护义务提出的全新的监管要求，将直接影响欧盟市场与外界的关系。《条例》第一次以法律形式确定了欧洲公民的知情权、访问

---

① G20 Information Centre. Hamburg Update: Taking Forward the G20 Action Plan on the 2030 Agenda for Sustainable Development. http://www.g20.utoronto.ca/2017/2017-g20-hamburg-update.html，2017-07-08［2018-07-19］.

权、更正权、可携权、删除权（被遗忘权）、限制处理权、反对权等诸多数据权利，被称为"史上最严个人数据保护条例"。该条例还规定，相关组织机构要出于制定、明确、合法的目的对数据进行收集，要在数据主体"知情"且"同意"的情况下才能对个人数据进行处理；必须以合法、公正、透明的方式处理数据。备受关注的"被遗忘权"也最终尘埃落定，《条例》规定，当个人数据的收集处于非必要、不合法、不合程序等情况时，数据主体有权要求删除其数据。①

《条例》才刚生效，长期对美国公司隐私政策不满的马克斯·施雷姆斯就通过其成立的非营利数字权利组织 noyb 代表个人用户，分别针对 Facebook、Instagram、What's App 和谷歌 Android 提起了诉讼，指控上诉公司在处理用户个人数据时采取"强迫同意"策略，并不符合《条例》的要求，让用户拥有自由选择"是"与"不是"的权利。如控诉成立，罚款可能超过 10 亿美元。对个人数据权利的强保护力度势必影响国家、政府、企业对个人数据的应用。截至目前，这起案件尚未有定论，但不能否认《条例》在全球范围内引起有关个人数字权利争议的巨大作用。

结　语

2017 年以来，在基础设施建设与重要资源管理方面，各国纷纷强化信息通信基础设施建设，完善重要资源管理制度，全球数字化建设有了长足的进步。多利益相关方通过 ICANN 等技术组织的博弈，从美国手中争取到了一定程度的资源自主权。但是数字鸿沟仍然普遍存在，美国等发达国家作为网络强国把控重要资源，发展中国家间的数字化也非常悬殊，一些非洲国家的网络普及率甚至不足 20%。

在网络安全保障方面，网络安全事件频发甚至危及国家安全和现实社会

---

① EUR-Lex. General Data Protection Regulation. https：//eur-lex.europa.eu/legal-content/EN/TXT/? qid=1528874672298&uri=CELEX%3A32016R0679 ［2018-07-19］.

生活，各国不得不将网络安全作为网络空间战略的重中之重，美国、英国、加拿大、日本、墨西哥等多国均出台了专门的国家网络安全战略，一些国际组织就国际网络安全达成了初步合作。然而，网络恐怖主义、网络犯罪等仍然严重威胁着全球网络安全，亟待更强力、更有效的网络安全保障框架。

当前，联合国框架内对互联网治理不断强化、细化，ITU、WSIS、IGF等组织机构积极推动多利益相关方共同参与互联网治理，推动互联网络技术更好地服务于联合国2030可持续发展计划。伴随网络信息技术的进一步发展，人工智能、虚拟现实、区块链技术被广泛应用于经济生活的方方面面，人的数字化生活成为常态。如何将互联网信息技术更好地服务于可持续发展、更好地服务于全人类成为共同议题。

总之，机遇与挑战并存是数字化发展的基本态势。目前，互联网治理日益受到国际社会的重视，网络基础资源管理、网络基础设施建设、网络安全、能力建设等议题成为政府、国际组织、企业、技术社群和民间团体的聚焦点，构建网络空间命运共同体逐渐成为全球共识。

B.16
2017年德国网络治理年度报告

方芳 夏晓文*

摘　要： 本报告重点梳理和评析了德国于2017年新出台的与互联网治理相关的法律法规。秉承对互联网严格监管的理念，德国于2017年10月正式通过了《社交媒体管理法》（NEA），重点打击社交网络平台上的极端言论和虚假新闻等非法内容。德国政府还于7月通过了《新联邦数据保护法》（FDPA），成为在欧盟《通用数据保护条例》（GDPR）正式生效之前首个完成国内立法的欧盟国家。2017年德国可谓多"法"齐施，重拳组合助力互联网治理。德国政府对网络舆论的监管立场和力度、对社交媒体企业参与网络治理的态度、对数据流动和隐私保护之间采取的平衡举措，对我国网络社会治理具有积极的借鉴意义。

关键词： 社交媒体管理法　新联邦数据保护法　网络治理　德国

德国互联网发展的历史始于20世纪80年代，先行者是卡尔斯鲁厄大学（Karlsruhe Institute of Technology）的计算机中心。1984年8月，卡尔斯鲁厄大学在德国首次架设一个与美国计算机科学网（CSNet）连接的中继点，从

---

* 作者简介：方芳，法学博士，华东政法大学"一带一路"区域国别研究中心副主任、副教授、硕导，上海国际问题研究院全球治理所博士后；夏晓文，博士，华东政法大学"一带一路"区域国别研究中心研究员，华东政法大学外语学院德语系讲师。本文得到上海外国语大学新闻学院研究生冯蓝宇的帮助，特此致谢。

而实现了与美国及加拿大等国家的网络沟通。该中心主任维尔纳·措恩（Werner Zorn）以 Zorn@ Germany 这一地址成功地接收到来自美国的邮件，从而成为德国互联网的第一人。值得一提的是，正是该教授在1987年将互联网带入中国。此后，逐渐有其他的高校、科研机构以及商业机构通过这一中继实现了与美国及其他国家的互联，包括弗劳恩霍夫研究所、马普研究所、西门子公司等。

20世纪90年代，德国互联网开始出现繁荣发展的景象。当时，德国主要的互联网服务的提供商是德国电信，此外还有一些小型的私人提供商。起初，德国的互联网与其他国家的互联网初期发展一样，都存在网速太慢和资费太高等问题，这一尖锐矛盾最终导致1998年的"互联网罢工"抗议行为，德国网民通过游行示威的方式号召抵制德国电信，并要求降低互联网资费。最终，随着越来越多的互联网服务提供商进入德国的互联网市场，在激烈竞争和技术升级背景下，德国的互联网朝着高网速、低资费的方向良性发展。

此后，德国的信息技术发展一直走在欧洲前列。三网融合的趋势很早就在德国出现。德国还是世界上互联网普及率最高的国家之一。[1] 据世界经济论坛的数据，2016年德国国内生产总值为3.477万亿美元，位居全球第四，欧盟第一。2016年德国人口约8280万，占欧盟总人口数的16.2%，位居欧盟第一[2]；互联网用户约7300万，约占德国总人口的90%，占欧盟总人口数14.9%，位居欧盟第一，约占世界互联网总用户量2.2%。[3] 世界经济论坛发布的《2016全球信息技术报告》显示，德国的网络就绪度得分近三年有小幅度提升，排名较稳定。2016年德国网络就绪度得分5.6分，在参评

---

[1] 黄志雄、刘碧琦，《德国互联网监管：立法、机构设置及启示》，《德国研究》2015年第3期。

[2] List of European Union Members States by Population. , https：//en. wikipedia. org/wiki/List_ of_ European_ Union_ member_ states_ by_ population ［2018 －05 －07］。

[3] Internet Users by Region and Country, 2010 － 2016. , https：//www. itu. int/en/ITU － D/Statistics/Pages/stat/treemap. aspx ［2018 －05 －07］。

的139个国家中排第15位。① 2017年全球连接指数（Global Connectivity Index，GCI）显示，德国在参评的50个国家中排第12位，得分62分，较2015年排名提升1位。②

德国是欧盟的四大经济体之一，亦是全球五大经济体之一，整体经济环境稳定，人口规模较有优势，国民享有较高的生活水平，更有"工业4.0"计划助力传统工业强国发展。德国在互联网发展的三个必备要素——经济发展、市场规模、信息技术——均占优势，在利用信息和通信技术推动经济发展及提升国家实力方面具有较强的竞争力。因此，德国的网络治理实践具有一定的借鉴意义，其对欧盟在网络空间治理的话语权，乃至在全球网络空间治理体系中都会产生不容忽视的影响。

一 德国网络治理现状

为提升德国网络治理的综合效能，德国于2017年成立了负责网络安全事务的网络与信息空间司令部，出台了《社交媒体管理法》《新联邦数据保护法》等重要法案，进一步构建综合、全面的网络治理体系。

（一）德国网络治理架构

互联网作为与现实空间对立的虚拟空间，其治理如同现实空间治理一样，涉及社会的方方面面，包括网络经济和商业行为、知识产权管理、网络犯罪、网络言论等。对于这些问题的治理体现在德国的各不同法律领域中，其中包括刑法、民法、知识产权法、竞争法、姓名与商标法、数据保护法、多媒体法、电信法、广播法等；与这些立法相对应，互联网治理的权力也掌

---

① Silja Baller, Soumitra Dutta and Bruno Lanvin. *The Global Information Technology Report* 2016. World Economic Forum, 2016, p. 99. http://reports.weforum.org/global-information-technology-report-2016/economies/#indexId=NRI&economy=DEU［2018-04-27］.

② Global Connectivity Index, http://www.huawei.com/minisite/gci/files/gci_2017_ranking_en.pdf?v=20171012［2018-05-07］.

握在许多不同的实体机构中,例如联邦内政部、联邦情报局,以及联邦州和行业层面的组织机构。

网络安全是互联网治理中十分重要的议题。对于这一问题,德国互联网治理的主要载体是联邦信息安全局/国家网络防御中心(民事网络安全)和德国网络与信息空间司令部(军事网络安全)。

1. 联邦信息安全局:最早负责网络安全事务的政府机构

联邦信息安全局(Bundesamt für Sicherheit in der Informationstechnik)隶属于德国内政部,位于波恩。该局成立于1991年,前身为隶属于联邦情报局的信息安全中心,截至2017年共有800多名工作人员。该局的主要职责领域就是信息安全,其核心的指导原则是:作为国家层面的网络安全部门预防、侦破和应对网络攻击行为,为国家、经济和社会提供数字化领域的信息安全[1]。

信息安全局共分为5个科室,即:①网络安全和考证基础设施科;②国家、经济和社会咨询科;③数字化、认证化、标准化网络安全科;④高级安全领域的密码技术和IT管理科;⑤中央行政科。

在这5个科室中,只有中央行政科是负责行政管理的职能,其他4个科室均为专业科室,他们承担的主要任务有:①预防并促进信息和网络安全;②保护联邦层面的IT系统,识别并抵御对政府网络的攻击;③IT产品和服务的检验、认证和鉴定;④IT产品和服务的缺陷及安全漏洞的识别查证;⑤对联邦管理部门及其他部门的IT安全咨询;⑥向公民普及IT和网络安全的知识;⑦制定统一的、有约束力的IT安全标准;⑧研发密码系统。

2011年,德国联邦政府发布了《网络安全战略》。为实现该战略的核心思想,德国成立国家网络防御中心(Nationales Cyber-Abwehrzentrum)。该中心是一个联邦层面的多部门合作机构,由联邦信息安全局牵头,其他参与部

---

[1] Das BSI, https://www.bsi.bund.de/DE/DasBSI/Leitbild/leitbild_node.html [2018-04-30]。

门包括联邦宪法保护局、联邦人员保护和灾害救助局、联邦情报局、联邦警局、联邦国防军、联邦刑事侦察局、海关刑事侦察局等。这些部门在国家网络防御中心的框架下共同运作，主要任务就是对网络攻击行为进行预防、信息共享和预警。

此外，为了提升网络与信息安全的技术能力，在联邦信息安全局的倡议下，该局在2012年与德国联邦信息科学协会、德国电信与新媒体协会共同组建了网络安全联盟（Allianz für Cyber-Sicherheit），由于后两者是德国广大的网络电信行业企业的联邦顶层协会，因此该联盟具有广泛的基层基础，包括众多研究机构及公司企业。该协会的宗旨主要是对威胁网络空间安全的信息进行共享，从而提升对网络威胁和网络攻击行为的识别、判断和防御能力。

2. 网络与信息空间司令部：最新成立的、负责网络安全事务的政府机构

德国联邦信息安全局和国家网络防御中心主要负责的任务领域是民事领域的网络安全，而军事领域和联邦国防军的网络安全问题则由德国网络与信息空间司令部（Kommando Cyber-Informationsraum）负责。

德国网络与信息空间司令部隶属于德国国防部，于2017年4月在时任国防部长冯·德·莱恩的主导下成立，司令部位于波恩，[①] 首任司令为路德维希·莱茵霍斯（Generalleutnant Ludwig Leinhos），副司令兼参谋长为米夏埃尔·费特尔（Generalmajor Michael Vettel）。德国网络与信息空间司令部将德国联邦国防军原有的几个与网络与信息安全相关的司令部整合起来，其中最重要的是信息技术司令部、战略侦察司令部和地理信息中心。

信息技术司令部的主要职责是负责联邦国防军IT系统的运营维护，以及确保军事指挥决策过程中的信息安全。其下属有IT系统运营中心、网络安全中心，联邦国防军信息技术学校，以及7个分布在德国各地的信息技术营。

战略侦察司令部主要负责联邦国防军的军事通信任务。该司令部将以往分散在各不同部门的通信侦察、电子侦察、卫星侦察以及电子战等任务汇总

---

① Cyber-und Informationsraum, http://cir.bundeswehr.de/portal/a/cir/start［2018－04－30］.

起来进行统一指挥调度,从而在军事通讯方面成为联邦国防军的最高指挥层级。其主要下属有电子战评估中心、测绘侦察中心、战略通信中心、联邦国防军战略侦察学校,以及4个分布在德国各地的电子战营。

地理信息中心成立于2003年,为德国联邦国防军负责搜集地理信息的核心机构,由当时的军事地理局、国防军地球物理局、国防军陆军、海军和空军的地理测绘部队组成。该中心主任为布鲁纳准将(Brigadegeneral Roland Brunner)。

德国网络与信息空间司令部的组织架构如下图1所示。其负责的区域为网络和信息空间领域,主要任务就是保障联邦国防军在国内或是国外的军事行动中IT系统的安全和正常运作,此外还负责加强联邦国防军在网络和信息空间的侦察能力。

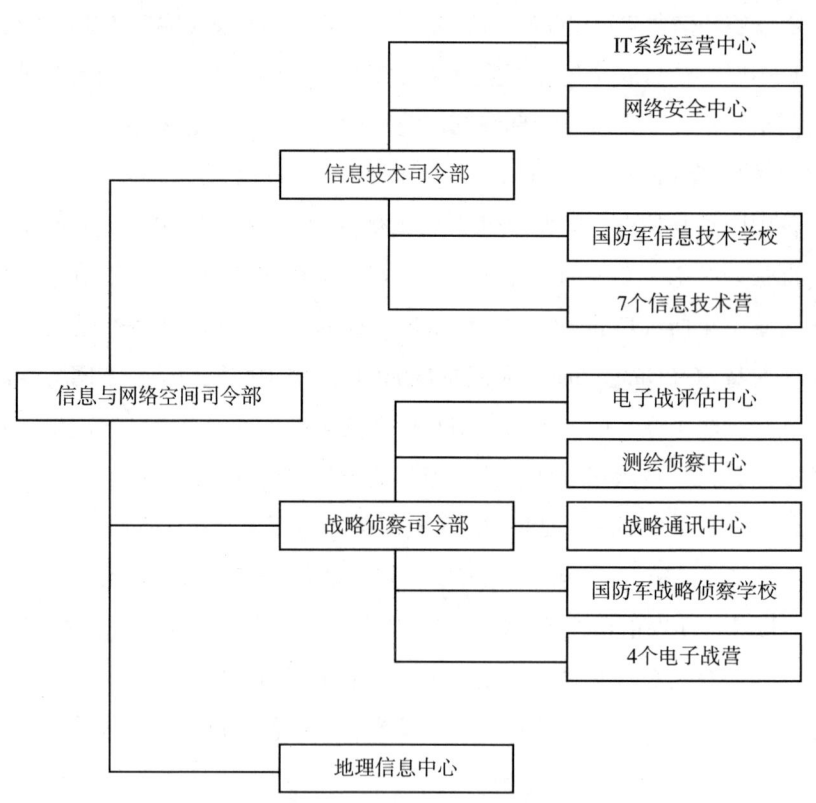

图1 德国信息与网络空间司令部的组织结构

司令部的主要任务领域包括：①负责为联邦国防军及其他主管部门提供网络和信息空间的总体态势情况；②负责网络和信息空间工作的人员的管理和培训；③司令部副司令作为联邦国防军首席信息安全官指挥国防军的信息安全作战行动；④负责领导其下的两个司令部和一个中心，并确保其处于正常有效的工作状态；⑤负责为军队的各项任务提供网络和信息空间方面的作战能力和作战手段；⑥负责联邦国防军遂行任务时进行网络和信息空间方面的协调；⑦负责进行网络和信息空间方面的国内国际合作。

从上述对网络与信息空间司令部结构的分析可以看出，该司令部的任务覆盖比较宽泛，从侦察到电子战再到通信和测绘都是其职责范围，而与德国互联网治理直接相关的单位应该是信息技术司令部的网络安全中心，该中心位于波恩西部不远的奥伊斯基兴（Euskirchen），其主要职责就是维护德国国防军在网络和信息空间的利益以及IT服务和IT系统。其下辖两个部门，一个是软件技术部，负责软件的研发和维护，维护IT服务和IT系统；另一个则是网络安全部，负责联邦国防军的网络安全，监控网络形势，抵御网络攻击，此外还有一项重要职责是密码的保护和破译工作。

（二）德国网络治理的法律法规

德国在互联网领域的立法一直走在各国前列。一改长期注重维持法律稳定的历史传统，德国善于运用法律规制来解决新型社会问题。在梳理德国网络治理的相关法规之后可以看出德国在该领域具有符合其国情的立法特色：立法及时且灵活，监管严格且审慎。

表1　德国网络监管的相关法案[*]

时间	名称	主要内容
1970年	《德国黑森州数据保护法》	德国首部地方性数据保护法，世界上第一部数据保护法
1977年	《德联邦数据保护法》（BDSG）	德国数据保护之基；1983年德国立法机构全面修订《数据保护法》，后在1990年、2001年、2005年、2006年和2009年历经五次修订

续表

时间	名称	主要内容
1996年	《电信法》(TKG)	联邦一级专门调整电信领域竞争关系的法律;2004年被新《电信法》取代
1997年	《信息与通信服务法》(IuKDG)	又称《多媒体法》;世界上首部全面规范互联网时代通信与信息服务的成文法;其中包含三个新的联邦法律和六个将现有法律适用于新媒体的附属条款组成;三个新的联邦法律为《电信服务法》《电信服务数据保护法》《电子签名法》
2001年	《电子签名法》	取代了《信息与通信服务法》中的《电子签名法》;主要规范网上银行和电子商务操作的电子授权
2003年	《青少年媒体保护州际协议》(JMStV)	该法适用对象是电子信息与通信媒体;明确规定网络服务商不允许向青少年提供的十种有害内容,增强网络服务提供商的自我责任及事前控制意识;对德国互联网监管立法体系的重要补充;2011年经修订
2004年	《电信法》修订	对1996年《电信法》进行修订;涉及电子通信领域的数据保护
2007年	《电子交易统一法》	针对互联网时代电信服务和媒体服务适用不同法律而产生的司法实践困难,对于电子交易有关的联邦法律进行统一修订而出台;取代了《信息与通信服务法》中的《电信服务法》和《电信服务数据保护法》
2007年	《电子媒体法》(Telemedia Act)	取代了《信息与通信服务法》中的《电信服务法》和《电信服务数据保护法》
2009年	《德国联邦数据保护法》修订	约束范围包括互联网等电子通信领域,旨在防止因个人信息泄露导致的侵犯隐私行为
2011年	《青少年媒体保护州际协议》修订	设立互联网内容分级制度;要求网络服务提供商为其提供的内容设置年龄许可标志,且须实行用户注册方式
2015年	《联邦信息技术安全法》	欧洲第一部信息技术安全法案;对关键基础设施的运营者规定明确要求,系统完备地构建关键信息基础设施保护体系;对网络服务运营商设定更严格的义务,提升对信息安全的保护
2017年	《无人驾驶法案》	德国首部自动驾驶汽车法案;2017年5月12日德国议会两院正式通过由运输部提议的法案,将自动化驾驶相关概念及规定引入已于1909年6月1日生效的《道路交通法》(StVG)中,规定在特定时间和条件下,高度或全自动化驾驶系统可接管驾驶人对汽车的控制
2017年	《新联邦数据保护法》(BDSG-New)	2017年7月5日正式发布,取代此前的《联邦数据保护法》;根据欧盟《通用数据保护条例》的开放条款制定,对《通用数据保护条例》进行解释、补充和修改,于2018年5月25日与《通用数据保护条例》同步生效;是欧盟新数据保护制度生效之前的首个欧盟国家国内法

续表

时间	名称	主要内容
2017年	《社交媒体管理法》（Network Enforcement Act）	2017年10月1日正式生效；要求大型社交网络公司（德境内拥有两百万以上的注册用户）在24小时内删除（或屏蔽）明显不合法的内容，且通常在7天内删除所有其他非法内容，否则大型社交网络公司将面临高达5000万欧元的罚款；其中非法内容包括虚假消息和仇恨言论、煽动恐怖主义的舆论及向儿童传播色情内容

* 作者自制。资料来源：方师师：《互联网助力工业强国：德国网络空间治理报告》，载张志安主编《互联网与国家治理发展报告（2017）》，社会科学文献出版社，第272~283页；黄志雄、刘碧琦：《德国互联网监管：立法、机构设置及启示》，《德国研究》2015年第3期；颜晶晶：《传媒法视角下的德国互联网立法》，《网络法律评论》2012年第2期。

三 2017年德国网络治理新举措：多"法"并施

在强化网络治理的进程中，法律是德国政府的重要举措之一。2017年德国出台了互联网治理相关的一些法案。其中，《社交媒体管理法》和《新联邦数据保护法》在政界、学界及业界都引发了较大程度的争议。

（一）《社交媒体管理法》：开启2018年"监管风暴"

德国联邦议会于2017年6月正式通过《改进社交网络中法律执行的法案》[①]（简称《社交媒体管理法》），由联邦总统弗兰克－瓦尔特·施泰因迈尔（Frank-Walter Steinmeier）和联邦总理安格拉·默克尔（Angela Merkel）联名签署通过，于2017年10月1日生效，2018年1月1日正式执行。德国此举成为国内政界、学界及业界争论的焦点。《社交媒体管理法》会成为各国对网络平台监管的"银色子弹"吗？

---

① 《改进社交网络中的法律执行的法案》（Netzwerkdurchsetzungsgesetz，英文或称 The Act to Improve Enforcement of the Law in Social Networks），简称《社交媒体管理法》（NetzDG，或英文简称 Network Enforcement Act，简写为 NEA），德语版见 https://www.buzer.de/NetzDG_Netzwerkdurchsetzungsgesetz.htm；英文版见 https://www.bmjv.de/SharedDocs/Gesetzgebungsverfahren/Dokumente/NetzDG_engl.pdf，（2018年4月20日）。

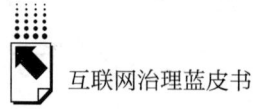

1.《社交媒体管理法》出台的背景

2015年开始的难民危机及顺势崛起的德国选择党对德国社会主流价值观和社会认同感构成威胁。自大批难民进入德国,德国社交网络平台,其在脸书、优兔和推特等主流社交平台上出现数以万计的极端仇恨主义言论,包括公开攻击难民等内容。联邦司法和消费者保护部收到大量投诉。据该部门2016年公布的数据显示,2015年在互联网上检测到的极端仇恨言论数量比前两年增长了两倍。2016年6月,在一项北莱茵-威斯特法伦州的媒体管理局针对14岁及以上的德国公民的在线调查中,约2/3的受访者表示,他们已经在社交网络平台、互联网论坛或博客中遭遇过极端言论①,如仇恨主义、谩骂或诽谤信息等;在14岁到24岁的受访人群中,约91%的受访者遭遇过类似经历;约1/3的受访者表示对这些言论十分恐惧。②在2017年圣诞节前夕,脸书上出现一部侮辱在德犹太人日常生活的6分钟短片随后脸书删除该视频并进行了道歉。③ 除此之外,来自一些德国政党官员的新纳粹极端言论进一步恶化反极端的网络秩序。德国新兴政党选择党高层比约恩·霍克(Björn Höcke)于2017年1月17日在德累斯顿出席该党在当地青年组织的一次集会活动时发表了引人震惊的极端言论。④ 德国司法和消费者保护部认为这对自由、开放和民主的社会中人民和平共处构成巨大威胁。

早在2015年德国政府专门与脸书、推特和谷歌公司达成删除仇恨帖子的协议,即各网络平台上一旦发现用户散播"仇恨言论",将在24小时内

---

① 极端言论是指针对某些组织团体或某一成员的民族、性取向、性别、宗教信仰、年龄、身体缺陷或疾病等进行恶意评论、暴力威胁或煽动暴力行为等。
② Holznagel, Bernd, *Dringlich überarbeiten*", *Gutachterliche Stellungnahme im Auftrag der OSZE*, epd medien, Nr. 24/2017, 24-39.
③ 昭东:《德国启动仇恨言论"大删除"违者或被罚5000万欧元》,环球网,http://news.china.com/international/1000/20180102/31898822_all.html,2018年1月2日(2018年4月24日)。
④ 霍克在演讲时说:"将耻辱的纪念碑(指柏林市中心的犹太人受害者纪念碑林)安插在首都的心脏部位,德国人是全球唯一这么干的民族。"参德国华商《德国选择党突然崛起内斗不断 德国华人看法两极》,《地球日报》,http://global.sina.cn/szzx/article/20170927/01d862a250c51000.html,2017年9月27日(2018年4月28日)。

删除该言论。同年，联邦司法和消费者保护部成立了一个针对社交网络犯罪的监管小组，然而由于执法力量薄弱和相关法律依据缺失，该监管小组形同虚设。① 根据德国青少年保护网（www.jugendschutz.net）于 2017 年的一项调研显示，推特网站上 1% 的"涉嫌违法内容"能得到及时删除，脸书也只有 39% 被清除。前联邦司法与消费者保护部部长，来自社民党的海科·马斯（Heiko Maas）表示，仅靠互联网公司自律无法应对仇恨与极端言论日益盛行的网络舆论环境，要让"互联网不再是一个法律真空"，为了使大平台公司更负责任，制定法律法规是必要的。因此，联邦政府认为，仅依靠社交网络运营商对网络言论进行管理是不够的，需要出台一部法律打击网络平台的非法言论。

2.《社交媒体管理法》出台前的"多种声音"

在此背景下，司法和消费者保护部于 2017 年 3 月公布了这份法律草案，要求社交网络平台及时删除平台上出现的仇恨言论和虚假新闻等非法内容，否则将被处以最高可达 5000 万欧元的罚款。联邦内政部于 2017 年 5 月通过此草案，立刻引来各政党官员、媒体业界、学者、非政府组织的争议。

争议焦点之一在于该法案对于打击非法网络言论的有效性。德国科隆大学法学院教授卡尔-尼古拉斯·派弗尔（Karl-Nikolaus Peifer）的文章《网络虚假信息和社交平台责任：为什么〈社交媒体管理法〉提供了错误的工具规避虚假信息的传播》指出，《社交媒体管理法》意在打击社交平台上针对难民的极端偏激言论，这些言论的大量传播对德国那些本不太受欢迎的外来移民造成了排斥气氛。然而，根据政府颁布的草案的解释性条例，该法同时也针对网络上虚假信息的传播。派弗尔教授认为该法律很难适用于打击这一现象，因为虚假信息在概念上难以掌握，而草案并没有对这一概念提出规范化定义。② 一些媒体和网络政客在博客上发表观点，认为这部法案"不科学"，因为其中并没有规范化的数据检验和测量方式来衡量极端主义和

---

① 贾茵：《德国〈社交媒体管理法〉开启"监管风暴"》，《中国信息安全》2018 年第 2 期。
② Peifer, Karl-Nikolaus, *Fake News und Providerhaftung*：*Warum das NetzDG zur Abwehr von Fake News die falschen Instrumente liefert*, Computer und Recht, 2017, 33（12）：809 - 813.

排外主义等违法言论。① 德国新闻工作者协会亦对草案规范的内容表示担忧，认为社交网络平台上由第三方媒体（如德国公众广播电台、电视台以及报纸出版商等）发布的内容也可能会被《社交媒体管理法》的条款"殃及"。

争议焦点之二集中于法案提到的举措可能产生的负面影响。柏林地区法院的法官和社交媒体法的知名评论人布尔麦尔（Ulf Buermeyer）认为，在社交平台上删除用户评论内容易导致言论被"过度屏蔽"，这无疑会触发更大的危险。② 德国基督教通讯社发文《新隐患的产生：Facebook 发表相关意见》表示，一旦法案通过并生效，大型社交媒体公司为了躲避高额罚金，将汇集公司资源全力与网络的极端言论及谣言等"不懈斗争"，这对德国舆论的多样性带来灾难性后果。③ 无国界记者组织称，《社交媒体管理法》的实施将对新闻和舆论自由构成过度干涉。④ 德国《每日镜报》称该法是"对三权分立原则的攻击，十足地道的埃尔多安主义⑤"。⑥ 草案进入议会辩论阶段，有议员批评"德国为欧盟树立了一个坏榜样，具有多种文化地域的欧洲力争全世界言论自由的模范和先锋"⑦。左翼党对该法案投了反对票，而绿党弃权。执政的联盟党和社民党内的一些高层议员表示对草案的支持。⑧ 在《社交媒体管理法》面临着德国总统签字生效的最后时候，德国记者协

---

① Peter Weissenburger, *Nicht so das Mega-Leak*, Die Tageszeitung, 2017.
② Peter Weissenburger, *Nicht so das Mega-Leak*, Die Tageszeitung, 2017.
③ 《Neue Gefahrenherde》; *Stellungnahme von Facebook*, Evangelischer Pressedienst（epd），2017.
④ Michael Ridder, *Zankapfel. Der Regierungsentwurf für das NetzDG*, Evangelischer Pressedienst（epd），2017.
⑤ 埃尔多安主义是指埃尔多安治下的土耳其所体现出的民粹权威主义。——作者注
⑥ Gesetzentwurf von Heiko. MaasErdoganismus in Reinkultur., https://www.tagesspiegel.de/politik/gesetzentwurf-von-heiko-maas-erdoganismus-in-reinkultur/19537970.html，2017-03-19［2018-06-05］.
⑦ *German Set Out to Delete Hate Speech Online. Instead, it Made Things Worse.* https://www.washingtonpost.com/news/theworldpost/wp/2018/02/20/netzdg/?utm_term=.db8e79ec91f8，［2018-04-26］.
⑧ 联盟党伊丽莎白·贝克（Elisabeth Becker）表示支持，认为这部法案"强调了政治的首要地位"。议会议员亚历山大·霍夫曼（Alexander Hoffmann）认为，"我们有必要采取行动"。社民党的拉尔斯·克林贝尔（Lars Klingbeil）称赞这是部"非常好"的法律，终于出台了。

会联名要求德国总统施泰因迈尔不要签署该法案,德国记者协会主席尤伯拉(Frank Überall)称"该法案将新闻和言论自由的基本权利让渡到了推特或脸书这样的公司手里"①。草案尽管备受争议,仍于2017年6月被正式通过,于2017年10月1日生效,2018年1月1日正式实施。

3.《社交媒体管理法》的内容

这部法案英文版共六页,分为三部分,第一部分是主体,共六节,分别对法案监管的责任主体和对象范围、社交平台的报告义务、处理非法内容投诉的方式、违反义务的处罚机制和罚款数额、社交网络企业规定的监管责任人、过渡期条款做出了详细规定②;第二部分规定了该法案对《电信媒体法》做出的部分修订;第三部分规定了此法案的生效日期。

《社交媒体管理法》第1条第1款第1项规定该法的适用对象为社交网络平台。社交网络平台是指以营利为目的的电信服务提供商,它们提供用户之间分享资源或向公众发布资源的网络平台。该法调整的规范内容包括《社交媒体管理法》第1条第3款将非法内容定义为符合《刑法典》规定的、对保护民主国家、公共秩序、个人名誉和自主权等造成影响的内容。例如,《刑法》第86a条(使用违宪组织的标志)、第131条(暴力传播)、第184b条(传播、获取和持有儿童色情)、第185~187条规定(侮辱、诽谤和故意诽谤)。③

该法规定社交网络平台的主体责任包括及时删除、屏蔽和受理投诉的责任。社会网络平台必须及时清除平台上的极端暴力、仇恨言论和谣言等非法内容。被其他用户投诉且明显的、严重非法的内容应在24小时内被删除或阻止。若不遵守相关规定,企业则将面临高达5000万欧元的罚款。

---

① NetzDG – DJV fordert Abschaffung,https://www.djv.de/startseite/profil/der – djv/pressebereich – download/pressemitteilungen/detail/article/djv – fordert – abschaffung.html,[2018 – 06 – 05]。

② *Netzwerkdurchsetzungsgesetz*,https://www.bmjv.de/SharedDocs/Gesetzgebungsverfahren/Dokumente/NetzDG_ engl.pdf?_ _ blob = publicationFile&v = 2,[2018 – 06 – 20]。

③ Stefan Engels and Thomas Fuhrmann. *Network Enforcement Act in a Nutshell*. https://www.lexology.com/library/detail.aspx?g = b1dd56e4 – adbf – 4811 – 9b74 – e8ebcd4f4217,2018 – 01 – 31 [2018 – 05 – 01]。

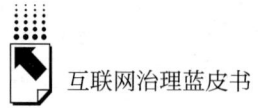

4.《社交媒体管理法》出台后的影响

（1）对监管责任主体的影响

该法规定的监管责任主体是在德国注册用户多于200万的社交网络平台，例如脸书、推特和优兔等公司。这些美国社交媒体公司已经就其在德国的业务做出了相应调整。脸书和推特在德国网站上添加了附加功能，用来标注有争议的内容，并雇用和培训版主，以应对2018年1月1日全面实施的《社交媒体管理法》。脸书表示，在法案获得批准之前，公司已开始雇用德语版主，并有1200人在柏林和埃森的"删除中心"（Deletion Centers）查看标记内容。他们调集了其全球协调团队的1/6人员。2017年夏天，脸书公司平均每月在德国进行15000次的删减。① 推特公司则聘请了更多具有法律背景的德语版主，但仍在都柏林的欧洲总部运营。脸书和推特现在都使用新方法来标记根据法案他们需要报告的、具有攻击性的帖子。然而，在该法律实施之后的很短的一段时间内，平台就出现了不少具有争议性的言论删除行为。

（2）对监管内容的影响

该法旨在清除社交网络平台出现的仇恨言论和虚假信息等非法言论，营造清朗的网络舆论空间。作为被监管的对象，网络言论在该法案框架下可能出现非法内容"转移阵地"与合法内容被过度屏蔽的极端局面。一方面，非法内容可"转移"至监管盲区，因为"用户200万人"的规定容易使监管失去稳定性。一些极端暴力等非法言论即使不出现在用户200万人以上的社交网络平台，并不代表它们不出现在用户200万以下的小平台。此项法案中"用户200万以上的社交平台"在实际操作中打造了一个监管盲区，即200万以下的小平台，因为平台用户数量是动态变化的。从某种程度上讲，该法律无形把主流网站上的非法言论"搬"到更小的网站上。另一方面，合法内容可被过度屏蔽。只有因"未被及时清除或屏蔽"的非法内容受到

---

① Tough New German Law Puts Tech Firms and Free Speech in Spotlight. https：//www.theguardian.com/world/2018/jan/05/tough‐new‐german‐law‐puts‐tech‐firms‐and‐free‐speech‐in‐spotlight［2018‐04‐28］.

高额罚金,而不会因"被过度屏蔽"的合法内容受到处罚。这也就意味着,为了躲避罚款,社交媒体企业在受到质疑时,宁可让内容被错误地屏蔽,也不让内容被错误地留下。① 因此,该法案的监管模式可能致合法的网络言论被"过度屏蔽"。依据法案,在社交媒体上对用户发布内容的举报门槛很低,如果怀有政治目的的恶意举报肆意泛滥,这将会严重损害社交网络上的政治话语形态。联邦议会议员或社会其他重要任务都有可能面临恶意的针对性举报。该法自2018年1月1日正式生效之后,一些德国政党议员被删帖禁言。② 德国前司法和消费者保护部部长马斯是最新一名由于该法被删帖的政治人物。德国政府决定对该部法律进行评估,以决定是否修订这部法律。③

5. 学界对《社交媒体管理法》的讨论

对于《社交媒体管理法》,德国的学界也展开了热烈的讨论。根据德国联邦议院对德国法学界关于该法相关讨论的汇总④,共有26篇学术论文进行了针对性的讨论。据笔者观察统计,大部分学者虽然对该法的必要性予以肯定,但同时也认为该法违背了德国《基本法》所规定的一些基本原则和基本权利。例如慕尼黑大学教授、德国联邦宪法法院前院长帕皮尔教授(Hans-Jürgen Papier)在《数字社会中的基本权利保护》⑤一文中的核心结论是"追求安全目标的做法不能以自由的损失为代价"。此外,卡尔朔尔

---

① Mathias Hong. *The German Network Enforcement Act and the Presumption in Favor of Freedom of Speech. VerfBlog.* https://verfassungsblog.de/the-german-network-enforcement-act-and-the-presumption-in-favour-of-freedom-of-speech/, 2018-01-22 [2018-05-07]。
② 唐莎莎:《德议员炮轰警方用阿拉伯语发表新年贺词 涉侮辱穆斯林被删帖禁言调查》,观察者,http://m.guancha.cn/europe/2018_01_03_441607.shtml, 2018年1月3日(2018年5月5日)。
③ 郭倩:《司法部长也被删帖 德重新评估"仇恨言论"法》,新华网,http://www.xinhuanet.com/world/2018-01/10/c_129786514.htm, 2018年1月10日(2018年5月4日)。
④ Netzwerkdurchsetzungsgesetz. Diskussion in der rechtswissenschaftlichen Literatur., https://www.bundestag.de/blob/554986/5ef133708f088a68f2ffbf10b3f369e3/wd-10-022-18-pdf-data.pdf, 2018-04-12 [2018-05-20]。
⑤ Papier, Hans-Jürgen: *Rechtsstaatlichkeit und Grundrechtsschutz in der digitalen Gesellschaft*, Neue Juristische Wochenschrift, 2017, S. 3025.

(Fiete Kalscheuer)和农(Christian Hornung)在《社交媒体管理法——违背宪法的急迫工作》①一文中也认为在法律规制和言论自由之间产生了两难的选择,而他们认为最好的解决方案是互联网企业的自我规制。但是也有一些相反的观点,例如霍希(Dominik Höch)在《改进?同意,妖魔化?反对〈社交媒体管理法〉比它的名声好》②一文中反驳了德国学界对该法的普遍批评,认为网络不应该处于这个社会最偏远、最不受规制的角落,言论自由与人格保护同等重要。由此可见,德国学界对该法的合规性尚未达成完全的一致意见,但持反对意见的学者居多。

(二)《新联邦数据保护法》:与欧盟《通用数据保护条例》同步生效

1.《新联邦数据保护法》出台的背景

2016年4月14日,欧洲议会通过了商讨四年的《通用数据保护条例》(General Data Protection Regulation,GDPR),该法案于2018年5月25日正式生效。该法案是迄今为止覆盖面最广的、全球性数据保护法规,堪称史上最严的数据保护法案。《通用数据保护条例》包含了70条开放条款,这些开放条款允许欧盟成员国通过制定数据保护相关的本国法律,对《通用数据保护条例》进行解释、补充和修改。这些开放条款涉及的内容包括数据处理的合法性、委托进行的数据处理、委任数据处理官的义务(DPO)、数据处理监管当局应遵守的规则,以及某些特定情形下的数据处理(如雇佣、新闻、学术和文学作品中的数据处理)。③

在过去的一年里,德国政府一直致力于推行欧盟的《通用数据保护条例》(GDPR)。2017年7月5日,德国发布了全新的联邦数据保护法,可以

---

① Kalscheuer, Fiete/Hornung, Christian: *Das Netzwerkdurchsetzungsgesetz - Ein verfassungswidriger Schnellschuss*, Neue Zeitschrift für Verwaltungsrecht, 2017, S. 1721.
② Höch, Dominik, *Nachbessern*: *ja*, *verteufeln*: *nein. Das NetzDG ist besser als sein Ruf*, Kommunikation&Recht, 2017, S. 289.
③ The New German Privacy Act. https://www2.deloitte.com/dl/en/pages/legal/articles/neues-bundesdatenschutzgesetz.html[2018-05-07].

恰当地称之为《新联邦数据保护法》(BDSG-New)，取代了德国此前的《联邦数据保护法》(Bundesdatenschutzgesetz 或 BDSG)。德国是欧盟最严隐私权管辖区之一，亦是欧盟新数据保护制度生效之前首个完成国内立法的欧盟成员国。

2.《新联邦数据保护法》的内容

通常来说，在法律适用时，如果可以适用《通用数据保护条例》，就不适用《新联邦数据保护法》(BDSG-new 或 FDPA)①（《新联邦数据保护法》第1款），因为《通用数据保护条例》是《新联邦数据保护法》的上位法。这也就意味着，只要《通用数据保护条例》有相关的隐私规定，那么就不应当采用国内法。只有《通用数据保护条例》提供了有关的开放条款时，才具备使用国内法的余地。然而即便如此，《新联邦数据保护法》中涉及开放条款的内容也超出了《通用数据保护条例》的规则范围。

《新联邦数据保护法》中较为重要的规定包括以下几个方面。

(1) 关于数据保护官的委任

《新联邦数据保护法》对于数据保护官员的委任制定了更为严苛的规则。《新联邦数据保护法》第38款规定，如果存在至少有10人通过自动化手段，周期性地参与了个人信息的整体或部分处理的情况，数据处理者和控制者就必须委任数据保护官。

(2) 关于雇佣中的数据处理

根据《新联邦数据保护法》第26款，个人数据可以作为雇佣目的进行处理，比如在以下的情形当中：在建立、履行和终止雇佣关系或者执行集体协议中，个人数据处理是必要的；如果有足够证据和文件表明，雇员在雇佣关系期间有犯罪行为。如果为揭露犯罪而进行数据处理是必要的，且如果这么做合情合理的话，那么就可以基于揭示犯罪的目的对雇员的个人信息进行

---

① §85 BDSG – Verarbeitung personenbezogener Daten im Rahmen von nicht in die Anwendungsbereiche der Verordnung (EU) 2016/679 und der Richtlinie (EU) 2016/680 fallenden Tätigkeiten | BDSG (neu) 2018, https：//dsgvo-gesetz.de/bdsg-neu/85-bdsg-neu/ [2018-04-15].

处理。同时，该条还做了规定，即雇员在何种情况下可以自由决定是否同意公司对特殊类别的个人数据进行加工。

(3) 关于评分和信用检查

根据《新联邦数据保护法》第31款，对评分和信用检查有具体的使用要求。只有在符合隐私条款要求，相关数据被使用，且评分是建立于公认的、可信赖的数学统计方法基础上时，才能使用评分和信用检查。不能仅基于地址数据打分。如果使用了地址数据，则根据法律规定，需要获取数据当事人先前的信息。

(4) 相关的刑法条款

根据《新联邦数据保护法》第42款，某些数据侵权行为会被判定为刑事犯罪，并且有可能面临最高3年的监禁。例如，个人数据被非法转移给第三方；个人信息被大范围获取且用作商用目的；以欺诈方式获得个人数据，并用作个人敛财或伤害他人。

3. 简析《新联邦数据保护法》

第一，《新联邦数据保护法》是首个对《通用数据保护条例》进行补充和支撑的欧盟成员国国内法，德国是首个在欧盟建立新数据保护制度之前完成国内立法的欧盟国家。于5月25日正式生效的《通用数据保护条例》将替代并统一欧盟28个成员国的国家数据保护法规，建立统一的数据保护制度。在《通用数据保护条例》生效后的数月内，整个欧盟市场都须在该法案规定的两年过渡期内为法规的正式颁布做准备。据2017年2月的某项调查显示，44%的德国企业已准备好实施新规定，这个百分比是欧盟中最高的。正是在这样的社会背景下，德国《新联邦数据法》的通过，使其在此轮"比赛"中领先。①

第二，《新联邦数据保护法》符合德国对互联网监管严格的理念，与以往互联网治理的相关法规一脉相承。德国之所以能成为首个在《通用数据

---

① GDPR: Is Germany Ahead of the Game? http://mandmglobal.com/gdpr-is-germany-ahead-of-the-game/, 2017-12-15 [2018-04-30].

保护条例》框架下完成国内立法的欧盟国家，很大程度源于德国此前实施的严格的数据保护法律。例如，自 1977 年实行《德联邦数据保护法》（BDSG）以来，数据保护官一直是德国公司的法定要求。以德国出版界为例，大多数出版社都已拥有数据保护官的角色，而这种角色在英国出版公司中很少见。同时，德国社会对隐私保护和数据公开等的实践传统也致使欧盟《通用数据保护条例》在德国的反应较"平静"。据独立媒体采购平台 Iotec 最近的一份报告，让 250 名资深的网络市场营销商投票，66% 的参与者认为他们最希望从广告技术供应商那里获得数据透明度。数据的透明度对于德国互联网的市场营销商来说是首要问题。相比之下，Iotec 对 500 名英国高级网络市场营销人员实行的相对应的调查显示，他们的关注焦点是广告欺诈和广告技术供应商定价的透明度。① 《新联邦数据保护法》看似积极"呼应"了《通用数据保护条例》，实则是德国历来对互联网严格的监管和对隐私信息高度重视的表现。

第三，德国《新联邦数据保护法》以层级形式对《通用数据保护条例》进行补充。欧盟《通用数据保护条例》的统一性并不绝对，成员国可以在《通用数据保护条例》的开放条款领域根据各自国情设定国内法规（例如，对劳动就业情况和个人敏感信息处理），所以成员国当地的法规会不尽相同，尤其是《通用数据保护条例》比以前的数据隐私法涉及面要广得多。它将成为欧盟各国数据保护法规的上位法。《通用数据保护条例》的大部分重要条款都可直接生效，无须任何施行程序。因此《新联邦数据保护法》对这类条款没有做出规定，主要规定了需要或可能需要国内立法进一步施行的条款。

四　2017年德国网络治理举措的启示

2017 年德国政府采取了一系列网络治理的新举措，比如，建立了网络

---

① Jessica Davies. *Why German Publishers Aren't Worried About the GDPR.*，https：//digiday.com/media/german‐publishers‐arent‐worried‐gdpr/［2018‐04‐30］.

与信息空间司令部、实施了饱受争议的《社交媒体管理法》、发布了配合欧盟《通用数据保护条例》的国内立法《新联邦数据保护法》等。这些举措对国际社会的网络社会治理具有一定的启示作用,尤其在网络舆情治理、社交媒体参与治理进程、数据流动与隐私保护、网络安全等领域。这些举措对于中国网络社会治理也具有一定的借鉴意义。

(一)各国网络舆论治理应视国情而定

西方所谓的"言论自由"并非"自由而无度",而是依据各自国情的变化与时俱进立法、灵活调整监管政策。德国的《社交媒体管理法》在甚嚣尘上的"违反言论自由""违宪"的反对声中正式通过并生效,这项法律符合德国一以贯之的立法细致不乏灵活、监管严格且审慎的立法特色,与该国互联网治理相关法规是一脉相承的。在西方国家中,德国是第一个对网络有害言论进行专门立法规制的国家,也是第一个规定可以对传播违法网络言论的网络服务提供商(ISP)进行定罪的国家。此外,德国对互联网论坛监管严苛,无论论坛内容源自哪一方,一旦发生侵权,论坛的经营者和消息来源方都必须承担相应的法律责任。即所有网络活动参与者都要对其网络行为负责。由于德国对网络言论监管严苛,在2008年之前的较长时间内,德国国内对互联网监管的排斥和抗议不断涌现,2008年10月11日在首都柏林爆发大规模抗议。[①] 而在国外,德国甚至曾被冠以"对网络最不友好的国家"[②]。

从德国的立法历史可见,西方宣扬的言论自由其实一直都是"有限度的自由"。在德国的司法实践中,当出现网络言论自由与其他权利发生冲突时,其往往采取"法益衡量",即狭义比例原则来限制网络言论自由。德国的《社交媒体管理法》向主流社交媒体企业和公民表明政府立场,即反对不实言论,并强调宪法所赋予的言论自由权并不是绝对的。德国的大胆举措

---

① Gerrit Hornung/Ralf Bendrath / Andreas Pfitzmann, "Surveillance in Germany: Strategies and Counterstrategies", *Data Protection in a Profiled World*. 2010, pp. 139 – 156.
② 丁大晴:《公民网络监督法律机制研究》,南京大学出版社,2013,第137页。

恰恰证明，政府认为符合德国的国情和环境才是唯一标准。一国国内的网络社会治理，尤其是网络舆论治理，应视各国国情而定，并非按照一成不变的统一标准。《社交媒体管理法》在打击不实言论方面是否有效，在德国施行的方针是否可移植到其他国家或地区，以及大型社交媒体公司是否也愿意全力配合其他国家的相关法律法规等，这些问题尚待观察。

（二）互联网企业作为网络治理主体的影响日趋增强

德国的《社交媒体管理法》将矛头直指美国社交网络巨头。为什么法律首先选择对社交媒体平台"下手"？假设虚假信息对受法律保护的经济利益构成威胁，为防止此类信息在互联网上迅速传播，应确保立即从源头采取行动，方能取得有效成果。而事实上，对虚假信息的打击本身就应对"肇事者"进行，然而许多网上的言论都由匿名发出，通常不足以实现这种对"肇事者"的精确打击。信息源是问题的根源，也是解决网络谣言传播问题的目标所在。因此，不难理解《社交媒体管理法》选择对社交媒体平台采取行动。即使社交平台经常呼吁，这些言论可能并不会被用于非法目的，社交平台应保留删除评论或阻止用户发布内容的权利；同时，社交平台管理者和用户也呼吁要坚持自身的言论自由和传播规则，并持续推动自我主张，但这似乎是不成功的。即使作了数次尝试，《社交媒体管理法》依旧被推上日程。

相比完全放任的"市场自治"模式的失败，以及国家"全面审查"模式存在的不足，这应该是一个责任分担、均衡高效的方案。公私部门合作共治、多方并进共同实施监管，起到了重要作用。许多国家已尝试采取不同的方法来解决如何在社交网络上落实责任的问题。例如，瑞典出台了《电子公告板系统责任法案》（Act on Responsibility for Electronic Bulletin Boards）。

社交媒体巨头在国家互联网治理中占据日益重要的作用。不仅如此，社交媒体巨头正越来越有分量地参与推动国家的政治议程。德国联邦政府的行为被谴责为"执法私有化"，依靠科技公司来区分言论自由和仇恨言论似乎有些荒谬。因为对非法内容与否的判断，尤其对虚假新闻的定义和范围的理解,本都是相当模糊的事情,将判断并处置违法信息责任的权力交给社交平台,既不合常理,又不易执行。然而,这些恰好反衬了包括社交媒体巨头在内的互联网企业在网络治理领域已成为不容忽视的非国家行为体,其影响力在某些方面堪比国家行为体,且无法被替代。

(三)数据流动已成为全球化诸要素流动的重中之重

欧盟早在1995年便出台了个人数据保护指令,制定了规范的个人信息保护法律框架,并要求各欧盟成员国建立统一的个人隐私保护法律以保证个人数据在成员国之间自由流通。2016年《通用数据保护条例》正式通过,对互联网企业自由收集、分析和管理用户信息的权限进行了严格限定和监管,严格保护个人数据。许多用户会再次发问:他们的个人数据究竟会发生什么,以及他们的隐私区域如何受到保护。对于欧盟成员国来说,则意味着它们必须调整国家法律和当局的结构以适应该法规。起初该法案被成为"史上最严""改革力度最大"的数据保护条例,然而一旦规则制定,数据便可"最大自由"地被流通和共享。

2015年我国国务院发文《促进大数据发展行动纲要》明确指出,数据已成为国家基础性战略资源。[①] 数据作为战略性基础资源,不仅应看到它涉及国家安全利益的关键性,而且须看到它带来经济发展的附加资产。因此,对数据流动的管控不能采用"一刀切"模式。例如,脸书的用户有权知道自己的注册信息被使用于何种用途。但同时,如果像耐克这样的公司未来不能很好地在互联网上锁定用户,那么其在脸书等平台上的广告投放也会变得更加困难,这意味着该公司在脸书的销售额也将下降。或者说,如果谷歌地图的用户不再允许谷歌跟踪他们的个人位置,那么这一应用程序就没有存在的意义。《通用数据保护条例》的监管条款可能看起来很严格,但从长远看,它将有助于互联网数据市场获得消费者的信任,从而进一步达到数据开

---

① 《国务院:数据已成为国家基础性战略资源》,新华网,http://www.xinhuanet.com/info/2015-09/06/c_134593461.htm,2015年9月6日(2018年5月5日)。

放、流通、共享的局面。全球化浪潮已进入信息化革命阶段，数据流动已成为生产要素流动和配置中必不可少的环节。

（四）诸多国家将"网络空间作为第五战场"的实践令人堪忧

美军网络司令部成立之初，时任司令基思·亚历山大曾断言，这不会促使网络空间军事化。但自那以来，英国、德国、法国和日本等国家纷纷宣布组建网络部队。2016年，美军升级网络空间司令部，将其并列于战略司令部的职能部门，并于2017年完成133支网络作战分队的建立。美国网络司令部司令迈克尔·罗杰斯在2017年5月的一个国会听证会上说，"网络战不是未来概念或电影场面，而是真实存在"。[①] 各国纷纷出台网络战略，组建"网络战部队"，全球网络军备竞赛呈燎原之势——目前已有20多个国家组建了"网络战部队"，德国网络与信息空间司令部于2017年4月在时任国防部长冯·德·莱恩的主导下成立。各国都致力于将网络技术运用于战争，"震网"事件、"黑客门"事件充分证明了网络战在新一代战争模式中的显著威力。

然而，网络空间作为第五战场的理念显然与中国提出的构建网络空间命运共同体思想相互抵牾。面对各国纷纷将"网络空间作为第五战场"的严峻形势，中国为了在下一轮网络军备竞赛中不使自己于被动地位，应提升国家网络反击能力，形成网络威慑力。[②] 具体而言，可利用中国网民规模世界第一的有利条件，建立国家统筹、军民融合的网络空间防御力量体系。只有提升自身的互联网实力，成为名副其实的网络强国，才能争夺网络空间话语权，占领道德制高点，引领各国共同构建网络空间命运共同体。

[①] 《提高战场网络空间安全意识》新华网，http://www.xinhuanet.com/mil/2017-02/03/c_129464797.htm，2017年2月3日（2018年5月5日）。
[②] 李昊洋、李明海：《浅析网络空间战场的制胜机理》，http://www.cac.gov.cn/2017-04/17/c_1120824634.htm，2017年4月17日（2018年5月4日）。

B.17
2017年法国互联网治理与网络安全回顾

姜熙 刘清如*

摘　要： 法国的互联网行业起步较早，发展较快，与社会生活的各个层面密切相关。在享受互联网发展红利的同时，法国社会也面临着诸如网络隐私安全、黑客攻击、网络恐怖主义等来自互联网的各种问题，对国家安全和经济社会发展构成重大威胁。面对严峻的国家网络安全形势，法国政府采取了一系列措施，加强对本国的网络安全治理。本文对法国互联网治理的历史进行了回顾，梳理归纳了法国互联网发展的现状及其特点，指出法国政府通过法律、技术和行政等手段进行互联网治理，并不断加强国家间合作，为我国制定积极的互联网空间安全战略提供了借鉴。

关键词： 法国互联网治理网络安全

1971年，由路易斯·普赞（Louis Pouzin）领导，在法国建立了一个全国性的计算机网络，为法国开发互联网开辟了道路。1973年，法国的第一个网络连接了在巴黎和法国东部城市格勒诺布尔（Grenoble）。1981年，法国电信推出"Minitel"的信息传视在线服务，这是当时法国国内出现的第一

---

* 姜熙，法国里昂第二大学信息与传播学博士，广东外语外贸大学新闻与传播学院网络与新媒体系教师。刘清如，广东外语外贸大学西方语言文化学院法语语言文学硕士。

个国家网络。Minitel 是通过电话线路访问的 Videotex 在线服务,被认为是世界上最成功的互联网在线服务之一。在 20 世纪 90 年代,Minitel 的市场逐渐被互联网占据,互联网风潮席卷全球。今天,法国已经成为欧洲互联互通最密切的国家之一,互联网普及率超过 83%,比欧盟国家平均普及率的 79% 高出 4%。20 世纪 90 年代以来,法国的互联网用户数量逐年增长(见图 1)。截至 2017 年年底,法国的互联网用户数量是 5190 万,占法国总人口的 82.8%;平均每天有 4140 万法国人上网,占法国总人口的 66.2%。① 互联网人口总数在 G20 国家中排名第 6 位,居世界第 14 位。

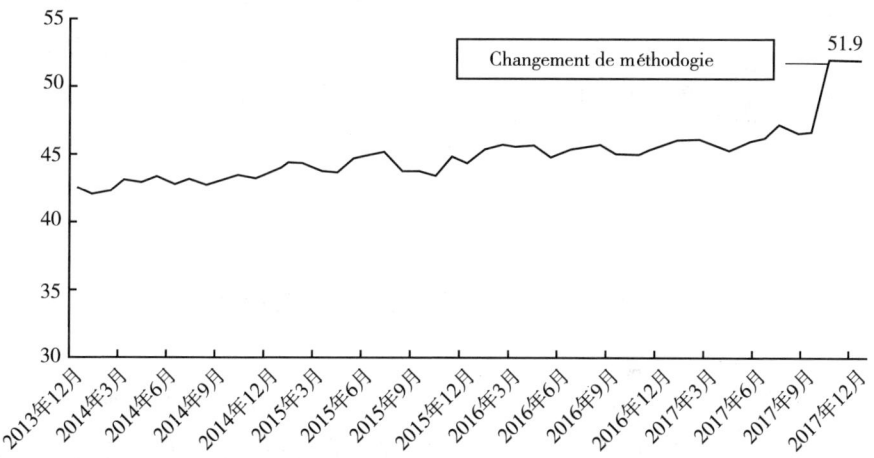

图 1　2017 年法国互联网用户数量

2011 年以来,法国从政府层面给予高度关注,并着重加强对网络安全的管理,将网络安全提升到国家战略管理的高度。在国家的大力推动和宣传下,法国民众对网络安全也有了较为深刻的认识,并在日常工作和生活中,加强对互联网安全的关注。法国国家成立的专门的维护信息安全的机构(简称 ANSSI),将网络安全工作细化,根据不同行业的需求做了较为细致

---

① Nombre d'internautes en France(法国网民人数统计)https://www.journaldunet.com/ebusiness/le-net/1071394-nombre-d-internautes-en-france/ [2018-3-20]。

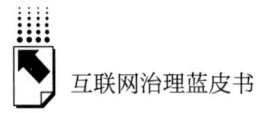

的调整，并采取不同的措施，使法国的网络安全建设在欧盟国家中位列前茅①。

近年来，为了应对当前日益严重的网络犯罪、网络间谍、网络袭击，以及网络干扰等网络威胁，法国政府大幅调整其国防和国家安全的重点。法国对互联网的治理主要通过立法等形式来实现。法国国家网络安全的政策文件有：①2008年《国防与国家安全白皮书》；②2011年《法国网络战略》；③2013年《国防与国家安全白皮书》；④2015年《法国国家数字安全战略》。其中，《法国国家数字安全战略》是由法国总理曼努埃尔·瓦尔斯（Manuel Valls）公布，这一文件的公布对法国社会的数据传输建设具有相当大的推进作用。瓦尔斯称，该文件的发布"为了维护我们的民主价值观，捍卫我们公民的数字生活和个人数据，我们将大力支持网络空间的发展，加强数字安全建设"。②《法国国家数字安全战略》的发布标志着法国政府开始重视法国本土网络安全。

一 法国互联网治理的三个历史阶段

作为全球主要大国和欧盟核心成员国，法国在互联网发展方面拥有雄厚的人力、物力资源。随着互联网和法国民众日常生活的联系日益紧密，法国政府意识到来自当今互联网的各种威胁，例如，恐怖主义利用网络传播各种恐怖主义思想、网络犯罪、网络间谍、网络袭击以及网络干扰等网络问题，对国家安全和经济社会发展构成了重大威胁。法国网络空间安全问题亟须解决。法国互联网治理经历了以下三个重要的历史阶段。

1. 希拉克政府时期的网络治理（1995~2007）

1997年，法国国家邮电管理局（ARCEP）成为法国电信业的监管机构，

---

① 史飞：《法国加速信息社会化进程的举措》，《全球科技经济瞭望》2001年第2期。
② ［法］梅丽莎·海瑟薇、克里斯·德姆查克、强森·科本、詹妮弗·麦卡阿德、弗朗西斯卡·斯比达利艾里斯、张坤：《法国网络就绪度报告》，载《信息安全与通信保密》2017年第10期。

成为独立的行政机构。法国国家邮电管理局的最高委员会由 7 名成员组成，他们的职责是监管电信业，互联网监管也属于其中一项。

1997 年年底，法国行政院向政府提交了一份题为《互联网和数字网络》（Internet et les réseaux numériques）①的报告，明确指出在互联网的发展和风险防范上，法国和欧洲在立场上应该坚定且一致。法国行政院的这份报告是在经过充分调研的基础之上形成，具有普遍性和典型性意义，特别是针对法国互联网运行和发展中存在的问题，对于隐私和人权问题的保护，以及防范金融犯罪等内容都有提及。报告中明确指出，互联网的发展需要有一定约束，需要结合国家间制度和政策运行的情况而定，而不应设定统一的法律，在互联网运行的过程中，国家间应当通力合作，最大限度地保护社会安全和人权、利益。在加强个人信息安全上，报告明确指出要从顶层设计出发，从国家层面加强对上网个人的监督和约束，如应用相关的饿网络技术、签订道德协议和保密协议等。在民众上网的过程中，网络环境要保障安全，个人信息和匿名权应得到有效保护。当上网者违反相关法律法规，有破坏社会及网络环境的犯罪行为时，相关执法部门才需要彻底查清违法者的情况。报告建议以国际公约的形式确定保护个人资料的最低共同原则。

2000 年，法国政府成立了第一个国家计算机应急反应回应小组（Computer Emergency Response Team），主要负责数据的收集和为紧急事件应急反应提供必要的支持。② 这个小组能进行全天候事件处理，主要发挥国际联络中心的作用。该小组能够基于电子邮件报告架构来记录各大网络事件，提供对识别出的漏洞和恶意代码进行深度分析，监测可能发生网络安全事件的区域，对有可能危害国家安全的事件提供预警。

近年来，网络色情在法国互联网肆意传播，面对这一情况，1998 年 6

---

① Rapport：*Internet et les réseaux numériques*，http：//www.conseil-etat.fr/Decisions-Avis-Publications/Etudes-Publications/Rapports-Etudes/Internet-et-les-reseaux-numeriques，1997-11-30 [2018-07-30].

② CERT-FR，https://www.ssi.gouv.fr/agence/organisation/les-sous-directions/centre-operationnel-de-la-securite-des-systemes-dinformation-cossi/le-cert-fr/，[2018-07-30].

月,法国政府对《未成年人保护法》进行了修改,其中对淫秽物品的制作、销售和传播进行了定罪和量刑。修订后的《未成年人保护法》规定,向未成年人展示或者传播色情产品的,处以罚款7.5万欧元,同时判处最高5年监禁。该《保护法》中还明确规定,如果以上犯罪情况通过互联网行为产生,处罚力度增大,罚款增加2.5万欧元,同时监禁时间最多可以增加两年。无论是直接或是通过互联网向未成年人传播淫秽图片的监禁期为3～5年,罚款在4.5万欧元～7.5万欧元;如果向未成年人传播淫秽色情产品时间较长的,监禁期可以增加至10年,罚款增加至75万欧元。此外,为了形成人人参与、人人监督网络安全,为未成年人构建绿色网络的环境,法国于21世纪初,就建立了相应的未成年人互联网应用举报网站,普通民众可以通过该网站对淫秽、色情、恋童网站进行举报,并可关注对举报网站的处理动态。[1]

2006年6月30日,《在信息社会中的著作权及邻接权》这一法案在法国两院中通过,信息网络的刑事保护得到明确和具体的监管。根据《在信息社会中的著作权及邻接权》的相关规定,互联网侵权犯罪属于轻罪和轻微犯罪的范畴。

2. 萨科齐政府时期的互联网治理(2007～2012)

萨科齐总统在任期间,曾认识到网络安全对于国家安全和管理的重要性,并在2008年对社会发布了《法国国防与国家安全白皮书》,在国家层面对网络安全进行了界定,予以高度重视,并将互联网重大安全事件与恐怖袭击和导弹袭击事件进行了分析和对比,将其提升到国家的战略层次认识。在总结了现代社会对信息系统的依赖,世界网络安全的发展趋势,以及主要国家的网络战能力后,该书侧重描述法国对网络空间攻击和防御行动的理解,特别是提到"亟须发展法国在网络空间这一方面的战斗能力"。对法国的信息安全战略,《法国国防和国家安全白皮书》最重要的作用是正式将信

---

[1] 刘芳:《法国:修法从严从重处罚网络色情犯罪》,《新华每日电讯》2004年8月4日,第006版。

息安全纳入国家安全的总体战略框架，这为制定具体信息安全战略的完善打下基础。在机构设置方面，该书建议建立一个由总理办公室领导的网络和信息安全部门，以取代过去的较低层次的"国家信息安全指挥中心"。

2009年3月，法国议会通过了《内部安全行动法》，其中有几项与网络管理有关的

措施，包括：①对盗取他人网络信息、盗用他人网络身份的行为，处以1年监禁和罚款1.5万欧元；②要求相关的互联网运营商过滤政府指定的相关网络内容，并屏蔽黑名单中的网站，以净化网络空间；③扩大警察的网络执法权力，警方可以通过遥控等各种手段进入犯罪嫌疑人的计算机，以获取各种刑事案件，特别是对有组织犯罪的证据资料，如走私，贩毒，武器交易，洗钱和谋杀等犯罪活动。2009年，法国政府还通过了《网络著作权保护法》，并成立了打击网络侵权和盗版的专门机构。该法规定的打击非法下载的措施主要有：①以警示方式提醒网民非法下载属于犯罪行为；②对非法下载者提出警告；③对多次警告仍参与非法下载活动的人最高处断网1年并处以1500欧元罚款。此外，该法案还对网络运营商的行为做出规定：此外，该法案还对网络运营商的行为做出了规定：①要求核心网络服务提供商严格按照规定的审批程序申请任何新的网络服务，并在审核后方可进行推广；②命令主要网络服务提供商更加关注网络安全风险，并从信息设备来源对其进行控制；③要求网络运营商为大多数互联网用户提供必要的引导，以防止互联网用户参与网络犯罪。①

2009年7月7日，根据法国《国防和国家安全白皮书》的相关规定，正式确定ANSSI即法国网络和信息安全局正式成立，并隶属于国防安全部。一年之后，萨科齐总统继续授权，将信息防御的职能也划归到该局。经过精准的分析和调研，网络和信息安全局提供了具有时代意义的《信息系统防御与安全：法国战略》报告，这是全球首份针对国家信息安全的报告，该

---

① 高晓雨：《法国网络空间发展研究》，《世界信息化发展报告（2015~2016）》，http://www.pishu.com.cn/skwx_ps/databasedetail?contentType=literature&subLibID=10518&type=&SiteID=14&contentId=6748491&wordIndex=2（2018年7月30日）。

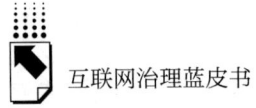

报告对法国的网络信息安全建设和保护,以及网络安全规划具有重要战略意义①。

3. 奥朗德政府时期的互联网治理(2012~2016)

奥朗德总统在任之时,经历了美国"棱镜门"事件,这对法国的互联网治理再次敲响了警钟,随即法国的互联网治理又上升了一个层次。2013年,法国根据社会形势的变化对原有的白皮书进行了更新和升级,并明确指出,网络威胁是法国国家治理的重要内容。

2014~2015年,法国的几次恐怖袭击使互联网成为抵抗恐怖袭击的重要工具和手段。2014年法国南部发生了三起连环性的恐怖袭击,2015年又先后有15人在恐怖袭击中遇难。同年8月,法国巴黎的客运列车即将成为恐怖分子攻击的对象,政府通过互联网及时发现并制止。20000多个网站被恐怖分子黑客袭击,造成网站瘫痪,给民众造成巨大损失。在这两年中,法国的网络安全受到较大的考验,网络上没有硝烟的战争频繁爆发,使法国引起高度重视。2015年,《法国国家数字安全战略》发布,对法国国家信息安全的保护和发展提出了新的构想。

2015年11月8日,法国政府修订了《数字及电子产品管理法》,该法在第38节中增加了补充说明:依托互联网的电子竞技已经成为风靡全球的体育活动,并保持着较强的生命力和活力,营造了较为广泛的经济市场。最具有代表性的就是将电子竞技划分到体育这一类别上来,成为全球都可参与的项目,无论是对于网络游戏的发展还是体育经济的发展,都具有重要的促进作用。

2016年,数字化、信息化成为信息发展的主流,法国政府着力增加对版权的保护,并针对数字版权于当年通过了《数字共和国法案》。法案的特点是注重保护民众的个人利益,加强数据的管控和管理,注重隐私和人权的保护。在面对心智成长尚未成熟的未成年人,在数字隐私受到威胁时,可以

---

① 胡兵、桑军:《引吭高歌的高卢雄鸡——法国网络信息安全战略浅析》,《中国信息安全》2012年第7期。

申请删除个人信息，这样避免未成年人遭到数字网络暴力的侵害。随着数字化的应用，人们在财产上也多通过网络媒介实现数字化管理，该法案可以让人们对数字化的财产进行变更。同年年底，在法国的军事战略部署上，增加了网络监察这一五年规划，确定了网络数据可以被国家军事部门用以保护国家安全而无限使用，但在对民众信息数据的采集上需要有国家严格的审批，国家可采取强硬措施关闭有威胁的服务器。

二 马克龙政府时期的互联网治理（2017~ ）

2017年5月，39岁的马克龙以65%的得票率成功当选法国总统，成为法国历史上最年轻的总统。马克龙上台之后采取了一系列措施来加强互联网治理，主要体现在以下几个方面。

1. 加强互联网反恐

2017年4月10日，马克龙在巴黎阐述了自己在反恐领域的政策主张。在新闻发布会上，马克龙指出互联网已经成为恐怖主义滋生的重要因素（Internet est devenu un élément essentiel du terrorisme），如果他能当选法国总统，他将以"最大决心"推动欧盟和北约级别的国际协调行动。据马克龙称，根据这项新的反恐措施，谷歌、苹果和脸书等互联网公司必须致力于在最短的时间内阻止和删除宗教极端组织关于招募新成员的内容。马克龙认为，目前为止，互联网巨头在使用加密软件进行沟通的极端组织面前缺乏合作态度。由于合同义务，关于恐怖组织的信息以保护客户的通信隐私为由仍然被拒绝公开。他还表示，应结合电信运营商的实践，建立合法征用互联网企业加密信息服务的机制；如果互联网公司拒绝合作，法国当局将不得不采取对策对涉及的企业进行处罚。①

---

① *Antiterrorisme sur Internet：les approximations et les erreurs d'Emmanuel Macron*，http://www.lemonde.fr/pixels/article/2017/04/10/antiterrorisme-sur-internet-les-approximations-et-les-erreurs-d-emmanuel-macron_5109067_4408996.html#X53sOyzakJy7BwjV.99，2017-04-11［2018-07-30］。

2017年6月,马克龙政府宣布法国和英国将实施新的共同反恐计划。除了促进法国和英国情报部门和反恐部门之间的合作外,这一计划还将促进两国加强互联网反恐。该新计划要求互联网运营商要采取迅速的措施,对互联网中存在的各种与恐怖主义有关系的信息坚决彻底删除;在保护公民隐私信息的原则下,对于藏匿内容较深的互联网信息,使政府可以迅速查找与收集,防止恐怖主义利用这些隐藏极深的信息来传播恐怖主义思想。新计划将侧重促进法国与英国和美国在数字领域的反恐合作,并提高有关部门在反恐调查中获取以数字形式存储的证据的能力。

2. 防范网络攻击

美国Norton(诺顿)公司在《2017年度网络安全报告》[①]中显示,与往年一样,网络攻击的数量仍在不断增长。根据在对包括法国在内的20个国家进行的一项调查显示,全球估计有9.78亿的网络攻击受害者,约造成1463亿欧元损失,其中法国有超过1900万人(相当于42%的法国人口)成为网络犯罪的目标。该报告还显示年轻网民受到的影响最大,每个人平均需要花费16个小时来尝试修复勒索软件、身份盗窃、银行犯罪、网络诈骗等造成的损害。除了针对普通民众的网络攻击,2017年5月,法国互联网还发生过针对法国大选的网络攻击,数千份关于法国总统候选人马克龙的文件在网上传播。

事实上,在应对网络攻击时,法国政府早已建立了相关的监管部门(见图2)。根据2008年《国防和国家安全白皮书》的相关规定,2009年8月,法国政府成立了国家网络和信息安全局。这一机构取代了2001年成立的中央信息系统安全总局,新老机构都由国防部秘书长掌管。网络和信息安全局成立时有人员120名,2012年增加至250名工作人员,年预算是9000万欧元,主要任务是使国家信息系统具备侦察能力,以便保护其系统安全。该局的具体职责包括:①对敏感的政府网络进行24小时监视,使其网络避

---

① *Cybercriminalité: nette augmentation des attaques en France en* 2017, https://www.lci.fr/high-tech/cyberattaques-les-jeunes-ultra-connectes-sont-les-plus-touches-2076682.html, 2018-01-23 [2018-07-30].

免恶意的攻击；②为政府部门和网络运营商提供相对安全的信息环境，使互联网用户的隐私信息得到保护；③帮助法国公司和政府网络开发值得信赖的IT产品和服务。公众和企业可以在国家网络和信息安全局下设网络安全门户（Web Portal of Cyber Security），找到应对网络威胁和网络攻击、减少损害所需要的信息。此外，国家网络和信息安全局还下设应对网络攻击的专家组（Governmental Centre for Treating and Answering Cyber Attacks），在专家组的网站上，专家将不断公布新发现的各类软硬件漏洞及其补丁，用户可以根据自身需求进行下载并及时修复漏洞，同时该站点还提供可能的网络威胁或病毒的早期警告。①

针对外国黑客攻击，时任法国国防部部长让·伊夫莱雷安于2016年底筹建了一支网络部队，并于2017年年初正式开始运作，代号Cybercom。Cybercom将能够发起数字战争，攻击和破坏其他国家的网络系统，其目标是到2019年使用不少于2600名网络专家，成为法国网络防御计划的一部分。Cybercom将任何针对法国发动网络攻击的国家都视为敌人，其先进的进攻性网络能力，可以破坏对方的系统和网络，使其服务暂停或终止。

2013年4月，法国在《国防和国家安全白皮书》中提道："网络攻击已经成为法国现阶段需面对的重要外部风险，保障信息网络安全是未来确定的方向。"随后，政府雇用了一批信息化安全专家，与此同时，法国政府打算筹建信息化网络安全与防护部门。主要目的是培养网络安全专家，在非常时期可以用于军事层面与政府层面。

3. 加强互联网内容管理

法国是世界上言论最为自由的国家，公民在网上言谈极其自由，对于网民在互联网发送不违法的内容政府一直采取"不干预"、"不限制"的态度。但是对于互联网上违法的内容，法国相关职能部门的打击力度非常大。法国政府对于非法内容除了上文提到的恐怖信息之外，对色情淫秽信息、网络诈

---

① 高晓雨：《法国网络空间发展研究》，《世界信息化发展报告（2015~2016）》，http：//www.pishu.com.cn/skwx_ps/databasedetail?contentType = literature&subLibID = 10518&type = &SiteID = 14&contentId = 6748491&wordIndex = 2），（2018年7月30日）。

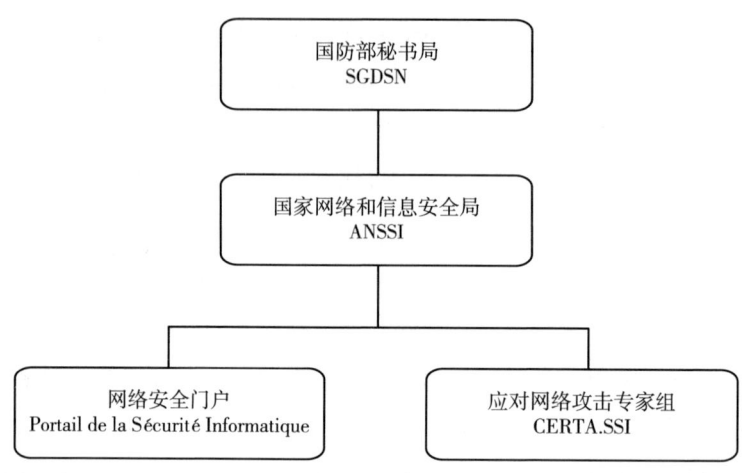

图 2　法国互联网治理部门结构

骗、剽窃个人隐私等行为都采取严厉的治理方式。2018 年 1 月，马克龙政府宣布准备出台相关的法案来规范互联网信息的传播，以此来改善当今法国互联网虚假信息泛滥的局面。马克龙表示希望通过制定相关的法律法规来治理互联网虚假信息乱象，同时保护法国民众的民主生活。另外，马克龙还提到一些互联网运营商在过滤虚假信息方面没有做出必要的努力，他希望法案颁布后，这一局面可以得到改善。[1] 根据调查数据显示，法国人非常喜欢在互联网上发表自己的意见。但是随着虚假信息、恶意评论和互联网上关于恐怖主义言论的增加，法国人对网络信息的信任度逐年降低。根据民意调查机构尼尔森的调查，法国人 2007 年对网络信息的信任度高达 71%，2013 年降到了 53%。2017 年，根据英国媒体咨询公司康塔尔的调查显示，每 10 个法国人当中就有 8 个人认为自己被虚假或者错误信息包围。根据分析，在互联网上发布和关注帖子的人的身份是未知且无法控制的，导致恶意评论的泛滥。虚假信息和恶意评论不仅会破坏网络环境，还会影响企业的生命力和社

---

[1] *Emmanuel Macron annonce un projet de loi contre les 《fake news》sur Internet*，http：//www.lefigaro.fr/medias/2018/01/03/20004－20180103ARTFIG00251－emmanuel－macron－annonce－un－projet－de－loi－contre－les－fake－news－sur－internet.php，2018－01－04 ［2018－07－30］.

会稳定性。目前，法国政府已经采取各种措施来治理当前不安全的互联网环境。

（1）立法层面

法国民众在社交网络上的言论受言论自由的保护，但如果在网络上传播有关种族仇恨、侮辱、诽谤、歧视等内容，包括图片、视频和文字，均属违法。上传这些内容的网民及社交网站平台，均对此负有法律责任，最高可罚款4.5万欧元和长期监禁。2017年8月，法国一名男子在社交网站上宣扬恐怖主义思想，最终被判18个月监禁；法国前选美小姐因在社交网站上鼓吹"圣战"思想，宣誓效忠极端恐怖组织"伊斯兰国"，被处以两年监禁。如果社交网站和即时通信软件发现不良信息而没有采取措施加以删除，政府有权通过司法程序解决争端，社交网站有可能面临相应的处罚。

（2）行政层面

法国司法系统建立了网络警察队伍，并设立了专门处理非法网络信息举报的部门。政府鼓励人们在看到谣言后尽快向该部门报告，然后警方进行核实。一旦发现谣言，将根据相关法律对发布谣言者进行严厉处罚。

（3）社会层面

法国的各大企业都制定了公司员工在使用社交平台时应遵守的规定，以维护企业的社会形象。如最大的法国电信运营商Orange专门推出多项规定，要求本公司员工在社交平台发布涉及公司的相关内容时必须遵守信息透明、专业，表达准确、礼貌的原则。①

三 法国互联网治理的未来趋势

随着互联网的快速发展，法国民众逐渐意识到仅仅依靠市场的调节作用和人民的自我约束，已经不能保障互联网用户的安全了。互联网色情、网络黑客、网络钓鱼、网络盗窃、计算机病毒等都伤害了互联网用户。互联网的

---

① 葛文博：《法国加强互联网言论监管》，《人民日报》2017年9月18日，第22版。

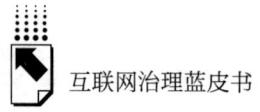

发展对国家安全、经济发展、社会秩序和青年人素质产生了重大影响。因此，互联网治理已成为法国政府需要认真对待的重要任务之一。当前，法国的互联网治理面临着新的形势和挑战，互联网治理的手段也需要不断地调整和改进。

1. 进一步强化国家网络安全

近年来，在一些国家互联网和社交媒体已成为沟通、宣传恐怖主义和招募恐怖主义者的重要平台。越来越多的国家认识到打击网络恐怖主义的斗争是国际反恐斗争的核心内容。针对在英国发生的一系列恐怖袭击，英国首相特蕾莎·梅要求重新制定社交媒体包括针对谷歌、脸书，推特等的政策。欧盟决定加强在互联网上共享边境信息和打击恐怖主义，并要求社交媒体采取必要措施，防止恐怖主义者在互联网上传播恐怖主义内容。面对严峻的国家安全形势，法国政府在将来的一段时间必定会加强对法国本土的网络安全的治理。法国社会高度依赖网络，国家安全越来越依赖网络控制，如何避免类似2017年大选期间的网络攻击成为法国的重要议题。毫无疑问，马克龙政府十分关注互联网的治理，马克龙上任之前就曾多次提及网络安全的重要性，并把互联网反恐上升到多国合作的层面。未来法国将在互联网治理方面出台何种具体政策，值得密切关注。

2. 进一步加强国家间合作

面对严峻的网络安全态势，各国寻求国际合作的意愿明显增强，马克龙上台后就曾提出与英国共同合作进行网络反恐。法国前总理德维尔潘在第四届世界互联网大会的高峰对话论坛上曾提出，我们在享受数字经济给我们带来的各种便利的同时，我们也必须认识到全球数字化进程不均衡发展对全球发展带来的风险。除了垃圾邮件和网络犯罪，全球互联网目前还面临如何保障信息的机密性和安全性的重大威胁。各国政府要共同合作，采取实质性措施来协调全球互联网的发展。通过全球协议，如《巴黎气候协定》，各国共同参与，促进各国政府在互联网治理领域的合作。

法国作为国际大国，同时也是欧盟重要成员国。法国在互联网管理方面必然要考虑到欧盟以及国际政策。而随着"棱镜门"这一危机的爆发，使欧美之间互联网合作的信任值降到零点。"棱镜门"事件过后,欧盟成员国的思想发生转变,由原来的合作变为独立自主发展。在2014年初,德国总理默克尔对"棱镜门"事件中美国对于欧盟成员国进行全方位监控的做法发表评论:"欧洲人彼此的联系不能首先通过美国,欧洲必须建立自己的联系网络。"随后,默克尔总理与法国总统奥朗德进行会晤,在会晤的过程中确立对欧盟互联网独立性的共识,提出要建立欧洲自己的通信网络从而防止美国的监控。法德两国同时提出要建立欧洲自己的谷歌与脸书从而冲破美国对于互联网的把持。将欧洲人自己的网络数据放置于欧洲以绕开美国的服务器。① 对"棱镜门"危机过后欧盟互联网治理与合作的方式方法,也是马克龙政府面临的首要问题。

3. 加强立法,营造良好的互联网氛围

法国政府一直以积极的态度推动互联网,同时推进各项法律的制定。2006年,法国通过了《信息社会法》,该法案致力于加强对互联网的"共同监管"。它完全保护版权用户的隐私权、版权和其他人权,以及国家和个人的安全。2009年4月,"世界上最严厉的"反对非法在线下载的法案在法国两院通过。并在此基础上,成立了一个传播和保护互联网权利的高级办公室,以保护公共秩序,保护版权所有者的合法权益,打击侵权和盗版活动。

目前,年龄在12~17岁之间的法国青年中有95%是网民,其中60%的人使用互联网传递即时消息和交朋友。由于网站的复杂性,有1/3的未成年人自愿或非自愿地看到过互联网上的不良照片,不少人受到身份不明者的骚扰和诱惑。还有一些青少年对网络游戏上瘾。这对年轻人的身心健康造成了极大的伤害,有些人自杀或走上了犯罪道路。作为最早通过各类手段保护未成年人的国家,法国在法律法规方面就保障未成年人的权益;在法国利用其政府职能机构,如最高视听委员会与互联网使用委员会等对未成年人周围的不良信息进行筛查;法国还对未成年人的监护人在对未成年人思想上与行为上的教育给予科学的指导。对于在互联网传播色情、暴力等不健康内容的犯

---

① 宋文龙:《欧盟网络安全治理研究》,外交学院2017年博士学位论文。

罪分子，在最新修订的法国《未成年人保护法》中提高了惩罚力度，可最高判处7年有期徒刑并且最高罚款10万欧元。

4.加强科技创新，发展人工智能

人工智能行业在法国研究较早，最早可追溯至1945年。在20世纪80年代，法国科学家发布了人工智能会在未来迸发的预言。法国根据自身发达的工业水平、雄厚的科研力量与良好的科研环境，特别是工科领域的前沿研究使法国一直在人工智能领域有较快的发展的现实。法国人工智能研究的领域大部分都齐集与卫生医疗行业、政府与企业的业务办理与数据处理相关的领域。在过去的5年中，初次在法国从事人工智能研究的科技公司数量提高了7倍。截至2017年上半年，法国成立的人工智能科技公司达到近300家。尽管法国的人工智能发展速度较快，但还是存在一定的问题与不足，如在数据隐私保护方面，尽管目前法国已经采取一定措施来保护数据隐私，但是与美国还有较大的距离。与此同时，法国的人工智能行业与美国、德国相比竞争力稍显不足。最近几年，法国政府已经发现自身人工智能研究存在的不足，开始对未来的发展做出具体规划。2017年3月，法国发布了《法国人工智能战略》(French Intelligence Artificielle)。①

在推广新的社交技术的同时，新技术也将带来新的安全风险，如人工智能、物联网、区块链等技术一旦被黑客或者恐怖主义利用，就可能带来新的互联网攻击，并且这种类型的攻击将会是低成本、智能化的。在新的历史条件下，马克龙政府将如何充分发挥人工智能的优势，充分利用其潜在的价值，同时如何协调人工智能和国家网络安全管理之间的关系，值得进一步探讨。

---

① 易东明、许祎玥：《法国互联网发展与治理研究报告（2017）》，《汕头大学学报》（人文社会科学版）2017年第11期。

附录

Appendices

B.18
年度网络社会治理评选

本书课题组*

一 年度网络社会治理优秀人物

1. 金璇

金璇，腾讯公司微信安全风控中心高级总监。她致力于微信生态安全法则的宣传与推广，助力推出微信辟谣平台，对互联网不实信息进行治理。2017年12月20日，针对备受关注的谣言问题，金璇在互联网安全责任论坛上发布了《2017腾讯公司谣言治理报告》，报告显示腾讯在2017年拦截超过5亿次谣言，合作方已经超过1300家。此外，金璇作为微信公开课讲师多次公开授课，讲授内容多与微信生态安全相关；且致力于微信生态安全的保护与宣传，让更多的人了解微信生态，并主动维护它。2016年8月，

---

* 本部分由本书课题组评选，杨仰文、李芷娴负责数据整理。

金璇在腾讯安全课——互联网安全生态圈精英汇活动上，就微信安全生态法则进行讲解。2017年12月28日，2017年微信公开课PRO版在广州亚运城举行，金璇在会上发表演讲，对微信的生态安全进行了介绍。

2. 郑俊芳

郑俊芳，现任阿里巴巴集团首席平台治理官、首席风险官，中国互联网协会标准工作委员会副主任委员，阿里"打假第一人"，2016年获封年度"质量人物"。她领导平台治理部，负责电商平台的规则、知识产权保护、打假、打击信用炒作等事宜，实现了"线上追踪""线下定位""权利人共建""24小时全年无休"的四维打假模式；带队抽检货品，花费近亿元，与浙江省"双打办"合作的"2016年云剑行动"，破获了总案值达14.3亿元的假货案件。2017年1月16日，在郑俊芳带领下，打假团队宣布全球首个"大数据打假联盟"成立，Dulux、LV、施华洛世奇、赫基集团等20个国际知名品牌成为打假联盟"创始成员"。此外，她代表阿里巴巴集团发布了《2017阿里巴巴知识产权保护年度报告》；宣布启动无门槛的"知产快车道"计划，致力于用大数据和互联网技术搭建知识产权保护基础设施，免费普惠全球品牌权利人。

3. 王伟

王伟，ZDNS（互联网域名系统北京工程研究中心）总工程师。2017年，王伟当选互联网码号分配机构PTI新一任五人董事会成员。作为中国区唯一入选掌管根服务器机构的董事，王伟的成功当选意义深远：标志着我国专家进入全球互联网治理关键岗位取得实质性进展，将在国际组织中代表中国发声。本次ZDNS总工程师王伟任职全球互联网治理关键岗位，是我国在互联网基础资源领域技术研究及管理运行工作长期积累的结果，也是以ZDNS为代表的中国社群在业内国际影响力日益扩大的体现。王伟此次以"网址注册局"相关负责人的身份任职PTI董事，也看出ICANN对于推动多语种域名的重视。

4. 杜前

杜前，现任杭州互联网法院院长、审判委员会委员、审判员。从1995

年7月参加工作开始,她先后担任过杭州市中级人民法院教育培训处处长、杭州市滨江区人民法院代院长、杭州铁路运输法院院长等要职,从事与法院有关的工作长达二十余年。其中,滨江区人民法院作为电子商务网上法庭试点法院之一,在她任职期间收获了不少网络审判方面的经验。2017年8月18日,杭州互联网法院——全国第一家集中审理涉网案件的试点法院挂牌成立,杜前在浙江省杭州市十三届人大常委会第四次会议上被任命为杭州互联网法院院长、审判委员会委员、审判员。这意味着中国涉互联网案件的集中管辖、专业审判在杭州揭开了新的篇章,杭州司法部门将为维护网络安全、化解涉网纠纷、促进互联网和经济社会深度融合等方面提供有力保障。

5. 郑文彬

郑文彬,现任北京奇虎科技有限公司核心安全事业部总经理,兼任首席安全工程师。他从事网络安全近十年,是360 Vulcan Team负责人、360云安全体系主要设计开发者、360 XP盾甲主要设计开发者,并在多个国际安全会议上发表论文。他主导设计、开发的XP盾甲产品、360云安全系统、360漏洞防御等一系列安全产品,为国内海量的用户提供了上网安全保障。2017年3月16日,在加拿大温哥华举行的Pwn2Own 2017世界黑客大赛上,由郑文彬负责的360Vulcan Team首战告捷,仅用时3秒就攻破了Adobe Reader,成功赢得5万美元全额奖金和6分满分,成为本届赛事首支冠军团队。这是首支攻破IE、Chrome和VMware Workstation的亚洲团队,打破了欧美国家在这些项目上的统治地位。

二 年度网络社会治理优秀产品

1. 人民网舆情数据中心榜单、报告

人民网舆情数据中心定期对外发布"地方应对网络舆情能力推荐榜""网络文化热点排行榜""央企网络舆情应对能力排行榜""舆论信心指数""企业网络舆情应对能力与声誉管理研究报告"等,为城市社会网络治理提供大数据支持。此外,人民网舆情数据中心自2007年起连续11年提供年度中国互联网舆论分析报告,被业界视为网络舆论的"风向标"。2017年中国互联网舆论分析报告梳理了年度热点舆情事件。报告指出,互联网给越来越多的中国人带来知情和表达的便利。当下的舆论热点被形象地描绘为手机"刷屏",依托于移动互联的信息分享和意见交流平台,越来越多地成为社会舆论发源地和发酵平台。

2. 微信辟谣助手小程序

微信辟谣助手是微信于2017年6月10日推出的一个小程序。该小程序可以显示最新辟谣内容,提供搜索功能,用户遇到疑似谣言时只需在"谣言识别"页面,输入关键字搜一搜即可轻松辨别,并能够显示用户最近浏览过的谣言,在界面上可查看最近被合作的第三方机构辟谣的谣言,还可以将这一界面一键分享到聊天界面之中,对方点开后即可看到近期自己看过的谣言文章及辟谣信息。此外,还提供及时提醒功能。截至2017年12月,微信辟谣助手小程序总用户数达1970余万,日均打开数30余万,总共进行3700余万次提醒。

3. 360安全中心

360安全中心将网络安全分为移动安全、PC安全、网站安全、企业安全、网络诈骗、综合研究等方面,利用自身技术、数据优势开展多项研究,发布多个研究报告,如《2016年中国互联网安全报告》《2017年中国手机安全状况报告》《2017年网络诈骗趋势研究报告》等,针对钓鱼网站、骚扰电话、恶意程序、挖矿木马、网络诈骗等内容进行安全分析。在政府、运营商以及企业的联手打压下,骚扰电话、短信等均有所下降,平台也与多地网安开展深度合作,协同处理网络诈骗信息,并为校内学生开展讲座与宣传。此外,360安全团队在2017年5月12日爆发的"WannaCry勒索病毒攻击事件"中展开了72小时的紧急营救,保护用户免遭病毒攻击。

4. 美团外卖和饿了么"号码保护"功能

2017年6月起,美团外卖、饿了么平台启用"号码保护"功能。商家和骑手只能通过临时生成的虚拟号码联系用户,同时也无法获知用户真实号码(该服务由运营商提供);订单结束后,虚拟号码自动作废,从技术上避免了用户信息的泄露风险。除此之外,美团还从技术上建立了全方位的纵深防御体系,通过数据加密、数据脱敏等多种隐私保护技术为用户的信息安全提供全方位保障。饿了么表示,骑手和商家都将只能通过虚拟电话号码和APP内置聊天工具联系用户,平台将自动屏蔽用户信息,不再需要手动勾选"匿名购买";订单完成后,虚拟号码和聊天页面永久失效,骑手和商家端保存的用户地址信息也将被隐藏。

5. 摩拜单车大数据智能平台

2017年4月12日,摩拜联合清华发布了《2017年共享单车与城市发展白皮书》,结合大数据和问卷调查,展现出单车对于城市出行、城市环境、城市生活带来的改变。在产品的治理上,摩拜单车实行"全生命周期管理"模式,让每辆单车退役之后可回收拆解再利用,重新投入运营,让市场上一直拥有崭新、美观的单车,也能助力环境保护,共同创建优美、整洁、有序的城市环境。摩拜推出首个大数据人工智能平台——"魔方",实现了对于智能共享单车停放状况的精准预测,还在部分地区上线了电子围栏,帮助城市治理共享单车乱停乱放的现象,实现精细化规范化的管理。

三 年度网络社会治理优秀案例

1. 国家重点整治短视频、直播行业

2017年下半年,国家重点整治问题频出的短视频、直播等行业,相继约谈各大平台。2018年1月,今日头条在继被网信办约谈、暂停更新部分频道内容后,宣布关闭社会频道,并将新时代频道设置为默认频道;同时集中清理涉嫌违规的含低质内容的自媒体账号。截至2017年12月31日,共封禁、禁言账号1101个。今日头条等视频网站的治理带动了一批社会直播和短视频网站的自查自纠。2018年5月,微博、秒拍、好看视频、好兔视频、快视频、虎牙、斗鱼等短视频和直播网站以及腾讯视频、优酷、爱奇艺等综合性视频网站,纷纷响应管理要求,组建专项清查团队,集中对问题节目进行清理,共计自查清理下线问题音视频节目150余万条,封禁违规账户

4万余个,关闭直播间4512个,封禁主播2083个,拦截问题信息1350多万条。此外,在主动清理问题节目的同时,各家网站均重视和加强了审核管理长效机制建设,通过完善有害信息样本库、遏制传播、发布自查通告等方式不断完善平台监督。

2. 京东保护用户隐私信息

在被爆出涉及50亿条公民信息泄露事件之后,京东于2017年8月20日上线新版《京东隐私政策》,做出了一些有利于保护用户个人信息的调整。比如APP系统内添加了保护用户选择权的调取用户各项隐私功能的开关阀及保护用户被遗忘权的具有30天后悔期,增加用户注销功能、安全救援等调整,用户对这些改变的反馈十分正向。在账户注销功能方面,京东则明确了用户拥有撤回同意、删除个人信息、注销号码或账号的权利。用户撤回同意和注销账号后,企业不得再保存、处理该个人信息。增加的用户账户的锁定/解锁和注销功能,提供给用户30日注销后悔期,在"后悔期"内,京东不会对用户的个人信息进行删除或匿名化处理,用户可以随时申请恢复已注销的账号;超过"后悔期"期限后或明确向京东提出不再恢复京东账户,则将对用户个人信息进行删除或匿名化处理。

3. 《王者荣耀》推出"防沉迷系统"

《王者荣耀》作为一款社会现象级手游,注册用户超2亿,仅2017年第一季度就创造了60亿元人民币的营收,让人看到了腾讯十多年游戏行业深耕的深厚底蕴。截至2016年12月,《王者荣耀》拥有注册用户中有3.5%(约700万人)的用户年龄低于14岁。2017年7月2日,腾讯以《王者荣耀》为试点,率先推出健康游戏防沉迷系统的"三板斧",通过限制未成年人限制每天登录时长、升级成长守护平台、强化实名认证体系,实现防止沉迷游戏的目的。这个被称为"中国游戏行业有史以来最严格的防沉迷措施",在一定程度上遏制了其对青少年儿童产生的危害,也体现了腾讯作为大企业所承担的社会责任。

4. 爱奇艺自查网络大电影

近年来,网络大电影发展势头强劲,但在快速发展背后却乱象丛生。根据爱奇艺发布的《2017年网络大电影行业发展报告》显示，2017年全网上线大约1900部，其中爱奇艺上线1321部。2017年4月30日，作为网络大电影行业的先行者和最大的发行平台，爱奇艺发布自查通知，标题党、低俗内容、负面阴暗价值观成重点整治对象。未来爱奇艺将持续加大对网络大电影正面价值观的引导力度，及时传递、引导、普及平台价值观和内容导向。随着此次运动的不断深入，优酷、搜狐、腾讯视频等平台也掀起了一股自查清理风暴，网络大电影的政府监管和行业自律趋于严格，网络大电影的拐点已经到来。

5. 全国首例电商平台打假案

电商的快速发展，极大地便利了消费者的生活，却也为假货找到了新的栖居平台。2017年3月，淘宝以"违背不得售假约定、侵犯平台商誉"为由将售卖假猫粮的网店店主姚某告上法庭。7月20日，上海奉贤区人民法院对淘宝网平台诉售假店铺案进行一审宣判。法院认定，被告的售假行为对淘宝网商誉造成损害，判处被告向淘宝网赔偿人民币12万元。这起案件也是全国首例公开宣判的电商平台起诉售假网店的案件，并入选了"2017年推动法治进程十大案件"。网购平台主动打假是经营理念的转变，也是平台治理路径的新尝试，势必推动打假之路走向制度化、司法化与多元化。

B.19
国内互联网治理大事记

本书课题组*

2017年篇（7~12月）

7月

7月7日 2017中国网络与信息安全大会召开，大会以"构筑网络空间安全新格局，助推网络安全产业新发展"为主题，500余名与会人员共同探讨信息安全技术与应用的热点话题。

7月8日 第三届全国互联网安全与治理论坛在浙江省杭州市举行，论坛主题为"大数据时代的互联网治理创新"。论坛上各位专家、学者畅谈在大数据背景下如何有效提升互联网治理水平，营造和谐稳定网络环境，并就网络谣言治理、信息安全保障经验及打击网络犯罪等话题进行经验分享。

7月8日 国务院印发《新一代人工智能发展规划》，明确了我国新一代人工智能发展的战略目标，提出了各参与方的六大重点任务，同时配套发布了资源配置方案和发展保障措施以确保落实发展规划。

7月11~13日 2017中国互联网大会在北京举行，主题为"广连接、新活力、融实业"。大会紧跟热点设置了20余场分论坛，主题论坛覆盖网络安全、城市智能化、云计算、大数据、物联网、产业互联网等产业热点。

7月13日 第二届中国互联网纠纷解决机制高峰论坛举行，新浪、腾

---

* 资料整理：马敏、肖智恬、程晔彤，暨南大学新闻与传播学院硕士研究生。

讯、搜狐、优酷、土豆、CIBN互联网电视、凤凰网等18家互联网企业，联合发起成立中国网络版权产业联盟，并发布了相关行业自律规范。

7月13日 中国信息通信研究院在第十六届中国互联网大会上发布《中国数字经济发展白皮书（2017）》。白皮书表明，2016年中国数字经济总量达到22.6万亿元。

7月31日 国家发展改革委印发《"十三五"国家政务信息化工程建设规划》，其中提出，政务信息化工程建设要进一步强化系统理论思想，统筹构建一体整合大平台、协同联动大系统、共享共用大数据，推进技术融合、业务融合和数据融合。

8月

8~9月 全国"扫黄打非"办公室会同宣传、网信、工信、公安、文化、工商、新闻出版广电等部门在全国范围内开展互联网低俗色情信息专项整治行动，取得阶段性成效。

8月3日 工业和信息化部联合财政部印发了《关于推动中小企业公共服务平台网络有效运营的指导意见》，该意见提出，到2020年，基本实现中小企业公共服务平台网络信息畅通、快速响应、功能完善、资源共享、供需对接便捷、服务范围广泛覆盖、品牌影响力大幅提升。

8月4日 中国互联网络信息中心（CNNIC）发布第40次《中国互联网络发展状况统计报告》。该报告显示，截至2017年6月，中国网民规模达到7.51亿，占全球网民总数的1/5。互联网普及率为54.3%，超过全球平均水平4.6个百分点。

8月7日 工业和信息化部办公厅印发《移动互联网综合标准化体系建设指南》的通知，该指南提出，到2020年，初步建立起基础标准较为完善、主要产品和服务标准基本覆盖、安全标准有效保障、符合我国移动互联网产业发展需要的标准体系。

8月9日 工业和信息化部印发《公共互联网网络安全威胁监测与处置办法》的通知。该通知提到，鼓励相关单位以行业自律或技术合作、技术服务等形式开展网络安全威胁监测与处置工作，并对处置行为负责，监测与处置结果应当及时报送电信主管部门。

8月11日 首届中国"网络文学+"大会在北京开幕，主题为"网络正能量、文学新高峰"。该次中国"网络文学+"大会的一大亮点是其高峰论坛，论坛以"网络正能量、文学新高峰"为主题，围绕党的十八大以来网络文学的发展变化，总结相关产业发展经验，研讨网络文学如何讲好中国故事，为网络文学的发展指明方向，注入动力。

8月11日前后 国家网信办指导北京市网信办、广东省网信办分别对腾讯微信、新浪微博、百度贴吧立案，并依法展开调查。根据网民举报，经北京市网信办、广东省网信办初查，3家网站的微信、微博、贴吧平台分别存在用户传播暴力恐怖、虚假谣言、淫秽色情等危害国家安全、公共安全、社会秩序的信息。3家网站平台涉嫌违反《中华人民共和国网络安全法》等法律法规，对其平台用户发布的法律法规禁止发布的信息未尽到管理义务。案件后续进展情况，将由相关地方网信办予以发布。

8月15日 第三届中国互联网安全领袖峰会在北京召开。会议围绕"安全新秩序 连接新机遇"，设立了金融安全、大数据及云安全、安全法治治理、网络安全标准化等分会场。来自政府部门、行业机构、科研院所和企事业单位等2400余人参加了此次会议。

8月18日 全国首家互联网法院——杭州互联网法院正式成立，该法院定位于用互联网方式审理互联网案件，集中管辖杭州市辖区内基层人民法院有管辖权的涉互联网案件，当事人通过互联网，就能完成诉讼，实现"网上纠纷网上了"。

8月24日 工业和信息化部公布《互联网域名管理办法》，自2017年11月1日起施行。《办法》提到，从事互联网信息服务的企业，其使用域名应当符合法律法规和电信管理机构的有关规定，不得将域名用于实施违法行为。

8月24日 第三届中国互联网企业发展论坛在北京召开。本届论坛以"创新驱动发展，融合振兴实业"为主题，深度分析中国互联网行业发展态势，邀请政府部门、科研院所与互联网企业共商互联网行业持续健康发展之策,并在会上发布《中国互联网行业发展态势暨景气指数报告》。

8月25日 国家网信办公布《互联网论坛社区服务管理规定》。《规定》坚持属地管理的基本原则,地方网信办负责属地内的监督管理执法工作,国家网信办负责全国范围内的监督管理执法工作。

8月25日 国家互联网信息办公室公布《互联网跟帖评论服务管理规定》。该规定提出,跟帖评论服务提供者应当与注册用户签订服务协议,明确跟帖评论的服务与管理细则,履行互联网相关法律法规告知义务,有针对性地开展文明上网教育。

9月

9月1日 2017年(第二届)中国产业互联网大会在浙江省杭州市召开。本届中国产业互联网大会以"构建产业互联新生态"为主题,旨在深度探讨传统企业依托产业互联网转型升级,分享国内外产业互联网前沿技术和理论,同时也将借力浙江互联网产业与制造产业优势,打造产业互联网生态圈,构建产业互联网"赋能"中心。

9月6号 2017中国—阿拉伯国家博览会网上丝绸之路大会举行,中阿政要、工商界、专家学者,共同围绕"网上丝绸之路"建设、数字经济国际合作等话题展开讨论。

9月7日 国家互联网信息办公室印发《互联网群组信息服务管理规定》,并于2017年10月8日正式施行。《规定》提出,互联网群组建立者、管理者应履行群组管理责任,即"谁建群谁负责""谁管理谁负责",依据法律法规、用户协议和平台公约,规范群组网络行为和信息发布。

9月7日 国家互联网信息办公室印发《互联网用户公众账号信息服务管理规定》,并于2017年10月8日起正式施行。《规定》鼓励各级党政机关、企事业单位和人民团体注册使用互联网用户公众账号发布政务信息或公共服务信息,服务经济社会发展,满足公众信息需求。

9月12日 2017中国互联网安全大会召开,主题为"万物皆变人是安全的尺度",围绕网络犯罪、政企安全、人工智能等重要领域的安全治理问题进行探讨。

9月16~24日 2017年国家网络安全宣传周举行,主题为"网络安全为人民,网络安全靠人民"。

9月17日 2017网络安全博览会暨网络安全成就展开幕。作为2017国家网络安全宣传周的一项重要内容,此次展览展示了5年来国家网络安全取得的成就,也提示着新技术、新产品和新生态中可能隐藏的安全隐患。

9月18日 2017年国家网络安全宣传周网络安全技术高峰论坛的主论坛在上海举行。十余位来自国内外的知名企业高管和专家学者围绕"安全、高效的未来互联网""网络空间安全理念""新兴技术形势下的网络空间安全新挑战"等议题展开研讨和交流。

9月21日 网络安全周的重头活动——首届国际机器人网络安全大赛在武汉东西湖区正式举行。据了解,本届国际机器人网络安全大赛在永信至诚精心研发的国内首个人工智能攻防平台(简称RHG平台)上展开,采用了前所未有的网络安全自动化攻防竞技模式,邀请来自全世界的顶尖人工智能黑客战队参赛。在比赛过程中没有任何人工参与,完全依靠参赛战队提前编写好自动化工具完成比赛。

9月25日 2017中俄网络媒体年会暨中俄青年媒体创新营在俄罗斯顿河畔罗斯托夫开幕,与会者在活动期间就网络媒体新形式和新机遇、互联网信息安全等话题进行交流和探讨。

9月27日 百度宣布上线百度辟谣平台,平台启动了算法挖掘技术,大数据的支持将最大限度识别出易发酵的不实信息,在产生极大的影响之前做出预判,并及时推荐相关的事实论证信息,做到提前预警,将谣言扼杀在摇篮里,以防大规模网络谣言的爆发。

10月

10月4日 首轮中美执法及网络安全对话在华盛顿举行,双方就网络犯罪和网络安全等议题进行了讨论,表示将继续落实2015年中美两国元首达成的中美网络安全合作共识，在打击网络犯罪、加强网络保护等方面继续合作。

10月9~20日 国际电联世界电信发展大会在阿根廷布宜诺斯艾利斯召开，工信部副部长率中国电信、中国移动、中国联通和华为等组成的中国代表团参加了此次会议。

10月11日 国家发展改革委办公厅发布《国家发展改革委办公厅关于组织实施2018年"互联网+"、人工智能创新发展和数字经济试点重大工程的通知》，大力推进"互联网+"行动、人工智能发展规划、数字经济发展等重大部署。

10月15日 第二届内地—香港网络安全论坛在厦门市举办。论坛以"促进数据安全有序流动，推动两地经济社会发展"为主题，来自两地政府、高校和产业界的约150名专家代表就两地数据安全保护政策法律、个人信息保护标准与实践、网络安全人才培养等议题进行了讨论。

10月18日 中国共产党第十九次全国代表大会在京开幕。习近平总书记代表第十八届中央委员会向大会做了题为《决胜全面建成小康社会 夺取新时代中国特色社会主义伟大胜利》的报告。报告中提到，公共文化服务水平不断提高，文艺创作持续繁荣，文化事业和文化产业蓬勃发展，互联网建设管理运用不断完善，全民健身和竞技体育全面发展；加强应用基础研究，拓展实施国家重大科技项目，突出关键共性技术、前沿引领技术、现代工程技术、颠覆性技术创新，为建设科技强国、质量强国、航天强国、网络强国、交通强国、数字中国、智慧社会提供有力支撑；加强互联网内容建设，建立网络综合治理体系，营造清朗的网络空间；推动城乡义务教育一体化发展，高度重视农村义务教育，办好学前教育、特殊教育和网络教育，普及高中阶段教育，努力让每个孩子都能享有公平而有质量的教育；扎实做好各战略方向军事斗争准备，统筹推进传统安全领域和新型安全领域军事斗争准备，发展新型作战力量和保障力量，开展实战化军事训练，加强军事力量运用，加快军事智能化发展，提高基于网络信息体系的联合作战能力、全域作战能力，有效塑造态势、管控危机、遏制战争、打赢战争；同时，世界面临的不稳定性不确定性突出，世界经济增长动能不足，贫富分化日益严重，地区热点问题此起彼伏，恐怖主义、网络安全、重大传染性疾病、气候变化等非传统安全威胁持续蔓延，人类面临许多共同挑战；增强改革创新本领，保持锐意进取的精神风貌，善于结合实际创造性推动工作，善于运用互联网技术和信息化手段开展工作。

10月26~28日 2017中国计算机大会（CNCC 2017）于福州举办，会议以"人工智能改变世界"（AI Changes the World）为主题，近10位院士、400余位国内外计算机领域知名专家、IT企业人士到会演讲。此次会议还举办30余场特色活动，包括百名优秀大学生互动讲座和颁奖会、产业政策推介及项目对接会等。

10月30日 国务院常务会议通过《深化"互联网+先进制造业"发展工业互联网的指导意见》。该意见提出，到2025年，基本形成具备国际竞争力的基础设施和产业体系，覆盖各地区、各行业的工业互联网网络基础设施基本建成。

10月30日 国家互联网信息办公室公布《互联网新闻信息服务单位内容管理从业人员管理办法》，自2017年12月1日起施行。《办法》规定，互联网新闻信息服务单位内容管理从业人员，不得利用互联网新闻信息采编发布、转载和审核等工作便利从事广告、发行、赞助、中介等经营活动，谋取不正当利益等。

10月30日 国家互联网信息办公室公布《互联网新闻信息服务新技术新应用安全评估管理规定》，自2017年12月1日起施行。该规定要求，服务提供者调整增设新技术新应用，应当建立健全信息安全管理制度和安全可控的技术保障措施，不得发布、传播法律法规禁止的信息内容。

11月

11月1日 《互联网域名管理办法》开始施行，旨在规范互联网域名服务，保护用户合法权益，保障互联网域名系统安全、可靠运行，推动中文域名和国家顶级域名发展和应用，促进中国互联网健康发展。

11月3日 国务院办公厅发布《全国互联网政务服务平台检查情况通

报》，其中显示，已有 29 个省（区、市）及新疆生产建设兵团建成一体化互联网政务服务平台，仍有部分平台存在办事入口不统一、服务信息不准确等问题。

11 月 7~8 日　2017 世界互联网工业大会在青岛举行。本届大会围绕"新动能、新制造、新经济"主题，全面展示全球范围内互联网与制造业融合发展的成果，深入探讨新一代信息技术引领制造业实现新旧动能转换的战略路径和解决方案。

11 月 8 日　2017 国际反病毒大会召开，大会以"万物互联背景下反病毒的新挑战"为主题，旨在积极推进技术革新，阐明我国在网络安全、移动安全和反病毒领域的工作主张。

11 月 8 日　2017 腾讯全球合作伙伴大会在成都西部博览中心开幕，主题为"开放·创想"。大会现场，腾讯研究院与腾讯开放平台还共同发布了《2017 互联网科技创新白皮书》，从技术社会的崛起、人工智能浪潮、中国技术社会发展、腾讯在 AI 时代的使命、腾讯资源地图、全国"双创"指数六个方面，全面解析 AI 时代里全球创新创业现状与未来图景，以及国内"双创"发展成果。

11 月 10 日　习近平出席亚太经合组织工商领导人峰会并发表主旨演讲。演讲中指出，落实好北京会议《经济创新发展、改革与增长共识》，深化互联网和数字经济合作，引领全球创新发展的方向。

11 月 14 日　工业和信息化部印发《公共互联网网络安全突发事件应急预案》，以进一步健全公共互联网网络安全突发事件应急机制，提升应对能力。

11 月 15 日　国际电信联盟（ITU）发布 2017 版《衡量信息社会报告》，我国 ICT 发展指数（IDI）为 5.60，全球排名第 80 名。

11 月 15 日　科技部召开新一代人工智能发展规划暨重大科技项目启动会，标志着新一代人工智能发展规划和重大科技项目进入全面启动实施阶段。

11 月 16 日　2017 国际反病毒大会在天津召开。大会以"万物互联背景下反病毒的新挑战"为主题，旨在积极推进技术革新，阐明我国在网络安

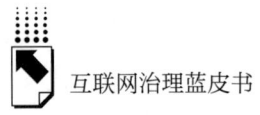

全、移动安全和反病毒领域的工作主张。

11月17日 国家工商总局竞争执法局与腾讯签订《网络传销监测治理合作备忘录》。双方将共同建立网络传销监测治理基地，围绕传销违法犯罪活动的线上监测、调查处置、善后处理、宣传教育、法律研究等开展全方位合作。

11月23日 2017（第四届）中国互联网企业社会责任论坛在北京召开。本届论坛的主题是"新时代互联网企业的责任与使命"。会上，中国互联网协会发布了"2017中国互联网企业社会责任实践案例"名单，"头条寻人"公益项目、"寻找你身边的抗战老兵"公益项目等18个优秀案例入围。

11月26日前后 中共中央办公厅、国务院办公厅印发《推进互联网协议第六版（IPv6）规模部署行动计划》。该计划提出，用5~10年时间，形成下一代互联网自主技术体系和产业生态，建成全球最大规模的IPv6商业应用网络，实现下一代互联网在经济社会各领域深度融合应用，成为全球下一代互联网发展的重要主导力量的目标。

11月27日 国务院发布《关于深化"互联网+先进制造业"发展工业互联网的指导意见》，指出围绕推动互联网和实体经济深度融合，聚焦发展智能、绿色的先进制造业，构建网络、平台、安全三大功能体系，增强工业互联网产业供给能力，持续提升我国工业互联网发展水平，深入推进"互联网+"，形成实体经济与网络相互促进、同步提升的良好格局，有力推动现代化经济体系建设。

11月29日~12月1日 第五届中国网络视听大会在成都举办，主题为"新使命、新视界、新动能"。大会围绕媒体融合创新、技术创新、内容创新等内容举办了36场各类活动，超过300位网络视听全产业链重量级嘉宾在大会现场进行了演讲与对话。本届大会上，《2017中国网络视听发展研究报告》正式发布。

12月

12月1日 国务院总理李克强在索契出席上海合作组织成员国政府首

脑（总理）理事会第十六次会议并发表讲话。在讲话中提到，支持跨境电子商务发展，尽快成立电子商务工商联盟，迎接数字经济"红利"。

12月3～5日 第四届世界互联网大会在浙江省乌镇举行，大会以"发展数字经济促进开放共享——携手共建网络空间命运共同体"为主题，首次推出了《世界互联网大会蓝皮书》。这是世界互联网大会举办以来，首次面向全球发布互联网领域最新学术研究成果。该蓝皮书由《世界互联网发展报告2017》和《中国互联网发展报告2017》两个报告组成，深入分析了世界数字经济发展现状和中国数字经济的全球定位。此外，会上首次发布世界互联网发展指数指标体系和中国互联网发展指数指标体系，填补了国内外互联网发展综合指标的空白，是该蓝皮书的重要成果和重大创新；还发布了年度成果文件——《乌镇展望》。习近平主席为大会发来贺信，在贺信中再次强调了网络主权原则，还强调要"发扬伙伴精神"，主张"大家的事由大家商量着办，做到发展共同推进、安全共同维护、治理共同参与、成果共同分享"。

12月4日 工业和信息化部网络安全管理局指导移动安全联盟在京成立。该联盟由中国信息通信研究院牵头，联合北京大学等高校，百度、阿里、腾讯等互联网企业，华为、vivo、OPPO等终端生产企业，360、安天、盘古等安全企业共同发起，促进产学研综合协作，推动移动安全产业健康高速发展。

12月5～8日 "第19届国际信息与通信安全会议（ICICS 2017）"在北京举行，针对云安全、大数据与可信计算工作的热点议题展开讨论。

12月6日 国务院总理李克强主持召开国务院常务会议，部署加快推进政务信息系统整合共享，强调在年底前初步实现国务院部门40个垂直系统向各级政务部门开放共享数据。

12月6日 商务部办公厅、国家标准委办公室联合印发了《网络零售标准化建设工作指引》。该指引提出，到2020年，要基本建成结构合理、衔接配套、覆盖全面、国际接轨，适应网络零售快速健康发展需要的网络零售标准体系。

12月8日 中共中央政治局就实施国家大数据战略进行第二次集体学习。中共中央总书记习近平在主持学习时强调,大数据发展日新月异,我们应该审时度势、精心谋划、超前布局、力争主动,深入了解大数据发展现状和趋势及其对经济社会发展的影响,分析我国大数据发展取得的成绩和存在的问题,推动实施国家大数据战略,加快完善数字基础设施,推进数据资源整合和开放共享,保障数据安全,加快建设数字中国,更好服务我国经济社会发展和人民生活改善。

12月12日 首届中国网络安全产业高峰论坛在北京开幕,主题为"做强网络安全产业,服务网络强国建设",共同探讨我国网络安全产业高端化、自主化、体系化发展,并启动国家网络安全产业园区建设。

12月12~13日 2017中国网络文化产业年会在湖北举行,主题为"强网络·强文化·强产业"。此次年会设置了游戏、动漫、直播3个网络文化垂直领域的分论坛。网易、腾讯、阅文等多家互联网文化企业代表参加论坛,并围绕"网络文化的新业态""网络文化企业的社会责任"等主题发表演讲、展开讨论。此外,高峰论坛上发布了《移动游戏品牌传播影响力指数报告》。

12月13日 2017中国产业互联与数字经济大会峰会在北京召开,大会发布了2017年度产业互联网集成服务优秀解决方案、产业互联网相关研究成果,会议期间还举办了第二届全国智能制造(中国制造2025)创新创业大赛总决赛颁奖仪式。

12月14日 工业和信息化部印发《促进新一代人工智能产业发展三年行动计划(2018~2020年)》,以信息技术与制造技术深度融合为主线,以新一代人工智能技术的产业化和集成应用为重点,推动人工智能和实体经济深度融合,加快制造强国和网络强国建设。

12月15日 国务院办公厅发布《关于推进重大建设项目批准和实施领域政府信息公开的意见》,旨在进一步推进重大建设项目批准和实施领域政府信息公开。

12月17日 2017大数据合作与合规峰会在北京召开。会议由中国社会科学院法学研究所、中国法学会网络与信息法学研究会和腾讯集团数据与隐私保护中心联合举办，与会代表就大数据在金融、广告、人工智能等领域的未来趋势、合规发展等问题进行探讨。

12月17日左右 中共中央宣传部、中央网信办、教育部、文化部、国家新闻出版广电总局、共青团中央联合印发通知，要求通过加强网上主旋律宣传、深化网上主题教育活动等进一步加强社会主义核心价值观网上传播。

12月18~21日 第12届联合国互联网治理论坛在日内瓦举行，主题为"塑造你的数字化未来"。在为期4天的论坛上，来自各界的2000多名代表围绕人工智能、大数据、假新闻、物联网以及虚拟现实技术等进行了约40场专题讨论。

12月19日 国务院办公厅发布《关于推进公共资源配置领域政府信息公开的意见》。该意见提到，积极利用政务微博微信、新闻媒体、政务客户端等拓宽信息公开渠道，开展在线服务，提升用户体验。

12月20日 上海社会科学院首次发布《全球数字经济竞争力指数（2017）》报告。根据报告，全球数字经济竞争力排在前十的国家依次为美国、中国、新加坡、英国、日本、韩国、芬兰、德国、瑞典、荷兰，中国在数字经济竞争力方面仅次于美国，位列第一梯队。

12月20日 360公司宣布，主动、永久关闭水滴直播平台。该事件源于12月12日一篇名为《一位92年女生致周鸿祎：别再盯着我们看了》的文章。该文章指出，部分安装360智能摄像头的店铺，在未告知顾客的情况下进行直播，涉嫌侵犯隐私。

12月21日左右 中共中央办公厅、国务院办公厅印发《关于加强和改进中外人文交流工作的若干意见》。该意见指出，做大做强"互联网+人文交流"，实现实体与虚拟交流平台的相互补充和良性互动。

12月21日 2017中国软件大会在北京召开。国内外知名专家学者、软件骨干企业代表、行业用户CIO，共同就大会主题"新软件激发产业转型新动能"进行专业解读和实践分享，同时围绕大数据、人工智能、区块链等方向的技术创新和落地应用进行深入交流。

12月26日 十二届全国人大常委会第三十一次会议分组审议了全国人大常委会执法检查组关于检查网络安全法、全国人大常委会关于加强网络信息保护的决定实施情况的报告。报告显示我国个人信息保护工作形势严峻。

12月27日前后 中央网信办、国家发展改革委会同有关部门联合印发《关于开展国家电子政务综合试点的通知》，确定在北京、上海、浙江、福建、陕西等基础条件较好的省（自治区、直辖市），开展为期两年的国家电子政务综合试点。该通知明确要求针对当前地方电子政务存在的统筹规划不足、业务协同水平不高、政务服务不到位等问题开展综合试点，探索形成可借鉴推广的电子政务发展经验。

12月28日前后 中宣部等部委联合印发《关于严格规范网络游戏市场管理的意见》，部署对网络游戏违法违规行为和不良内容进行集中整治。

12月29日 针对今日头条、凤凰新闻手机客户端持续传播色情低俗信息、违规提供互联网新闻信息服务等问题，北京网信办约谈两家企业负责人，责令企业立即停止违法违规行为。今日头条手机客户端6个频道自2017年12月29日18时至12月30日18时暂停更新24小时、凤凰新闻手机客户端2个频道自2017年12月29日18时至12月30日6时暂停更新12小时。

2018年篇（1~7月）

1月

1月6日前后 中央军委印发《军队互联网媒体管理规定》，自2018年2月1日起施行。《规定》明确军队互联网媒体管理基本原则和总体要求，涵盖军队互联网媒体资质准入、审批备案、传播运行、建设保障等方面。

1月9日 由中国互联网协会主办的2018（第八届）中国互联网产业年会在京召开。大会现场发布《2017年中国互联网产业发展综述与2018年产业发展趋势报告》和《"网行指数"报告》。

1月9日 第十届电子信息产业标准推动会暨中国信息技术服务年会在北京召开，本次会议以"标准助推产业发展"为主题。会上发布了"2017年度电子信息产业标准化十大事件"，表彰了中国IT，服务领军企业、领军人物、创新企业、中电标协优秀会员、中电标协ITSS分会优秀会员、IT服务优秀案例。中电标协ITSS分会一届五次理事会暨会员代表大会、2018年中关村标准化推动会同期举行。

1月11日 针对近期媒体报道相关手机应用软件存在侵犯用户个人隐私的问题，工业和信息化部信息通信管理局约谈了北京百度网讯科技有限公司、蚂蚁金服集团公司（支付宝）、北京字节跳动科技有限公司（今日头条）。

1月23日 促进新一代人工智能与实体经济融合推进会在上海召开，旨在推进落实《促进新一代人工智能产业发展三年行动计划（2018～2020年）》。

1月27日 国家互联网信息办公室指导北京市互联网信息办公室针对新浪微博对用户发布违法违规信息未尽到审查义务，持续传播炒作导向错误、低俗色情、民族歧视等违法违规有害信息的严重问题约谈该企业负责人。新浪微博对问题突出的热搜榜、热门话题榜、微博问答功能、热门微博榜明星和情感版块、广场头条栏目情感版块暂时下线一周进行整改。下线时间从2018年1月27日21时至2月3日21时。

1月31日 中国互联网络信息中心（CNNIC）在京发布第41次《中国互联网络发展状况统计报告》。截至2017年12月，我国网民规模达7.72亿，普及率达到55.8%，超过全球平均水平（51.7%）4.1个百分点，超过亚洲平均水平（46.7%）9.1个百分点。

1月31日 国家互联网信息办公室指导广东省互联网信息办公室针对UC头条持续传播炒作导向错误、低俗色情信息等问题，约谈该企业负责人。

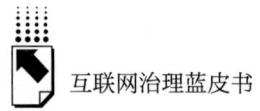

UC头条于2月1日18时至2月7日18时对问题突出的"社会""热点""视频""历史"等四个频道进行下线整改。

2月

2月2日 国家互联网信息办公室公布《微博客信息服务管理规定》。该规定自3月20日起施行。《规定》强调，微博客服务提供者应当落实信息内容安全管理主体责任，建立健全各项管理制度，具有安全可控的技术保障和防范措施，配备与服务规模相适应的管理人员。

2月2日 2017年度全国信息安全标准化技术委员会全体会议在北京召开。会议听取了信安标委各工作组2017年工作汇报，审议了信安标委2017年工作总结和2018年工作要点，对2017年度信安标委标准化工作先进个人进行了表彰。

2月2日 2018工业互联网峰会开幕式在北京举行，主题为"创新引领 融通发展"。在该次峰会上，工业互联网产业联盟发布了《工业互联网平台标准体系框架（1.0版）》等一系列研究成果，为2017年工业互联网测试床、优秀应用案例、通过第一批工业互联网平台可信服务评估认证的有关单位颁发了证书。国网青海公司、富士康、索为系统、共享集团等单位分别发布了工业互联网平台。

2月2日前后 国家互联网信息办公室会同公安部、文化部、国家税务总局、国家工商总局、国家新闻出版广电总局，对热衷炒作、涉嫌违法违规的各类行为主体进行全面排查清理和依法综合整治。

2月6日 全国"扫黄打非"办公室组织百度、阿里巴巴、腾讯、新浪网、微博、今日头条、金山、奇虎、YY直播、映客直播、快手等16家互联网公司，召开网络有害出版物特征值共享数据库2018年第一次工作会议。会议聚焦整治网上传播淫秽色情低俗信息，围绕"净网2018"行动部署、处置清理儿童"邪典"动画视频、加强网络游戏整治等方面工作，对各公司落实企业主体责任，特别是中小学寒假和春节期间加强自律清查提出要求。

2月7日 公安部在京召开电视电话会议，部署全国公安机关从即日起至12月底，深入开展打击整治网络违法犯罪"净网2018"专项行动。

2月8日 中央网信办召开全国争做中国好网民工程推进会。会议提及，进一步推进争做中国好网民工程，引导网民发挥在网络社会协同治理中的主体作用。

2月8日前后 新闻出版广电总局联合地方新闻出版广电局等单位，严肃整治网上近期出现的歪曲演绎红色经典、恶意拼接经典卡通形象散布血腥暴力、低俗炒作明星绯闻隐私和炫富享乐类视听节目。

2月8日前后 广东省互联网信息办公室约谈腾讯公司相关负责人，责令采取有效措施持续打击各种低俗炒作类内容和账号行为。腾讯对微信公众号"娱姬小妖吖"、企鹅号"星探妖妖""娱姬小妖"等22个账号予以永久关闭。

2月12日前后 中共中央宣传部、中共中央网信办、文化部、国家新闻出版广电总局、全国"扫黄打非"工作小组办公室做出部署，2月上旬至4月下旬进一步开展针对网络直播平台传播低俗色情暴力等违法有害信息和儿童"邪典"动漫游戏视频的集中整治行动。

2月13日前后 国家网信办对网络直播平台和网络主播进行专项清理整治，依法关停一批严重违规、影响恶劣的平台和主播。国家网信办会同工信部关停下架蜜汁直播等10家违规直播平台；将"天佑"等纳入网络主播黑名单，要求各直播平台禁止其再次注册直播账号；各主要直播平台合计封禁严重违规主播账号1401个，关闭直播间5400余个，删除短视频37万条。

2月14日 国家新闻出版广电总局网络视听节目管理司联合北京新闻出版广电局，约谈17家开办网络直播答题活动的视听网站代表，指出当前网络直播答题活动中出现的导向偏差和违规问题，就进一步规范网络直播答题活动提出工作要求，以维护网上传播秩序，防范社会风险。

2月13日 即日起至4月底，文化部在全国范围内开展网络表演市场专项规范整治行动。重点整治内容包括：价值导向问题严重，编造虚假信息；《互联网文化管理暂行规定》第十六条及《网络表演经营活动管理办法》规定的禁止内容；侵害未成年人合法权益或者损害未成年人身心健康的内容；直播未经文化行政部门内容审查批准或备案的网络游戏产品；未要求网络表演者实名注册并采取有效方式进行核实等。文化部将指导中国演出行业协会网络表演（直播）分会加强行业自律，研究制定发布行业运营规范；建立行业"灰名单""黑名单"制度，实施违规主播行业联动惩戒机制；指导行业加强对主播签约经纪组织的管理，拒绝与不具备相关证照资质的组织签约，对违规行为多发易发的签约经纪组织，网络表演（直播）分会将组织全行业对其联合抵制；积极鼓励和引导网络表演平台丰富网络表演内容，在春节期间举办"网络过大年""民俗直播""非遗直播""网络文化进基层"等活动，组织优秀主播播报各地民俗风情、非遗展演、文艺演出、社会主义新农村变化等，弘扬社会主义核心价值观，传承中华优秀传统文化，共同营造欢乐祥和的节日气氛。

2月26日 工商总局等11部门发布关于印发《整治虚假违法广告部际联席会议2018年工作要点》的通知。通知要求加强广告导向监管，健全广告导向监管的领导协调和应急处置机制。针对互联网广告监管的重点难点，部署开展互联网广告专项整治工作。严厉查办互联网虚假违法广告案件，强化互联网平台责任。

3月

3月2日 北京市网信办发布通知，称知乎平台因管理不严，传播违法违规信息，根据相关法律法规，要求各应用商店下架知乎APP七天。具体时间从3月2日15时开始，至3月9日15时恢复。

3月2日 依据《国家网信办等六部委联合整治炒作明星绯闻隐私和娱乐八卦》专项整顿行动的通知，国家互联网信息办公室会同公安部、文化部、国家新闻出版广电总局等国家机构，正在对热衷炒作、涉嫌违法违规的各类行为主体进行全面排查清理和依法综合整治。豆瓣小组将停用3天，暂时更名为"豆瓣鹅组"。

3月3日 2018中国互联网领军企业负责人座谈会在北京召开，会议以

"贯彻十九大精神推进网络强国建设"为主题。

3月5日 十三届全国人大一次会议在北京开幕，李克强总理代表国务院所做的《政府工作报告》提交大会审议。该报告强调"要加大网络提速降费力度""要深入开展'互联网＋'行动，做大做强新兴产业集群，运用新技术、新业态、新模式，大力改造提升传统产业""要推动大数据、云计算、物联网的广泛应用，加强新一代人工智能研发应用，发展智能产业，拓展智能生活"。

3月16日 国家新闻出版广电总局办公厅发布《关于进一步规范网络视听节目传播秩序的通知》，旨在进一步规范网络视听节目的传播秩序，维护健康清朗的网络空间。通知要求，所有节目网站不得制作、传播歪曲、恶搞、丑化经典文艺作品的节目，不得擅自对经典文艺作品、广播影视节目、网络原创视听节目作重新剪辑、重新配音、重配字幕，不得截取若干节目片段拼接成新节目播出，不得传播编辑后篡改原意产生歧义的作品节目片段。

4月

4月4日 国家广播电视总局对社会舆论强烈关注的"今日头条""快手"两家网站播出有违社会道德节目等问题高度重视，立即会同属地管理部门严肃约谈了"今日头条""快手"两家网站主要负责人。经查，两家网站除上述问题外，长期无视法规训诫，在不具备《信息网络传播视听节目许可证》的情况下持续顶风拓展视听节目服务，扰乱网络视听行业秩序。

4月10日 国家广播电视总局在督察"今日头条"网站整改工作中，发现该公司组织推送的"内涵段子"客户端软件和相关公众号存在导向不正、格调低俗等突出问题，引发网民强烈反感。为维护网络视听节目传播秩序，清朗互联网空间视听环境，依据相关法规的规定，总局责令"今日头条"永久关停"内涵段子"客户端软件及公众号，并要求该公司举一反三，全面清理类似视听节目产品。

4月11日 第三届香港—内地网络安全论坛在香港举行，约180名来自两地网络安全业界的管理及专业人员参会，就共同推动网络安全技术和产

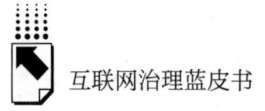

业发展进行深入交流。本届论坛主题为"安全的智慧互联——挑战与机遇"。

4月12日 李克强总理主持召开国务院常务会议，审议并原则通过《关于促进"互联网+医疗健康"发展的意见》。该意见主要有三方面内容，一是健全"互联网+医疗健康"服务体系；二是完善"互联网+医疗健康"的支撑体系；三是加强行业监管和安全保障，对强化医疗质量监管和保障数据安全作出明确规定。

4月12日前后 全国"扫黄打非"办公室召集YY、斗鱼、花椒、映客、六间房、酷六、KK、龙珠、熊猫、天鸽互动和今日头条、快手、爱奇艺、炫一下、微博、哔哩哔哩、荔枝FM、金山等18家互联网公司相关负责人，明确监管要求，旨在督促网络直播及短视频企业加强平台内容安全管理。

4月14~15日 国内首届军民融合人工智能产业发展高峰论坛在青岛召开，来自高校、科研院所、企业的300余位军民融合与人工智能领域知名学者及企业代表，以"创新、引领、开放、融合"为主题，就智能制造、智慧城市、智能船舶等领域展开深层次探讨、交流与合作。

4月15日 国际网络安全标准化论坛在武汉召开。会上，信息安全分技术委员会（SC27）各工作组召集人分享了信息安全管理体系、密码技术、安全测评、安全服务、隐私保护等国际标准化工作的经验。中国网络安全标准化技术专家就密码应用、电子认证、等级保护、大数据安全等方面发表了演讲。

4月17日前后 为贯彻落实中宣部关于开展严格规范网络游戏市场管理专项行动、网络直播违法违规行为整治行动等统一部署，文化和旅游部再次组织开展网络表演、网络游戏市场集中执法检查，排查清理网络文化市场禁止内容，规范网络文化市场经营秩序。

4月18日前后 北京市工商局海淀分局针对"抖音"短视频平台涉嫌发布售假视频的舆情报道，及时对该平台经营主体北京微播视界科技有限公司进行约谈。约谈会上，企业负责人反馈了调查情况，表示针对平台涉嫌违规内容已采取删除、封禁措施。

4月20~21日 全国网络安全和信息化工作会议在北京召开。习近平总书记出席会议并发表重要讲话。习近平在讲话中强调，党的十八大以来，党中央重视互联网、发展互联网、治理互联网，统筹协调涉及政治、经济、文化、社会、军事等领域信息化和网络安全重大问题，做出一系列重大决策、提出一系列重大举措，推动网信事业取得历史性成就。这些成就充分说明，党的十八大以来党中央关于加强党对网信工作集中统一领导的决策和对网信工作作出的一系列战略部署是完全正确的。我们不断推进理论创新和实践创新，不仅走出一条中国特色治网之道，而且提出一系列新思想新观点新论断，形成了网络强国战略思想。

4月2~25日 首届数字中国建设峰会在福州举行，峰会"以信息化驱动现代化，加快建设数字中国"为主题，定位于为我国信息化发展提供政策发布平台、为电子政务和数字经济发展提供成果展示平台、为数字中国建设理论经验和实践提供交流平台。

4月23日 国家版权局网络版权产业研究基地在北京发布《中国网络版权产业发展报告（2018）》。报告显示，我国网络版权产业继续保持快速增长趋势，2017年中国网络版权产业的市场规模为6365亿元，较2016年增长27.2%。

4月25日 国家互联网应急中心在北京发布《2017年我国互联网网络安全态势综述》。

4月26日 2018中国网络版权保护大会在北京召开，会上发布了《2017年中国网络版权保护年度报告》。该报告显示，我国网络版权保护力度空前，网络版权良好生态正在形成，版权产业迎来大发展。

5月

5月2日 工业和信息化部发布通知，要求在网络基础设施和应用基础设施等方面加快IPv6改造升级步伐，促进下一代互联网与经济社会各领域的融合创新。

5月3日 中国科学院在上海发布了我国首款云端人工智能芯片——寒

武纪MLU100。这一面向人工智能领域的大规模的数据中心和服务器提供的核心芯片，可支持各类深度学习和经典机器学习算法，充分满足视觉、语音、自然语言处理、经典数据挖掘等领域复杂场景下的云端智能处理需求。

5月9日 中国网络社会组织联合会成立大会在京召开。中国网络社会组织联合会是我国首个由网络社会组织自愿结成的全国性、联合性、枢纽型社会组织，由10家全国性网络社会组织发起成立，国家网信办作为业务主管单位。联合会的宗旨是在党和政府的领导下，积极发挥桥梁纽带作用，统筹协调社会各方资源，促进网络社会组织发展，凝聚网络社会组织力量，强化网络社会组织作用的发挥。

5月10日 国家广播电视总局通报，近一个月来，微博、秒拍、好看视频、好兔视频、快视频、虎牙、斗鱼等短视频和直播网站以及腾讯视频、优酷、爱奇艺等综合性视频网站，响应管理要求组建专项清查团队，集中对涉黄、格调低俗、宣扬暴力、恶搞经典、歪曲历史、非法剪辑拼接等问题节目进行清理，自查清理下线问题音视频节目150余万条。

5月10日前后 最高法日前下发通知，要求各级法院认真学习贯彻英烈保护法，加强对英雄烈士的全面保护，依法惩处侵害英烈权益、亵渎英烈形象等违法行为。通知要求，人民法院要依法审理侵害英雄烈士姓名、肖像、名誉、荣誉的案件。对英雄烈士近亲属提出的侵害英雄烈士姓名、肖像、名誉、荣誉的案件，要依法予以受理，并依据法律及司法解释的规定确定行为人、网络服务提供者等主体应当承担的民事责任。

5月11日 证监会宣布，近日集中打击通过互联网、自媒体肆意发表证券期货虚假信息，充当股市"黑嘴"并从中牟利等严重扰乱资本市场信息传播秩序的违法行为。

5月17日 工信部、国资委联合发布《关于深入推进网络提速降费加快培育经济发展新动能2018专项行动的实施意见》，明确2018年将加快推进5G技术产业发展，促进5G和垂直行业融合发展，为5G规模组网和应用做好准备；7月1日起取消移动流量"漫游"费，移动流量平均单价年内降低30%以上。

5月17日 首届中国网络文学周在浙江杭州开幕。开幕式上，中国作协首次发布《中国网络文学蓝皮书（2017）》，并揭晓"2017中国网络小说排行榜"。

5月17日 公安部副部长侍俊与德国联邦内政部国务秘书京特·克林斯在北京共同主持中德高级别安全对话框架下的网络安全磋商。双方秉持平等互信、坦诚务实的态度，就网络犯罪形势、网络犯罪和安全领域相关立法情况、打击网络犯罪、打击网络恐怖主义等进行了交流，并就下一步加强网络安全执法合作进行了深入探讨。双方同意，在中德高级别安全对话机制框架下，共同推进两国执法部门在网络安全领域的合作。

5月21日前后 公安部网络安全保卫局集中约谈境内WiFi分享类网络应用服务企业，要求相关企业采取措施，切实加强公民个人信息保护。

5月24~25日 中国工业信息安全大会在北京举行。大会以"筑工信安全，建网络强国"为主题，旨在加快推进工业信息安全建设，深化工业信息安全产业交流合作，促进我国工业信息安全全面发展。大会发布了《工业信息安全概论》《中国工业信息安全产业发展白皮书》以及《工业控制系统信息安全防护指引》。

5月25日 我国首个《网络社会安全风险指数研究报告》在贵阳发布，报告对31个省级行政区及32个主要中心城市进行了网络社会安全风险评估及排名。在31个省级行政区风险指数评估中，风险较小的五个省级行政区为甘肃、贵州、青海、上海、云南；风险较大的五个省级行政区为广东、辽宁、天津、内蒙古、福建。在整体分布趋势上，相较于西部地区而言，东部地区网络社会安全风险程度较高，其中东南沿海地区尤为突出。

5月26~29日 2018中国国际大数据产业博览会在贵阳举办，大会以"数化万物，智在融合"为年度主题，参展企业388家，来自近30个国家的4万余名代表和嘉宾参会，国家主席习近平向会议致贺信。习近平在贺信中指出，中国高度重视大数据发展；秉持创新、协调、绿色、开放、共享的发展理念，围绕建设网络强国、数字中国、智慧社会，全面实施国家大数据战略，助力中国经济从高速增长转向高质量发展。

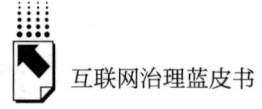

5月31日 近期,文化和旅游部部署查处丑化恶搞英雄烈士等违法违规经营行为,严肃查处歪曲、丑化、亵渎、否定英雄烈士事迹和精神内容的互联网文化产品,严管网络动漫等互联网文化市场,进一步规范文化市场经营秩序。

6月

6月1日 国家网信办会同国家新闻出版广电总局、文化和旅游部、属地网信办针对近期"美拍"网络直播短视频平台传播涉未成年人低俗不良信息、破坏网络生态、严重影响青少年身心健康的相关情况,依法依规联合约谈"美拍"相关负责人,提出严肃批评,责令全面整改。"美拍"相关负责人表示完全接受处罚,进行全面彻底整改,切实履行企业主体责任,承诺暂停有关算法推荐功能,下线"校园"频道,停止更新"热门"频道30天、"直播"频道15天。

6月5日前后 交通运输部、中央网信办、工业和信息化部、公安部、中国人民银行、税务总局和国家市场监督管理总局等七部门联合印发《关于加强网络预约出租汽车行业事中事后联合监管有关工作的通知》,明确了网约车行业事中事后联合监管工作流程。

6月6日 工信部公布了《关于推进网络扶贫的实施方案(2018~2020年)》。《方案》提出,到2018年,国家"十三五"规划纲要明确提出的"宽带网络覆盖90%以上的贫困村"目标提前完成;到2020年,全国12.29万个建档立卡贫困村宽带网络覆盖比例超过98%。

6月7日 工业和信息化部网站公布《工业互联网发展行动计划(2018~2020年)》。该行动计划提出,到2020年底,初步建成工业互联网基础设施和产业体系,并初步构建工业互联网标识解析体系和安全保障体系。

6月8日 全国"扫黄打非"办公室约谈网易云音乐、百度网盘、B站、猫耳FM、蜻蜓FM等多家网站负责人,要求各平台大力清理涉色情低俗问题的ASMR内容,加强对相关内容的监管和审核。全国"扫黄打非"办强调,ASMR内容存在的问题,将纳入"净网2018"专项行动进行严厉整治。(ASMR，中文译名"自发性知觉经络反应"，是一个用于描述感知的新词，其特征是：对视觉、听觉、触觉、嗅觉或者感知上的刺激而使人在颅内、头皮、背部或身体其他范围内产生一种独特的、令人愉悦的刺激感。)

6月10日 国务院办公厅印发《进一步深化"互联网+政务服务"推进政务服务"一网、一门、一次"改革实施方案》，就加快推进政务服务"一网通办"和企业群众办事"只进一扇门""最多跑一次"等作出部署。

6月13日前后 中共中央网信办、国家发展改革委、国务院扶贫办、工业和信息化部联合印发《2018年网络扶贫工作要点》，明确2018年网络扶贫工作总的要求。

6月14日 华为、三星等企业发布新闻公报称，国际标准组织"第三代合作伙伴计划"（3GPP）全体会议已批准第五代移动通信技术5G NR的独立组网标准。该次会议在美国加利福尼亚州圣地亚哥举行，全球主要电信运营商、芯片供应商、互联网公司等派出600余名代表与会。

6月14日 国家新闻出版广电总局和全国"扫黄打非"办公室联合召开新闻通气会，介绍近期网络文学专项整治情况。5月至8月，两部门组织开展2018年网络文学专项整治行动，重点整治网络文学作品导向不正确及内容低俗、传播淫秽色情信息、侵权盗版三大问题。

6月15日 工信部公布2018年第一季度检测发现问题的应用软件名单，共计21个应用商店中的46款APP涉及其中，被责令下架。此次下架的46款不良应用包括："今日头条新闻""QQ同步管理助手""神庙逃亡""安卓优化大师"等，涉及强行捆绑推广其他应用软件、未经用户同意收集使用用户个人信息等问题。

6月15日 微信官方发布《腾讯安全团队关于打击网络违法违规信息的公告》，公告称为加强互联网内容建设，建立网络综合治理体系，维护用户更加清朗的上网环境，将持续对腾讯平台上的不良信息进行严厉打击。腾讯安全团队在微信及公众平台、QQ及QQ空间、兴趣部落、腾讯视频、天天快报等平台对一批违法违规信息和账号进行了处理，其中包括清理涉赌、涉毒信息以及色情低俗信息。在腾讯各个产品平台上累计删除/下架视频

7300余个，封停自媒体账号15个，删除QQ空间信息500余条，删除公众号文章1700余篇。

6月27日前后 中央宣传部、文化和旅游部、国家税务总局、国家广播电视总局、国家电影局等联合印发《通知》，要求加强对影视行业天价片酬、"阴阳合同"、偷逃税等问题的治理，控制不合理片酬，推进依法纳税，促进影视业健康发展。

7月

7月1日 中国人工智能开源软件发展联盟成立大会在京举办。会上，中国人工智能开源软件发展联盟发布了《中国人工智能开源软件发展白皮书》和《人工智能深度学习算法评估规范》，清华大学、中科院自动化所、中科院软件所、华为等就开源软件发展情况、人工智能开源软件应用等方面做主题演讲。来自国内人工智能开源软件领域的专家、学者和企业代表200余人参加了会议。

7月6日 国家广播电视总局办公厅印发《关于做好暑期网络视听节目播出工作的通知》。该通知对相关网络视听节目提出了要求，一要制作传播正能量鲜明的青少年节目，二要保护青少年身心健康。对于偶像养成类节目、社会广泛参与选拔的歌唱才艺竞秀类节目，要组织专家从主题立意、价值导向、思想内涵、环节设置等方面进行严格评估，确保节目导向正确、内容健康向上方可播出，坚决遏止节目过度娱乐化和宣扬拜金享乐、急功近利等错误倾向，努力共同营造暑期健康清朗的网络视听环境。

7月10～12日 2018（第17届）中国互联网大会在北京开幕。大会以"融合发展 协同共治——新时代 新征程 新动能"为主题，围绕互联网独角兽、"一带一路"建设、区块链、互联网金融安全、产业互联网、教育、文化旅游、人工智能、网络与设备安全、知识产权保护、个人信息保护等热点领域，密集推出25场论坛活动。2018中国互联网大会继续发布一系列研究成果，包括《中国互联网发展报告2018》《中国互联网站发展状况及其安全报告》《防范打击通讯信息诈骗白皮书》《网络亚文化对于青少年网民价值观影响报告》《电信业数字化转型白皮书（2018）》《大数据安全白皮书》《2018 AI 移动智能终端白皮书·安全部分》《中国大数据法治发展报告》《2018 年中国互联网行业发展态势暨景气指数报告》《国际影视版权输出合同范本》《大数据不正当竞争及电子取证的法律问题研究》等。

7月12日 2018 中国互联网大会闭幕论坛召开，中国互联网协会正式发布《中国互联网发展报告 2018》。根据《报告》披露，截至 2017 年底，中国网民规模达 7.72 亿人。普及率为 55.8%，相比 2016 年新增网民 4074 万人。人均周上网时长为 27 个小时。其中，中国手机网民新增 5734 万人，规模达 7.53 亿人，近一半用户每天刷移动社交软件 3 次以上。与此同时，网络直播用户持续增多。《报告》显示，2017 年中国网络直播用户规模达 3.98 亿人，预计 2019 年用户规模将突破 5 亿人。不过去年直播行业用户规模增速明显放缓，增长率为 28.4%，预计到 2019 年增速将进一步放缓到 10.2%。

7月16日 国家版权局、国家互联网信息办公室、工业和信息化部、公安部联合召开新闻通气会，通报启动打击网络侵权盗版"剑网 2018"专项行动有关情况。此次专项行动自 7 月上旬开始，将利用 4 个多月的时间开展三项重点整治：一是开展网络转载版权专项整治；二是开展短视频版权专项整治；三是开展重点领域版权专项整治。

7月18日 国务院总理李克强主持召开国务院常务会议，部署持续优化营商环境，提高综合竞争力、巩固经济稳中向好；确定加快建设全国一体化在线政务服务平台的措施，以"一网通办"更加便利群众办事创业。会议指出，建设全流程、一体化全国政务服务在线平台，实现"一网通办"，是深化"放管服"改革、推动政府治理现代化的重要举措。

7月19日 中国网络社会组织联合会党委成立大会暨网络社会组织党建工作座谈会在京举行。中央网信办机关党委负责同志宣读了《关于同意成立中国网络社会组织联合会党委的批复》。中国网络社会组织联合会官方网站于当天宣布正式上线，官方微信公众账号也同步开通。

7月20日 2018 中国人工智能国际合作大会在成都召开。此次大会以

"智能引领产业升级,合作加速融合共赢"为主题,吸引了来自政、产、学、研各界嘉宾参会。在大会上,西部人工智能创新中心正式揭牌成立,同期发布了西部地区首个致力于人工智能领域的专业加速计划——人工智能全球创新加速计划。

7月25日 国家主席习近平应邀出席在南非约翰内斯堡举行的金砖国家工商论坛,并发表题为《顺应时代潮流 实现共同发展》的重要讲话。讲话中提到,未来10年,将是世界经济新旧动能转换的关键10年。人工智能、大数据、量子信息、生物技术等新一轮科技革命和产业变革正在积聚力量,催生大量新产业、新业态、新模式,给全球发展和人类生产生活带来翻天覆地的变化。我们要抓住这个重大机遇,推动新兴市场国家和发展中国家实现跨越式发展。

7月25日前后 全国"扫黄打非"办公室公布了2018年上半年工作数据:1~6月,全国共收缴各类非法出版物980余万件,清理淫秽色情等有害信息2700余万条,取缔关闭网站及APP应用6.2万余个;共查处"扫黄打非"案件5500多起,其中行政处罚4800多起,刑事案件565起,刑事处罚1447人。

7月26日 全国"扫黄打非"工作小组办公室联合国家网信办召集中宣部、工信部、公安部、文化和旅游部、国家新闻出版广电总局等有关部门负责人就加大力度打击网上淫秽色情及低俗信息工作进行具体部署,研究制定相关措施、手段,明确下一步打击网上淫秽色情及低俗信息工作的重点任务安排。会议强调,打击网上淫秽色情和低俗信息是当前"扫黄打非"工作的重中之重。

7月26日前后 国家网信办会同工信部、公安部、文化和旅游部、广电总局、全国"扫黄打非"办公室等五部门,针对当前一些网络短视频格调低下、价值导向偏离和低俗恶搞、盗版侵权、"标题党"突出等问题,开展网络短视频行业集中整治,依法处置一批违法违规网络短视频平台。根据《中华人民共和国网络安全法》等相关法律法规,国家网信办会同五部门依法关停"内涵福利社""夜都市Hi""发你视频"等3款网络短视频应用并应用商店下架；联合约谈"哔哩哔哩""秒拍""56视频"等16款网络短视频平台相关负责人，对其中12款平台作出应用商店下架处置，要求平台企业对网民负责、对社会负责，作出全面整改。

7月27日 中国记协新媒体专业委员会在京成立。第一届150多名委员来自新闻宣传管理部门、新闻单位、新闻行业组织、高校新闻院系、新闻研究机构等。大会通过了《中国记协新媒体专业委员会规则》。

7月31日左右 工业和信息化部印发《工业互联网平台建设及推广指南》和《工业互联网平台评价方法》，目的是进一步落实关于发展工业互联网平台的相关部署，引导地方和企业加快平台建设及推广，打造基于平台的制造业新生态。

7月31日左右 国务院印发《关于加快推进全国一体化在线政务服务平台建设的指导意见》，就深入推进"互联网+政务服务"，加快建设全国一体化在线政务服务平台，全面推进政务服务"一网通办"做出部署。

B.20
国际互联网治理大事记

本书课题组*

2017年篇

1月

1月1日 国际电联宣布新的"信息获取"政策，承诺将国际电联所持有、管理或产生的更多信息和文件在网上公开提供。此决定将使国际电联的政策与其他国际组织的政策保持一致。

1月23～24日 ICANN及其政府咨询委员会GAC欠服务区域工作组（Under-served Regions Working Group）展开合作，首届针对政府咨询委员会非洲成员的能力培养工作坊将在肯尼亚内罗毕召开。该工作坊的主题为"释放GAC非洲成员的潜力，构建一个更加美好的ICANN"，旨在帮助非洲执法社群提高执法意识、培养执法能力，了解如何有效参与ICANN、GAC和ICANN政策制定的工作。该工作坊还将重点关注执法机构的能力培养，并审核域名系统及其对公共安全的影响。

2月

2月1日 W3C宣布，W3C和国际数字出版论坛（IDPF）已经达成联合，从而更好地协调网络出版和网络技术，并为未来的出版规划新路线。

2月8日 北约合作网络防御卓越中心、大西洋理事会和荷兰王国驻美

---

* 资料整理：马敏、肖智恬、程晔彤，暨南大学新闻与传播学院硕士研究生。

国大使馆共同组织,发布《塔林手册2.0》。这是由19位国际法专家撰写的关于适用于网络运营的国际法的手册,为处理网络问题提供了国际法律资源参考。

2月13日 ICANN发布"标识符系统攻击缓解方法"文档。该文档创作于2016年8月25日,作为ICANN致力于增强互联网唯一标识符系统的稳定性、安全性和灵活性(SSR)的一部分,努力通过与社区合作来提高对相关攻击的认识,并促进攻击缓解措施的广泛运用。

2月16日 北约和芬兰加强了签署网络防御合作政治框架安排的合作,使北约和芬兰能够更好地保护和提高其网络的弹性。北约根据具体情况调整与伙伴国家的合作关系,考虑共同的价值观、共同的利益和共同的网络防御方式。

2月22~24日 美洲区域筹备会议(RPM)在巴拉圭亚松森召开。与会者评估了国际电联上届世界电信发展大会(WTDC-14)通过的《迪拜行动计划》的持续实施状况,并确定了美洲信息通信技术(ICT)发展战略的优先发展领域。

2月28日 巴塞罗那GSMA2017世界移动通信大会召开。大会关注移动领域的新兴趋势,包括VR、AR、互联家庭,并强调了利用AI进行更智能营销的重要性。

3月

3月1~3日 IGF 2017首次公开磋商会和MAG会议在瑞士联合国日内瓦办事处举行。会议的主要目的是评估2016年IGF会议以及闭会期间的进程,并就2017年IGF会议的方案与结构以及其他正在进行的IGF活动进行讨论。

3月2~3日 中欧数字经济和网络安全专家工作组第三次会议在比利时鲁汶成功举办。中欧数字经济和网络安全专家工作组是第十八次中欧领导人会晤期间,双方建立的一个对话与合作机制。该机制由中国国家互联网信息办公室和欧盟委员会通信网络内容与技术总司共同组织,下设数字经济和

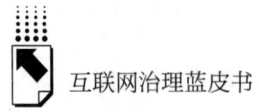

网络安全两个专家工作组,目的在于探讨中欧在数字经济和网络安全领域共同面临的机遇和挑战,推动双方在相关领域的务实合作。

3月10~15日 ICANN61会议在美属波多黎各召开。会议聚焦欧洲GDPR规范,依欧盟要求,ICANN签约方(域名注册局、域名注册商)必须在2017年5月25日前完成合规工作,行之多年的域名WHOIS公众展示信息的揭露程度与公布方式将大幅改革。此外,会议另一焦点放在ICANN如何在域名市场大环境下滑时,仍能保持年度超过1亿美元的预算以及18个月水平的营运预备金。

3月11~16日 ICANN58在丹麦首都哥本哈根由丹麦商业管理局主办。会议聚焦新通用顶级域应用推广、域名系统的不当滥用、域名系统安全扩展、互联网唯一标识符体系、根区轮转测试计划、ICANN司法管辖权等议题提供了面对面深入交流的平台及公开征询的机会,并公开发布了众多与域名系统稳定性与安全性、新通用顶级域注册管理、跨社群问责制工作组决议、政府咨询委员会各工作组等相关的政策执行评估分析报告。

3月13日 APEC举办了2017数字化转型研讨会。会议主要讨论了数字技术对经济的改变,对工业、企业和工人的影响。政府需发挥关键作用,支持转型:推动国家层面的数据连接和可访问性;加强监管框架以支持创新;帮助企业建立数字化能力、鼓励员工积极提升技能与学习新技能。

3月21~23日 亚太地区区域筹备会议(RPM)2017年在印尼巴厘岛举行。会议与会者评估了国际电联上届世界电信发展大会(WTDC-14)通过的《迪拜行动计划》的持续实施状况,并建议了亚太地区信息通信技术(ICT)发展战略的优先发展领域。

3月26~31日 第98届互联网工程任务组会议在芝加哥举行。其间,互联网架构委员会(IAB)和互联网工程指导委员会(IESG)的新成员正式就职。

4月

4月3日 APEC 2017年第55届电信和信息工作组会议在墨西哥城举

行。会议的主要议题是：新兴的互联网经济法规，释放数字经济的潜力，墨西哥电信监管框架，利用信息通信技术保护电信服务用户的权利，网络安全框架和宽带发展的持续工作，以及小型单元部署。

4月3日 2017年APEC互联网经济新兴规则行业圆桌会议，会议主题是促进墨西哥的电信投资。会议预测，根据墨西哥证券交易所的电信服务指数，外国直接投资的增加，加上生产水平的提高、基础设施投资和电信行业收入的增加，增强了投资者的信心。同时提到在互联网服务和电信方面，多元化是供应商公司的下一个目标，移动电话有望在2020年从4G转变为5G。

4月3日 APEC关于加强在线连接以发挥数字经济潜力的研讨会。会议主要围绕以下主题展开讨论：①鼓励引进新的数字产品、服务和采用新技术；②将灵活性的监管作为释放数字经济潜力的工具；③互联网治理的步骤；④数字经济中增强在线连接的语言技术。会议认为，减少不必要的政府干预是为互联网治理营造良好环境的关键，而这反过来又将促进信息通信技术产业的创新。

4月4日 2017年APEC网络安全框架最新情况。会上对网络安全框架提出来了以下建议：最终愿景是达到可持续的经济增长和繁荣；目标是经济一体化、创新性和数字经济基础；原则是合作、文化共享、操作的透明性、平衡的隐私和尊重基本的价值观；策略包括协作、灵活的政府、风险管理、读写能力和可靠的信息通信技术。整个框架的建立将在2017年第四季度完成。

4月19日 布鲁金斯金融和数字包容计划（FDIP）团队主办圆桌会议，探讨了网络安全与金融包容的交叉点。本次圆桌会议为各种公共部门、私营部门和民间社会代表提供了一个机会，以讨论数字金融生态系统中的网络安全关键挑战和机遇，并为决策者、监管机构、金融服务提供商、非政府组织和其他机构利益相关者探讨可能的途径以帮助加强全球金融环境下的网络安全状况。

4月23~25日 2017年W3C的顾问委员会会议在中国北京的国家会议中心举行，会议的主题是"W3C愿景"。会议共安排了8个会议环节，覆盖了 W3C 的愿景与战略发展、加强 Web 核心、下一代用户体验与工业需求、延伸 Web 的覆盖度内容、W3C 流程与 AB 优先级等话题。

4月26日 北约26日宣布于当周在爱沙尼亚举行大规模网络防御演习,为保护网络安全的专业人员提供训练。此次演习由北约爱沙尼亚塔林卓越合作网络防御中心组织,是世界上规模最大、最先进的网络防御演习。

4月27～28日 国际电联世界电信发展大会(WTDC)欧洲区域筹备会议(RPM)在立陶宛维尔纽斯举行。会议与会者评估了2014年举行的国际电联上届世界电信发展大会(WTDC-14)通过的《迪拜行动计划》的持续实施状况,并确定了欧洲信息通信技术(ICT)发展战略的优先发展领域。

4月28～29日 ICANN 及其政府咨询委员会 GAC 欠服务地区工作组展开合作,在斐济纳迪市召开首届 GAC 太平洋地区成员能力培养工作坊。工作坊的主题为"发挥 GAC 太平洋地区代表的潜力,助其更好地参与 ICANN 事务"。

5月

5月6日 ICANN 董事会在波多黎各工作坊会议期间召开公开会议,讨论关于注册管理机构、注册服务机构等内荣。

5月7日 ICANN 董事会在波多黎各工作坊会议期间召开公开会议。聚焦 IGF 的互联网治理合作战略。

5月11日 美国科学和技术政策智囊机构信息技术与创新基金会(ITIF)发布了 ITIF 副总裁 Daniel Castro 关于特朗普政府网络安全行政命令的声明,网络安全应成为特朗普政府的首要任务。

5月12日 2017年 APEC 为促进数字贸易而确定构件块的贸易政策对话,会上分析了亚太经合组织推进数字贸易的关键问题。

5月14日 2017年 APEC 第四届特设指导小组互联网经济会议。会议指出关于亚太经合组织发展互联网经济路线图草案的重点关注领域包括数字基础设施的发展、互操作平台的推广、努力开发和确保普遍宽带接入、为互联网经济采取整体的政府政策框架、促进云的议程、促进区域监管等效机制、促进无缝跨境数据流动、通用数字 ID、建立基线互联网经济测量等。会上还指出，世界上 53% 的人口没有使用互联网，其中 58% 的人在亚太地区。互联网经济的支柱包括互联网经济、技术、创新、经济转型、赋权、信任和安全、融资、基础设施等。

5 月 22~23 日 第四届中东域名系统论坛在埃及开罗举行，此次论坛 ICANN 与 ISOC 合作，由埃及国家电信管理局（NTRA）主办，主题为"加强在中东的数字存在"。该论坛将涵盖与全球域名市场相关的主题，包括来自欧洲，中东和非洲的区域视角，以及引入 1000 多个新通用顶级域名所带来的新行业趋势。其他议题包括区域数字经济、埃及创业以及女性在科技行业的角色等。

6 月

6 月 9 日 上海合作组织成员国元首于 2017 年 6 月 9 日在阿斯塔纳举行元首理事会会议并发表宣言，表示成员国将继续在《上合组织成员国保障国际信息安全政府间合作协定》（2009 年）的基础上切实加强合作，打击在网络信息空间传播恐怖主义、分裂主义和极端主义及为其开脱的行为。为此，成员国将在双边、多边层面同有关国家、国际和地区组织，包括联合国相关机构开展协调。

6 月 12~14 日 IGF 2017 第二次公开磋商和多利益相关方咨询小组会议在瑞士日内瓦的 ITU 总部举行，目的是推进 IGF 2017 年年会的筹备工作，并评估 IGF 社区闭会期间正在进行的活动和其他相关互联网治理论坛。

6 月 12~16 日 2017 年 WSIS 论坛在日内瓦举行，论坛关注卫生、教育、性别赋权、环境、基础设施和创新等重点可持续发展目标领域的可持续发展趋势和包容性举措。此次活动是由国际电联、联合国教科文组织、联合国贸发会议和联合国开发计划署共同举办。

6 月 19 日 亚欧数字互联互通高级别论坛在青岛举行，来自亚欧会议

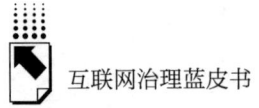

各成员方和有关国际组织的600多名代表参加了论坛。国务院副总理汪洋出席开幕式并发表了主旨演讲。

6月23~24日 ICANN及其政府咨询委员会GAC欠服务地区工作组和公共安全工作组与ZA域名管理局（ZADNA）在南非约翰内斯堡合作举办第二届执法机构能力建设研讨会。此研讨会的基本主题是发挥非洲政府的潜力，鼓励他们积极参与政府咨询委员会和互联网名称与数字地址分配机构的政策制定流程。

6月26~29日 ICANN59在南非约翰内斯堡举行，这将是继开普敦第21届ICANN和德班第47届ICANN之后第三次返回南非。会议主要关注当时的政策制定工作，推广活动以及与社区建立联系的机会。

6月27日 韩国加入APEC数据隐私计划，成为亚太经合组织跨境隐私规则体系的最新成员，加强了电子商务领域的发展潜力，并保护了亚太地区网上交易中的敏感消费数据。

6月29日 南非约翰内斯堡第59届ICANN政府咨询委员会会议发布了约翰内斯堡公报。

7月

7月3日 "2017年金砖国家网络大学年会"结束，中国、俄罗斯、南非、巴西、印度"金砖五国"的5位代表签署了《2017年金砖国家网络大学年会郑州共识》。在签署《郑州共识》的前一天晚上，中国华北水利水电大学、巴西里约热内卢联邦大学、印度贝拿勒斯印度教大学等5所高校还签署了金砖国家网络大学框架下的《多边合作备忘录》。

7月5日 国际电信联盟发布2017年全球网络安全指数（GCI-2017），对各国在应对全球网络安全问题上的承诺和行动进行了全面衡量。这份报告的评估显示，在全球193个国际电信联盟成员国中，排名前10位的国家分别是新加坡、美国、马来西亚、阿曼、爱沙尼亚、毛里求斯、澳大利亚、格鲁吉亚、法国、加拿大、俄罗斯。就亚洲而言，日本名列第11位，印度排在第23位，中国名列第32位。另外，报告指出全球只有38%的国家发布了网络安全战略，另有12%的国家还在制定相关战略的过程中。

7月14日 ITU在巴哈马拿索举办的全球监管机构专题研讨会，首次推出报告《2017年全球ICT监管展望》，以跟踪ICT行业市场和监管趋势及其对各经济体的影响。

7月16~21日 第99届国际互联网工程任务组会议在布拉格举行，培训和技术指导于7月16日举行。会议上，华为提交了基于IP/MPLS的控制层面和1588 V2等相关内容FlexE标准草案，使FlexE成为端到端的组网技术。

7月25日 以"创新驱动，媒体变革"为主题的中坦网络新媒体圆桌会议在坦桑尼亚达累斯萨拉姆举行。来自中坦两国政府、企业界、传媒及学术界的数十位嘉宾就推动两国新媒体合作进行了深入交流。

7月30日 俄罗斯总统普京签署法令，正式禁止在俄罗斯使用VPN上网。普京签署的这一法律，之前已经获得了俄罗斯国家杜马的批准。据悉，新法律将会在11月1日正式生效。

7月31日 国际电信联盟发布《2017年全球信息通信技术：事实与数字》，数据表明，15~24岁青年对互联网的使用持续增长。在最不发达国家（LDC），高达35%的互联网个人用户是15~24岁的青年人，而发达国家的这一数字为13%，全球范围内的该数字为23%。仅中国和印度就有3.2亿年轻人在使用互联网。

7月31日 《新通用顶级域（gTLD）注册管理机构基准协议》2017版全球修订案正式生效。修正案是ICANN组织与RySG工作组之间双边谈判的结果。

8月

8月9日 ICANN发布报告"通用顶级域（gTLD）中域名系统滥用统计分析"。竞争、消费者信任和消费者选择审核小组（CCTRT）申请进行这项调查。CCTRT通过确定调查参数，尝试衡量域名系统中常见滥用活动的发生比率，如：垃圾邮件、网络钓鱼、恶意软件的传播等。

9月

9月6日 2017年中国—阿拉伯国家博览会网上丝绸之路大会举办，中阿政要、工商界、专家学者，共同围绕"网上丝绸之路"建设，以及数字经济国际合作等话题展开讨论。

9月10日 中国和孟加拉国两国政府代表在孟加拉国首都达卡签署网络建设框架协议，中方将为孟方提供优惠贷款，将用于支持孟加拉国政府基础网络三期项目和通信网络现代化项目的建设。

9月12日 土耳其交通、航运和信息部部长艾哈迈德·阿尔斯兰表示，土耳其政府正在计划出台新的国家网络安全战略和行动计划。此举旨在应对当今来自国内外的网络安全威胁、打击网络犯罪、防范黑客攻击。

9月12~14日 世界移动通信大会美洲展12日至14日在美国旧金山举行，来自全球移动产业和相关领域的约3万名专业人士齐聚一堂，重点关注第五代移动通信技术（5G）等移动领域的创新技术、产品和服务。

9月15日 英国国家计算中心（NCC）为保障政府、央行、监管机构等多家组织的网络安全，特创立新一代威胁保障中心（CENTA），聘请3家银行网络专家就网络弹性与最佳实践方案提供可靠建议。

9月21日 ICANN宣布启动自愿参与的注册数据访问协议（Registration Data Access Protocol，RDAP）试点项目。该项目将于2017年9月5日启动，2018年7月31日结束。注册数据访问协议（RDAP）使得用户能够访问当前的注册数据，该协议旨在替代WHOIS协议。

9月25日 由ITU主办的2017年世界电信展在韩国釜山开幕，凸显了包括5G、人工智能、虚拟现实和物联网（IoT）等创新技术。

9月25日 2017中俄网络媒体年会暨中俄青年媒体创新营在俄罗斯南部城市顿河畔罗斯托夫开幕。与会者将在活动期间就网络媒体新形式和新机遇、互联网信息安全等话题进行交流和探讨。

10月

10月2日 联合国贸易暨发展会议（UNCTAD）发布《2017年信息经

济报告：数字化、贸易与发展》。报告认为，数字化正在影响生产和贸易的各个方面，包括从最大的公司到最小的贸易商，同时也存在导致收入不平等扩大的风险。报告呼吁，"所有国家都需要调整他们的教育和培训系统，以提供数字经济所需的技能"。

10月16~27日 国际电联第十六研究组（ITU－T SG16）全会在澳门举行。在10月17日下午，ITU－T组织了一场关于未来内容分发网络（CDN）技术与视频产业的工作坊。

10月9~20日 阿根廷布宜诺斯艾利斯召开世界电信发展大会（WTDC－17），WTDC制定了电信/ICT发展的战略和目标，为国际电联电信发展部门（ITU－D）提供了未来的方向和指导。其中，会议宣布加强对ITU－D任务和战略目标的政治支持和ITU－D对2020~2023年国际电信联盟战略计划的贡献；还宣布了包含区域举措的ITU－D行动计划，支持实现该部门目标的新的和经修订的决议和建议，以及由ITU－D研究组研究的新的和经修订的课题。

10月11日 ITU联合国信息和通信技术专门机构（ICT）出版了题为《以ICT为中心的经济增长、创新和创造就业》的研究报告。该报告论述了信息通信技术在创新、治理、教育、创造就业和经济增长等领域提供的机遇，为促进社会和经济发展提供路线图和实用战略。

10月11日 OECD发布《经合组织数字经济展望2017》，报告强调了经合组织国家和伙伴经济体如何利用信息和通信技术（ICT）和互联网来实现其公共政策目标。通过比较论证，它向政策制定者提供监管实践和政策选择，帮助最大限度地发挥数字经济的潜力，推动创新和包容性增长。

10月14日 全球网络安全合作计划（Epic）正式启动，旨在加强各区域生态系统间的协作关系。来自14个创始网络安全生态系统中多数区域的代表，在CyberSec欧洲网络安全论坛上签署一份意向书，计划建立新的全球性安全协作组织。

10月28日~11月3日 ICANN第60届年会在阿布扎比国家展览中心

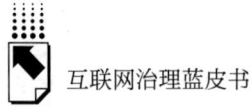

举行。会议的一个重要主题是欧盟颁布的《通用数据保护条例》,专家就该条例的影响、新通用顶级域名(New gTLD)下一轮开放政策、ICANN 域名服务门户(NSP)研发进度、中文变体规则进展等主要议题进行了独家解读。

11月

11月8日 2017年APEC工商领导人峰会在越南中部城市岘港开幕。会议围绕区域经济一体化、包容性增长、互联互通、互联网数字经济、可持续发展等议题展开讨论。11月10日至11日,举行APEC领导人第二十五次非正式会议。

11月11~17日 第100届国际互联网工程任务组(IETF)会议在新加坡举行。会议的共识是在章程文本中增加安全设备BM和测试设备校准。

11月13日 APEC第二十五次领导人非正式会议通过《APEC互联网和数字经济路线图》和《APEC跨境电子商务便利化框架》,均表明各方希望加强互联网和数字经济合作,弥合数字鸿沟,让更多人分享数字红利。

11月14日 OECD发展中心最新一期的《东南亚、中国和印度经济展望2018》报告指出,数字化将能促进新兴亚洲国家(东盟十国、中国和印度)中期经济的持续增长。

11月15日 国际电信联盟发布第九版年度《衡量信息社会报告(MIS)》。报告显示,物联网、人工智能和大数据成为主要趋势,并公布全球最新信息通信技术(ICT)发展指数国别排名,冰岛在2017年IDI排名中高居榜首,紧随其后的是亚太地区的两个国家和一个经济体以及欧洲其他六个国家。

11月17日 第15届国际电联世界电信/ICT大会在突尼斯的哈马马特举行,会上确认了物联网、云计算、人工智能和智能可持续城市智能数据等创新信息和通信技术(ICT)的经济机遇。

11月28日 北约代号为"网络联盟"(Cyber Coalition)的大规模网络

战演习在爱沙尼亚拉开帷幕,此次演习持续到12月1日。该次演习目的在于检查北约成员国及伙伴国应付网络攻击的能力,并演练专家在国内和国际层面的协作。

12月

12月3日 英国国家网络安全中心(NCSC)向英国政府所有部门发出警告,要求它们不要使用卡巴斯基反病毒软件,声称俄罗斯政府可以利用该软件,因此可能威胁到英国国家安全。

12月4~7日 柬埔寨邮电部和国际电信联盟在柬埔寨金边联合举办国际电信联盟2017年亚洲和太平洋区域无线电通信研讨会。会议讨论国家和国际层面的频谱管理监测、国家监管计划以及频谱管理的监管和市场。

12月13日 美国总统特朗普签署了一项新法令,命令接下来各政府部门将不能继续使用卡巴斯基实验室的杀毒软件。

12月14日 ICANN发布了关于FY19公共技术标识(PTI)和互联网分配机构(IANA)的运营和预算计划的公众意见报告。

12月14日 美国联邦通信委员会以3票对2票的投票结果废除了一项名为"网络中立"(Net Neutrality)的规定。

12月18~21日 主题为"塑造你的数字化未来"的第12届联合国互联网治理论坛在日内瓦开幕。在为期4天的论坛上,来自全球政界、商界、学界以及非政府组织等的2000多名代表将围绕人工智能、大数据、假新闻、物联网以及虚拟现实技术等议题,进行约40场专题讨论。

12月18日 美国总统特朗普按照法律规定的责任公布了其任内首份《国家安全战略报告》,美国白宫将5G网络推出列为国家安全首要任务。报告涉及网络安全的内容有三个方面:投入资源以支持并提升实现网络攻击归因的能力,确保有能力做出快速反应;努力改善政府已经严重老化的IT基础设施;推动一轮"吸引、培养及挽留"各政府机构与部门网络安全专业人员队伍的努力。

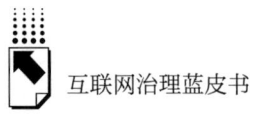

2018年篇（1~7月）

1月

1月1日 互联网协会发布了2018年行动计划，旨在让协会所有人为即将到来的工作做好准备。计划主要分为三个方面：开展全面、持续的运动，通过积极行动推动一系列重点突出事项；加强和扩展互联网协会社区和组织，为实现其愿景奠定更坚实的基础；培养举措应对不断变化的环境，并为我们的社区定位。

1月1日 德国《社交媒体管理法》开始施行，使德国成为第一个立法限制社交媒体不当言论的国家。《社交媒体管理法》共分为六部分：法案适用范围、社交媒体上报职责、违法内容处理方式、处罚金条例、企业国内代理人、过渡时期条例等。该法针对网络上的"仇恨、煽动性言论、虚假新闻内容"，整合并修订了2015年以来德国司法部颁布的一系列相关法令，对脸书、推特等在德国境内提供内容服务的社交网络平台提出了更为严格的监管要求。

1月15日 英国、欧盟和美国的金融机构监管者先后发布关于金融数据共享的法规或指导意见，计划2017年开始实行。金融数据共享虽然看起来更像是监管变化而不是技术突破，但它带给金融领域的冲击和改变，一点都不逊于目前的任何金融科技。英国《经济学人》将其称为欧洲银行业的"地震"。

1月29日 2018年互联网利益相关团体聚集在一起举行了美国首席互联网政策大会，对2018年互联网面临的最紧迫问题进行讨论，其中包括互联网对民主言论自由、区块链等的影响以及科技行业和政策制定者面临的一些问题。

1月29~31日 2018国际网络安全大会在以色列举行，上百家电子科技公司参加了展览会，来自各国的政府决策者、网络安全领域的技术专家、企业家共同参加了主题会议讨论。

2月

2月13日 北约与摩尔多瓦共同启动第二个网络防御项目,该项目的主要内容之一是建立摩尔多瓦武装部队的网络事件响应能力,并支持网络防御基础设施。摩尔多瓦武装部队正在发展和改进其网络防御能力,以便能够面对可能影响军事信息网络管理和安全的网络威胁。

2月15日 兰德公司发布了《关注网络安全小册》。网络安全已经成为全球政府和国际组织的突出问题,该书着眼于网络安全问题,并详述了兰德欧洲在该领域的专业知识和工作。

2月19~21日 第22届世界信息技术大会(WCIT)首次在印度上演,将业务、技术、领导结合起来。印度领导论坛是NASSCOM的旗舰平台,它是思想、创新、战略、商业和未来的大熔炉。

2月24~25日 ICANN及其ICANN政府咨询委员会欠服务地区工作组展开合作,在尼泊尔信息科技部的支持下,于尼泊尔加德满都召开首届亚洲GAC成员能力建设工作坊。

2月28日 GSMA和ICANN在周内于巴塞罗那举行的移动世界大会上签署了谅解备忘录(MoU),旨在对互联网管理问题加强协作和提高认识。该协议由GSMA总干事Mats Granryd和ICANN总裁兼首席执行官GöranMarby签署。

2月 北约发布了网络防御情况说明书。网络威胁不断演变,而针对北约的高级别网络攻击表明,网络防御和恢复能力是首要任务。说明书主要包括:北约的网络防御策略、对北约的网络攻击、北约的网络空间防御能力、与合作伙伴的合作、与行业的合作。

3月

3月3日 2018年APEC关于电子商务和数字经济现和新问题的公私对话召开。会议中主要讨论了几个重要问题:①国际贸易和消费者保护;②数据流、隐私和本地化。会议指出在国际贸易中对消费者的保护应做好以下几个方面：①对数据隐私的保护；②在网络安全和在线消费者保护方面的合作；③解决未经请求的商业电子信息问题（垃圾邮件）。

3月7日 2018年APEC数字经济政策对话。会上提出要促进电子商务使中小微企业全球化。中小企业是亚太经合组织企业的主体，大部分的就业机会也与中小企业有关。然而，中小企业参与国际贸易的比例相对较低。因此，要促进中小微企业的电子商务全球化，首先要对业务基本原理进行认识和了解；其次通过社交媒体获得网上销售的初步经验；最后克服加入市场平台面临的困难。

3月7日 新加坡加入APEC数据隐私系统，已成为亚太经合组织跨境保密规则体系的最新成员，进一步推动了电子商务的发展，并保护了亚太地区敏感的在线消费者数据。

3月12日 美洲国家组织总秘书处（美洲开发银行）通过其美洲电信委员会（CITEL）和互联网协会（ISOC）签署了合作协议，促进建立新的社区网络，提供进入美洲农村和偏远地区的途径。

3月16日 财务计划理事会小组（CWG-SFP）在2017年5月至2018年1月的前3次会议上制定了国际电联2020~2023年战略计划草案，决定就该计划草案进行公开磋商并公布。

3月18~23日 ICANN与Google在伦敦举办了IETF第101届会议，讨论如何推进制定新的拟定标准和规范，以及如何改进和改善现有标准和规范。

3月19~23日 2018年WSIS论坛在日内瓦举行，该次论坛将侧重于信息通信技术推动实现可持续发展目标，关注卫生、教育、性别赋权、环境、基础设施和创新等重点可持续发展目标领域的可持续发展趋势和包容性举措。

3月20~22日 2018年IGF2018首次公开磋商会和MAG会议在瑞士日内瓦的ITU总部举行。为期3天的会议的主要目的是评估IGF2017会议和闭会期间进程，并就IGF 2018会议的计划和结构以及IGF正在开展的其他活动展开讨论。

4月

4月9日 互联网名称与数字地址分配机构（ICANN）发布了《ICANN61数据分类报告》，其中包括技术、人口统计和考勤统计。这份报告总结了ICANN第三社区论坛关于新会议策略的发现。

4月16日 SC27国际网络安全标准化工作会议在中国举行，SC27是负责研究制定网络安全国际标准的标准化组织，负责开展网络安全国际标准的研究和制定，多年来在国际网络空间治理和网络安全技术发展进程中发挥着重要作用。

4月27日 印度工商联合会与普华永道近日联合发布的《重新审视印度媒体与娱乐产业》报告称，通过2000多部电影、800多家电视频道、250多家广播电台、10万多家报纸和杂志及成千上万的直播，2017年印度创造了世界上最多的媒体内容小时数，印度媒体数字化进程加快。

4月27日 国际电联杂志第一期发布，信息通信技术（ICT）发现预测人工智能（AI）如何通过提高通信网络的性能和效率来改善用户体验。这项技术分析与对AI进展的社会和伦理维度的调查相匹配，凸显了人工智能在认知无线电、自动驾驶和网络安全等领域支持通信网络和服务的潜力。它指出了人工智能在监测环境方面的价值，提出了对人类价值观敏感的人工智能系统的设计原则。该研究通过欧洲劳动力市场的视角进行了研究。另外，重点是提高人工智能能力的伦理意义，特别是与数据安全相关的伦理。

5月

5月6~7日 联合国宽带委员会可持续发展委员会在卢旺达基加利召开的春季会议上承诺采取具体行动，推动全球宽带的推广，并为此推出急需的数字连接。这是实现联合国可持续发展目标的必要举措。

5月15日 经合组织发布了《保护数字消费者的工具包》，该工具包为保护数字消费者和加强对电子商务的信任提供了一套原则和做法。尽管电子商务具有优势和便利性，但消费者在任何时间、任何地点，特别是跨境交易

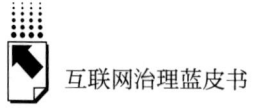

中进行在线交易的便捷性和速度可能会造成他们不熟悉的情况，并使他们的利益处于危险之中。

5月15~17日 全球人工智能峰会（the AI for Good Global Summit）由ITU在日内瓦举行。以行动为导向的2018年峰会确定了人工智能的实际应用和支持策略，以改善人们的生活质量和可持续性。首脑会议继续制定战略，确保人工智能技术得到可信、安全和包容的发展，并公平地获得其好处。

5月30日 国际电联第18届监管机构全球研讨会（GSR-18）举行，新的工具、资源、报告将在GSR-18上发布。这将包括年度最佳实践指南，并用于建立新的年度国际基准。

5月31日 被称为"互联网女王"的凯鹏华盈（KPCB）合伙人Mary Meeker发布了《2018年度互联网趋势报告》，讲述了技术和互联网的发展对全球经济的影响，以及对用户日常生活的改变作用。

5月31日 美国智库新美国基金会（New America Foundation）的网络安全倡议项目于5月31日发布报告，建议联邦政府考虑三项"优先努力"，以帮助各州政府推进改善其网络安全。内容包括①建议联邦政府指定与国家优先事项相关的特别网络安全资金；②建议联邦政府采取措施缓解和简化联邦事件的响应、指导和援助项目；③建议联邦政府优先考虑和扩大正式的本地化援助计划，尤其是国土安全部（DHS）和国防部（DoD）。

6月

6月18~20日 2018国际电联全球ICT能力建设研讨会在多米尼加共和国圣多明各举行，特别注重"数字经济与社会发展的技能"。与会者探讨了信息和通信技术（ICT）领域的新兴趋势如何改变了数字经济和社会的人力资源技能要求，以及对能力建设举措的影响。与会者认为，信息通信技术需要纳入国家政策和发展项目活动的实施中，并强调能力建设和技能开发作为数字议程不可分割的组成部分的重要性。

6月20日 ICANN发布了通用顶级域名健康指数（Beta）的更新，其中提供了与通用顶级域名（gTLD）相关的统计数据和趋势。

6月25日 2020年ICANN公开会议地点公布。墨西哥坎昆，已被选定为在拉丁美洲的位置和加勒比地区举办ICANN的67次公开会议，社区论坛将于2020年3月7日至12日在坎昆国际会展中心举行。马来西亚吉隆坡，已被选定为在亚太地区的位置主办ICANN的68次公开会议，政策论坛将于2020年6月22日至25日在吉隆坡会议中心举行。德国汉堡，已被选定为在欧洲地区的位置主办ICANN的69次公开会议，年度股东大会将于2020年10月17日至22日在汉堡会议中心。

6月25～28日 第62次ICANN会议在巴拿马召开，该次会议形式为政策论坛，主要聚焦于以下议题：①受欧盟GDPR影响，未来WHOIS信息揭露实施细则的讨论和落实方法；②下一轮新顶级域开放的预备工作；③上一轮新顶级域拍卖基金回馈社群的初步方案。

6月28日 经合组织宽带统计更新，高速移动互联网用户的增长了80亿美元，或6.1%，至2017年12月，移动宽带普及率超过102%。在OECD地区，宽带门户网站现在覆盖37个国家。截至2017年12月，在13.44亿人口中，有13.77亿移动宽带订阅，相当于每100人102.4次订阅；希腊（24%）增长速度最快，其次是智利（23.4%），波兰（19%）和比利时（15%）；移动宽带普及率最高的几个国家是日本、芬兰、爱沙尼亚和美国。

7月

7月9～12日 2018年全球监管机构专题研讨会（GSR-18）在瑞士日内瓦举行。全世界的决策机构、监管机构和企业代表齐聚GSR-18，通过协作共同确定可为人们生活带来实质性变化的创新型监管应对措施。GSR-18讨论的主题包括数字化转型的新兴技术、人工智能促发展、新监管前沿、不同平台的数字身份、在智慧数据驱动的经济中保护个人数据、新的可持续投资模型。

7月9日 ITU和全球网络联盟（GCA）于7月9日签署了一项联合宣言，为建设更加稳妥和安全的信息社会开展合作。根据该协议，两家组织将

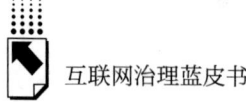

探索帮助国际电联成员国提高网络威胁响应水平而制定机制、开发工具和服务的可能性。

7月12日 联合国宽带促进可持续发展委员会最弱势国家宽带工作组在联合国总部发布了一份报告，指出宽带（高速互联网）在帮助最不发达国家（LDC）克服缺陷、发展经济和改善民生方面发挥着有价值的作用。在四个最不发达国家——柬埔寨、卢旺达、塞内加尔和瓦努阿图，扩充基础设施和提升宽带价格可承受性方面取得的巨大进步。此外，报告称窄带业务，例如卫生和农业部门短信的业务以及移动货币短信业务亦为改善民生做出了贡献。

7月26日 美国情报部门发布2018年网络空间外国经济间谍报告，提出中国、俄罗斯和伊朗在网络空间对美国经济安全构成最严重的威胁。报告认为，中国会继续通过网络途径和其他方法对美国专有技术和知识产权构成威胁，这一威胁如果没有得到解决，将会削弱美国在经济领域的长期竞争优势。

Abstract

As a new social form, internet society is bringing profound changes to human life. Internet society governance has also become an important part of the national governance system and governance modernization, and is also an important subject. China's internet society governance has reached a new level in 2017 - 2018. In terms of national top-level design, President Xi has clearly put forward the strategic thought of making China a strong country on the Internet. In the practice of the subject of internet society governance, administrative department supervision, Internet industry autonomy and citizen participation supervision are carried out simultaneously, and the mode of multi-subject collaborative governance is deepened constantly. At the level of global Internet governance, China has made an active voice on the global Internet governance platform and constantly strengthened exchanges and cooperation with other countries.

At the same time, China's internet society governance also faces a series of old and new problems. From 2017 to 2018, the focus problems of China's internet society governance mainly include the chaotic industry of short video, the vulnerability of personal information protection, the chaotic recommendation of algorithm, and the continuous disputes over network copyright. With the constant emergence, development and application of new technologies, algorithm governance, blockchain governance, etc. will become an important trend of network social governance.

This report is divided into four parts: general report, sub-report, exploration report, platform report and overseas report. In the general report, this book summarizes the main achievements and focus problems of China's internet society governance in 2017 - 2018, and makes a prospect of the future governance trend. In the evaluation part, this book focuses on the evaluation of the comprehensive governance capacity of network communication platforms, based on a relatively comprehensive evaluation index system, conducts empirical analysis on the samples of five types of network communication platforms, finds the advantages and disadvantages of various types of platform governance, and then proposes the improvement strategy of governance capacity. In the sub-report, the book focuses on the in-depth data analysis of annual hot spots in specific fields such as internet society risk, webcast and big data governance. In the exploration part, the book makes a theoretical analysis of the annual hot topics such as short video, internet rumors, internet trust, internet copyright, internet privacy, blockchain and other specific aspects, providing valuable enlightenment for the governance. In the platform report, specific cases and detailed data are used to present the practical experience and exploration of different Internet platform enterprises undertaking social responsibility, conducting platform autonomy and participating in internet society governance, bringing forward the front-line dynamic of the industry. In the overseas part, this book analyzes the situation, measures and future trends of global and representative countries' network governance from multiple perspectives such as institutions and laws, providing enlightenment for China to conduct domestic internet society governance and participate in international cyberspace governance.

Below are three features of the blue book:

Firstly, this is the first annual blue book that comprehensively reflects problems in various fields of internet society and their governance. This report focuses on the internet society. From this perspective, it covers a wide range of fields including economy, law, culture, ecology and international relations. From the top level design at the national level, public participation in organizations at the social level, and participation and cooperation at the global level, it systematically presents the basic pattern of internet society governance.

Secondly, this blue book is the first to comprehensively evaluate the comprehensive governance capacity of online communication platforms. Platform governance is an important shift in lean government era, and also an important focus of Internet governance. The evaluation index system of the comprehensive governance capacity of the network communication platform realizes the quantitative investigation and comprehensive evaluation of the governance capacity of the network communication platform, which is of reference value to the government, enterprises and citizens.

Thirdly, this blue book has a cross-disciplinary and cross-industry perspective. internet society governance is a complex system engineering. This blue book integrates the disciplines of management, sociology, journalism and communication, psychology, law, and computer science, integrates the power of academic circles, Internet enterprises and think tanks, and takes into account the domestic and foreign perspectives, presenting a rich and detailed picture of the theory and practice of internet society governance.

Contents

I General Report

General Situation Report

B. 1 Achievements, Problems and Trends of China's Internet

Society Governance (2017 -2018)　　　　*Research Group* / 001

Abstract: The internet society governance in China has entered a new phase in 2017 -2018. In the aspect of national top-level design, Xi Jinping's Strategic Thought on Building an Internet Power had been proposed explicitly; the country concentrated on promoting innovation and development of information technology; the construction of internet legal system was specialized. As for the practical action of internet society governance actors, the management of administrative department, the self-regulation of internet industry and the supervision of the public were implemented together, thus it deepened the multi-actor collaboration model. In the aspect of taking part in global internet society governance, China made an active voice on global internet society governance stage, as well as communicated and cooperated with other countries more often continuously. In 2017 -2018, the core issues in internet society governance of China included problems in short video industry, personal information protection, algorithm push and online copyright. With the emergence, development and application of new technologies, algorithm governance, blockchain governance and other methods will become significant trends in internet society governance.

Keywords: Internet Society; Governance Achievement; Governance Problem; Governance Trend

Evaluation report

B.2 An Evaluation on the Governance Capacity of Internet Communication Platforms (2017 -2018) *Research Group* / 072

Abstract: According to the assessment system of the group in 2017, this paper conducted a one-month observation survey on 145 representative samples of network communication platforms in provincial news websites, mobile news APPS, video websites, BBS communities and Webcast platforms during the sampling period. This paper finds that the governance capability of domestic network communication platforms is generally at a good level. There are differences in governance capabilities between different types of platforms and between different types of platforms. This paper provides a targeted reference strategy for improving the comprehensive governance capability of network communication platform.

Keywords: Internet Communication Platform; Governance Capacity; Evaluation System; The Analytic Hierarchy Process

Ⅱ Sub-report

B.3 Risk Governanceon on Internet Society in China (2017)
Liu Pengfei, Zhang Li and Qu Xiaocheng / 095

Abstract: China has become a great power of the Internet with the number of Internet users ranking first worldwide in 2017. The development of the internet society has experienced profound changes, from 1994 when China began to fully access to the Internet to now. With some new technologies like artificial intelligence and big data combined with the production and distribution of news, we have entered the age of intelligence media. Internet governance is currently stepping into a new stage, from the governance of online information to the regularization of network behavior. Based on the hot issues in 2017, this thesis analyses the difficulties and risk of the governance of the Internet society, summarizes internet governance experience, and proposes to differentiate varieties of levels, to tolerate and guide online public opinion, to involve multi-participation, and to dialectically treat the development of new technologies.

Keywords: Internet Society; Risk Governance; Experience and Strategies

B. 4　China's Webcast Industry Ecology and Governance (2017)

Chen Yong, Song Fuli / 115

Abstract: Webcast started in 2015. With a rapid speed, it has occupied the front of the Internet and become the favorite of the new social network era. After the war of thousands broadcasting emerged in 2016, the webcast industry in 2017 also experienced profound adjustment while maintaining the prosperity, and the polarization of the webcast industry became increasingly obvious. Around this differentiation, new forms of webcast and business models emerge. The dominant webcast giant began to share the commercial fruits of the broadcast. In 2017, the vulgarization tendency and negative general use of webcast are also increasingly prominent. The government regulatory authorities have begun to intervene in the supervision of webcast vigorously, clarify the supervision responsibilities, cover the blind areas of supervision, and bring fresh air to the webcast space.

Keywords: Webcast; Industry Ecology; Live Webcast Management; Regulatory Measures

B. 5 Annual Report on Internet Space Management in Guiyang
in the Era of Big Data (2017)   *Liu Gang, Shen Gang* / 132

Abstract: Aiming at building fair sharing innovative center city, Guiyang's cyberspace governance is guided by the overall national security and network security concept, and adhere to the principle of development and security and big data. Acvording to the "1 + 1 + 3 + N" big data and the overall plan of network security and the construction of the "eight system" architecture, Gui Yang plays the advantage of national big data comprehensive experimental zone , and gradually builds up the data and network security system. Gui Yang promotes the construction of national big data city and cyber security sample pilot city, so as to provides a strong guarantee for building Gui Yang into "China Digital Valley".

Keywords: Cyberspace Governance; Guiyang; Big Data; Cyber Security

III Exploration Part

B. 6 China's Short Video Development Status, Chaos
and Governance   *Zhong Ying, Liu Lifang* / 148

Abstract: Short video industry is growing barbarous in the pursuit of capital market. With the emergence of pan-entertainment and inferior content, many chaos is generated, which is mainly reflected in the vulgarization, homogenization, false information and information leakage of content information, infringement and other issues. This study analyzes the reasons behind the development of short video from the economic, psychological, a multi-governance method of combining management and other dimensions, sorts out the current situation of short video governance, analyzes the governance dilemma of short video, and then proposes a multi-governance method of combining policy, industry, transmitter, audience, platform and technology.

Keywords: Short Video; Chaos and Dilemma; Multiple Co-governance

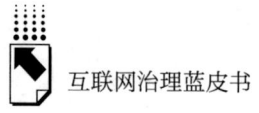

互联网治理蓝皮书

B.7 Research on Influences of Trust on Online Public Opinion Expression

—A Empirical Analysis Based on OLS Regression Model

Liu Yi, Zhao Zexu / 170

Abstract: As a social capital, trust is a social resource acquired through social network. Using the OLS regression model to analyze the survey data, we find that the media trust and the social interaction have a positive impact on the activity of online public opinion expression, and the government trust has a negative impact on the activity of online public opinion expression. The social trust, social mentality and subjective well-being have a positive impact on the degree of rationality of online public opinion expression. There is a significant difference in the activity of online public opinion expression among respondents with different occupations and there is also a significant difference in the degree of rationality of online public opinion expression among different gender respondents.

Keywords: Public Trust; Internet Opinion Expression; Influence Factor

B.8 Research on Rumors Spread and Guidance Based on System Dynamics Network

Yang Jincheng, Ma Long and Zeng Runxi / 188

Abstract: It is of great theoretical significance that big data can be used to research the transformation model of emergencies network rumors, which can accurately grasp the transformation mode of network rumors in big data environment and determine the priorities of network rumors. Quantitatively describe the propagation process of network rumors and construct a system dynamics model of network rumors. This paper analyzes the changes of network rumors in the spread of online rumors and the impact of various influencing factors on the dissemination of online rumors. The results of simulation analysis show that factors such as the number of susceptible people, contact rate, rumor and other factors play a crucial role in the dissemination of network rumors, and propose management suggestions for relevant government departments to respond to network rumors.

Keywords: Network Rumors; System Dynamics; Communication Rules; Internet Public Opinion; Big Data

B.9 Privacy Issues in Internet Governance: Privacy Infringement and Protection Strategies in Social Network Environment
   Xu Jinghong, Chen Wenbing, Hu Shiming and Cheng Xuemei / 207

Abstract: With the development of social network and the advent of big data era, personal information security is facing unprecedented challenges. Internet information privacy security has become an important issue in global Internet governance. This article, from the perspective of the relationship between Internet privacy and social networking, combs important network privacy security cases of 2017, analyses the potential threat of network privacy security, and the cause of network privacy infringement—including the complexity of network space, personal protection consciousness, legal policy system is not sound, frequent network malicious attacks, network security service system is not perfect. On this basis, this paper also puts forward the protection strategy of network privacy from the legal level, personal level, Internet service provider level and international level.

Keywords: Network Privacy; Internet Governance; Social Networks; Privacy Protection

B.10 The Legal Dilemma and Solution of Non-interactive Network Communication *Niu Jing, Chang Mingzhi* / 218

Abstract: With the development of network technology, Non-interactive

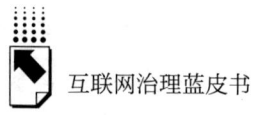

Network Communication such as live broadcast and regular play have been appeared, but the nature of Non-interactive Network Communication have resulted in disagreement between the judicial and theoretical circles. There are three types of judgements, or determine that they infringe on the Right of Information Network Communication, or determine its infringement of Broadcasting Rights, or determine its infringement "Other rights enjoyed by the copyright owner". Based on the analysis of Non-interactive Network Communication, whether it can be applied to the Right of Information Network Communication and Broadcasting Rights or "save clause" is still a problem. Finally I think it is a better way to solve the non-interactive network communication to expand Broadcasting Right, or merge Broadcasting Right and the Right of Information Network Communication and establish "the Right of Communication to the Public".

Keywords: "Non-interactive" Network Communication; The Right of Information Network Communication; Broadcasting Rights; The Right to Communicate to the Public

B.11 Blockchain: the Powerful Tool which Builds the Great Wall of Integrity in Internet Society

Zhang Tianwen, Peng Zhiguo / 228

Abstract: Blockchain applications gradually extending from credit reporting to financial, supply chain traceability, data storage, online trading, archives management, intellectual property rights, charity and all walks of life such as the Internet of things combined with cloud computing, big data, such as a new generation of information technology, build a credible mechanism, the change in social business model, so as to lead a new round of social change. This paper explains how blockchain as a trust machine works in easy-to-understand language, and points out that blockchain mode will push Internet governance from passive defense to active construction. This paper proposes to build the Great Wall of network social integrity by building blockchain public platform in various industries. It puts forward the three steps for the construction of the route, pointed out that must through the chain block industry integrity to reduce costs, improve the efficiency of industry, to solve the industry spot, through industry coalition chain to form industry consensus, eventually form the Industry ecology which character is "all for one, one for all".

Keywords: Blockchain; Social Integrity; Build Path

Ⅳ Platform Report

B.12 Tencent Internet Rumor Governance Practice (2017)

Jin Xuan, Zhao Yuxian / 249

Abstract: Compared with traditional rumors, internet rumors are characterized by strong explosive propagation, fast propagation speed, exaggerated titles, false borrowing or shaping authority to increase the credibility of the content, and strong "self-reproduction power". To deal with complex internet rumors, the government, enterprises, industry organizations, media, professional organizations, Internet users and others need to participate together and mobilize all sectors of society to jointly manage them. Through the systematic analysis of the Internet rumor security management system of Tencent, this paper puts forward some feasible measures such as strengthening collaborative governance, promoting the self-discipline of the industry and improving the quality of Internet users.

Keywords: Internet Rumors; Rumor Governance; Collaborative Governance Practice

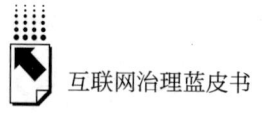
互联网治理蓝皮书

B.13　Report on JDCloud. com Security Responsibility（2017）

JDCloud. com Business Unit / 259

Abstract：Cloud computing has become an IT infrastructure, but the current situation of cloud security is not optimistic. As a leading cloud platform in China, JDCloud. com actively develops the security responsibility guarantee mechanism of cloud platform, promotes unbounded collaboration, and ensures the security of network data. Faced with the difficulties that must be faced in the development of cloud platform, in the future, JDCloud. com will make greater efforts in strengthening talent training, improving technology level, and improving service quality. While providing safe, convenient and high-quality cloud computing services, it will cooperate with all sectors of society to contribute to building a safe and healthy network environment.

Keywords：JDCloud. com; Cloud Computing; Network Security; Cloud Security

B.14　Annual Report on Mobike Helping with Urban
　　　Governance（2017）

Li Ting, Guo Sijia, Chen Guoqiong and Xiao Tian / 279

Abstract：With the penetration of domestic Internet technology in the field of transportation, "Internet + transportation" not only has a significant effect on benefiting residents' personal travel, but also plays an increasingly prominent role in promoting urban governance. As a benchmark enterprise in industry segmentation, Mobike has gained experience in helping urban governance by relying on its own Internet of things system and big data artificial intelligence platform. In this article, through combing "Internet + transportation" modes at home and abroad, development status and the worship of the bicycle in the city road planning, urban safety, urban life, urban environmental aspects of urban governance effect, summarized the worship the bike in the power of urban governance exploration and attempt, share successful experience, put forward the bike in the future development trend of urban governance, offer reference for city governance for the future.

Keywords: Mobike bicycle; Urban Governance; Internet + Transportation

V Overseas Part

B.15 The Annual Development Situation of Global Internet Governance (2017) *Luo Xin, Yang Yangwen and Li Zhixian* / 291

Abstract: Throughout the development of global Internet governance in 2017, in terms of basic resource governance, international organizations such as ICANN, ITU, W3C, IAB and other international communities are advancing the governance process through domain name reform, holding meetings, and formulating 5G standards for mobile communications, with a view to narrowing the digital gap. In the aspect of network security to NATO, Shanghai, ITU, APEC as a representative of international organizations and including the United States, Russia, South Korea, Singapore and other countries all attach great importance to the network security, through the security exercise, to strengthen cooperation against terrorism, global network security index, the revised law standard methods such as continue to follow up their/network security construction in the region. Within the framework of the United Nations, the three international organizations, ITU, WSIS and IGF, have focused on different areas, with clear division of labor, and have gradually refined and deepened Internet governance under the joint framework. In terms of network (digital) economy and society, APEC, OECD, G20 and other important international organizations are also focusing on relevant issues and promoting the formulation and implementation of a series of policies.

Keywords: Global Internet Governance; Network Infrastructure; Network Security; Digital Economy and Society

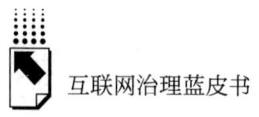

互联网治理蓝皮书

B.16　German Network Governance Annual Report (2017)

Fang Fang, *Xia Xiaowen* / 323

Abstract: This report focuses on sorting out and analyzing new laws and regulations related to Internet governance issued by Germany in 2017. Germany officially passed the Social Media Management Act (NEA) in October 2017, which focused on combating extreme speech and false news and other illegal content on social network platforms, aiming at purifying the ecological environment of online public opinion and creating a clear and prosperous online space. Meanwhile, the German government passed the new federal Data Protection Act (FDPA) in July, becoming the first EU country to complete domestic legislation before the EU general data protection regulations (GDPR) came into force. In 2017, Germany will have many "laws" in place, and the combination of heavy fists will help Internet governance. The German government's regulatory stance and strength on Internet public opinion, its attitude to the participation of social media enterprises in network governance, and its balanced measures on data flow and privacy protection are of positive reference to China's network social governance.

Keywords: Social Media Management Act; New Federal Data Protection Act; Network Governance; Germany

B.17　France Internet Governance and Network Security Review (2017)　　*Jiang Xi*, *Liu Qingru* / 346

Abstract: France is one of the countries where the Internet started earlier. Internet has become an indispensable part of French people's life. As the Internet continues to penetrate into every aspect of social life, the French government has gradually realized from online threats, including against France in the field of national defense, science and technology, economy and other important cyber espionage, terrorist use of network spread radical ideas as well as the terrorist infrastructure to France by cyber attacks, etc. In the face of the severe national security situation, the French government has taken a series of measures to strengthen the Internet security governance in France. This paper reviews and summarizes the history of Internet governance in France, discusses its development status and characteristics, and provides a reference for China to formulate a positive Internet space security strategy.

Keywords: France; Internet Governance; Network Security

社会科学文献出版社　　　**皮书系列**

✦ 皮书起源 ✦

"皮书"起源于十七、十八世纪的英国,主要指官方或社会组织正式发表的重要文件或报告,多以"白皮书"命名。在中国,"皮书"这一概念被社会广泛接受,并被成功运作、发展成为一种全新的出版形态,则源于中国社会科学院社会科学文献出版社。

✦ 皮书定义 ✦

皮书是对中国与世界发展状况和热点问题进行年度监测,以专业的角度、专家的视野和实证研究方法,针对某一领域或区域现状与发展态势展开分析和预测,具备原创性、实证性、专业性、连续性、前沿性、时效性等特点的公开出版物,由一系列权威研究报告组成。

✦ 皮书作者 ✦

皮书系列的作者以中国社会科学院、著名高校、地方社会科学院的研究人员为主,多为国内一流研究机构的权威专家学者,他们的看法和观点代表了学界对中国与世界的现实和未来最高水平的解读与分析。

✦ 皮书荣誉 ✦

皮书系列已成为社会科学文献出版社的著名图书品牌和中国社会科学院的知名学术品牌。2016年,皮书系列正式列入"十三五"国家重点出版规划项目;2013~2018年,重点皮书列入中国社会科学院承担的国家哲学社会科学创新工程项目;2018年,59种院外皮书使用"中国社会科学院创新工程学术出版项目"标识。

中国皮书网

（网址：www.pishu.cn）

发布皮书研创资讯，传播皮书精彩内容
引领皮书出版潮流，打造皮书服务平台

栏目设置

关于皮书：何谓皮书、皮书分类、皮书大事记、皮书荣誉、
皮书出版第一人、皮书编辑部

最新资讯：通知公告、新闻动态、媒体聚焦、网站专题、视频直播、下载专区

皮书研创：皮书规范、皮书选题、皮书出版、皮书研究、研创团队

皮书评奖评价：指标体系、皮书评价、皮书评奖

互动专区：皮书说、社科数托邦、皮书微博、留言板

所获荣誉

2008年、2011年，中国皮书网均在全国新闻出版业网站荣誉评选中获得"最具商业价值网站"称号；

2012年，获得"出版业网站百强"称号。

网库合一

2014年，中国皮书网与皮书数据库端口合一，实现资源共享。

权威报告·一手数据·特色资源

皮书数据库
ANNUAL REPORT(YEARBOOK) DATABASE

当代中国经济与社会发展高端智库平台

所获荣誉

- 2016年,入选"'十三五'国家重点电子出版物出版规划骨干工程"
- 2015年,荣获"搜索中国正能量 点赞2015""创新中国科技创新奖"
- 2013年,荣获"中国出版政府奖·网络出版物奖"提名奖
- 连续多年荣获中国数字出版博览会"数字出版·优秀品牌"奖

成为会员

通过网址www.pishu.com.cn访问皮书数据库网站或下载皮书数据库APP,进行手机号码验证或邮箱验证即可成为皮书数据库会员。

会员福利

- 使用手机号码首次注册的会员,账号自动充值100元体验金,可直接购买和查看数据库内容(仅限PC端)。
- 已注册用户购书后可免费获赠100元皮书数据库充值卡。刮开充值卡涂层获取充值密码,登录并进入"会员中心"—"在线充值"—"充值卡充值",充值成功后即可购买和查看数据库内容(仅限PC端)。
- 会员福利最终解释权归社会科学文献出版社所有。

卡号:244999985882
密码:

数据库服务热线:400-008-6695
数据库服务QQ:2475522410
数据库服务邮箱:database@ssap.cn
图书销售热线:010-59367070/7028
图书服务QQ:1265056568
图书服务邮箱:duzhe@ssap.cn

S 基本子库
SUB DATABASE

中国社会发展数据库（下设12个子库）

全面整合国内外中国社会发展研究成果，汇聚独家统计数据、深度分析报告，涉及社会、人口、政治、教育、法律等12个领域，为了解中国社会发展动态、跟踪社会核心热点、分析社会发展趋势提供一站式资源搜索和数据分析与挖掘服务。

中国经济发展数据库（下设12个子库）

基于"皮书系列"中涉及中国经济发展的研究资料构建，内容涵盖宏观经济、农业经济、工业经济、产业经济等12个重点经济领域，为实时掌控经济运行态势、把握经济发展规律、洞察经济形势、进行经济决策提供参考和依据。

中国行业发展数据库（下设17个子库）

以中国国民经济行业分类为依据，覆盖金融业、旅游、医疗卫生、交通运输、能源矿产等100多个行业，跟踪分析国民经济相关行业市场运行状况和政策导向，汇集行业发展前沿资讯，为投资、从业及各种经济决策提供理论基础和实践指导。

中国区域发展数据库（下设6个子库）

对中国特定区域内的经济、社会、文化等领域现状与发展情况进行深度分析和预测，研究层级至县及县以下行政区，涉及地区、区域经济体、城市、农村等不同维度。为地方经济社会宏观态势研究、发展经验研究、案例分析提供数据服务。

中国文化传媒数据库（下设18个子库）

汇聚文化传媒领域专家观点、热点资讯，梳理国内外中国文化发展相关学术研究成果、一手统计数据，涵盖文化产业、新闻传播、电影娱乐、文学艺术、群众文化等18个重点研究领域。为文化传媒研究提供相关数据、研究报告和综合分析服务。

世界经济与国际关系数据库（下设6个子库）

立足"皮书系列"世界经济、国际关系相关学术资源，整合世界经济、国际政治、世界文化与科技、全球性问题、国际组织与国际法、区域研究6大领域研究成果，为世界经济与国际关系研究提供全方位数据分析，为决策和形势研判提供参考。

法律声明

"皮书系列"(含蓝皮书、绿皮书、黄皮书)之品牌由社会科学文献出版社最早使用并持续至今,现已被中国图书市场所熟知。"皮书系列"的相关商标已在中华人民共和国国家工商行政管理总局商标局注册,如LOGO( )、皮书、Pishu、经济蓝皮书、社会蓝皮书等。"皮书系列"图书的注册商标专用权及封面设计、版式设计的著作权均为社会科学文献出版社所有。未经社会科学文献出版社书面授权许可,任何使用与"皮书系列"图书注册商标、封面设计、版式设计相同或者近似的文字、图形或其组合的行为均系侵权行为。

经作者授权,本书的专有出版权及信息网络传播权等为社会科学文献出版社享有。未经社会科学文献出版社书面授权许可,任何就本书内容的复制、发行或以数字形式进行网络传播的行为均系侵权行为。

社会科学文献出版社将通过法律途径追究上述侵权行为的法律责任,维护自身合法权益。

欢迎社会各界人士对侵犯社会科学文献出版社上述权利的侵权行为进行举报。电话:010-59367121,电子邮箱:fawubu@ssap.cn。

社会科学文献出版社

社长致辞

蓦然回首,皮书的专业化历程已经走过了二十年。20年来从一个出版社的学术产品名称到媒体热词再到智库成果研创及传播平台,皮书以专业化为主线,进行了系列化、市场化、品牌化、数字化、国际化、平台化的运作,实现了跨越式的发展。特别是在党的十八大以后,以习近平总书记为核心的党中央高度重视新型智库建设,皮书也迎来了长足的发展,总品种达到600余种,经过专业评审机制、淘汰机制遴选,目前,每年稳定出版近400个品种。"皮书"已经成为中国新型智库建设的抓手,成为国际国内社会各界快速、便捷地了解真实中国的最佳窗口。

20年孜孜以求,"皮书"始终将自己的研究视野与经济社会发展中的前沿热点问题紧密相连。600个研究领域,3万多位分布于800余个研究机构的专家学者参与了研创写作。皮书数据库中共收录了15万篇专业报告,50余万张数据图表,合计30亿字,每年报告下载量近80万次。皮书为中国学术与社会发展实践的结合提供了一个激荡智力、传播思想的入口,皮书作者们用学术的话语、客观翔实的数据谱写出了中国故事壮丽的篇章。

20年跬步千里,"皮书"始终将自己的发展与时代赋予的使命与责任紧紧相连。每年百余场新闻发布会,10万余次中外媒体报道,中、英、俄、日、韩等12个语种共同出版。皮书所具有的凝聚力正在形成一种无形的力量,吸引着社会各界关注中国的发展,参与中国的发展,它是我们向世界传递中国声音、总结中国经验、争取中国国际话语权最主要的平台。

皮书这一系列成就的取得,得益于中国改革开放的伟大时代,离不开来自中国社会科学院、新闻出版广电总局、全国哲学社会科学规划办公室等主管部门的大力支持和帮助,也离不开皮书研创者和出版者的共同努力。他们与皮书的故事创造了皮书的历史,他们对皮书的拳拳之心将继续谱写皮书的未来!

现在,"皮书"品牌已经进入了快速成长的青壮年时期。全方位进行规范化管理,树立中国的学术出版标准;不断提升皮书的内容质量和影响力,搭建起中国智库产品和智库建设的交流服务平台和国际传播平台;发布各类皮书指数,并使之成为中国指数,让中国智库的声音响彻世界舞台,为人类的发展做出中国的贡献——这是皮书未来发展的图景。作为"皮书"这个概念的提出者,"皮书"从一般图书到系列图书和品牌图书,最终成为智库研究和社会科学应用对策研究的知识服务和成果推广平台这整个过程的操盘者,我相信,这也是每一位皮书人执着追求的目标。

"当代中国正经历着我国历史上最为广泛而深刻的社会变革,也正在进行着人类历史上最为宏大而独特的实践创新。这种前无古人的伟大实践,必将给理论创造、学术繁荣提供强大动力和广阔空间。"

在这个需要思想而且一定能够产生思想的时代,皮书的研创出版一定能创造出新的更大的辉煌!

社会科学文献出版社社长
中国社会学会秘书长

2017年11月

社会科学文献出版社简介

社会科学文献出版社（以下简称"社科文献出版社"）成立于1985年，是直属于中国社会科学院的人文社会科学学术出版机构。成立至今，社科文献出版社始终依托中国社会科学院和国内外人文社会科学界丰厚的学术出版和专家学者资源，坚持"创社科经典，出传世文献"的出版理念、"权威、前沿、原创"的产品定位以及学术成果和智库成果出版的专业化、数字化、国际化、市场化的经营道路。

社科文献出版社是中国新闻出版业转型与文化体制改革的先行者。积极探索文化体制改革的先进方向和现代企业经营决策机制，社科文献出版社先后荣获"全国文化体制改革工作先进单位"、中国出版政府奖·先进出版单位奖，中国社会科学院先进集体、全国科普工作先进集体等荣誉称号。多人次荣获"第十届韬奋出版奖""全国新闻出版行业领军人才""数字出版先进人物""北京市新闻出版广电行业领军人才"等称号。

社科文献出版社是中国人文社会科学学术出版的大社名社，也是以皮书为代表的智库成果出版的专业强社。年出版图书2000余种，其中皮书400余种，出版新书字数5.5亿字，承印与发行中国社科院院属期刊72种，先后创立了皮书系列、列国志、中国史话、社科文献学术译库、社科文献学术文库、甲骨文书系等一大批既有学术影响又有市场价值的品牌，确立了在社会学、近代史、苏东问题研究等专业学科及领域出版的领先地位。图书多次荣获中国出版政府奖、"三个一百"原创图书出版工程、"五个'一'工程奖"、"大众喜爱的50种图书"等奖项，在中央国家机关"强素质·做表率"读书活动中，入选图书品种数位居各大出版社之首。

社科文献出版社是中国学术出版规范与标准的倡议者与制定者，代表全国50多家出版社发起实施学术著作出版规范的倡议，承担学术著作规范国家标准的起草工作，率先编撰完成《皮书手册》对皮书品牌进行规范化管理，并在此基础上推出中国版芝加哥手册——《社科文献出版社学术出版手册》。

社科文献出版社是中国数字出版的引领者，拥有皮书数据库、列国志数据库、"一带一路"数据库、减贫数据库、集刊数据库等4大产品线11个数据库产品，机构用户达1300余家，海外用户百余家，荣获"数字出版转型示范单位""新闻出版标准化先进单位""专业数字内容资源知识服务模式试点企业标准化示范单位"等称号。

社科文献出版社是中国学术出版走出去的践行者。社科文献出版社海外图书出版与学术合作业务遍及全球40余个国家和地区，并于2016年成立俄罗斯分社，累计输出图书500余种，涉及近20个语种，累计获得国家社科基金中华学术外译项目资助76种、"丝路书香工程"项目资助60种、中国图书对外推广计划项目资助71种以及经典中国国际出版工程资助28种，被五部委联合认定为"2015-2016年度国家文化出口重点企业"。

如今，社科文献出版社完全靠自身积累拥有固定资产3.6亿元，年收入3亿元，设置了七大出版分社、六大专业部门，成立了皮书研究院和博士后科研工作站，培养了一支近400人的高素质与高效率的编辑、出版、营销和国际推广队伍，为未来成为学术出版的大社、名社、强社，成为文化体制改革与文化企业转型发展的排头兵奠定了坚实的基础。

宏观经济类

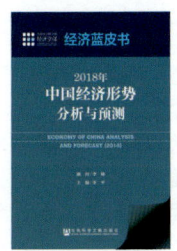

经济蓝皮书
2018年中国经济形势分析与预测
李平 / 主编　2017年12月出版　定价：89.00元

◆ 本书为总理基金项目，由著名经济学家李扬领衔，联合中国社会科学院等数十家科研机构、国家部委和高等院校的专家共同撰写，系统分析了2017年的中国经济形势并预测2018年中国经济运行情况。

城市蓝皮书
中国城市发展报告 No.11
潘家华　单菁菁 / 主编　2018年9月出版　估价：99.00元

◆ 本书是由中国社会科学院城市发展与环境研究中心编著的，多角度、全方位地立体展示了中国城市的发展状况，并对中国城市的未来发展提出了许多建议。该书有强烈的时代感，对中国城市发展实践有重要的参考价值。

人口与劳动绿皮书
中国人口与劳动问题报告 No.19
张车伟 / 主编　2018年10月出版　估价：99.00元

◆ 本书为中国社会科学院人口与劳动经济研究所主编的年度报告，对当前中国人口与劳动形势做了比较全面和系统的深入讨论，为研究中国人口与劳动问题提供了一个专业性的视角。

宏观经济类·区域经济类

中国省域竞争力蓝皮书
中国省域经济综合竞争力发展报告（2017~2018）

李建平　李闽榕　高燕京/主编　2018年5月出版　估价：198.00元

◆ 本书融多学科的理论为一体，深入追踪研究了省域经济发展与中国国家竞争力的内在关系，为提升中国省域经济综合竞争力提供有价值的决策依据。

金融蓝皮书
中国金融发展报告（2018）

王国刚/主编　2018年6月出版　估价：99.00元

◆ 本书由中国社会科学院金融研究所组织编写，概括和分析了2017年中国金融发展和运行中的各方面情况，研讨和评论了2017年发生的主要金融事件，有利于读者了解掌握2017年中国的金融状况，把握2018年中国金融的走势。

区域经济类

京津冀蓝皮书
京津冀发展报告（2018）

祝合良　叶堂林　张贵祥/等著　2018年6月出版　估价：99.00元

◆ 本书遵循问题导向与目标导向相结合、统计数据分析与大数据分析相结合、纵向分析和长期监测与结构分析和综合监测相结合等原则，对京津冀协同发展新形势与新进展进行测度与评价。

 社会政法类

皮书系列
重点推荐

社会政法类

社会蓝皮书
2018年中国社会形势分析与预测

李培林　陈光金　张翼/主编　2017年12月出版　定价：89.00元

◆ 本书由中国社会科学院社会学研究所组织研究机构专家、高校学者和政府研究人员撰写，聚焦当下社会热点，对2017年中国社会发展的各个方面内容进行了权威解读，同时对2018年社会形势发展趋势进行了预测。

法治蓝皮书
中国法治发展报告No.16（2018）

李林　田禾/主编　2018年3月出版　定价：128.00元

◆ 本年度法治蓝皮书回顾总结了2017年度中国法治发展取得的成就和存在的不足，对中国政府、司法、检务透明度进行了跟踪调研，并对2018年中国法治发展形势进行了预测和展望。

教育蓝皮书
中国教育发展报告（2018）

杨东平/主编　2018年3月出版　定价：89.00元

◆ 本书重点关注了2017年教育领域的热点，资料翔实，分析有据，既有专题研究，又有实践案例，从多角度对2017年教育改革和实践进行了分析和研究。

社会政法类

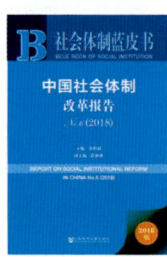

社会体制蓝皮书
中国社会体制改革报告 No.6（2018）

龚维斌 / 主编　2018 年 3 月出版　定价：98.00 元

◆　本书由国家行政学院社会治理研究中心和北京师范大学中国社会管理研究院共同组织编写，主要对 2017 年社会体制改革情况进行回顾和总结，对 2018 年的改革走向进行分析，提出相关政策建议。

社会心态蓝皮书
中国社会心态研究报告（2018）

王俊秀　杨宜音 / 主编　2018 年 12 月出版　估价：99.00 元

◆　本书是中国社会科学院社会学研究所社会心理研究中心"社会心态蓝皮书课题组"的年度研究成果，运用社会心理学、社会学、经济学、传播学等多种学科的方法进行了调查和研究，对于目前中国社会心态状况有较广泛和深入的揭示。

华侨华人蓝皮书
华侨华人研究报告（2018）

贾益民 / 主编　2017 年 12 月出版　估价：139.00 元

◆　本书关注华侨华人生产与生活的方方面面。华侨华人是中国建设 21 世纪海上丝绸之路的重要中介者、推动者和参与者。本书旨在全面调研华侨华人，提供最新涉侨动态、理论研究成果和政策建议。

民族发展蓝皮书
中国民族发展报告（2018）

王延中 / 主编　2018 年 10 月出版　估价：188.00 元

◆　本书从民族学人类学视角，研究近年来少数民族和民族地区的发展情况，展示民族地区经济、政治、文化、社会和生态文明"五位一体"建设取得的辉煌成就和面临的困难挑战，为深刻理解中央民族工作会议精神、加快民族地区全面建成小康社会进程提供了实证材料。

产业经济类

房地产蓝皮书
中国房地产发展报告 No.15（2018）

李春华 王业强 / 主编 2018年5月出版 估价：99.00元

◆ 2018年《房地产蓝皮书》持续追踪中国房地产市场最新动态，深度剖析市场热点，展望2018年发展趋势，积极谋划应对策略。对2017年房地产市场的发展态势进行全面、综合的分析。

新能源汽车蓝皮书
中国新能源汽车产业发展报告（2018）

中国汽车技术研究中心　日产（中国）投资有限公司
东风汽车有限公司 / 编著 2018年8月出版 估价：99.00元

◆ 本书对中国2017年新能源汽车产业发展进行了全面系统的分析，并介绍了国外的发展经验。有助于相关机构、行业和社会公众等了解中国新能源汽车产业发展的最新动态，为政府部门出台新能源汽车产业相关政策法规、企业制定相关战略规划，提供必要的借鉴和参考。

行业及其他类

旅游绿皮书
2017～2018年中国旅游发展分析与预测

中国社会科学院旅游研究中心 / 编 2018年1月出版 定价：99.00元

◆ 本书从政策、产业、市场、社会等多个角度勾画出2017年中国旅游发展全貌，剖析了其中的热点和核心问题，并就未来发展作出预测。

皮书系列重点推荐

行业及其他类

民营医院蓝皮书
中国民营医院发展报告（2018）

薛晓林 / 主编　2018年11月出版　估价：99.00元

◆ 本书在梳理国家对社会办医的各种利好政策的前提下，对我国民营医疗发展现状、我国民营医院竞争力进行了分析，并结合我国医疗体制改革对民营医院的发展趋势、发展策略、战略规划等方面进行了预估。

会展蓝皮书
中外会展业动态评估研究报告（2018）

张敏 / 主编　2018年12月出版　估价：99.00元

◆ 本书回顾了2017年的会展业发展动态，结合"供给侧改革"、"互联网+"、"绿色经济"的新形势分析了我国展会的行业现状，并介绍了国外的发展经验，有助于行业和社会了解最新的展会业动态。

中国上市公司蓝皮书
中国上市公司发展报告（2018）

张平　王宏淼 / 主编　2018年9月出版　估价：99.00元

◆ 本书由中国社会科学院上市公司研究中心组织编写的，着力于全面、真实、客观反映当前中国上市公司财务状况和价值评估的综合性年度报告。本书详尽分析了2017年中国上市公司情况，特别是现实中暴露出的制度性、基础性问题，并对资本市场改革进行了探讨。

工业和信息化蓝皮书
人工智能发展报告（2017~2018）

尹丽波 / 主编　2018年6月出版　估价：99.00元

◆ 本书国家工业信息安全发展研究中心在对2017年全球人工智能技术和产业进行全面跟踪研究基础上形成的研究报告。该报告内容翔实、视角独特，具有较强的产业发展前瞻性和预测性，可为相关主管部门、行业协会、企业等全面了解人工智能发展形势以及进行科学决策提供参考。

国际问题与全球治理类

皮书系列
重点推荐

国际问题与全球治理类

世界经济黄皮书
2018年世界经济形势分析与预测
张宇燕 / 主编　2018年1月出版　定价：99.00元
◆ 本书由中国社会科学院世界经济与政治研究所的研究团队撰写，分总论、国别与地区、专题、热点、世界经济统计与预测等五个部分，对2018年世界经济形势进行了分析。

国际城市蓝皮书
国际城市发展报告（2018）
屠启宇 / 主编　2018年2月出版　定价：89.00元
◆ 本书作者以上海社会科学院从事国际城市研究的学者团队为核心，汇集同济大学、华东师范大学、复旦大学、上海交通大学、南京大学、浙江大学相关城市研究专业学者。立足动态跟踪介绍国际城市发展时间中，最新出现的重大战略、重大理念、重大项目、重大报告和最佳案例。

非洲黄皮书
非洲发展报告No.20（2017～2018）
张宏明 / 主编　2018年7月出版　估价：99.00元
◆ 本书是由中国社会科学院西亚非洲研究所组织编撰的非洲形势年度报告，比较全面、系统地分析了2017年非洲政治形势和热点问题，探讨了非洲经济形势和市场走向，剖析了大国对非洲关系的新动向；此外，还介绍了国内非洲研究的新成果。

国别类

国别类

美国蓝皮书
美国研究报告（2018）
郑秉文　黄平 / 主编　2018 年 5 月出版　估价：99.00 元

◆ 本书是由中国社会科学院美国研究所主持完成的研究成果，它回顾了美国 2017 年的经济、政治形势与外交战略，对美国内政外交发生的重大事件及重要政策进行了较为全面的回顾和梳理。

德国蓝皮书
德国发展报告（2018）
郑春荣 / 主编　2018 年 6 月出版　估价：99.00 元

◆ 本报告由同济大学德国研究所组织编撰，由该领域的专家学者对德国的政治、经济、社会文化、外交等方面的形势发展情况，进行全面的阐述与分析。

俄罗斯黄皮书
俄罗斯发展报告（2018）
李永全 / 编著　2018 年 6 月出版　估价：99.00 元

◆ 本书系统介绍了 2017 年俄罗斯经济政治情况，并对 2016 年该地区发生的焦点、热点问题进行了分析与回顾；在此基础上，对该地区 2018 年的发展前景进行了预测。

 文化传媒类 | 皮书系列 重点推荐

文化传媒类

新媒体蓝皮书

中国新媒体发展报告 No.9（2018）

唐绪军 / 主编　2018 年 6 月出版　估价：99.00 元

◆ 本书是由中国社会科学院新闻与传播研究所组织编写的关于新媒体发展的最新年度报告，旨在全面分析中国新媒体的发展现状，解读新媒体的发展趋势，探析新媒体的深刻影响。

移动互联网蓝皮书

中国移动互联网发展报告（2018）

余清楚 / 主编　2018 年 6 月出版　估价：99.00 元

◆ 本书着眼于对 2017 年度中国移动互联网的发展情况做深入解析，对未来发展趋势进行预测，力求从不同视角、不同层面全面剖析中国移动互联网发展的现状、年度突破及热点趋势等。

文化蓝皮书

中国文化消费需求景气评价报告（2018）

王亚南 / 主编　2018 年 3 月出版　定价：99.00 元

◆ 本书首创全国文化发展量化检测评价体系，也是至今全国唯一的文化民生量化检测评价体系，对于检验全国及各地"以人民为中心"的文化发展具有首创意义。

地方发展类

北京蓝皮书

北京经济发展报告（2017～2018）

杨松/主编　2018年6月出版　估价：99.00元

◆ 本书对2017年北京市经济发展的整体形势进行了系统性的分析与回顾，并对2018年经济形势走势进行了预测与研判，聚焦北京市经济社会发展中的全局性、战略性和关键领域的重点问题，运用定量和定性分析相结合的方法，对北京市经济社会发展的现状、问题、成因进行了深入分析，提出了可操作性的对策建议。

温州蓝皮书

2018年温州经济社会形势分析与预测

蒋儒标　王春光　金浩/主编　2018年6月出版　估价：99.00元

◆ 本书是中共温州市委党校和中国社会科学院社会学研究所合作推出的第十一本温州蓝皮书，由来自党校、政府部门、科研机构、高校的专家、学者共同撰写的2017年温州区域发展形势的最新研究成果。

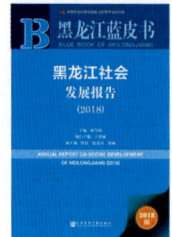

黑龙江蓝皮书

黑龙江社会发展报告（2018）

王爱丽/主编　2018年1月出版　定价：89.00元

◆ 本书以千份随机抽样问卷调查和专题研究为依据，运用社会学理论框架和分析方法，从专家和学者的独特视角，对2017年黑龙江省关系民生的问题进行广泛的调研与分析，并对2017年黑龙江省诸多社会热点和焦点问题进行了有益的探索。这些研究不仅可以为政府部门更加全面深入了解省情、科学制定决策提供智力支持，同时也可以为广大读者认识、了解、关注黑龙江社会发展提供理性思考。

宏观经济类

城市蓝皮书
中国城市发展报告（No.11）
著(编)者：潘家华 单菁菁
2018年9月出版 / 估价：99.00元
PSN B-2007-091-1/1

城乡一体化蓝皮书
中国城乡一体化发展报告（2018）
著(编)者：付崇兰
2018年9月出版 / 估价：99.00元
PSN B-2011-226-1/2

城镇化蓝皮书
中国新型城镇化健康发展报告（2018）
著(编)者：张占斌
2018年8月出版 / 估价：99.00元
PSN B-2014-396-1/1

创新蓝皮书
创新型国家建设报告（2018~2019）
著(编)者：詹正茂
2018年12月出版 / 估价：99.00元
PSN B-2009-140-1/1

低碳发展蓝皮书
中国低碳发展报告（2018）
著(编)者：张希良 齐晔
2018年6月出版 / 估价：99.00元
PSN B-2011-223-1/1

低碳经济蓝皮书
中国低碳经济发展报告（2018）
著(编)者：薛进军 赵忠秀
2018年11月出版 / 估价：99.00元
PSN B-2011-194-1/1

发展和改革蓝皮书
中国经济发展和体制改革报告No.9
著(编)者：邹东涛 王再文
2018年1月出版 / 估价：99.00元
PSN B-2008-122-1/1

国家创新蓝皮书
中国创新发展报告（2017）
著(编)者：陈劲 2018年5月出版 / 估价：99.00元
PSN B-2014-370-1/1

金融蓝皮书
中国金融发展报告（2018）
著(编)者：王国刚
2018年6月出版 / 估价：99.00元
PSN B-2004-031-1/7

经济蓝皮书
2018年中国经济形势分析与预测
著(编)者：李平 2017年12月出版 / 定价：89.00元
PSN B-1996-001-1/1

经济蓝皮书春季号
2018年中国经济前景分析
著(编)者：李扬 2018年5月出版 / 估价：99.00元
PSN B-1999-008-1/1

经济蓝皮书夏季号
中国经济增长报告（2017~2018）
著(编)者：李扬 2018年9月出版 / 估价：99.00元
PSN B-2010-176-1/1

农村绿皮书
中国农村经济形势分析与预测（2017~2018）
著(编)者：魏后凯 黄秉信
2018年4月出版 / 估价：99.00元
PSN G-1998-003-1/1

人口与劳动绿皮书
中国人口与劳动问题报告No.19
著(编)者：张车伟 2018年11月出版 / 估价：99.00元
PSN G-2000-012-1/1

新型城镇化蓝皮书
新型城镇化发展报告（2017）
著(编)者：李伟 宋敏
2018年3月出版 / 定价：98.00元
PSN B-2005-038-1/1

中国省域竞争力蓝皮书
中国省域经济综合竞争力发展报告（2016~2017）
著(编)者：李建平 李闽榕
2018年2月出版 / 定价：198.00元
PSN B-2007-088-1/1

中小城市绿皮书
中国中小城市发展报告（2018）
著(编)者：中国城市经济学会中小城市经济发展委员会
中国城镇化促进会中小城市发展委员会
《中国中小城市发展报告》编纂委员会
中小城市发展战略研究院
2018年11月出版 / 估价：128.00元
PSN G-2010-161-1/1

皮书系列 2018全品种 区域经济类·社会政法类

区域经济类

东北蓝皮书
中国东北地区发展报告（2018）
著(编)者：姜晓秋　2018年11月出版 / 估价：99.00元
PSN B-2006-067-1/1

金融蓝皮书
中国金融中心发展报告（2017~2018）
著(编)者：王力 黄育华　2018年11月出版 / 估价：99.00元
PSN B-2011-186-6/7

京津冀蓝皮书
京津冀发展报告（2018）
著(编)者：祝合良 叶堂林 张贵祥
2018年6月出版 / 估价：99.00元
PSN B-2012-262-1/1

西北蓝皮书
中国西北发展报告（2018）
著(编)者：王福生 马廷旭 董秋生
2018年1月出版 / 定价：99.00元
PSN B-2012-261-1/1

西部蓝皮书
中国西部发展报告（2018）
著(编)者：璋勇 任保平　2018年8月出版 / 估价：99.00元
PSN B-2005-039-1/1

长江经济带产业蓝皮书
长江经济带产业发展报告（2018）
著(编)者：吴传清　2018年11月出版 / 估价：128.00元
PSN B-2017-666-1/1

长江经济带蓝皮书
长江经济带发展报告（2017~2018）
著(编)者：王振　2018年11月出版 / 估价：99.00元
PSN B-2016-575-1/1

长江中游城市群蓝皮书
长江中游城市群新型城镇化与产业协同发展报告（2018）
著(编)者：杨刚强　2018年11月出版 / 估价：99.00元
PSN B-2016-578-1/1

长三角蓝皮书
2017年创新融合发展的长三角
著(编)者：刘飞跃　2018年5月出版 / 估价：99.00元
PSN B-2005-038-1/1

长株潭城市群蓝皮书
长株潭城市群发展报告（2017）
著(编)者：张萍 朱有志　2018年6月出版 / 估价：99.00元
PSN B-2008-109-1/1

特色小镇蓝皮书
特色小镇智慧运营报告（2018）：顶层设计与智慧架构标准
著(编)者：陈劲　2018年1月出版 / 定价：79.00元
PSN B-2018-692-1/1

中部竞争力蓝皮书
中国中部经济社会竞争力报告（2018）
著(编)者：教育部人文社会科学重点研究基地南昌大学中国
　　　　　中部经济社会发展研究中心
2018年12月出版 / 估价：99.00元
PSN B-2012-276-1/1

中部蓝皮书
中国中部地区发展报告（2018）
著(编)者：宋亚平　2018年12月出版 / 估价：99.00元
PSN B-2007-089-1/1

区域蓝皮书
中国区域经济发展报告（2017~2018）
著(编)者：赵弘　2018年5月出版 / 估价：99.00元
PSN B-2004-034-1/1

中三角蓝皮书
长江中游城市群发展报告（2018）
著(编)者：秦尊文　2018年9月出版 / 估价：99.00元
PSN B-2014-417-1/1

中原蓝皮书
中原经济区发展报告（2018）
著(编)者：李英杰　2018年6月出版 / 估价：99.00元
PSN B-2011-192-1/1

珠三角流通蓝皮书
珠三角商圈发展研究报告（2018）
著(编)者：王先庆 林至颖　2018年7月出版 / 估价：99.00元
PSN B-2012-292-1/1

社会政法类

北京蓝皮书
中国社区发展报告（2017~2018）
著(编)者：于燕燕　2018年9月出版 / 估价：99.00元
PSN B-2007-083-5/8

殡葬绿皮书
中国殡葬事业发展报告（2017~2018）
著(编)者：李伯森　2018年6月出版 / 估价：158.00元
PSN G-2010-180-1/1

城市管理蓝皮书
中国城市管理报告（2017-2018）
著(编)者：刘林 刘承永　2018年5月出版 / 估价：158.00元
PSN B-2013-336-1/1

城市生活质量蓝皮书
中国城市生活质量报告（2017）
著(编)者：张连城 张平 杨春学 郎丽华
2017年12月出版 / 定价：89.00元
PSN B-2013-326-1/1

社会政法类　皮书系列 2018全品种

城市政府能力蓝皮书
中国城市政府公共服务能力评估报告（2018）
著（编）者：何艳玲　2018年5月出版｜估价：99.00元
PSN B-2013-338-1/1

创业蓝皮书
中国创业发展研究报告（2017~2018）
著（编）者：黄群慧　赵卫星　钟宏武
2018年11月出版｜估价：99.00元
PSN B-2016-577-1/1

慈善蓝皮书
中国慈善发展报告（2018）
著（编）者：杨团　2018年6月出版｜估价：99.00元
PSN B-2009-142-1/1

党建蓝皮书
党的建设研究报告No.2（2018）
著（编）者：崔建民　陈东平　2018年6月出版｜估价：99.00元
PSN B-2016-523-1/1

地方法治蓝皮书
中国地方法治发展报告No.3（2018）
著（编）者：李林　田禾　2018年6月出版｜估价：118.00元
PSN B-2015-442-1/1

电子政务蓝皮书
中国电子政务发展报告（2018）
著（编）者：李季　2018年8月出版｜估价：99.00元
PSN B-2003-022-1/1

儿童蓝皮书
中国儿童参与状况报告（2017）
著（编）者：苑立新　2017年12月出版｜定价：89.00元
PSN B-2017-682-1/1

法治蓝皮书
中国法治发展报告No.16（2018）
著（编）者：李林　田禾　2018年3月出版｜定价：128.00元
PSN B-2004-027-1/3

法治蓝皮书
中国法院信息化发展报告No.2（2018）
著（编）者：李林　田禾　2018年2月出版｜定价：118.00元
PSN B-2017-604-3/3

法治政府蓝皮书
中国法治政府发展报告（2017）
著（编）者：中国政法大学法治政府研究院
2018年3月出版｜估价：158.00元
PSN B-2015-502-1/2

法治政府蓝皮书
中国法治政府评估报告（2018）
著（编）者：中国政法大学法治政府研究院
2018年9月出版｜估价：168.00元
PSN B-2016-576-2/2

反腐倡廉蓝皮书
中国反腐倡廉建设报告No.8
著（编）者：张英伟　2018年12月出版｜估价：99.00元
PSN B-2012-259-1/1

扶贫蓝皮书
中国扶贫开发报告（2018）
著（编）者：李培林　魏后凯　2018年12月出版｜估价：128.00元
PSN B-2016-599-1/1

妇女发展蓝皮书
中国妇女发展报告No.6
著（编）者：王金玲　2018年9月出版｜估价：158.00元
PSN B-2006-069-1/1

妇女教育蓝皮书
中国妇女教育发展报告No.3
著（编）者：张李玺　2018年10月出版｜估价：99.00元
PSN B-2008-121-1/1

妇女绿皮书
2018年：中国性别平等与妇女发展报告
著（编）者：谭琳　2018年12月出版｜估价：99.00元
PSN G-2006-073-1/1

公共安全蓝皮书
中国城市公共安全发展报告（2017~2018）
著（编）者：黄育华　杨文明　赵建辉
2018年6月出版｜估价：99.00元
PSN B-2017-628-1/1

公共服务蓝皮书
中国城市基本公共服务力评价（2018）
著（编）者：钟君　刘志昌　吴正杲
2018年12月出版｜估价：99.00元
PSN B-2011-214-1/1

公民科学素质蓝皮书
中国公民科学素质报告（2017~2018）
著（编）者：李群　陈雄　马宗文
2017年12月出版｜定价：89.00元
PSN B-2014-379-1/1

公益蓝皮书
中国公益慈善发展报告（2016）
著（编）者：朱健刚　胡小军　2018年6月出版｜估价：99.00元
PSN B-2012-283-1/1

国际人才蓝皮书
中国国际移民报告（2018）
著（编）者：王辉耀　2018年6月出版｜估价：99.00元
PSN B-2012-304-3/4

国际人才蓝皮书
中国留学发展报告（2018）No.7
著（编）者：王辉耀　苗绿　2018年12月出版｜估价：99.00元
PSN B-2012-244-2/4

海洋社会蓝皮书
中国海洋社会发展报告（2017）
著（编）者：崔凤　宋宁而　2018年3月出版｜定价：89.00元
PSN B-2015-478-1/1

行政改革蓝皮书
中国行政体制改革报告No.7（2018）
著（编）者：魏礼群　2018年6月出版｜估价：99.00元
PSN B-2011-231-1/1

15

皮书系列 2018全品种

社会政法类

华侨华人蓝皮书
华侨华人研究报告（2017）
著(编)者：张禹东 庄国土　2017年12月出版 / 定价：148.00元
PSN B-2011-204-1/1

互联网与国家治理蓝皮书
互联网与国家治理发展报告（2017）
著(编)者：张志安　2018年1月出版 / 定价：98.00元
PSN B-2017-671-1/1

环境管理蓝皮书
中国环境管理发展报告（2017）
著(编)者：李金惠　2017年12月出版 / 定价：98.00元
PSN B-2017-678-1/1

环境竞争力绿皮书
中国省域环境竞争力发展报告（2018）
著(编)者：李建平 李闽榕 王金南
2018年11月出版 / 估价：198.00元
PSN G-2010-165-1/1

环境绿皮书
中国环境发展报告（2017～2018）
著(编)者：李波　2018年6月出版 / 估价：99.00元
PSN G-2006-048-1/1

家庭蓝皮书
中国"创建幸福家庭活动"评估报告（2018）
著(编)者：国务院发展研究中心"创建幸福家庭活动评估"课题组
2018年12月出版 / 估价：99.00元
PSN B-2015-508-1/1

健康城市蓝皮书
中国健康城市建设研究报告（2018）
著(编)者：王鸿春 盛继洪　2018年12月出版 / 估价：99.00元
PSN B-2016-564-2/2

健康中国蓝皮书
社区首诊与健康中国分析报告（2018）
著(编)者：高和荣 杨叔禹 姜杰
2018年6月出版 / 估价：99.00元
PSN B-2017-611-1/1

教师蓝皮书
中国中小学教师发展报告（2017）
著(编)者：曾晓东 鱼霞
2018年6月出版 / 估价：99.00元
PSN B-2012-289-1/1

教育扶贫蓝皮书
中国教育扶贫报告（2018）
著(编)者：司树杰 王文静 李兴洲
2018年12月出版 / 估价：99.00元
PSN B-2016-590-1/1

教育蓝皮书
中国教育发展报告（2018）
著(编)者：杨东平　2018年3月出版 / 定价：89.00元
PSN B-2006-047-1/1

金融法治建设蓝皮书
中国金融法治建设年度报告（2015～2016）
著(编)者：朱小黄　2018年6月出版 / 估价：99.00元
PSN B-2017-633-1/1

京津冀教育蓝皮书
京津冀教育发展研究报告（2017～2018）
著(编)者：方中雄　2018年6月出版 / 估价：99.00元
PSN B-2017-608-1/1

就业蓝皮书
2018年中国本科生就业报告
著(编)者：麦可思研究院　2018年6月出版 / 估价：99.00元
PSN B-2009-146-1/2

就业蓝皮书
2018年中国高职高专生就业报告
著(编)者：麦可思研究院　2018年6月出版 / 估价：99.00元
PSN B-2015-472-2/2

科学教育蓝皮书
中国科学教育发展报告（2018）
著(编)者：王康友　2018年10月出版 / 估价：99.00元
PSN B-2015-487-1/1

劳动保障蓝皮书
中国劳动保障发展报告（2018）
著(编)者：刘燕斌　2018年9月出版 / 估价：158.00元
PSN B-2014-415-1/1

老龄蓝皮书
中国老年宜居环境发展报告（2017）
著(编)者：党俊武 周燕珉　2018年6月出版 / 估价：99.00元
PSN B-2013-320-1/1

连片特困区蓝皮书
中国连片特困区发展报告（2017～2018）
著(编)者：游俊 冷志明 丁建军
2018年6月出版 / 估价：99.00元
PSN B-2013-321-1/1

流动儿童蓝皮书
中国流动儿童教育发展报告（2017）
著(编)者：杨东平　2018年6月出版 / 估价：99.00元
PSN B-2017-600-1/1

民调蓝皮书
中国民生调查报告（2018）
著(编)者：谢耘耕　2018年12月出版 / 估价：99.00元
PSN B-2014-398-1/1

民族发展蓝皮书
中国民族发展报告（2018）
著(编)者：王延中　2018年10月出版 / 估价：188.00元
PSN B-2006-070-1/1

女性生活蓝皮书
中国女性生活状况报告No.12（2018）
著(编)者：高博燕　2018年7月出版 / 估价：99.00元
PSN B-2006-071-1/1

社会政法类 — 皮书系列 2018全品种

汽车社会蓝皮书
中国汽车社会发展报告（2017~2018）
著(编)者：王俊秀　2018年6月出版 / 估价：99.00元
PSN B-2011-224-1/1

青年蓝皮书
中国青年发展报告（2018）No.3
著(编)者：廉思　2018年6月出版 / 估价：99.00元
PSN B-2013-333-1/1

青少年蓝皮书
中国未成年人互联网运用报告（2017~2018）
著(编)者：李为民　李文革　沈杰
2018年11月出版 / 定价：99.00元
PSN B-2010-156-1/1

人权蓝皮书
中国人权事业发展报告No.8（2018）
著(编)者：李君如　2018年9月出版 / 估价：99.00元
PSN B-2011-215-1/1

社会保障绿皮书
中国社会保障发展报告No.9（2018）
著(编)者：王延中　2018年6月出版 / 估价：99.00元
PSN G-2001-014-1/1

社会风险评估蓝皮书
风险评估与危机预警报告（2017~2018）
著(编)者：唐钧　2018年8月出版 / 估价：99.00元
PSN B-2012-293-1/1

社会工作蓝皮书
中国社会工作发展报告（2016~2017）
著(编)者：民政部社会工作研究中心
2018年8月出版 / 定价：99.00元
PSN B-2009-141-1/1

社会管理蓝皮书
中国社会管理创新报告No.6
著(编)者：连玉明　2018年11月出版 / 估价：99.00元
PSN B-2012-300-1/1

社会蓝皮书
2018年中国社会形势分析与预测
著(编)者：李培林　陈光金　张翼
2017年12月出版 / 定价：89.00元
PSN B-1998-002-1/1

社会体制蓝皮书
中国社会体制改革报告No.6（2018）
著(编)者：龚维斌　2018年3月出版 / 定价：98.00元
PSN B-2013-330-1/1

社会心态蓝皮书
中国社会心态研究报告（2018）
著(编)者：王俊秀　2018年12月出版 / 估价：99.00元
PSN B-2011-199-1/1

社会组织蓝皮书
中国社会组织报告（2017-2018）
著(编)者：黄晓勇　2018年6月出版 / 估价：99.00元
PSN B-2008-118-1/2

社会组织蓝皮书
中国社会组织评估发展报告（2018）
著(编)者：徐家良　2018年12月出版 / 估价：99.00元
PSN B-2013-366-2/2

生态城市绿皮书
中国生态城市建设发展报告（2018）
著(编)者：刘举科　孙伟平　胡文臻
2018年9月出版 / 估价：158.00元
PSN G-2012-269-1/1

生态文明绿皮书
中国省域生态文明建设评价报告（ECI 2018）
著(编)者：严耕　2018年12月出版 / 估价：99.00元
PSN G-2010-170-1/1

退休生活蓝皮书
中国城市居民退休生活质量指数报告（2017）
著(编)者：杨一帆　2018年6月出版 / 估价：99.00元
PSN B-2017-618-1/1

危机管理蓝皮书
中国危机管理报告（2018）
著(编)者：文学国　范正青
2018年8月出版 / 估价：99.00元
PSN B-2010-171-1/1

学会蓝皮书
2018年中国学会发展报告
著(编)者：麦可思研究院　2018年12月出版 / 估价：99.00元
PSN B-2016-597-1/1

医改蓝皮书
中国医药卫生体制改革报告（2017~2018）
著(编)者：文学国　房志武
2018年11月出版 / 估价：99.00元
PSN B-2014-432-1/1

应急管理蓝皮书
中国应急管理报告（2018）
著(编)者：宋英华　2018年9月出版 / 估价：99.00元
PSN B-2016-562-1/1

政府绩效评估蓝皮书
中国地方政府绩效评估报告No.2
著(编)者：贠杰　2018年12月出版 / 估价：99.00元
PSN B-2017-672-1/1

政治参与蓝皮书
中国政治参与报告（2018）
著(编)者：房宁　2018年8月出版 / 估价：128.00元
PSN B-2011-200-1/1

政治文化蓝皮书
中国政治文化报告（2018）
著(编)者：邢元敏　魏大鹏　王克
2018年8月出版 / 估价：128.00元
PSN B-2017-615-1/1

中国传统村落蓝皮书
中国传统村落保护现状报告（2018）
著(编)者：胡彬彬　李向军　王晓波
2018年12月出版 / 估价：99.00元
PSN B-2017-663-1/1

皮书系列 2018全品种
社会政法类·产业经济类

中国农村妇女发展蓝皮书
农村流动女性城市生活发展报告（2018）
著(编)者：谢丽华　2018年12月出版／估价：99.00元
PSN B-2014-434-1/1

宗教蓝皮书
中国宗教报告（2017）
著(编)者：邱永辉　2018年8月出版／估价：99.00元
PSN B-2008-117-1/1

产业经济类

保健蓝皮书
中国保健服务产业发展报告 No.2
著(编)者：中国保健协会　中共中央党校
2018年7月出版／估价：198.00元
PSN B-2012-272-3/3

保健蓝皮书
中国保健食品产业发展报告 No.2
著(编)者：中国保健协会
　　　　中国社会科学院食品药品产业发展与监管研究中心
2018年8月出版／估价：198.00元
PSN B-2012-271-2/3

保健蓝皮书
中国保健用品产业发展报告 No.2
著(编)者：中国保健协会
　　　　国务院国有资产监督管理委员会研究中心
2018年6月出版／估价：198.00元
PSN B-2012-270-1/3

保险蓝皮书
中国保险业竞争力报告（2018）
著(编)者：保监会　2018年12月出版／估价：99.00元
PSN B-2013-311-1/1

冰雪蓝皮书
中国冰上运动产业发展报告（2018）
著(编)者：孙承华　杨占武　刘戈　张鸿俊
2018年9月出版／估价：99.00元
PSN B-2017-648-3/3

冰雪蓝皮书
中国滑雪产业发展报告（2018）
著(编)者：孙承华　伍斌　魏庆华　张鸿俊
2018年9月出版／估价：99.00元
PSN B-2016-559-1/3

餐饮产业蓝皮书
中国餐饮产业发展报告（2018）
著(编)者：邢颖
2018年6月出版／估价：99.00元
PSN B-2009-151-1/1

茶业蓝皮书
中国茶产业发展报告（2018）
著(编)者：杨江帆　李闽榕
2018年10月出版／估价：99.00元
PSN B-2010-164-1/1

产业安全蓝皮书
中国文化产业安全报告（2018）
著(编)者：北京印刷学院文化产业安全研究院
2018年12月出版／估价：99.00元
PSN B-2014-378-12/14

产业安全蓝皮书
中国新媒体产业安全报告（2016~2017）
著(编)者：肖丽　2018年6月出版／估价：99.00元
PSN B-2015-500-14/14

产业安全蓝皮书
中国出版传媒产业安全报告（2017~2018）
著(编)者：北京印刷学院文化产业安全研究院
2018年6月出版／估价：99.00元
PSN B-2014-384-13/14

产业蓝皮书
中国产业竞争力报告（2018）No.8
著(编)者：张其仔　2018年12月出版／估价：168.00元
PSN B-2010-175-1/1

动力电池蓝皮书
中国新能源汽车动力电池产业发展报告（2018）
著(编)者：中国汽车技术研究中心
2018年8月出版／估价：99.00元
PSN B-2017-639-1/1

杜仲产业绿皮书
中国杜仲橡胶资源与产业发展报告（2017~2018）
著(编)者：杜红岩　胡文臻　俞锐
2018年6月出版／估价：99.00元
PSN G-2013-350-1/1

房地产蓝皮书
中国房地产发展报告No.15（2018）
著(编)者：李春华　王业强
2018年5月出版／估价：99.00元
PSN B-2004-028-1/1

服务外包蓝皮书
中国服务外包产业发展报告（2017~2018）
著(编)者：王晓红　刘德军
2018年6月出版／估价：99.00元
PSN B-2013-331-2/2

服务外包蓝皮书
中国服务外包竞争力报告（2017~2018）
著(编)者：刘春生　王力　黄育华
2018年12月出版／估价：99.00元
PSN B-2011-216-1/2

产业经济类 皮书系列 2018全品种

工业和信息化蓝皮书
世界信息技术产业发展报告（2017~2018）
著(编)者：尹丽波　2018年6月出版／估价：99.00元
PSN B-2015-449-2/6

工业和信息化蓝皮书
战略性新兴产业发展报告（2017~2018）
著(编)者：尹丽波　2018年6月出版／估价：99.00元
PSN B-2015-450-3/6

海洋经济蓝皮书
中国海洋经济发展报告（2015~2018）
著(编)者：殷克东　高金田　方胜民
2018年3月出版／定价：128.00元
PSN B-2018-697-1/1

康养蓝皮书
中国康养产业发展报告（2017）
著(编)者：何莽　2017年12月出版／定价：88.00元
PSN B-2017-685-1/1

客车蓝皮书
中国客车产业发展报告（2017~2018）
著(编)者：姚蔚　2018年10月出版／估价：99.00元
PSN B-2013-361-1/1

流通蓝皮书
中国商业发展报告（2018~2019）
著(编)者：王雪峰　林诗慧
2018年7月出版／估价：99.00元
PSN B-2009-152-1/2

能源蓝皮书
中国能源发展报告（2018）
著(编)者：崔民选　王军生　陈义和
2018年12月出版／估价：99.00元
PSN B-2006-049-1/1

农产品流通蓝皮书
中国农产品流通产业发展报告（2017）
著(编)者：贾敬敦　张东科　张玉玺　张鹏毅　周伟
2018年6月出版／估价：99.00元
PSN B-2012-288-1/1

汽车工业蓝皮书
中国汽车工业发展年度报告（2018）
著(编)者：中国汽车工业协会
　　　　　中国汽车技术研究中心
　　　　　丰田汽车公司
2018年5月出版／估价：168.00元
PSN B-2015-463-1/2

汽车工业蓝皮书
中国汽车零部件产业发展报告（2017~2018）
著(编)者：中国汽车工业协会
　　　　　中国汽车工程研究院深圳市沃特玛电池有限公司
2018年9月出版／估价：99.00元
PSN B-2016-515-2/2

汽车蓝皮书
中国汽车产业发展报告（2018）
著(编)者：中国汽车工程学会
　　　　　大众汽车集团（中国）
2018年11月出版／估价：99.00元
PSN B-2008-124-1/1

世界茶业蓝皮书
世界茶业发展报告（2018）
著(编)者：李闽榕　冯廷佺
2018年5月出版／估价：168.00元
PSN B-2017-619-1/1

世界能源蓝皮书
世界能源发展报告（2018）
著(编)者：黄晓勇　2018年6月出版／估价：168.00元
PSN B-2013-349-1/1

石油蓝皮书
中国石油产业发展报告（2018）
著(编)者：中国石油化工集团公司经济技术研究院
　　　　　中国国际石油化工联合有限责任公司
　　　　　中国社会科学院数量经济与技术经济研究所
2018年2月出版／定价：98.00元
PSN B-2018-690-1/1

体育蓝皮书
国家体育产业基地发展报告（2016~2017）
著(编)者：李颖川　2018年6月出版／估价：168.00元
PSN B-2017-609-5/5

体育蓝皮书
中国体育产业发展报告（2018）
著(编)者：阮伟　钟秉枢
2018年12月出版／估价：99.00元
PSN B-2010-179-1/5

文化金融蓝皮书
中国文化金融发展报告（2018）
著(编)者：杨涛　金巍
2018年6月出版／估价：99.00元
PSN B-2017-610-1/1

新能源汽车蓝皮书
中国新能源汽车产业发展报告（2018）
著(编)者：中国汽车技术研究中心
　　　　　日产（中国）投资有限公司
　　　　　东风汽车有限公司
2018年8月出版／估价：99.00元
PSN B-2013-347-1/1

薏仁米产业蓝皮书
中国薏仁米产业发展报告No.2（2018）
著(编)者：李发耀　石明　秦礼棠
2018年8月出版／估价：99.00元
PSN B-2017-645-1/1

邮轮绿皮书
中国邮轮产业发展报告（2018）
著(编)者：汪泓　2018年10月出版／估价：99.00元
PSN G-2014-419-1/1

智能养老蓝皮书
中国智能养老产业发展报告（2018）
著(编)者：朱勇　2018年10月出版／估价：99.00元
PSN B-2015-488-1/1

中国节能汽车蓝皮书
中国节能汽车发展报告（2017~2018）
著(编)者：中国汽车工程研究院股份有限公司
2018年9月出版／估价：99.00元
PSN B-2016-565-1/1

皮书系列 2018全品种　产业经济类·行业及其他类

中国陶瓷产业蓝皮书
中国陶瓷产业发展报告（2018）
著(编)者：左和平 黄速建
2018年10月出版 / 估价：99.00元
PSN B-2016-573-1/1

装备制造业蓝皮书
中国装备制造业发展报告（2018）
著(编)者：徐东华
2018年12月出版 / 估价：118.00元
PSN B-2015-505-1/1

行业及其他类

"三农"互联网金融蓝皮书
中国"三农"互联网金融发展报告（2018）
著(编)者：李勇坚 王弢
2018年8月出版 / 估价：99.00元
PSN B-2016-560-1/1

SUV蓝皮书
中国SUV市场发展报告（2017~2018）
著(编)者：靳军　2018年9月出版 / 估价：99.00元
PSN B-2016-571-1/1

冰雪蓝皮书
中国冬季奥运会发展报告（2018）
著(编)者：孙承华 伍斌 魏庆华 张鸿俊
2018年9月出版 / 估价：99.00元
PSN B-2017-647-2/3

彩票蓝皮书
中国彩票发展报告（2018）
著(编)者：益彩基金　2018年6月出版 / 估价：99.00元
PSN B-2015-462-1/1

测绘地理信息蓝皮书
测绘地理信息供给侧结构性改革研究报告（2018）
著(编)者：库热西·买合苏提
2018年12月出版 / 估价：168.00元
PSN B-2009-145-1/1

产权市场蓝皮书
中国产权市场发展报告（2017）
著(编)者：曹和平
2018年5月出版 / 估价：99.00元
PSN B-2009-147-1/1

城投蓝皮书
中国城投行业发展报告（2018）
著(编)者：华景斌
2018年11月出版 / 估价：300.00元
PSN B-2016-514-1/1

城市轨道交通蓝皮书
中国城市轨道交通运营发展报告（2017~2018）
著(编)者：崔学忠 贾文峥
2018年3月出版 / 定价：89.00元
PSN B-2018-694-1/1

大数据蓝皮书
中国大数据发展报告（No.2）
著(编)者：连玉明　2018年5月出版 / 估价：99.00元
PSN B-2017-620-1/1

大数据应用蓝皮书
中国大数据应用发展报告No.2（2018）
著(编)者：陈军君　2018年8月出版 / 估价：99.00元
PSN B-2017-644-1/1

对外投资与风险蓝皮书
中国对外直接投资与国家风险报告（2018）
著(编)者：中债资信评估有限责任公司
　　　　　中国社会科学院世界经济与政治研究所
2018年6月出版 / 估价：189.00元
PSN B-2017-606-1/1

工业和信息化蓝皮书
人工智能发展报告（2017~2018）
著(编)者：尹丽波　2018年6月出版 / 估价：99.00元
PSN B-2015-448-1/6

工业和信息化蓝皮书
世界智慧城市发展报告（2017~2018）
著(编)者：尹丽波　2018年6月出版 / 估价：99.00元
PSN B-2017-624-6/6

工业和信息化蓝皮书
世界网络安全发展报告（2017~2018）
著(编)者：尹丽波　2018年6月出版 / 估价：99.00元
PSN B-2015-452-5/6

工业和信息化蓝皮书
世界信息化发展报告（2017~2018）
著(编)者：尹丽波　2018年6月出版 / 估价：99.00元
PSN B-2015-451-4/6

工业设计蓝皮书
中国工业设计发展报告（2018）
著(编)者：王晓红 于炜 张立群　2018年9月出版 / 估价：168.00元
PSN B-2014-420-1/1

公共关系蓝皮书
中国公共关系发展报告（2017）
著(编)者：柳斌杰　2018年1月出版 / 定价：89.00元
PSN B-2016-579-1/1

皮书系列 2018全品种

公共关系蓝皮书
中国公共关系发展报告(2018)
著(编)者：柳斌杰　2018年11月出版 / 估价：99.00元
PSN B-2016-579-1/1

管理蓝皮书
中国管理发展报告(2018)
著(编)者：张晓东　2018年10月出版 / 估价：99.00元
PSN B-2014-416-1/1

轨道交通蓝皮书
中国轨道交通行业发展报告(2017)
著(编)者：仲建华　李闽榕
2017年12月出版 / 定价：98.00元
PSN B-2017-674-1/1

海关发展蓝皮书
中国海关发展前沿报告(2018)
著(编)者：干春晖　2018年6月出版 / 估价：99.00元
PSN B-2017-616-1/1

互联网医疗蓝皮书
中国互联网健康医疗发展报告(2018)
著(编)者：芮晓武　2018年6月出版 / 估价：99.00元
PSN B-2016-567-1/1

黄金市场蓝皮书
中国商业银行黄金业务发展报告(2017~2018)
著(编)者：平安银行　2018年6月出版 / 估价：99.00元
PSN B-2016-524-1/1

会展蓝皮书
中外会展业动态评估研究报告(2018)
著(编)者：张敏　任中峰　聂鑫焱　牛盼强
2018年12月出版 / 估价：99.00元
PSN B-2013-327-1/1

基金会蓝皮书
中国基金会发展报告(2017~2018)
著(编)者：中国基金会发展报告课题组
2018年6月出版 / 估价：99.00元
PSN B-2013-368-1/1

基金会绿皮书
中国基金会发展独立研究报告(2018)
著(编)者：基金会中心网　中央民族大学基金会研究中心
2018年6月出版 / 估价：99.00元
PSN G-2011-213-1/1

基金会透明度蓝皮书
中国基金会透明度发展研究报告(2018)
著(编)者：基金会中心网　清华大学廉政与治理研究中心
2018年9月出版 / 估价：99.00元
PSN B-2013-339-1/1

建筑装饰蓝皮书
中国建筑装饰行业发展报告(2018)
著(编)者：葛道顺　刘晓一
2018年10月出版 / 估价：198.00元
PSN B-2016-553-1/1

金融监管蓝皮书
中国金融监管报告(2018)
著(编)者：胡滨　2018年3月出版 / 定价：98.00元
PSN B-2012-281-1/1

金融蓝皮书
中国互联网金融行业分析与评估(2018~2019)
著(编)者：黄国平　伍旭川　2018年12月出版 / 估价：99.00元
PSN B-2016-585-7/7

金融科技蓝皮书
中国金融科技发展报告(2018)
著(编)者：李扬　孙国峰　2018年10月出版 / 估价：99.00元
PSN B-2014-374-1/1

金融信息服务蓝皮书
中国金融信息服务发展报告(2018)
著(编)者：李平　2018年5月出版 / 估价：99.00元
PSN B-2017-621-1/1

金蜜蜂企业社会责任蓝皮书
金蜜蜂中国企业社会责任报告研究(2017)
著(编)者：殷格非　于志宏　管竹笋
2018年1月出版 / 定价：99.00元
PSN B-2018-693-1/1

京津冀金融蓝皮书
京津冀金融发展报告(2018)
著(编)者：王爱俭　王璟怡　2018年10月出版 / 估价：99.00元
PSN B-2016-527-1/1

科普蓝皮书
国家科普能力发展报告(2018)
著(编)者：王康友　2018年5月出版 / 估价：138.00元
PSN B-2017-632-4/4

科普蓝皮书
中国基层科普发展报告(2017~2018)
著(编)者：赵立新　陈玲　2018年9月出版 / 估价：99.00元
PSN B-2016-568-3/4

科普蓝皮书
中国科普基础设施发展报告(2017~2018)
著(编)者：任福君　2018年6月出版 / 估价：99.00元
PSN B-2010-174-1/3

科普蓝皮书
中国科普人才发展报告(2017~2018)
著(编)者：郑念　任嵘嵘　2018年7月出版 / 估价：99.00元
PSN B-2016-512-2/2

科普能力蓝皮书
中国科普能力评价报告(2018~2019)
著(编)者：李富强　李群　2018年8月出版 / 估价：99.00元
PSN B-2016-555-1/1

临空经济蓝皮书
中国临空经济发展报告(2018)
著(编)者：连玉明　2018年9月出版 / 估价：99.00元
PSN B-2014-421-1/1

皮书系列 2018全品种
行业及其他类

旅游安全蓝皮书
中国旅游安全报告（2018）
著(编)者：郑向敏 谢朝武　2018年5月出版 / 估价：158.00元
PSN B-2012-280-1/1

旅游绿皮书
2017~2018年中国旅游发展分析与预测
著(编)者：宋瑞　2018年1月出版 / 定价：99.00元
PSN G-2002-018-1/1

煤炭蓝皮书
中国煤炭工业发展报告（2018）
著(编)者：岳福斌　2018年12月出版 / 估价：99.00元
PSN B-2008-123-1/1

民营企业社会责任蓝皮书
中国民营企业社会责任报告（2018）
著(编)者：中华全国工商业联合会
2018年12月出版 / 估价：99.00元
PSN B-2015-510-1/1

民营医院蓝皮书
中国民营医院发展报告（2017）
著(编)者：薛晓林　2017年12月出版 / 定价：89.00元
PSN B-2012-299-1/1

闽商蓝皮书
闽商发展报告（2018）
著(编)者：李闽榕 王日根 林琛
2018年12月出版 / 估价：99.00元
PSN B-2012-298-1/1

农业应对气候变化蓝皮书
中国农业气象灾害及其灾损评估报告（No.3）
著(编)者：矫梅燕　2018年6月出版 / 估价：118.00元
PSN B-2014-413-1/1

品牌蓝皮书
中国品牌战略发展报告（2018）
著(编)者：汪同三　2018年10月出版 / 估价：99.00元
PSN B-2016-580-1/1

企业扶贫蓝皮书
中国企业扶贫研究报告（2018）
著(编)者：钟宏武　2018年12月出版 / 估价：99.00元
PSN B-2016-593-1/1

企业公益蓝皮书
中国企业公益研究报告（2018）
著(编)者：钟宏武 汪杰 黄晓娟
2018年12月出版 / 估价：99.00元
PSN B-2015-501-1/1

企业国际化蓝皮书
中国企业全球化报告（2018）
著(编)者：王辉耀 苗绿　2018年11月出版 / 估价：99.00元
PSN B-2014-427-1/1

企业蓝皮书
中国企业绿色发展报告No.2（2018）
著(编)者：李红玉 朱光辉
2018年8月出版 / 估价：99.00元
PSN B-2015-481-2/2

企业社会责任蓝皮书
中资企业海外社会责任研究报告（2017~2018）
著(编)者：钟宏武 叶柳红 张蒽
2018年6月出版 / 估价：99.00元
PSN B-2017-603-2/2

企业社会责任蓝皮书
中国企业社会责任研究报告（2018）
著(编)者：黄群慧 钟宏武 张蒽 汪杰
2018年11月出版 / 估价：99.00元
PSN B-2009-149-1/2

汽车安全蓝皮书
中国汽车安全发展报告（2018）
著(编)者：中国汽车技术研究中心
2018年8月出版 / 估价：99.00元
PSN B-2014-385-1/1

汽车电子商务蓝皮书
中国汽车电子商务发展报告（2018）
著(编)者：中华全国工商业联合会汽车经销商商会
　　　　　北方工业大学
　　　　　北京易观智库网络科技有限公司
2018年10月出版 / 估价：158.00元
PSN B-2015-485-1/1

汽车知识产权蓝皮书
中国汽车产业知识产权发展报告（2018）
著(编)者：中国汽车工程研究院股份有限公司
　　　　　中国汽车工程学会
　　　　　重庆长安汽车股份有限公司
2018年12月出版 / 估价：99.00元
PSN B-2016-594-1/1

青少年体育蓝皮书
中国青少年体育发展报告（2017）
著(编)者：刘扶民 杨桦　2018年6月出版 / 估价：99.00元
PSN B-2015-482-1/1

区块链蓝皮书
中国区块链发展报告（2018）
著(编)者：李伟　2018年9月出版 / 估价：99.00元
PSN B-2017-649-1/1

群众体育蓝皮书
中国群众体育发展报告（2017）
著(编)者：刘国永 戴健　2018年5月出版 / 估价：99.00元
PSN B-2014-411-1/3

群众体育蓝皮书
中国社会体育指导员发展报告（2018）
著(编)者：刘国永 王欢　2018年6月出版 / 估价：99.00元
PSN B-2016-520-3/3

人力资源蓝皮书
中国人力资源发展报告（2018）
著(编)者：余兴安　2018年11月出版 / 估价：99.00元
PSN B-2012-287-1/1

融资租赁蓝皮书
中国融资租赁业发展报告（2017~2018）
著(编)者：李光荣 王力　2018年8月出版 / 估价：99.00元
PSN B-2015-443-1/1

 行业及其他类

皮书系列 2018全品种

商会蓝皮书
中国商会发展报告No.5（2017）
著(编)者：王钦敏　2018年7月出版／估价：99.00元
PSN B-2008-125-1/1

商务中心区蓝皮书
中国商务中心区发展报告No.4（2017~2018）
著(编)者：李国红　单菁菁　2018年9月出版／估价：99.00元
PSN B-2015-444-1/1

设计产业蓝皮书
中国创新设计发展报告（2018）
著(编)者：王晓红　张立群　于炜
2018年11月出版／估价：99.00元
PSN B-2016-581-2/2

社会责任管理蓝皮书
中国上市公司社会责任能力成熟度报告No.4（2018）
著(编)者：肖红军　王晓光　李伟阳
2018年12月出版／估价：99.00元
PSN B-2015-507-2/2

社会责任管理蓝皮书
中国企业公众透明度报告No.4（2017~2018）
著(编)者：黄速建　熊梦　王晓光　肖红军
2018年6月出版／估价：99.00元
PSN B-2015-440-1/2

食品药品蓝皮书
食品药品安全与监管政策研究报告（2016~2017）
著(编)者：唐民皓　2018年6月出版／估价：99.00元
PSN B-2009-129-1/1

输血服务蓝皮书
中国输血行业发展报告（2018）
著(编)者：孙俊　2018年12月出版／估价：99.00元
PSN B-2016-582-1/1

水利风景区蓝皮书
中国水利风景区发展报告（2018）
著(编)者：董建文　兰思仁
2018年10月出版／估价：99.00元
PSN B-2015-480-1/1

数字经济蓝皮书
全球数字经济竞争力发展报告（2017）
著(编)者：王振　2017年12月出版／定价：79.00元
PSN B-2017-673-1/1

私募市场蓝皮书
中国私募股权市场发展报告（2017~2018）
著(编)者：曹和平　2018年12月出版／估价：99.00元
PSN B-2010-162-1/1

碳排放权交易蓝皮书
中国碳排放权交易报告（2018）
著(编)者：孙永平　2018年11月出版／估价：99.00元
PSN B-2017-652-1/1

碳市场蓝皮书
中国碳市场报告（2018）
著(编)者：定金彪　2018年11月出版／估价：99.00元
PSN B-2014-430-1/1

体育蓝皮书
中国公共体育服务发展报告（2018）
著(编)者：戴健　2018年12月出版／估价：99.00元
PSN B-2013-367-2/5

土地市场蓝皮书
中国农村土地市场发展报告（2017~2018）
著(编)者：李光荣　2018年6月出版／估价：99.00元
PSN B-2016-526-1/1

土地整治蓝皮书
中国土地整治发展研究报告（No.5）
著(编)者：国土资源部土地整治中心
2018年7月出版／估价：99.00元
PSN B-2014-401-1/1

土地政策蓝皮书
中国土地政策研究报告（2018）
著(编)者：高延利　张建平　吴次芳
2018年1月出版／定价：98.00元
PSN B-2015-506-1/1

网络空间安全蓝皮书
中国网络空间安全发展报告（2018）
著(编)者：惠志斌　覃庆玲
2018年11月出版／估价：99.00元
PSN B-2015-466-1/1

文化志愿服务蓝皮书
中国文化志愿服务发展报告（2018）
著(编)者：张永新　良警宇　2018年11月出版／估价：128.00元
PSN B-2016-596-1/1

西部金融蓝皮书
中国西部金融发展报告（2017~2018）
著(编)者：李忠民　2018年8月出版／估价：99.00元
PSN B-2010-160-1/1

协会商会蓝皮书
中国行业协会商会发展报告（2017）
著(编)者：景朝阳　李勇　2018年6月出版／估价：99.00元
PSN B-2015-461-1/1

新三板蓝皮书
中国新三板市场发展报告（2018）
著(编)者：王力　2018年8月出版／估价：99.00元
PSN B-2016-533-1/1

信托市场蓝皮书
中国信托业市场报告（2017~2018）
著(编)者：用益金融信托研究院
2018年6月出版／估价：198.00元
PSN B-2014-371-1/1

信息化蓝皮书
中国信息化形势分析与预测（2017~2018）
著(编)者：周宏仁　2018年8月出版／估价：99.00元
PSN B-2010-168-1/1

信用蓝皮书
中国信用发展报告（2017~2018）
著(编)者：章政　田侃　2018年6月出版／估价：99.00元
PSN B-2013-328-1/1

皮书系列 2018全品种
行业及其他类

休闲绿皮书
2017~2018年中国休闲发展报告
著(编)者：宋瑞　2018年7月出版 / 估价：99.00元
PSN G-2010-158-1/1

休闲体育蓝皮书
中国休闲体育发展报告（2017~2018）
著(编)者：李相如　钟秉枢
2018年10月出版 / 估价：99.00元
PSN B-2016-516-1/1

养老金融蓝皮书
中国养老金融发展报告（2018）
著(编)者：董克用　姚余栋
2018年9月出版 / 估价：99.00元
PSN B-2016-583-1/1

遥感监测绿皮书
中国可持续发展遥感监测报告（2017）
著(编)者：顾行发　汪克强　潘教峰　李闽榕　徐东华　王琦安
2018年6月出版 / 估价：298.00元
PSN B-2017-629-1/1

药品流通蓝皮书
中国药品流通行业发展报告（2018）
著(编)者：佘鲁林　温再兴
2018年7月出版 / 估价：198.00元
PSN B-2014-429-1/1

医疗器械蓝皮书
中国医疗器械行业发展报告（2018）
著(编)者：王宝亭　耿鸿武
2018年10月出版 / 估价：99.00元
PSN B-2017-661-1/1

医院蓝皮书
中国医院竞争力报告（2017~2018）
著(编)者：庄一强　2018年3月出版 / 定价：108.00元
PSN B-2016-528-1/1

瑜伽蓝皮书
中国瑜伽业发展报告（2017~2018）
著(编)者：张永建　徐华锋　朱泰余
2018年6月出版 / 估价：198.00元
PSN B-2017-625-1/1

债券市场蓝皮书
中国债券市场发展报告（2017~2018）
著(编)者：杨农　2018年10月出版 / 估价：99.00元
PSN B-2016-572-1/1

志愿服务蓝皮书
中国志愿服务发展报告（2018）
著(编)者：中国志愿服务联合会
2018年11月出版 / 估价：99.00元
PSN B-2017-664-1/1

中国上市公司蓝皮书
中国上市公司发展报告（2018）
著(编)者：张鹏　张平　黄胤英
2018年9月出版 / 估价：99.00元
PSN B-2014-414-1/1

中国新三板蓝皮书
中国新三板创新与发展报告（2018）
著(编)者：刘平安　闻召林
2018年8月出版 / 估价：158.00元
PSN B-2017-638-1/1

中国汽车品牌蓝皮书
中国乘用车品牌发展报告（2017）
著(编)者：《中国汽车报》社有限公司
　　　　　博世（中国）投资有限公司
　　　　　中国汽车技术研究中心数据资源中心
2018年1月出版 / 定价：89.00元
PSN B-2017-679-1/1

中医文化蓝皮书
北京中医药文化传播发展报告（2018）
著(编)者：毛嘉陵　2018年6月出版 / 估价：99.00元
PSN B-2015-468-1/2

中医文化蓝皮书
中国中医药文化传播发展报告（2018）
著(编)者：毛嘉陵　2018年7月出版 / 估价：99.00元
PSN B-2016-584-2/2

中医药蓝皮书
北京中医药知识产权发展报告No.2
著(编)者：汪洪　屠志涛　2018年6月出版 / 估价：168.00元
PSN B-2017-602-1/1

资本市场蓝皮书
中国场外交易市场发展报告（2016~2017）
著(编)者：高峦　2018年6月出版 / 估价：99.00元
PSN B-2009-153-1/1

资产管理蓝皮书
中国资产管理行业发展报告（2018）
著(编)者：郑智　2018年7月出版 / 估价：99.00元
PSN B-2014-407-2/2

资产证券化蓝皮书
中国资产证券化发展报告（2018）
著(编)者：沈炳熙　曹彤　李哲平
2018年4月出版 / 估价：98.00元
PSN B-2017-660-1/1

自贸区蓝皮书
中国自贸区发展报告（2018）
著(编)者：王力　黄育华
2018年6月出版 / 估价：99.00元
PSN B-2016-558-1/1

国际问题与全球治理类

皮书系列 2018全品种

"一带一路"跨境通道蓝皮书
"一带一路"跨境通道建设研究报(2017~2018)
著(编)者：余鑫 张秋生 2018年1月出版 定价：89.00元
PSN B-2016-557-1/1

"一带一路"蓝皮书
"一带一路"建设发展报告（2018）
著(编)者：李永全 2018年3月出版 定价：98.00元
PSN B-2016-552-1/1

"一带一路"投资安全蓝皮书
中国"一带一路"投资与安全研究报告（2018）
著(编)者：邹统钎 梁昊光 2018年4月出版 定价：98.00元
PSN B-2017-612-1/1

"一带一路"文化交流蓝皮书
中阿文化交流发展报告（2017）
著(编)者：王辉 2017年12月出版 定价：89.00元
PSN B-2017-655-1/1

G20国家创新竞争力黄皮书
二十国集团（G20）国家创新竞争力发展报告（2017~2018）
著(编)者：李建平 李闽榕 赵新力 周天勇
2018年7月出版 估价：168.00元
PSN Y-2011-229-1/1

阿拉伯黄皮书
阿拉伯发展报告（2016~2017）
著(编)者：罗林 2018年6月出版 估价：99.00元
PSN Y-2014-381-1/1

北部湾蓝皮书
泛北部湾合作发展报告（2017~2018）
著(编)者：吕余生 2018年12月出版 估价：99.00元
PSN B-2008-114-1/1

北极蓝皮书
北极地区发展报告（2017）
著(编)者：刘惠荣 2018年7月出版 估价：99.00元
PSN B-2017-634-1/1

大洋洲蓝皮书
大洋洲发展报告（2017~2018）
著(编)者：喻常森 2018年10月出版 估价：99.00元
PSN B-2013-341-1/1

东北亚区域合作蓝皮书
2017年"一带一路"倡议与东北亚区域合作
著(编)者：刘亚政 金美花
2018年5月出版 定价：99.00元
PSN B-2017-631-1/1

东盟黄皮书
东盟发展报告（2017）
著(编)者：杨静林 庄国土 2018年6月出版 估价：99.00元
PSN Y-2012-303-1/1

东南亚蓝皮书
东南亚地区发展报告（2017~2018）
著(编)者：王勤 2018年12月出版 估价：99.00元
PSN B-2012-240-1/1

非洲黄皮书
非洲发展报告No.20（2017~2018）
著(编)者：张宏明 2018年7月出版 估价：99.00元
PSN Y-2012-239-1/1

非传统安全蓝皮书
中国非传统安全研究报告（2017~2018）
著(编)者：潇枫 罗中枢 2018年8月出版 估价：99.00元
PSN B-2012-273-1/1

国际安全蓝皮书
中国国际安全研究报告（2018）
著(编)者：刘慧 2018年7月出版 估价：99.00元
PSN B-2016-521-1/1

国际城市蓝皮书
国际城市发展报告（2018）
著(编)者：屠启宇 2018年2月出版 定价：89.00元
PSN B-2012-260-1/1

国际形势黄皮书
全球政治与安全报告（2018）
著(编)者：张宇燕 2018年1月出版 估价：99.00元
PSN Y-2001-016-1/1

公共外交蓝皮书
中国公共外交发展报告（2018）
著(编)者：赵启正 雷蔚真 2018年6月出版 估价：99.00元
PSN B-2015-457-1/1

海丝蓝皮书
21世纪海上丝绸之路研究报告（2017）
著(编)者：华侨大学海上丝绸之路研究院
2017年12月出版 定价：89.00元
PSN B-2017-684-1/1

金砖国家黄皮书
金砖国家综合创新竞争力发展报告（2018）
著(编)者：赵新力 李闽榕 黄茂兴
2018年8月出版 估价：128.00元
PSN Y-2017-643-1/1

拉美黄皮书
拉丁美洲和加勒比发展报告（2017~2018）
著(编)者：袁东振 2018年6月出版 估价：99.00元
PSN Y-1999-007-1/1

澜湄合作蓝皮书
澜沧江-湄公河合作发展报告（2018）
著(编)者：刘稚 2018年9月出版 估价：99.00元
PSN B-2011-196-1/1

皮书系列 2018全品种 —— 国际问题与全球治理类

欧洲蓝皮书
欧洲发展报告（2017~2018）
著（编）者：黄平 周弘 程卫东
2018年6月出版 / 估价：99.00元
PSN B-1999-009-1/1

葡语国家蓝皮书
葡语国家发展报告（2016~2017）
著（编）者：王成安 张敏 刘金兰
2018年6月出版 / 估价：99.00元
PSN B-2015-503-1/2

葡语国家蓝皮书
中国与葡语国家关系发展报告·巴西（2016）
著（编）者：张曙光
2018年8月出版 / 估价：99.00元
PSN B-2016-563-2/2

气候变化绿皮书
应对气候变化报告（2018）
著（编）者：王伟光 郑国光
2018年11月出版 / 估价：99.00元
PSN G-2009-144-1/1

全球环境竞争力绿皮书
全球环境竞争力报告（2018）
著（编）者：李建平 李闽榕 王金南
2018年12月出版 / 估价：198.00元
PSN G-2013-363-1/1

全球信息社会蓝皮书
全球信息社会发展报告（2018）
著（编）者：丁波涛 唐涛　2018年10月出版 / 估价：99.00元
PSN B-2017-665-1/1

日本经济蓝皮书
日本经济与中日经贸关系研究报告（2018）
著（编）者：张季风　2018年6月出版 / 估价：99.00元
PSN B-2008-102-1/1

上海合作组织黄皮书
上海合作组织发展报告（2018）
著（编）者：李进峰　2018年6月出版 / 估价：99.00元
PSN Y-2009-130-1/1

世界创新竞争力黄皮书
世界创新竞争力发展报告（2017）
著（编）者：李建平 李闽榕 赵新力
2018年6月出版 / 估价：168.00元
PSN Y-2013-318-1/1

世界经济黄皮书
2018年世界经济形势分析与预测
著（编）者：张宇燕　2018年1月出版 / 定价：99.00元
PSN Y-1999-006-1/1

世界能源互联互通蓝皮书
世界能源清洁发展与互联互通评估报告（2017）：欧洲篇
著（编）者：国网能源研究院
2018年1月出版 / 定价：128.00元
PSN B-2018-695-1/1

丝绸之路蓝皮书
丝绸之路经济带发展报告（2018）
著（编）者：任宗哲 白宽犁 谷孟宾
2018年1月出版 / 定价：89.00元
PSN B-2014-410-1/1

新兴经济体蓝皮书
金砖国家发展报告（2018）
著（编）者：林跃勤 周文
2018年8月出版 / 估价：99.00元
PSN B-2011-195-1/1

亚太蓝皮书
亚太地区发展报告（2018）
著（编）者：李向阳　2018年5月出版 / 估价：99.00元
PSN B-2001-015-1/1

印度洋地区蓝皮书
印度洋地区发展报告（2018）
著（编）者：汪戎　2018年6月出版 / 估价：99.00元
PSN B-2013-334-1/1

印度尼西亚经济蓝皮书
印度尼西亚经济发展报告（2017）：增长与机会
著（编）者：左志刚　2017年11月出版 / 定价：89.00元
PSN B-2017-675-1/1

渝新欧蓝皮书
渝新欧沿线国家发展报告（2018）
著（编）者：杨柏 黄森
2018年6月出版 / 估价：99.00元
PSN B-2017-626-1/1

中阿蓝皮书
中国-阿拉伯国家经贸发展报告（2018）
著（编）者：张廉 段庆林 王林聪 杨巧红
2018年12月出版 / 估价：99.00元
PSN B-2016-598-1/1

中东黄皮书
中东发展报告No.20（2017~2018）
著（编）者：杨光　2018年10月出版 / 估价：99.00元
PSN Y-1998-004-1/1

中亚黄皮书
中亚国家发展报告（2018）
著（编）者：孙力
2018年3月出版 / 定价：98.00元
PSN Y-2012-238-1/1

国别类·文化传媒类

皮书系列
2018全品种

国别类

澳大利亚蓝皮书
澳大利亚发展报告（2017-2018）
著（编）者：孙有中 韩锋　2018年12月出版／估价：99.00元
PSN B-2016-587-1/1

巴西黄皮书
巴西发展报告（2017）
著（编）者：刘国枝　2018年5月出版／估价：99.00元
PSN Y-2017-614-1/1

德国蓝皮书
德国发展报告（2018）
著（编）者：郑春荣　2018年6月出版／估价：99.00元
PSN B-2012-278-1/1

俄罗斯黄皮书
俄罗斯发展报告（2018）
著（编）者：李永全　2018年6月出版／估价：99.00元
PSN Y-2006-061-1/1

韩国蓝皮书
韩国发展报告（2017）
著（编）者：牛林杰 刘宝全　2018年6月出版／估价：99.00元
PSN B-2010-155-1/1

加拿大蓝皮书
加拿大发展报告（2018）
著（编）者：唐小松　2018年9月出版／估价：99.00元
PSN B-2014-389-1/1

美国蓝皮书
美国研究报告（2018）
著（编）者：郑秉文 黄平　2018年5月出版／估价：99.00元
PSN B-2011-210-1/1

缅甸蓝皮书
缅甸国情报告（2017）
著（编）者：祝湘辉
2017年11月出版／定价：98.00元
PSN B-2013-343-1/1

日本蓝皮书
日本研究报告（2018）
著（编）者：杨伯江　2018年4月出版／定价：99.00元
PSN B-2002-020-1/1

土耳其蓝皮书
土耳其发展报告（2018）
著（编）者：郭长刚 刘义　2018年9月出版／估价：99.00元
PSN B-2014-412-1/1

伊朗蓝皮书
伊朗发展报告（2017~2018）
著（编）者：冀开运　2018年10月／估价：99.00元
PSN B-2016-574-1/1

以色列蓝皮书
以色列发展报告（2018）
著（编）者：张倩红　2018年8月出版／估价：99.00元
PSN B-2015-483-1/1

印度蓝皮书
印度国情报告（2017）
著（编）者：吕昭义　2018年6月出版／估价：99.00元
PSN B-2012-241-1/1

英国蓝皮书
英国发展报告（2017~2018）
著（编）者：王展鹏　2018年12月出版／估价：99.00元
PSN B-2015-486-1/1

越南蓝皮书
越南国情报告（2018）
著（编）者：谢林城　2018年11月出版／估价：99.00元
PSN B-2006-056-1/1

泰国蓝皮书
泰国研究报告（2018）
著（编）者：庄国土 张禹东 刘文正
2018年10月出版／估价：99.00元
PSN B-2016-556-1/1

文化传媒类

"三农"舆情蓝皮书
中国"三农"网络舆情报告（2017~2018）
著（编）者：农业部信息中心
2018年6月出版／估价：99.00元
PSN B-2017-640-1/1

传媒竞争力蓝皮书
中国传媒国际竞争力研究报告（2018）
著（编）者：李本乾 刘强 王大可
2018年8月出版／估价：99.00元
PSN B-2013-356-1/1

传媒蓝皮书
中国传媒产业发展报告（2018）
著（编）者：崔保国
2018年5月出版／估价：99.00元
PSN B-2005-035-1/1

传媒投资蓝皮书
中国传媒投资发展报告（2018）
著（编）者：张向东 谭云明
2018年6月出版／估价：148.00元
PSN B-2015-474-1/1

皮书系列 2018全品种 — 文化传媒类

非物质文化遗产蓝皮书
中国非物质文化遗产发展报告（2018）
著（编）者：陈平　2018年6月出版／估价：128.00元
PSN B-2015-469-1/2

非物质文化遗产蓝皮书
中国非物质文化遗产保护发展报告（2018）
著（编）者：宋俊华　2018年10月出版／估价：128.00元
PSN B-2016-586-2/2

广电蓝皮书
中国广播电影电视发展报告（2018）
著（编）者：国家新闻出版广电总局发展研究中心
2018年7月出版／估价：99.00元
PSN B-2006-072-1/1

广告主蓝皮书
中国广告主营销传播趋势报告No.9
著（编）者：黄升民　杜国清　邵华冬　等
2018年10月出版／估价：158.00元
PSN B-2005-041-1/1

国际传播蓝皮书
中国国际传播发展报告（2018）
著（编）者：胡正荣　李继东　姬德强
2018年12月出版／估价：99.00元
PSN B-2014-408-1/1

国家形象蓝皮书
中国国家形象传播报告（2017）
著（编）者：张昆　2018年6月出版／估价：128.00元
PSN B-2017-605-1/1

互联网治理蓝皮书
中国网络社会治理研究报告（2018）
著（编）者：罗昕　支庭荣
2018年9月出版／估价：118.00元
PSN B-2017-653-1/1

纪录片蓝皮书
中国纪录片发展报告（2018）
著（编）者：何苏六　2018年10月出版／估价：99.00元
PSN B-2011-222-1/1

科学传播蓝皮书
中国科学传播报告（2016~2017）
著（编）者：詹正茂　2018年6月出版／估价：99.00元
PSN B-2008-120-1/1

两岸创意经济蓝皮书
两岸创意经济研究报告（2018）
著（编）者：罗昌智　董泽平
2018年10月出版／估价：99.00元
PSN B-2014-437-1/1

媒介与女性蓝皮书
中国媒介与女性发展报告（2017~2018）
著（编）者：刘利群　2018年5月出版／估价：99.00元
PSN B-2013-345-1/1

媒体融合蓝皮书
中国媒体融合发展报告（2017~2018）
著（编）者：梅宁华　支庭荣
2017年12月出版／定价：98.00元
PSN B-2015-479-1/1

全球传媒蓝皮书
全球传媒发展报告（2017~2018）
著（编）者：胡正荣　李继东　2018年6月出版／估价：99.00元
PSN B-2012-237-1/1

少数民族非遗蓝皮书
中国少数民族非物质文化遗产发展报告（2018）
著（编）者：肖远平（彝）　柴立（满）
2018年10月出版／估价：118.00元
PSN B-2015-467-1/1

视听新媒体蓝皮书
中国视听新媒体发展报告（2018）
著（编）者：国家新闻出版广电总局发展研究中心
2018年7月出版／估价：118.00元
PSN B-2011-184-1/1

数字娱乐产业蓝皮书
中国动画产业发展报告（2018）
著（编）者：孙立军　孙平　牛兴侦
2018年10月出版／估价：99.00元
PSN B-2011-198-1/2

数字娱乐产业蓝皮书
中国游戏产业发展报告（2018）
著（编）者：孙立军　刘跃军　2018年10月出版／估价：99.00元
PSN B-2017-662-2/2

网络视听蓝皮书
中国互联网视听行业发展报告（2018）
著（编）者：陈鹏　2018年2月出版／定价：148.00元
PSN B-2018-688-1/1

文化创新蓝皮书
中国文化创新报告（2017·No.8）
著（编）者：傅才武　2018年6月出版／估价：99.00元
PSN B-2009-143-1/1

文化建设蓝皮书
中国文化发展报告（2018）
著（编）者：江畅　孙伟平　戴茂堂
2018年5月出版／估价：99.00元
PSN B-2014-392-1/1

文化科技蓝皮书
文化科技创新发展报告（2018）
著（编）者：于平　李凤亮　2018年10月出版／估价：99.00元
PSN B-2013-342-1/1

文化蓝皮书
中国公共文化服务发展报告（2017~2018）
著（编）者：刘新成　张永新　张旭
2018年12月出版／估价：99.00元
PSN B-2007-093-2/10

文化蓝皮书
中国少数民族文化发展报告（2017~2018）
著（编）者：武翠英　张晓明　任乌晶
2018年9月出版／估价：99.00元
PSN B-2013-369-9/10

文化蓝皮书
中国文化产业供需协调检测报告（2018）
著（编）者：王亚南　2018年3月出版／定价：99.00元
PSN B-2013-323-8/10

文化传媒类 · 地方发展类-经济

皮书系列 2018全品种

文化蓝皮书
中国文化消费需求景气评价报告（2018）
著(编)者：王亚南　2018年3月出版／定价：99.00元
PSN B-2011-236-4/10

文化蓝皮书
中国公共文化投入增长测评报告（2018）
著(编)者：王亚南　2018年3月出版／定价：99.00元
PSN B-2014-435-10/10

文化品牌蓝皮书
中国文化品牌发展报告（2018）
著(编)者：欧阳友权　2018年5月出版／估价：99.00元
PSN B-2012-277-1/1

文化遗产蓝皮书
中国文化遗产事业发展报告（2017～2018）
著(编)者：苏杨　张颖岚　卓杰　白海峰　陈晨　陈叙图
2018年8月出版／估价：99.00元
PSN B-2008-119-1/1

文学蓝皮书
中国文情报告（2017～2018）
著(编)者：白烨　2018年5月出版／估价：99.00元
PSN B-2011-221-1/1

新媒体蓝皮书
中国新媒体发展报告No.9（2018）
著(编)者：唐绪军　2018年7月出版／估价：99.00元
PSN B-2010-169-1/1

新媒体社会责任蓝皮书
中国新媒体社会责任研究报告（2018）
著(编)者：钟瑛　2018年12月出版／估价：99.00元
PSN B-2014-423-1/1

移动互联网蓝皮书
中国移动互联网发展报告（2018）
著(编)者：余清楚　2018年6月出版／估价：99.00元
PSN B-2012-282-1/1

影视蓝皮书
中国影视产业发展报告（2018）
著(编)者：司若　陈鹏　陈锐
2018年6月出版／估价：99.00元
PSN B-2016-529-1/1

舆情蓝皮书
中国社会舆情与危机管理报告（2018）
著(编)者：谢耘耕
2018年9月出版／估价：138.00元
PSN B-2011-235-1/1

中国大运河蓝皮书
中国大运河发展报告（2018）
著(编)者：吴欣　2018年2月出版／估价：128.00元
PSN B-2018-691-1/1

地方发展类-经济

澳门蓝皮书
澳门经济社会发展报告（2017～2018）
著(编)者：吴志良　郝雨凡
2018年7月出版／估价：99.00元
PSN B-2009-138-1/1

澳门绿皮书
澳门旅游休闲发展报告（2017～2018）
著(编)者：郝雨凡　林广志
2018年5月出版／估价：99.00元
PSN G-2017-617-1/1

北京蓝皮书
北京经济发展报告（2017～2018）
著(编)者：杨松　2018年6月出版／估价：99.00元
PSN B-2006-054-2/8

北京旅游绿皮书
北京旅游发展报告（2018）
著(编)者：北京旅游学会
2018年7月出版／估价：99.00元
PSN G-2012-301-1/1

北京体育蓝皮书
北京体育产业发展报告（2017～2018）
著(编)者：钟秉枢　陈杰　杨铁黎
2018年9月出版／估价：99.00元
PSN B-2015-475-1/1

滨海金融蓝皮书
滨海新区金融发展报告（2017）
著(编)者：王爱俭　李向前　2018年4月出版／估价：99.00元
PSN B-2014-424-1/1

城乡一体化蓝皮书
北京城乡一体化发展报告（2017～2018）
著(编)者：吴宝新　张宝秀　黄序
2018年5月出版／估价：99.00元
PSN B-2012-258-2/2

非公有制企业社会责任蓝皮书
北京非公有制企业社会责任报告（2018）
著(编)者：宋贵伦　冯培
2018年6月出版／估价：99.00元
PSN B-2017-613-1/1

皮书系列 2018全品种 　　地方发展类-经济

福建旅游蓝皮书
福建省旅游产业发展现状研究（2017~2018）
著（编）者：陈敏华 黄远水　2018年12月出版／估价：128.00元
PSN B-2016-591-1/1

福建自贸区蓝皮书
中国（福建）自由贸易试验区发展报告（2017~2018）
著（编）者：黄茂兴　2018年6月出版／估价：118.00元
PSN B-2016-531-1/1

甘肃蓝皮书
甘肃经济发展分析与预测（2018）
著（编）者：安文华 罗哲　2018年1月出版／定价：99.00元
PSN B-2013-312-1/6

甘肃蓝皮书
甘肃商贸流通发展报告（2018）
著（编）者：张应华 王福生 王晓芳
2018年1月出版／定价：99.00元
PSN B-2016-522-6/6

甘肃蓝皮书
甘肃县域和农村发展报告（2018）
著（编）者：包东红 朱智文 王建兵
2018年1月出版／定价：99.00元
PSN B-2013-316-5/6

甘肃农业科技绿皮书
甘肃农业科技发展研究报告（2018）
著（编）者：魏胜文 乔德华 张东伟
2018年12月出版／定价：198.00元
PSN B-2016-592-1/1

甘肃气象保障蓝皮书
甘肃农业对气候变化的适应与风险评估报告（No.1）
著（编）者：鲍文中 周广胜
2017年12月出版／定价：108.00元
PSN B-2017-677-1/1

巩义蓝皮书
巩义经济社会发展报告（2018）
著（编）者：丁同民 朱军　2018年6月出版／估价：99.00元
PSN B-2016-532-1/1

广东外经贸蓝皮书
广东对外经济贸易发展研究报告（2017~2018）
著（编）者：陈万灵　2018年6月出版／估价：99.00元
PSN B-2012-286-1/1

广西北部湾经济区蓝皮书
广西北部湾经济区开放开发报告（2017~2018）
著（编）者：广西壮族自治区北部湾经济区和东盟开放合作办公室
　　　　　广西社会科学院
　　　　　广西北部湾发展研究院
2018年5月出版／估价：99.00元
PSN B-2010-181-1/1

广州蓝皮书
广州城市国际化发展报告（2018）
著（编）者：张跃国　2018年8月出版／估价：99.00元
PSN B-2012-246-11/14

广州蓝皮书
中国广州城市建设与管理发展报告（2018）
著（编）者：张其学 陈小钢 王宏伟　2018年8月出版／估价：99.00元
PSN B-2007-087-4/14

广州蓝皮书
广州创新型城市发展报告（2018）
著（编）者：尹涛　2018年6月出版／估价：99.00元
PSN B-2012-247-12/14

广州蓝皮书
广州经济发展报告（2018）
著（编）者：张跃国 尹涛　2018年7月出版／估价：99.00元
PSN B-2005-040-1/14

广州蓝皮书
2018年中国广州经济形势分析与预测
著（编）者：魏明海 谢博能 李华
2018年6月出版／估价：99.00元
PSN B-2011-185-9/14

广州蓝皮书
中国广州科技创新发展报告（2018）
著（编）者：于欣伟 陈爽 邓佑满　2018年8月出版／估价：99.00元
PSN B-2006-065-2/14

广州蓝皮书
广州农村发展报告（2018）
著（编）者：朱名宏　2018年7月出版／估价：99.00元
PSN B-2010-167-8/14

广州蓝皮书
广州汽车产业发展报告（2018）
著（编）者：杨再高 冯兴亚　2018年7月出版／估价：99.00元
PSN B-2006-066-3/14

广州蓝皮书
广州商贸业发展报告（2018）
著（编）者：张跃国 陈杰 荀振英
2018年7月出版／估价：99.00元
PSN B-2012-245-10/14

贵阳蓝皮书
贵阳城市创新发展报告No.3（白云篇）
著（编）者：连玉明　2018年5月出版／估价：99.00元
PSN B-2015-491-3/10

贵阳蓝皮书
贵阳城市创新发展报告No.3（观山湖篇）
著（编）者：连玉明　2018年5月出版／估价：99.00元
PSN B-2015-497-9/10

贵阳蓝皮书
贵阳城市创新发展报告No.3（花溪篇）
著（编）者：连玉明　2018年5月出版／估价：99.00元
PSN B-2015-490-2/10

贵阳蓝皮书
贵阳城市创新发展报告No.3（开阳篇）
著（编）者：连玉明　2018年5月出版／估价：99.00元
PSN B-2015-492-4/10

贵阳蓝皮书
贵阳城市创新发展报告No.3（南明篇）
著（编）者：连玉明　2018年5月出版／估价：99.00元
PSN B-2015-496-8/10

贵阳蓝皮书
贵阳城市创新发展报告No.3（清镇篇）
著（编）者：连玉明　2018年5月出版／估价：99.00元
PSN B-2015-489-1/10

地方发展类-经济

皮书系列 2018全品种

贵阳蓝皮书
贵阳城市创新发展报告No.3（乌当篇）
著(编)者：连玉明　2018年5月出版／估价：99.00元
PSN B-2015-495-7/10

贵阳蓝皮书
贵阳城市创新发展报告No.3（息烽篇）
著(编)者：连玉明　2018年5月出版／估价：99.00元
PSN B-2015-493-5/10

贵阳蓝皮书
贵阳城市创新发展报告No.3（修文篇）
著(编)者：连玉明　2018年5月出版／估价：99.00元
PSN B-2015-494-6/10

贵阳蓝皮书
贵阳城市创新发展报告No.3（云岩篇）
著(编)者：连玉明　2018年5月出版／估价：99.00元
PSN B-2015-498-10/10

贵州房地产蓝皮书
贵州房地产发展报告No.5（2018）
著(编)者：武廷方　2018年7月出版／估价：99.00元
PSN B-2014-426-1/1

贵州蓝皮书
贵州册亨经济社会发展报告（2018）
著(编)者：黄德林　2018年6月出版／估价：99.00元
PSN B-2016-525-8/9

贵州蓝皮书
贵州地理标志产业发展报告（2018）
著(编)者：李发耀　黄其松　2018年8月出版／估价：99.00元
PSN B-2017-646-10/10

贵州蓝皮书
贵安新区发展报告（2017~2018）
著(编)者：马长青　吴大华　2018年6月出版／估价：99.00元
PSN B-2015-459-4/10

贵州蓝皮书
贵州国家级开放创新平台发展报告（2017~2018）
著(编)者：申晓庆　吴大华　季泓
2018年11月出版／估价：99.00元
PSN B-2016-518-7/10

贵州蓝皮书
贵州国有企业社会责任发展报告（2017~2018）
著(编)者：郭丽　2018年12月出版／估价：99.00元
PSN B-2015-511-6/10

贵州蓝皮书
贵州民航业发展报告（2017）
著(编)者：申振东　吴大华　2018年6月出版／估价：99.00元
PSN B-2015-471-5/10

贵州蓝皮书
贵州民营经济发展报告（2017）
著(编)者：杨静　吴大华　2018年6月出版／估价：99.00元
PSN B-2016-530-9/9

杭州都市圈蓝皮书
杭州都市圈发展报告（2018）
著(编)者：洪庆华　沈翔　2018年4月出版／定价：98.00元
PSN B-2012-302-1/1

河北经济蓝皮书
河北省经济发展报告（2018）
著(编)者：马树强　金浩　张贵　2018年6月出版／估价：99.00元
PSN B-2014-380-1/1

河北蓝皮书
河北经济社会发展报告（2018）
著(编)者：康振海　2018年1月出版／定价：99.00元
PSN B-2014-372-1/3

河北蓝皮书
京津冀协同发展报告（2018）
著(编)者：陈璐　2017年12月出版／定价：79.00元
PSN B-2017-601-2/3

河南经济蓝皮书
2018年河南经济形势分析与预测
著(编)者：王世炎　2018年3月出版／定价：89.00元
PSN B-2007-086-1/1

河南蓝皮书
河南城市发展报告（2018）
著(编)者：张占仓　王建国　2018年5月出版／估价：99.00元
PSN B-2009-131-3/9

河南蓝皮书
河南工业发展报告（2018）
著(编)者：张占仓　2018年5月出版／估价：99.00元
PSN B-2013-317-5/9

河南蓝皮书
河南金融发展报告（2018）
著(编)者：喻新安　谷建全
2018年6月出版／估价：99.00元
PSN B-2014-390-7/9

河南蓝皮书
河南经济发展报告（2018）
著(编)者：张占仓　完世伟
2018年6月出版／估价：99.00元
PSN B-2010-157-4/9

河南蓝皮书
河南能源发展报告（2018）
著(编)者：国网河南省电力公司经济技术研究院
　　　　　河南省社会科学院
2018年6月出版／估价：99.00元
PSN B-2017-607-9/9

河南商务蓝皮书
河南商务发展报告（2018）
著(编)者：焦锦淼　穆荣国　2018年5月出版／估价：99.00元
PSN B-2014-399-1/1

河南双创蓝皮书
河南创新创业发展报告（2018）
著(编)者：喻新安　杨雪梅
2018年8月出版／估价：99.00元
PSN B-2017-641-1/1

黑龙江蓝皮书
黑龙江经济发展报告（2018）
著(编)者：朱宇　2018年1月出版／定价：89.00元
PSN B-2011-190-2/2

皮书系列 2018全品种 — 地方发展类-经济

湖南城市蓝皮书
区域城市群整合
著(编)者：童中贤 韩未名　　2018年12月出版 / 估价：99.00元
PSN B-2006-064-1/1

湖南蓝皮书
湖南城乡一体化发展报告（2018）
著(编)者：陈文胜 王文强 陆福兴
2018年8月出版 / 估价：99.00元
PSN B-2015-477-8/8

湖南蓝皮书
2018年湖南电子政务发展报告
著(编)者：梁志峰　　2018年5月出版 / 估价：128.00元
PSN B-2014-394-6/8

湖南蓝皮书
2018年湖南经济发展报告
著(编)者：卞鹰　　2018年5月出版 / 估价：128.00元
PSN B-2011-207-2/8

湖南蓝皮书
2016年湖南经济展望
著(编)者：梁志峰　　2018年5月出版 / 估价：128.00元
PSN B-2011-206-1/2

湖南蓝皮书
2018年湖南县域经济社会发展报告
著(编)者：梁志峰　　2018年5月出版 / 估价：128.00元
PSN B-2014-395-7/8

湖南县域绿皮书
湖南县域发展报告（No.5）
著(编)者：袁准 周小毛 黎仁寅
2018年6月出版 / 估价：99.00元
PSN G-2012-274-1/1

沪港蓝皮书
沪港发展报告（2018）
著(编)者：尤安山　　2018年9月出版 / 估价：99.00元
PSN B-2013-362-1/1

吉林蓝皮书
2018年吉林经济社会形势分析与预测
著(编)者：邵汉明　　2017年12月出版 / 定价：89.00元
PSN B-2013-319-1/1

吉林省城市竞争力蓝皮书
吉林省城市竞争力报告（2017~2018）
著(编)者：崔岳春 张磊
2018年3月出版 / 定价：89.00元
PSN B-2016-513-1/1

济源蓝皮书
济源经济社会发展报告（2018）
著(编)者：喻新安　　2018年6月出版 / 估价：99.00元
PSN B-2014-387-1/1

江苏蓝皮书
2018年江苏经济发展分析与展望
著(编)者：王庆五 吴先满
2018年7月出版 / 估价：128.00元
PSN B-2017-635-1/3

江西蓝皮书
江西经济社会发展报告（2018）
著(编)者：陈石俊 龚建文　　2018年10月出版 / 估价：128.00元
PSN B-2015-484-1/2

江西蓝皮书
江西设区市发展报告（2018）
著(编)者：姜玮 梁勇
2018年10月出版 / 估价：99.00元
PSN B-2016-517-2/2

经济特区蓝皮书
中国经济特区发展报告（2017）
著(编)者：陶一桃　　2018年1月出版 / 估价：99.00元
PSN B-2009-139-1/1

辽宁蓝皮书
2018年辽宁经济社会形势分析与预测
著(编)者：梁启东 魏红江　　2018年6月出版 / 估价：99.00元
PSN B-2006-053-1/1

民族经济蓝皮书
中国民族地区经济发展报告（2018）
著(编)者：李曦辉　　2018年7月出版 / 估价：99.00元
PSN B-2017-630-1/1

南宁蓝皮书
南宁经济发展报告（2018）
著(编)者：胡建华　　2018年9月出版 / 估价：99.00元
PSN B-2016-569-2/3

内蒙古蓝皮书
内蒙古精准扶贫研究报告（2018）
著(编)者：张志华　　2018年1月出版 / 定价：89.00元
PSN B-2017-681-2/2

浦东新区蓝皮书
上海浦东经济发展报告（2018）
著(编)者：周小平 徐美芳
2018年1月出版 / 定价：89.00元
PSN B-2011-225-1/1

青海蓝皮书
2018年青海经济社会形势分析与预测
著(编)者：陈玮　　2018年1月出版 / 定价：98.00元
PSN B-2012-275-1/2

青海科技绿皮书
青海科技发展报告（2017）
著(编)者：青海省科学技术信息研究所
2018年3月出版 / 估价：98.00元
PSN G-2018-701-1/1

山东蓝皮书
山东经济形势分析与预测（2018）
著(编)者：李广杰　　2018年7月出版 / 估价：99.00元
PSN B-2014-404-1/5

山东蓝皮书
山东省普惠金融发展报告（2018）
著(编)者：齐鲁财富网
2018年9月出版 / 估价：99.00元
PSN B2017-676-5/5

地方发展类-经济

皮书系列 2018全品种

山西蓝皮书
山西资源型经济转型发展报告（2018）
著(编)者：李志强　　2018年7月出版／估价：99.00元
PSN B-2011-197-1/1

陕西蓝皮书
陕西经济发展报告（2018）
著(编)者：任宗哲　白宽犁　裴成荣
2018年1月出版／定价：89.00元
PSN B-2009-135-1/6

陕西蓝皮书
陕西精准脱贫研究报告（2018）
著(编)者：任宗哲　白宽犁　王建康
2018年4月出版／定价：89.00元
PSN B-2017-623-6/6

上海蓝皮书
上海经济发展报告（2018）
著(编)者：沈开艳　　2018年2月出版／定价：89.00元
PSN B-2006-057-1/7

上海蓝皮书
上海资源环境发展报告（2018）
著(编)者：周冯琦　胡静　2018年2月出版／定价：89.00元
PSN B-2006-060-4/7

上海蓝皮书
上海奉贤经济发展分析与研判（2017~2018）
著(编)者：张兆安　朱平芳　2018年3月出版／定价：99.00元
PSN B-2018-698-8/8

上饶蓝皮书
上饶发展报告（2016~2017）
著(编)者：廖其志　　2018年6月出版／估价：128.00元
PSN B-2014-377-1/1

深圳蓝皮书
深圳经济发展报告（2018）
著(编)者：张骁儒　　2018年6月出版／定价：99.00元
PSN B-2008-112-3/7

四川蓝皮书
四川城镇化发展报告（2018）
著(编)者：侯水平　陈炜　2018年6月出版／定价：99.00元
PSN B-2015-456-7/7

四川蓝皮书
2018年四川经济形势分析与预测
著(编)者：杨钢　　2018年1月出版／定价：158.00元
PSN B-2007-098-2/7

四川蓝皮书
四川企业社会责任研究报告（2017~2018）
著(编)者：侯水平　盛毅　2018年5月出版／定价：99.00元
PSN B-2014-386-4/7

四川蓝皮书
四川生态建设报告（2018）
著(编)者：李晟之　　2018年5月出版／定价：99.00元
PSN B-2015-455-6/7

四川蓝皮书
四川特色小镇发展报告（2017）
著(编)者：吴志强　　2018年11月出版／定价：89.00元
PSN B-2017-670-8/8

体育蓝皮书
上海体育产业发展报告（2017~2018）
著(编)者：张林　黄海燕
2018年10月出版／估价：99.00元
PSN B-2015-454-4/5

体育蓝皮书
长三角地区体育产业发展报（2017~2018）
著(编)者：张林　　2018年6月出版／定价：99.00元
PSN B-2015-453-3/5

天津金融蓝皮书
天津金融发展报告（2018）
著(编)者：王爱俭　孔德昌
2018年5月出版／估价：99.00元
PSN B-2014-418-1/1

图们江区域合作蓝皮书
图们江区域合作发展报告（2018）
著(编)者：李铁　　2018年6月出版／估价：99.00元
PSN B-2015-464-1/1

温州蓝皮书
2018年温州经济社会形势分析与预测
著(编)者：蒋儒标　王春光　金浩
2018年6月出版／估价：99.00元
PSN B-2008-105-1/1

西咸新区蓝皮书
西咸新区发展报告（2018）
著(编)者：李扬　王军
2018年6月出版／估价：99.00元
PSN B-2016-534-1/1

修武蓝皮书
修武经济社会发展报告（2018）
著(编)者：张占仓　袁凯声
2018年10月出版／估价：99.00元
PSN B-2017-651-1/1

偃师蓝皮书
偃师经济社会发展报告（2018）
著(编)者：张占仓　袁凯声　何武周
2018年7月出版／估价：99.00元
PSN B-2017-627-1/1

扬州蓝皮书
扬州经济社会发展报告（2018）
著(编)者：陈扬
2018年12月出版／估价：108.00元
PSN B-2011-191-1/1

长垣蓝皮书
长垣经济社会发展报告（2018）
著(编)者：张占仓　袁凯声　秦保建
2018年10月出版／估价：99.00元
PSN B-2017-654-1/1

遵义蓝皮书
遵义发展报告（2018）
著(编)者：邓彦　曾征　龚永育
2018年9月出版／估价：99.00元
PSN B-2014-433-1/1

地方发展类-社会

安徽蓝皮书
安徽社会发展报告(2018)
著(编)者:程桦 2018年6月出版/估价:99.00元
PSN B-2013-325-1/1

安徽社会建设蓝皮书
安徽社会建设分析报告(2017~2018)
著(编)者:黄家海 蔡宪
2018年11月出版/估价:99.00元
PSN B-2013-322-1/1

北京蓝皮书
北京公共服务发展报告(2017~2018)
著(编)者:施昌奎 2018年6月出版/估价:99.00元
PSN B-2008-103-7/8

北京蓝皮书
北京社会发展报告(2017~2018)
著(编)者:李伟东
2018年7月出版/估价:99.00元
PSN B-2006-055-3/8

北京蓝皮书
北京社会治理发展报告(2017~2018)
著(编)者:殷星辰 2018年7月出版/估价:99.00元
PSN B-2014-391-8/8

北京律师蓝皮书
北京律师发展报告No.4(2018)
著(编)者:王隽 2018年12月出版/估价:99.00元
PSN B-2011-217-1/1

北京人才蓝皮书
北京人才发展报告(2018)
著(编)者:敏华 2018年12月出版/估价:128.00元
PSN B-2011-201-1/1

北京社会心态蓝皮书
北京社会心态分析报告(2017~2018)
著(编)者:北京市社会心理服务促进中心
2018年10月出版/估价:99.00元
PSN B-2014-422-1/1

北京社会组织管理蓝皮书
北京社会组织发展与管理(2018)
著(编)者:黄江松
2018年6月出版/估价:99.00元
PSN B-2015-446-1/1

北京养老产业蓝皮书
北京居家养老发展报告(2018)
著(编)者:陆杰华 周明明
2018年8月出版/估价:99.00元
PSN B-2015-465-1/1

法治蓝皮书
四川依法治省年度报告No.4(2018)
著(编)者:李林 杨天宗 田禾
2018年3月出版/定价:118.00元
PSN B-2015-447-2/3

福建妇女发展蓝皮书
福建省妇女发展报告(2018)
著(编)者:刘群英 2018年11月出版/估价:99.00元
PSN B-2011-220-1/1

甘肃蓝皮书
甘肃社会发展分析与预测(2018)
著(编)者:安文华 谢增虎 包晓霞
2018年1月出版/定价:99.00元
PSN B-2013-313-2/6

广东蓝皮书
广东全面深化改革研究报告(2018)
著(编)者:周林生 涂成林
2018年12月出版/估价:99.00元
PSN B-2015-504-3/3

广东蓝皮书
广东社会工作发展报告(2018)
著(编)者:罗观翠 2018年6月出版/估价:99.00元
PSN B-2014-402-2/3

广州蓝皮书
广州青年发展报告(2018)
著(编)者:徐柳 张强
2018年8月出版/估价:99.00元
PSN B-2013-352-13/14

广州蓝皮书
广州社会保障发展报告(2018)
著(编)者:张跃国 2018年8月出版/估价:99.00元
PSN B-2014-425-14/14

广州蓝皮书
2018年中国广州社会形势分析与预测
著(编)者:张强 郭志勇 何镜清
2018年6月出版/估价:99.00元
PSN B-2008-110-5/14

贵州蓝皮书
贵州法治发展报告(2018)
著(编)者:吴大华 2018年5月出版/估价:99.00元
PSN B-2012-254-2/10

贵州蓝皮书
贵州人才发展报告(2017)
著(编)者:于杰 吴大华
2018年9月出版/估价:99.00元
PSN B-2014-382-3/10

贵州蓝皮书
贵州社会发展报告(2018)
著(编)者:王兴骥 2018年6月出版/估价:99.00元
PSN B-2010-166-1/10

杭州蓝皮书
杭州妇女发展报告(2018)
著(编)者:魏颖
2018年10月出版/估价:99.00元
PSN B-2014-403-1/1

地方发展类-社会

皮书系列
2018全品种

河北蓝皮书
河北法治发展报告（2018）
著（编）者：康振海　2018年6月出版／估价：99.00元
PSN B-2017-622-3/3

河北食品药品安全蓝皮书
河北食品药品安全研究报告（2018）
著（编）者：丁锦霞
2018年10月出版／估价：99.00元
PSN B-2015-473-1/1

河南蓝皮书
河南法治发展报告（2018）
著（编）者：张林海　2018年7月出版／估价：99.00元
PSN B-2014-376-6/9

河南蓝皮书
2018年河南社会形势分析与预测
著（编）者：牛苏林　2018年5月出版／估价：99.00元
PSN B-2005-043-1/9

河南民办教育蓝皮书
河南民办教育发展报告（2018）
著（编）者：胡大白　2018年9月出版／估价：99.00元
PSN B-2017-642-1/1

黑龙江蓝皮书
黑龙江社会发展报告（2018）
著（编）者：王爱丽　2018年1月出版／定价：89.00元
PSN B-2011-189-1/2

湖南蓝皮书
2018年湖南两型社会与生态文明建设报告
著（编）者：卞鹰　2018年5月出版／估价：128.00元
PSN B-2011-208-3/8

湖南蓝皮书
2018年湖南社会发展报告
著（编）者：卞鹰　2018年5月出版／估价：128.00元
PSN B-2014-393-5/8

健康城市蓝皮书
北京健康城市建设研究报告（2018）
著（编）者：王鸿春　盛继洪
2018年9月出版／估价：99.00元
PSN B-2015-460-1/2

江苏法治蓝皮书
江苏法治发展报告No.6（2017）
著（编）者：蔡道通　龚廷泰
2018年8月出版／估价：99.00元
PSN B-2012-290-1/1

江苏蓝皮书
2018年江苏社会发展分析与展望
著（编）者：王庆五　刘旺洪
2018年8月出版／估价：128.00元
PSN B-2017-636-2/3

民族教育蓝皮书
中国民族教育发展报告（2017·内蒙古卷）
著（编）者：陈中永
2017年12月出版／定价：198.00元
PSN B-2017-669-1/1

南宁蓝皮书
南宁法治发展报告（2018）
著（编）者：杨维超　2018年12月出版／估价：99.00元
PSN B-2015-509-1/3

南宁蓝皮书
南宁社会发展报告（2018）
著（编）者：胡建华　2018年10月出版／估价：99.00元
PSN B-2016-570-3/3

内蒙古蓝皮书
内蒙古反腐倡廉建设报告No.2
著（编）者：张志华　2018年6月出版／估价：99.00元
PSN B-2013-365-1/1

青海蓝皮书
2018年青海人才发展报告
著（编）者：王宇燕　2018年9月出版／估价：99.00元
PSN B-2017-650-2/2

青海生态文明建设蓝皮书
青海生态文明建设报告（2018）
著（编）者：张西明　高华　2018年12月出版／估价：99.00元
PSN B-2016-595-1/1

人口与健康蓝皮书
深圳人口与健康发展报告（2018）
著（编）者：陆杰华　傅崇辉
2018年11月出版／估价：99.00元
PSN B-2011-228-1/1

山东蓝皮书
山东社会形势分析与预测（2018）
著（编）者：李善峰　2018年6月出版／估价：99.00元
PSN B-2014-405-2/5

陕西蓝皮书
陕西社会发展报告（2018）
著（编）者：任宗哲　白宽犁　牛昉
2018年1月出版／定价：89.00元
PSN B-2009-136-2/6

上海蓝皮书
上海法治发展报告（2018）
著（编）者：叶必丰　2018年9月出版／估价：99.00元
PSN B-2012-296-6/7

上海蓝皮书
上海社会发展报告（2018）
著（编）者：杨雄　周海旺
2018年2月出版／定价：89.00元
PSN B-2006-058-2/7

皮书系列 2018全品种

地方发展类-社会 · 地方发展类-文化

社会建设蓝皮书
2018年北京社会建设分析报告
著(编)者：宋贵伦 冯虹　2018年9月出版 / 估价：99.00元
PSN B-2010-173-1/1

深圳蓝皮书
深圳法治发展报告（2018）
著(编)者：张骁儒　2018年6月出版 / 估价：99.00元
PSN B-2015-470-6/7

深圳蓝皮书
深圳劳动关系发展报告（2018）
著(编)者：汤庭芬　2018年8月出版 / 估价：99.00元
PSN B-2007-097-2/7

深圳蓝皮书
深圳社会治理与发展报告（2018）
著(编)者：张骁儒　2018年6月出版 / 估价：99.00元
PSN B-2008-113-4/7

生态安全绿皮书
甘肃国家生态安全屏障建设发展报告（2018）
著(编)者：刘举科 喜文华
2018年10月出版 / 估价：99.00元
PSN G-2017-659-1/1

顺义社会建设蓝皮书
北京市顺义区社会建设发展报告（2018）
著(编)者：王学武　2018年9月出版 / 估价：99.00元
PSN B-2017-658-1/1

四川蓝皮书
四川法治发展报告（2018）
著(编)者：郑泰安　2018年6月出版 / 估价：99.00元
PSN B-2015-441-5/7

四川蓝皮书
四川社会发展报告（2018）
著(编)者：李羚　2018年6月出版 / 估价：99.00元
PSN B-2008-127-3/7

四川社会工作与管理蓝皮书
四川省社会工作人力资源发展报告（2017）
著(编)者：边慧敏　2017年12月出版 / 定价：89.00元
PSN B-2017-683-1/1

云南社会治理蓝皮书
云南社会治理年度报告（2017）
著(编)者：晏雄 韩全芳
2018年5月出版 / 估价：99.00元
PSN B-2017-667-1/1

地方发展类-文化

北京传媒蓝皮书
北京新闻出版广电发展报告（2017~2018）
著(编)者：王志　2018年11月出版 / 估价：99.00元
PSN B-2016-588-1/1

北京蓝皮书
北京文化发展报告（2017~2018）
著(编)者：李建盛　2018年5月出版 / 估价：99.00元
PSN B-2007-082-4/8

创意城市蓝皮书
北京文化创意产业发展报告（2018）
著(编)者：郭万超 张京成　2018年12月出版 / 估价：99.00元
PSN B-2012-263-1/7

创意城市蓝皮书
天津文化创意产业发展报告（2017~2018）
著(编)者：谢思全　2018年6月出版 / 估价：99.00元
PSN B-2016-536-7/7

创意城市蓝皮书
武汉文化创意产业发展报告（2018）
著(编)者：黄永林 陈汉桥　2018年12月出版 / 估价：99.00元
PSN B-2013-354-4/7

创意上海蓝皮书
上海文化创意产业发展报告（2017~2018）
著(编)者：王慧敏 王兴全　2018年8月出版 / 估价：99.00元
PSN B-2016-561-1/1

非物质文化遗产蓝皮书
广州市非物质文化遗产保护发展报告（2018）
著(编)者：宋俊华　2018年12月出版 / 估价：99.00元
PSN B-2016-589-1/1

甘肃蓝皮书
甘肃文化发展分析与预测（2018）
著(编)者：马廷旭 戚晓萍　2018年1月出版 / 定价：99.00元
PSN B-2013-314-3/6

甘肃蓝皮书
甘肃舆情分析与预测（2018）
著(编)者：王俊莲 张谦元　2018年1月出版 / 定价：99.00元
PSN B-2013-315-4/6

广州蓝皮书
中国广州文化发展报告（2018）
著(编)者：屈哨兵 陆志强　2018年6月出版 / 估价：99.00元
PSN B-2009-134-7/14

广州蓝皮书
广州文化创意产业发展报告（2018）
著(编)者：徐咏虹　2018年7月出版 / 估价：99.00元
PSN B-2008-111-6/14

海淀蓝皮书
海淀区文化和科技融合发展报告（2018）
著(编)者：陈名杰 孟景伟　2018年5月出版 / 估价：99.00元
PSN B-2013-329-1/1

地方发展类-文化

皮书系列
2018全品种

河南蓝皮书
河南文化发展报告(2018)
著(编)者:卫绍生　2018年7月出版 / 估价:99.00元
PSN B-2008-106-2/9

湖北文化产业蓝皮书
湖北省文化产业发展报告(2018)
著(编)者:黄晓华　2018年9月出版 / 估价:99.00元
PSN B-2017-656-1/1

湖北文化蓝皮书
湖北文化发展报告(2017~2018)
著(编)者:湖北大学高等人文研究院
　　　　　中华文化发展湖北省协同创新中心
2018年10月出版 / 估价:99.00元
PSN B-2016-566-1/1

江苏蓝皮书
2018年江苏文化发展分析与展望
著(编)者:王庆五　樊和平　2018年9月出版 / 估价:128.00元
PSN B-2015-637-3/3

江西文化蓝皮书
江西非物质文化遗产发展报告(2018)
著(编)者:张圣才　傅安平　2018年12月出版 / 估价:128.00元
PSN B-2015-499-1/1

洛阳蓝皮书
洛阳文化发展报告(2018)
著(编)者:刘福兴　陈启明　2018年7月出版 / 估价:99.00元
PSN B-2015-476-1/1

南京蓝皮书
南京文化发展报告(2018)
著(编)者:中共南京市委宣传部
2018年12月出版 / 估价:99.00元
PSN B-2014-439-1/1

宁波文化蓝皮书
宁波"一人一艺"全民艺术普及发展报告(2017)
著(编)者:张爱琴　2018年11月出版 / 估价:128.00元
PSN B-2017-668-1/1

山东蓝皮书
山东文化发展报告(2018)
著(编)者:涂可国　2018年5月出版 / 估价:99.00元
PSN B-2014-406-3/5

陕西蓝皮书
陕西文化发展报告(2018)
著(编)者:任宗哲　白宽犁　王长寿
2018年1月出版 / 定价:89.00元
PSN B-2009-137-3/6

上海蓝皮书
上海传媒发展报告(2018)
著(编)者:强荧　焦雨虹　2018年2月出版 / 定价:89.00元
PSN B-2012-295-5/7

上海蓝皮书
上海文学发展报告(2018)
著(编)者:陈圣来　2018年6月出版 / 估价:99.00元
PSN B-2012-297-7/7

上海蓝皮书
上海文化发展报告(2018)
著(编)者:荣跃明　2018年6月出版 / 估价:99.00元
PSN B-2006-059-3/7

深圳蓝皮书
深圳文化发展报告(2018)
著(编)者:张骁儒　2018年7月出版 / 估价:99.00元
PSN B-2016-554-7/7

四川蓝皮书
四川文化产业发展报告(2018)
著(编)者:向宝云　张立伟　2018年6月出版 / 估价:99.00元
PSN B-2006-074-1/7

郑州蓝皮书
2018年郑州文化发展报告
著(编)者:王哲　2018年9月出版 / 估价:99.00元
PSN B-2008-107-1/1

社会科学文献出版社　　　　　　　　　**皮书系列**

❖ 皮书起源 ❖

"皮书"起源于十七、十八世纪的英国，主要指官方或社会组织正式发表的重要文件或报告，多以"白皮书"命名。在中国，"皮书"这一概念被社会广泛接受，并被成功运作、发展成为一种全新的出版形态，则源于中国社会科学院社会科学文献出版社。

❖ 皮书定义 ❖

皮书是对中国与世界发展状况和热点问题进行年度监测，以专业的角度、专家的视野和实证研究方法，针对某一领域或区域现状与发展态势展开分析和预测，具备原创性、实证性、专业性、连续性、前沿性、时效性等特点的公开出版物，由一系列权威研究报告组成。

❖ 皮书作者 ❖

皮书系列的作者以中国社会科学院、著名高校、地方社会科学院的研究人员为主，多为国内一流研究机构的权威专家学者，他们的看法和观点代表了学界对中国与世界的现实和未来最高水平的解读与分析。

❖ 皮书荣誉 ❖

皮书系列已成为社会科学文献出版社的著名图书品牌和中国社会科学院的知名学术品牌。2016年，皮书系列正式列入"十三五"国家重点出版规划项目；2013~2018年，重点皮书列入中国社会科学院承担的国家哲学社会科学创新工程项目；2018年，59种院外皮书使用"中国社会科学院创新工程学术出版项目"标识。

中国皮书网

（网址：www.pishu.cn）

发布皮书研创资讯，传播皮书精彩内容
引领皮书出版潮流，打造皮书服务平台

栏目设置

关于皮书：何谓皮书、皮书分类、皮书大事记、皮书荣誉、
皮书出版第一人、皮书编辑部

最新资讯：通知公告、新闻动态、媒体聚焦、网站专题、视频直播、下载专区

皮书研创：皮书规范、皮书选题、皮书出版、皮书研究、研创团队

皮书评奖评价：指标体系、皮书评价、皮书评奖

互动专区：皮书说、社科数托邦、皮书微博、留言板

所获荣誉

2008年、2011年，中国皮书网均在全国新闻出版业网站荣誉评选中获得"最具商业价值网站"称号；

2012年，获得"出版业网站百强"称号。

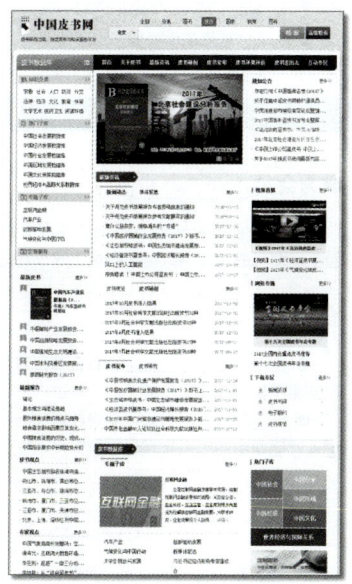

网库合一

2014年，中国皮书网与皮书数据库端口合一，实现资源共享。

权威报告·一手数据·特色资源

皮书数据库
ANNUAL REPORT(YEARBOOK) DATABASE

当代中国经济与社会发展高端智库平台

所获荣誉

- 2016年,入选"'十三五'国家重点电子出版物出版规划骨干工程"
- 2015年,荣获"搜索中国正能量 点赞2015""创新中国科技创新奖"
- 2013年,荣获"中国出版政府奖·网络出版物奖"提名奖
- 连续多年荣获中国数字出版博览会"数字出版·优秀品牌"奖

WWW.PISHU.COM.CN

成为会员

通过网址www.pishu.com.cn或使用手机扫描二维码进入皮书数据库网站,进行手机号码验证或邮箱验证即可成为皮书数据库会员(建议通过手机号码快速验证注册)。

会员福利

- 使用手机号码首次注册的会员,账号自动充值100元体验金,可直接购买和查看数据库内容(仅限使用手机号码快速注册)。
- 已注册用户购书后可免费获赠100元皮书数据库充值卡。刮开充值卡涂层获取充值密码,登录并进入"会员中心"—"在线充值"—"充值卡充值",充值成功后即可购买和查看数据库内容。

数据库服务热线:400-008-6695　　图书销售热线:010-59367070/7028
数据库服务QQ:2475522410　　　　图书服务QQ:1265056568
数据库服务邮箱:database@ssap.cn　　图书服务邮箱:duzhe@ssap.cn